SOLUTIONS MANUAL FOR INVESTMENTS
10th Edition

投 资 学
（原书第10版）
习题集

[美] **滋维·博迪**（Zvi Bodie）   **亚历克斯·凯恩**（Alex Kane）   **艾伦 J. 马库斯**（Alan J. Marcus） ◎著
波士顿大学   加利福尼亚大学   波士顿学院

张永骥   郭思璐 ◎译

图书在版编目（CIP）数据

投资学（原书第 10 版）习题集 /（美）滋维·博迪（Zvi Bodie），（美）亚历克斯·凯恩（Alex Kane），（美）艾伦 J. 马库斯（Alan J. Marcus）著；张永骥，郭思璐译 . —北京：机械工业出版社，2018.8（2025.6 重印）

（华章教材经典译丛）

书名原文：Solutions Manual for Investments 10e

ISBN 978-7-111-60620-8

I. 投… II. ①滋… ②亚… ③艾… ④张… ⑤郭… III. 投资经济学 – 习题集 IV. F830.59-44

中国版本图书馆 CIP 数据核字（2018）第 176075 号

北京市版权局著作权合同登记　图字：01-2018-3641 号。

Zvi Bodie, Alex Kane, Alan J. Marcus.Solution Manual for Investments 10e.
ISBN 0-07-764191-4
Copyright © 2014 by McGraw-Hill Education.

All Rights reserved. No part of this publication may be reproduced or transmitted in any form or by any means, electronic or mechanical, including without limitation photocopying, recording, taping, or any database, information or retrieval system, without the prior written permission of the publisher.

This authorized Chinese translation edition is jointly published by McGraw-Hill Education and China Machine Press. This edition is authorized for sale in the Chinese mainland (excluding Hong Kong SAR, Macao SAR and Taiwan).

Translation copyright © 2018 by McGraw-Hill Education and China Machine Press.

版权所有。未经出版人事先书面许可，对本出版物的任何部分不得以任何方式或途径复制或传播，包括但不限于复印、录制、录音，或通过任何数据库、信息或可检索的系统。

本授权中文简体字翻译版由麦格劳 - 希尔教育出版公司和机械工业出版社合作出版。此版本经授权仅限在中国大陆地区（不包括香港、澳门特别行政区及台湾地区）销售。

版权 © 2018 由麦格劳 - 希尔教育出版公司与机械工业出版社所有。

本书封面贴有 McGraw-Hill Education 公司防伪标签，无标签者不得销售。

本书是博迪的《投资学》（原书第 10 版）的配套习题集，有助于读者在理论学习与模拟实践两方面相互促进。因其系统性和完整性，又可独立于教材使用。

本书的目的在于，通过大量具体数量关系的演算，使投资学中较抽象的理论变得容易学习和掌握，从而激发读者学习和研究投资学的兴趣。

本书适用于金融专业高年级本科生、研究生及 MBA 学生，金融领域的研究人员与从业者。

出版发行：机械工业出版社（北京市西城区百万庄大街 22 号　邮政编码：100037）			
责任编辑：黄姗姗		责任校对：殷　虹	
印　　刷：北京机工印刷厂有限公司		版　　次：2025 年 6 月第 1 版第 18 次印刷	
开　　本：185mm×260mm　1/16		印　　张：25.25	
书　　号：ISBN 978-7-111-60620-8		定　　价：75.00 元	

客服电话：(010) 88361066　68326294

版权所有·侵权必究
封底无防伪标均为盗版

CONTENTS 目 录

第1章　投资环境 /1
　　一、选择题 /2
　　二、课后习题 /4
　　参考答案 /6

第2章　资产类别与金融工具 /10
　　一、选择题 /11
　　二、课后习题 /13
　　三、CFA考题 /15
　　参考答案 /15

第3章　证券是如何交易的 /19
　　一、选择题 /20
　　二、课后习题 /22
　　三、CFA考题 /24
　　参考答案 /24

第4章　共同基金与其他投资公司 /28
　　一、选择题 /29
　　二、课后习题 /31
　　参考答案 /33

第5章　风险与收益入门及历史回顾 /38
　　一、选择题 /39
　　二、课后习题 /41

　　三、CFA考题 /43
　　参考答案 /43

第6章　风险资产配置 /48
　　一、选择题 /49
　　二、课后习题 /52
　　三、CFA考题 /54
　　参考答案 /55

第7章　最优风险资产组合 /61
　　一、选择题 /62
　　二、课后习题 /64
　　三、CFA考题 /66
　　参考答案 /69

第8章　指数模型 /76
　　一、选择题 /77
　　二、课后习题 /79
　　三、CFA考题 /81
　　参考答案 /81

第9章　资本资产定价模型 /89
　　一、选择题 /90
　　二、课后习题 /92
　　三、CFA考题 /94

参考答案 / 96

第 10 章　套利定价理论与风险收益多因素模型 / 102

一、选择题 / 103
二、课后习题 / 105
三、CFA 考题 / 107
参考答案 / 108

第 11 章　有效市场假说 / 112

一、选择题 / 113
二、课后习题 / 115
三、CFA 考题 / 118
参考答案 / 119

第 12 章　行为金融与技术分析 / 125

一、选择题 / 126
二、课后习题 / 128
三、CFA 考题 / 130
参考答案 / 131

第 13 章　证券收益的实证证据 / 140

一、选择题 / 141
二、课后习题 / 144
三、CFA 考题 / 144
参考答案 / 145

第 14 章　债券的价格与收益 / 152

一、选择题 / 153
二、课后习题 / 155
三、CFA 考题 / 158
参考答案 / 159

第 15 章　利率的期限结构 / 168

一、选择题 / 169
二、课后习题 / 171
三、CFA 考题 / 174

参考答案 / 176

第 16 章　债券资产组合管理 / 185

一、选择题 / 186
二、课后习题 / 188
三、CFA 考题 / 190
参考答案 / 195

第 17 章　宏观经济分析与行业分析 / 207

一、选择题 / 208
二、课后习题 / 210
三、CFA 考题 / 213
参考答案 / 215

第 18 章　权益估值模型 / 221

一、选择题 / 222
二、课后习题 / 224
三、CFA 考题 / 226
参考答案 / 231

第 19 章　财务报表分析 / 241

一、选择题 / 242
二、课后习题 / 244
三、CFA 考题 / 246
参考答案 / 253

第 20 章　期权市场介绍 / 260

一、选择题 / 261
二、课后习题 / 263
三、CFA 考题 / 268
参考答案 / 269

第 21 章　期权定价 / 282

一、选择题 / 283
二、课后习题 / 284
三、CFA 考题 / 290
参考答案 / 292

第 22 章　期货市场 / 305
　　一、选择题 / 306
　　二、课后习题 / 308
　　三、CFA 考题 / 310
　　参考答案 / 310

第 23 章　期货、互换与风险管理 / 316
　　一、选择题 / 317
　　二、课后习题 / 319
　　三、CFA 考题 / 322
　　参考答案 / 324

第 24 章　投资组合业绩评价 / 332
　　一、选择题 / 333
　　二、课后习题 / 336
　　三、CFA 考题 / 340
　　参考答案 / 343

第 25 章　投资的国际分散化 / 352
　　一、选择题 / 353
　　二、课后习题 / 355
　　三、CFA 考题 / 356
　　参考答案 / 358

第 26 章　对冲基金 / 362
　　一、选择题 / 363
　　二、课后习题 / 365
　　参考答案 / 367

第 27 章　积极型投资组合管理理论 / 372
　　一、选择题 / 373
　　二、课后习题 / 375
　　参考答案 / 375

第 28 章　投资政策与特许金融分析师协会结构 / 377
　　一、选择题 / 378
　　二、课后习题 / 380
　　三、CFA 考题 / 381
　　参考答案 / 387

第1章 投资环境

一、选择题

1. 社会的物质财富是（　　）的函数。
   A. 所有金融资产
   B. 所有实物资产
   C. 所有金融资产和实物资产
   D. 所有有形资产
   E. 所有商品

2. （　　）是实物资产。
   A. 只有土地
   B. 只有机器
   C. 只有股票和债券
   D. 只有知识
   E. 土地、机器和知识都是实物资产

3. （　　）是金融资产。
   A. 建筑物
   B. 土地
   C. 衍生工具
   D. 美国机构债券
   E. 衍生工具和美国机构债券

4. 金融资产是（　　）。
   A. 对某国生产能力有直接贡献
   B. 对某国生产能力有间接贡献
   C. 对某国生产能力既有直接贡献也有间接贡献
   D. 对某国生产能力既没有直接贡献也没有间接贡献
   E. 对任何人都没有价值

5. 经济的净资产的总值等于（　　）的总和。
   A. 全部金融资产
   B. 全部不动产
   C. 全部金融资产和不动产
   D. 全部有形资产
   E. 上述各项均不准确。

6. 投资银行具有（　　）的能力。
   A. 为公司的新股上市服务和发行债券
   B. 向公司提供关于市场条件、价格等方面的建议
   C. 按用户需求设计债券
   D. 上述各项均正确。
   E. 以上都不对。

7. （　　）是金融中介。
   A. 商业银行
   B. 保险公司
   C. 投资公司
   D. 信托公司
   E. 上述各项均正确。

8. 人力资本是（　　）。
   A. 国民财富的重要部分
   B. 金融资产
   C. 劳动力潜在收入的价值
   D. 不动产
   E. 反映在美国家庭的资金平衡表中

9. 下列哪项金融资产在美国家庭持有的金融资产中占据最大比重？（　　）
   A. 退休金准备。
   B. 人寿保险准备金。
   C. 共同基金份额。
   D. 债务性债券。
   E. 个人信托。

10. 通过金融市场配置以后，风险的概念变得尤为重要，这是因为（　　）。
    A. 不动产基本上是零风险的
    B. 不同金融工具允许投资者只承担自己所愿意承担的风险总量
    C. 股票和债券有着相似的风险特征
    D. 现金流不稳定的公司不能发行股票

E. 只有衍生证券是有风险的
11. 固定收益型证券（　　）。
   A. 在持有者生命期内支付固定水平的收益
   B. 在证券生命期内支付固定的收益流，或按某一特定公式计算的现金流
   C. 支付给固定收益的持有者一个可变的收入水平
   D. 持有者可以选择获得固定或可变的收益流
   E. 在生命期内获得固定无风险收益
12. 债务性证券（　　）。
   A. 在持有者生命期内支付固定水平的收益
   B. 支付给固定收益的持有者一个可变的收入水平
   C. 持有者可以选择获得固定或可变的收益流
   D. 在证券生命期内支付固定的收益流，或按某一特定公式计算的现金流
   E. 在生命期内获得固定无风险收益
13. 货币市场证券（　　）。
   A. 是短期的
   B. 是高度市场化的
   C. 通常是低风险的
   D. 是短期的、高度市场化的、通常是低风险的
   E. 是高度市场化的、通常是低风险的
14. 衍生证券的例子是（　　）。
   A. 微软公司的普通股
   B. 英特尔公司的债券
   C. 商品期货合约和英特尔股票的看涨期权
   D. 英特尔股票的看涨期权和英特尔公司的债券
   E. 英特尔公司的普通股
15. 衍生证券的价值（　　）。
   A. 取决于相关证券的价值
   B. 不可能被计算
   C. 与相关证券的价值无关
   D. 由于近期的滥用和负面宣传，这些工具的价值已得到增强
   E. 在今天是无用的
16. 衍生工具可以被作为一种投机工具使用，商业中通常使用它们来（　　）。
   A. 吸引消费者　　　B. 安抚股东　　　C. 抵销债务
   D. 对冲风险　　　　E. 优化资产负债表
17. 金融资产可以实现下列所有的作用，除了（　　）。
   A. 消费时机　　　　B. 风险分配　　　C. 所有权和经营权的分离
   D. 消除风险　　　　E. 方便所有权的转让
18. （　　）指的是管理层和股东之间存在的潜在冲突。
   A. 代理问题　　　　B. 多元化问题　　　C. 流动性问题
   D. 清偿能力问题　　E. 监管问题
19. 使用股票期权来补偿管理者的缺点是（　　）。

A. 它鼓励管理者承担那些可以使股价上升的项目
B. 它鼓励管理者建立独裁帝国
C. 管理层可以操纵信息在短期内支撑起股价，这样他们便有机会在股价回落到反映公司真实价值之前将其变现
D. 导致管理层过度冒险
E. 导致管理层过度保守

20. 下列那些机制可能缓解潜在的代理问题？（　　）
Ⅰ）股票期权形式的薪酬。
Ⅱ）聘请争吵不休的家庭成员作为公司间谍。
Ⅲ）董事会解雇那些表现不好的管理者。
Ⅳ）证券分析师密切监督公司。
Ⅴ）被接管的威胁。
A. Ⅱ和Ⅴ。　　　　　B. Ⅰ、Ⅲ和Ⅳ。　　　　　C. Ⅰ、Ⅲ、Ⅳ和Ⅴ。
D. Ⅲ、Ⅳ和Ⅴ。　　　E. Ⅰ、Ⅲ和Ⅴ。

二、课后习题

1. 金融工程曾经遭到贬低，认为仅仅是对资源重新洗牌。批评家认为：把资源用于创造财富（即创造实物资产）而非重新分配财富（即捆绑和分拆金融资产）或许更好。评价这种观点。从各种基础证券中创造一系列的衍生证券是否带来了好处？
2. 为什么证券化只能发生在高度发达的证券市场上？
3. 在经济中，证券化和金融中介的作用之间有什么关系？证券化过程对金融中介有什么影响？
4. 尽管我们说实物资产组成了经济中真正的生产能力，但是很难想象一个现代的经济社会中没有发达的金融市场和多样化的证券。如果没有可以进行金融资产交易的市场，那么美国经济的生产能力将受到什么影响？
5. 公司通过在一级市场上发行股票从投资者那里筹集资金，这是否意味着公司的财务经理可以忽视二级市场上已发行股票的交易情况？
6. 假设全球的房价都涨了一倍
   a. 社会因此变得更富有了吗？
   b. 房主更富有了吗？
   c. 你对 a 和 b 给出的答案一致吗？会不会有人因为这种变化变得更糟？
7. Lanni Products 是一家新成立的计算机软件开发公司，它现有价值 30 000 美元的计算机设备以及股东投入的 20 000 美元现金。识别下列交易中的实物资产和金融资产。这些交易有没有创造或减少金融资产？
   a. 公司取得一笔银行贷款，得到 50 000 美元现金，并签发了一张票据承诺 3 年内还款。
   b. 公司把这笔钱以及自有的 20 000 美元投入新型财务计划软件的开发中。
   c. 公司把该软件出售给微软，微软将以自己的品牌进行销售。公司收到微软的 1 500 股股票作为回报。
   d. 公司以每股 80 美元的价格将微软股票出售，用所获得的部分资金偿还银行贷款。
8. 重新考虑第 7 题中的 Lanni Products 公司。
   a. 若在其获得银行贷款后立即编制资产负债表，实物资产占总资产的比例是多少？

b. 若在其投入 70 000 美元开发软件产品后再编制资产负债表，实物资产占总资产的比例是多少？

c. 若在其接受微软的股份后再编制资产负债表，实物资产占总资产的比例是多少？

9. 回顾教材表 1-3 美国商业银行资产负债表，实物资产占总资产的比例是多少？对于非金融企业（见教材表 1-4）而言，这一比例是多少？为什么会有这种差别？

10. 下图描述了美国黄金证券的发行过程。

a. 发行过程是在一级市场还是在二级市场进行？

b. 该证券是基础资产还是衍生资产？

c. 发行填补了什么市场空缺？

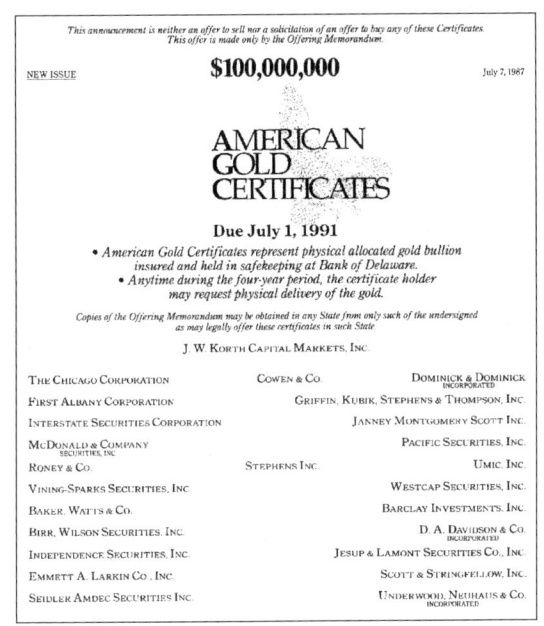

黄金支持证券

11. 讨论下列形式的管理层薪酬在缓和代理问题（指管理层和股东之间的潜在利益冲突）方面的优点和缺点。

a. 固定工资。

b. 公司股票，但是必须持有 5 年。

c. 与公司利润挂钩的工资。

12. 我们发现大型机构投资者或债权人的监督是减轻代理问题的一种方法，为什么个人投资者没有同样的激励去监督公司的管理层？

13. 请举出 3 种金融中介的例子，并解释它们如何在小型投资者和大型资本市场或公司之间起到桥梁作用？

14. 自 1926 年以来，大型股票的平均投资收益率超过短期国库券 7% 的收益率，为什么还有人投资短期国库券？

15. 与"自下而上"的投资方式相比，"自上而下"的投资方式有什么优缺点？

16. 你看到一本书的广告，广告中声称这本书可以指导你在没有任何资金投入的情况下获得 100 万美元的无风险收益，你会购买这本书吗？

17. 为什么金融资产是家庭财富的组成部分，却不是国家财富的组成部分？为什么金融资产仍与经济社会的物质福利有关？
18. 华尔街上的金融机构把交易利润的一部分支付给交易商作为报酬，这将对交易商承担风险的意愿产生什么影响？这种行为将导致什么代理问题？
19. 金融系统如何改革才可以降低系统性风险？

参考答案

一、选择题

| 1. B | 2. E | 3. E | 4. B | 5. C | 6. D | 7. E | 8. B | 9. A | 10. C |
| 11. B | 12. D | 13. D | 14. C | 15. A | 16. D | 17. D | 18. A | 19. C | 20. C |

二、课后习题

1. 虽然社会财富取决于实物资产，但金融创新（即捆绑和分拆金融资产）能为投资者创造更有效的投资组合机会，从而使机构投资者和个人投资者都能从中受益。金融创新开发了具有新的特性和风险的金融产品，使投资者能合理规避风险，有效配置资源。

2. 证券化需要通过大量的金融投资机构（如商业或投资银行）进行集中及重新组合那些原本不流通或流动性较差的资产。为了吸引投资者，证券化要求资本市场具备以下条件：
   （1）安全的商业法规体系、税收环境及较少的管制；
   （2）发达的投资银行业；
   （3）发达的经纪和金融交易体系；
   （4）发达的信息系统，特别是财务披露方面。
   这些都是一个高度发达资本市场的必备条件，所以证券化只能发生在高度发达的资本市场上。

3. 证券化将导致金融脱媒（即金融的非中介化），即它给市场参与者提供了一种脱离中介机构进行投融资活动的方法，这影响了金融中介的利益。例如，抵押支持证券将资金导向房地产市场，而无须通过银行或储蓄机构获得贷款。随着证券化的推进，金融中介必须增强其业务能力，改善经营服务，降低成本，这样才能防止被证券化完全取代。

4. 金融市场在现代经济体系中起着重要作用，如果没有发达的金融市场和金融工具，经济体系的生产能力必定受到巨大影响。
   （1）金融市场使大企业能轻松筹集大量资金从事投资。例如，通用汽车公司通过向一般公众发行股票和债券，可以在短时间内筹集到大量资金。
   （2）金融资产供应的收缩使得融资更加困难，增加了融资成本，而融资成本的增加意味着低投资量和低增长率。
   （3）金融市场能够促进资产所有权的迅速转移，提高资产流动性，提高人们对资产的需求。如果没有发达的二级市场，极少人会投资股票。

5. 对财务总监来说，即使公司无须在某一年发行股票，股市仍是重要的。股票价格为市场评价公司投资项目提供了重要的信息。例如，如果股价大幅上涨，管理人员会得出结论，即市场认为公司的未来前景光明。这对于公司进行诸如扩张公司业务的投资，可能是一个有用的信号。

    此外，股票可以在二级市场进行交易，这使得股票对投资者来说更具吸引力，因为投资者知道,只要他们愿意,他们就能够出售自己的股票。这反过来使得投资者更愿意购买股票,从而有利于公司在股票市场上筹集更多的资金。

6. a. 社会没有变得更富有。因为价格上涨并没有增加整个社会的生产能力。

   b. 房主变得更富有了,因为他们房屋的资产净值上升了。

   c. 未来房主将会遭受损失,因为房贷也变高了。另外,房价泡沫最终会破裂,整个社会(很可能是纳税人)将会承担这一损失。

7. a. 银行贷款是 Lanni 公司的金融负债(Lanni 公司的这笔贷款是银行的金融资产),Lanni 公司所获得的现金是金融资产。Lanni 公司的期票(即 Lanni 公司对银行的贷款)是新创造的金融资产。

   b. Lanni 公司将其金融资产(现金)转拨给软件开发商,作为回报,它将获得一项实物资产,即软件成品。这笔交易中,没有任何金融资产产生或消失,现金只不过是从一方(Lanni 公司)转移到了另一方(软件开发商)。

   c. Lanni 公司将其实物资产(软件)提供给微软公司以获得一项金融资产,即微软公司的 1 500 股股票。如果微软公司是通过发行新股来向 Lanni 支付的,这就意味着新金融资产(股票)的产生;如果微软公司是将已发行的股票支付给 Lanni 公司,则并没有新金融资产的产生,而只是金融资产在不同所有者之间的转移。

   d. Lanni 公司将一种金融资产(1 500 股股票)换成了另一种金融资产(120 000 美元)。它将一笔金融资产(现金 50 000 美元)付给银行以赎回另一份金融资产(它的借据),这笔债务(对银行而言则是金融资产)在交易过程中被"消灭"了,因为债务一旦被偿付,它就会被注销而不复存在。

8. a.

(单位:美元)

资产		债务和权益	
现金	70 000	银行债务	50 000
计算机	30 000	股东权益	50 000
总计	100 000	总计	100 000

实物资产与总资产的比率 = 30 000/100 000 = 0.30

b.

(单位:美元)

资产		债务和权益	
软件产品	70 000	银行债务	50 000
计算机	30 000	股东权益	50 000
总计	100 000	总计	100 000

实物资产与总资产的比率 = 100 000/100 000 = 1.0

c.

(单位:美元)

资产		债务和权益	
微软股份	120 000	银行债务	50 000
计算机	30 000	股东权益	100 000
总计	150 000	总计	150 000

实物资产与总资产的比率 = 30 000/150 000 = 0.20

结论:当企业创建并进行营运资本筹资时,它将有一个较低的实物资产与总资产的比率;当它进入充分生产阶段时,它将有一个较高的实物资产比率;当项目"终止",企业将其卖出时,金融资产会再一次取代实物资产。

9. 对商业银行来说，该比率为 166.1/13 926.0 = 0.011 9；

   对非金融企业来说，这一比率为 15 320/30 649 = 0.499 9。

   由此可见，金融机构持有的实物资产比率远远低于非金融机构。这种差别与金融机构和非金融机构的业务差别和持有金融资产和实物资产的不同目的有关。①金融机构从事的主要营业活动包括发放贷款、证券承销与买卖等。这些业务都要求金融机构持有大量的代表各种要求权的金融资产，金融机构持有金融资产是为了经营业务获得利润。金融机构持有的实物资产包括房屋、办公设施和车辆等，这些实物资产仅仅是为了经营的正常进行而持有的，占总资产的极小比率。②非金融机构的业务主要是进行实物生产加工或提供某种服务，进行生产的原料、生产工具等均是实物资产。非金融机构持有金融资产是作为财富的一种储蓄形式，是为实物交易服务的。因此非金融机构持有的金融资产比率要远远低于金融机构。

10. a. 一级市场是指证券的发行方发行证券的市场；二级市场是指已发行证券的流通转让市场。因此美国黄金证券的发行是在一级市场进行。

    b. 如果将黄金视为基础资产，则所有权证明文件（即对黄金的要求权）就是一项衍生资产，其价值取决于基础资产的价值。

    c. 持有黄金是一种资产保值和增值的重要手段。尤其是通货膨胀时，黄金作为一种价值稳定的实物资产，更是持有资产的首选形式。但是持有黄金却需要一定的存储条件和支付一定的成本，这种黄金证券满足了希望拥有黄金而又不希望承担实物存储麻烦和成本的投资者的需要。

11. a. 固定工资意味着管理者的报酬（至少在短期内）与公司的业绩无关，这种薪酬体系难以将管理者的利益与公司业绩统一，不能解决二者潜在的利益冲突，即使管理者认为固定工资是最安全稳定的工资结构。

    b. 将公司股票作为薪酬发放给管理者，在公司业绩好时，公司股价上升，管理者报酬上升。这在一定程度上将管理者与股东的利益统一起来，能够促使管理者努力提升公司业绩，有助于解决管理者与股东之间的潜在利益冲突。然而，如果股票补偿过度，管理者可能会认为这过于冒险，因为管理者的薪酬与公司紧密相连。

    c. 与利润挂钩的工资制度将会激励管理者为公司的成功做出贡献。然而，工资与短期利润挂钩的管理者会过于冒险，尤其是当短期利润决定工资，或者当回报无法补偿项目风险的全部成本的时候。相比之下，承担着项目损益的股东可能不太愿意承担这种风险。

12. (1) 对管理者的监管需付出大量成本，个人投资者的财力、精力和对公司的控制权都不足以胜任对管理者的监管；而大型机构投资者却可以运用其充足的财力、人力和对公司有力的控制权来雇用独立人士或在公司内部实行某种机制对管理者进行监管。

    (2) 在监管成本一定时，即使个人投资者可以监控和改善代理人的业绩，增加公司的市值，但是这种回报会很少，因为个人在一个大公司中拥有的股票数量是非常少的。举例来说，假如某人拥有10 000美元通用汽车公司的股票，公司的市值增加了5%而他仅仅能从中受益500（=10 000×0.05）美元。相反，对于有几百万美元企业贷款的银行而言，确信企业能偿还贷款是非常重要的。银行显然值得花费大量的资源去监控企业。

    (3) 对管理者的监管存在外部经济效应，即某个股东在对管理者进行监管，他并不能得到其监管活动的所有收益，因为其他股东也能从其监管中获得好处。当小股东执行监管时，外部经济效应是非常大的；而大股东执行监管时，虽然仍存在着外部经济效应，却能降低这种外部经济效应。
13. 在国内和国际证券市场中，众多金融中介在小投资者和大资本市场或企业之间起到桥梁作用，其主要的金融中介有以下几种。
    （1）共同基金：在国内和国际证券市场中，共同基金代表投资者的利益，主要用于筹集小投资者的资金和投资。
    （2）养老基金：养老基金以当前和今后退休人员的名义，接受基金，然后投资，从而把资金从一个经济部门引导到另一个经济部门。
    （3）风险投资公司：风险投资公司集中使用私人投资者的资金，投资于创业公司。
    （4）银行：银行接受客户的存款，并向企业提供贷款或购买大公司的证券。
14. 国库券服务于那些偏好低风险投资的投资者。与股票相比，较低的平均收益率是投资者为投资业绩和组合价值的可预测性支付的价格。
15. "自上而下"的投资方式关注于资产配置或资产组合的构成，这是决定组合业绩的主要因素。此外，自上而下的投资方式是建立一个与投资者风险承受能力相一致的投资组合中最自然的方式。但是，"自上而下"的投资策略的缺点在于：可能会因为未能识别被低估的证券而丧失潜在的高额回报。

    "自下而上"的投资方式是寻找被低估的证券并从中获益，其缺点是投资者往往会忽略投资组合的整体构成，这将导致投资组合未能充分分散化，或者构造了一个风险水平与自身的风险承受能力不一致的投资组合。此外，这种技术往往需要更完善的管理，从而会有更多的交易成本。最后，可能由于分析不正确，导致大量资金流失。
16. 应该持怀疑态度。如果作者确实知道如何实现这样的收益，那么读者必然怀疑作者为什么会把秘密告知于他人。金融市场是竞争性市场，其财富收益具有风险性。高预期回报率必然要求承担一些风险，而低风险高回报的现象并不多。
17. 在汇总家庭和企业所有资产负债时，金融资产和金融负债相互抵消，仅剩下实物资产作为经济的财富净值。通过资产配置作用使资源流动到有效率的生产部门，从而增加社会生产能力。金融资产代表对实物资产的索取权，也是获取实物资产的渠道。它衡量了实物资产的流动性并允许投资者通过多样化投资，从而能够有效地降低风险。
18. 允许交易商分享利润，会加强他们承担风险的意愿。这将造成交易商在上行期分享收益，在下行期却不承担直接损失。股东则相反，在潜在的上行和下行风险中都会直接受到影响。这一模式会产生道德风险，因为股东不仅承担收益还要承担相应风险，而对于金融机构，相较于风险，它们承担了更多的收益。
19. 答案不唯一。需要把握的重点如下：增加透明度，通过增加损益结算的频率来提升资本适应性；实行激励政策，防止过度的风险承担以及促进更精确、公正的风险评估。

第 2 章

资产类别与金融工具

一、选择题

1. 下列哪项不是货币市场工具的特征？（　　）
   A. 流动性。
   B. 市场流通性。
   C. 期限较长。
   D. 流动性溢价。
   E. 期限较长和流动性溢价。

2. 你以 233.75 美元的价格卖出了一份期货合约，到期日的价格是 261.25 美元，你是获利还是损失？（　　）
   A. 1 375.00 美元。
   B. −1 375.00 美元。
   C. −27.50 美元。
   D. 27.50 美元。
   E. 1 325.00 美元。

3. 通胀保值债券（　　）。
   A. 在生命期内支付固定利率
   B. 支付按通货膨胀指数调整的可变利率
   C. 提供不变的实际货币（通货膨胀调整的）收益流
   D. 这种债券的本金需要根据消费者物价指数的增幅按比例进行调整
   E. 提供不变的实际货币（通货膨胀调整的）收益流，而且这种债券的本金需要根据消费者物价指数的增幅按比例进行调整

4. 下列哪项不属于货币市场工具？（　　）
   A. 短期国库券。
   B. 可转让大额存单。
   C. 商业票据。
   D. 长期国债。
   E. 欧洲美元账户。

5. 短期国库券是一种金融工具，最初是（　　）出售以筹集资金的。
   A. 商业银行
   B. 美国政府
   C. 州政府和当地政府
   D. 联邦政府的代理机构
   E. 美国政府和联邦政府的代理机构

6. 二级市场上短期债券的买方报价是（　　）。
   A. 短期债券的交易商愿意卖出的价格
   B. 短期债券的交易商愿意买入的价格
   C. 高于短期债券的卖方报价
   D. 投资者愿意购买短期债券的价格
   E. 从来没有在财经新闻中引述

7. 货币市场的最小组成部分是（　　）。
   A. 回购协议
   B. 小面额定期存单
   C. 存款储蓄
   D. 货币市场共同基金
   E. 商业票据

8. 债券市场的最小组成部分是（　　）。
   A. 国库券
   B. 其他资产支持证券
   C. 公司债券
   D. 免税债券
   E. 抵押担保证券

9. 债券市场的最大组成部分是（　　）。
   A. 国库券
   B. 资产支持证券
   C. 公司证券
   D. 免税债券
   E. 抵押担保证券

10. 下列哪项不是货币市场的组成部分？（　　）
    A. 回购协议。
    B. 欧洲美元。
    C. 房地产投资信托基金。
    D. 货币市场共同基金。
    E. 商业票据。

11. 商业票据是由（　　）发行以筹集资金的短期证券。
    A. 联邦储备银行　　　　B. 商业银行　　　　　　C. 知名的大型公司
    D. 纽约证券交易所　　　E. 州政府和地方政府

12. 下列哪项可以最准确地描述欧洲美元？（　　）
    A. 在欧洲银行中以美元计价的存款。
    B. 在美国国外分支银行中以美元计价的存款。
    C. 国外银行或美国银行的国外分支机构中以美元计价的存款。
    D. 美国银行在本土的以美元计价的存款。
    E. 已被交换成欧洲货币的美元。

13. 商业银行在联邦储备银行中的存款叫作（　　）。
    A. 银行承兑汇票　　　　B. 回购协议　　　　　　C. 定期存单
    D. 联邦基金　　　　　　E. 存款准备金率

14. 在联邦储备银行体系中，准备金不足的银行可以向准备金超额的银行借款以弥补存款准备金不足，这种借款通常是隔夜交易，这种银行间拆借的利率叫作（　　）。
    A. 基本利率　　　　　　B. 贴现率　　　　　　　C. 联邦基金利率
    D. 活期借款利率　　　　E. 货币市场利率

15. 下列关于市政债券的说法哪种是正确的？（　　）
    Ⅰ）市政债券是由州和地方政府发行的债券。
    Ⅱ）市政债券是由联邦政府发行的债券。
    Ⅲ）市政债券的利息收入免于缴纳联邦所得税。
    Ⅳ）市政债券的利息收入在发行州也免于缴纳州和地方税。
    A. 只有Ⅰ和Ⅱ。　　　　B. 只有Ⅰ和Ⅲ。　　　　C. 只有Ⅰ、Ⅱ和Ⅲ。
    D. 只有Ⅰ、Ⅲ和Ⅳ。　　E. 只有Ⅰ和Ⅳ。

16. 下列关于公司债券的说法哪项是正确的？（　　）
    A. 可赎回公司债券赋予债券持有者将每张债券转换成规定数量股票的权利。
    B. 公司债券是一种抵押债券。
    C. 公司契约是一种抵押债券。
    D. 可转换公司债券赋予债券持有者将每张债券转换成规定数量股票的权利。
    E. 公司债券的持有者对公司有投票权。

17. 公司破产时（　　）。
    A. 主要股东可能失去他们对公司股票的初始投资
    B. 普通股股东享有对公司资产的第一顺序的求偿权
    C. 公司资产支付股东以后的剩余部分将清偿债权人
    D. 优先股股东的求偿权先于普通股股东
    E. 主要股东可能失去他们对公司股票的初始投资，优先股股东的求偿权先于普通股股东

18. 下列关于公司证券的说法哪项是正确的？（　　）
    A. 普通股股利的支付先于优先股股利。
    B. 优先股股东有投票权。
    C. 优先股股利通常是积累的。
    D. 优先股股利是一项合同义务。
    E. 没有支付优先股股利时通常可以支付普通股股利。

19. 下列关于道琼斯工业指数的说法哪项是正确的?（　　）
    A. 这是 30 家大型工业公司股票的市值加权平均。
    B. 这是 30 家大型工业公司股票的价格加权平均。
    C. 股票拆分时必须调整除数。
    D. 这是 30 家大型工业公司股票的市值加权平均,股票拆分时必须调整除数。
    E. 这是 30 家大型工业公司股票的价格加权平均,股票拆分时必须调整除数。
20. 下列哪种指数是市值加权平均?（　　）
    Ⅰ) 纽约证交所综合指数
    Ⅱ) 标准普尔 500 指数
    Ⅲ) 道琼斯工业指数
    A. 只有Ⅰ。　　　　　　B. 只有Ⅰ和Ⅱ。　　　　　　C. 只有Ⅰ和Ⅲ。
    D. Ⅰ、Ⅱ和Ⅲ。　　　　E. 只有Ⅱ和Ⅲ。

二、课后习题

1. 优先股与长期债务的相似点是什么?其与权益的相似点又是什么?
2. 为什么有时把货币市场证券称为"现金等价物"?
3. 下面哪一项对回购协议的描述是正确的?
    a. 出售证券时承诺将在特定的日期按确定的价格回购这些证券。
    b. 出售证券时承诺将在不确定的日期按确定的价格回购这些证券。
    c. 购买证券时承诺将在特定的日期购买更多的同种证券。
4. 如果发生严重的经济衰退,你预期商业票据的收益率与短期国库券的收益率之差将如何变化?
5. 普通股、优先股以及公司债券之间的主要区别是什么?
6. 为什么与低税率等级的投资者相比,高税率等级的投资者更倾向于投资市政债券?
7. 回顾教材图 2-3,观察将于 2030 年 5 月到期的长期国债。
    a. 购买这样一张证券你需要支付多少钱?
    b. 它的利率是多少?
    c. 该国债当前的收益率是多少?
8. 假设某一中期国债每 6 个月的收益率是 2%,且该国债恰好还剩 6 个月到期。那么你预期一张 6 个月期的短期国库券的售价将是多少?
9. 某公司以每股 40 美元的价格购入一股优先股,并在当年年末以同样的价格售出,同时还获得了 4 美元的年末股利,假设该公司的税率等级为 30%,请计算该公司的税后收益率。
10. 回顾教材图 2-8,并查看 General Dynamics 的股票行情。
    a. 5 000 美元可以购买多少股股票?
    b. 这些股票一年可以给你带来多少股利收入?
    c. General Dynamics 的每股收益是多少?
    d. 该公司前一交易日的收盘价是多少?
11. 下表中有 3 只股票 A、B、C,其中 P_t 表示 t 时刻的股价,Q_t 表示 t 时刻发行在外的股票数量,股票 C 在上一期由一股分拆成两股。

股票名称	P_0	Q_0	P_1	Q_1	P_2	Q_2
A	90	100	95	100	95	100
B	50	200	45	200	45	200
C	100	200	110	200	55	400

  a. 计算第 1 期 ($t=0$ 到 $t=1$) 3 只股票的价格加权指数的收益率。
  b. 第 2 年，价格加权指数的除数将会发生什么变化？
  c. 计算第 2 期 ($t=1$ 到 $t=2$) 的收益率。

12. 用第 11 题的数据，计算 3 只股票的下列指数在第 1 期的收益率。
  a. 市值加权指数。
  b. 等权重指数。

13. 某投资者的税率等级为 30%，若公司债券提供 9% 的收益率，要想使该投资者偏好市政债券，市政债券应提供的收益率最低为多少？

14. 某短期市政债券的收益率为 4%，当投资者的税率等级分别为 0、10%、20% 和 30% 时，该市政债券的应税等值收益率分别为多少？

15. 若某一共同基金正试图开发一只与覆盖面广泛的等权重指数相关的指数基金，那么它会面临什么问题？

16. 下列各项中哪种证券的售价将会更高？
  a. 利率 9% 的 10 年期长期国债和利率 10% 的 10 年期长期国债。
  b. 期限 3 个月行权价格每股 40 美元的看涨期权和期限 3 个月行权价格每股 35 美元的看涨期权。
  c. 行权价格每股 50 美元的看跌期权和标的物为另一只股票行权价格每股 60 美元的看跌期权（股票和期权的其他相关特点均相同）。

17. 参见教材图 2-11 中玉米期货合约的行情表，
  a. 假如你购买了一份将于 3 月交割的期货合约，若该期货合约在到期月的收盘价为 787.25，你将获利多少？
  b. 将于 3 月交割的合约的未平仓量是多少？

18. 回顾教材图 2-10 并观察 IBM 公司股票的期权，假设你购买了一份行权价格为每股 180 美元将于 2013 年 1 月到期的看涨期权。
  a. 假设 1 月 IBM 公司的股价为每股 193 美元，你会行权吗？你的获利将是多少？
  b. 若你买入的是行权价格为每股 185 美元、1 月到期的看涨期权，情况会怎样？
  c. 若你买入的是行权价格为每股 185 美元、1 月到期的看跌期权，情况又会怎样？

19. 为什么看涨期权在其行权价格高于标的股票的价格时，仍以正的价格销售？

20. 某一看涨期权和某一看跌期权的标的股票均为 XYZ，两者的行权价格均为每股 50 美元，期限均为 6 个月。若投资者以 4 美元的价格购入看涨期权，当股票价格分别为下列水平时，投资者的收益将各是多少？若投资者以 6 美元的价格购入看跌期权，当股票价格分别为下列水平时，投资者的收益又将各是多少？
  a. 40 美元。 b. 45 美元。 c. 50 美元。
  d. 55 美元。 e. 60 美元。

21. 说明看跌期权与期货合约中空头头寸的区别。

22. 说明看涨期权与期货合约中多头头寸的区别。

三、CFA 考题

1. 优先股的收益率经常低于债券的收益率，原因是_____。
   A. 优先股的机构评级通常更高
   B. 优先股的所有者对公司收益享有优先索偿权
   C. 当公司清算时优先股的所有者对公司资产享有优先求偿权
   D. 公司收到的大部分股利收入可以免除所得税

2. 某市政债券的利率为6.75%，按面值进行交易，某纳税者的联邦和州综合税率等级为34%，该市政债券的应税等值收益率是多少？

3. 若预期股市将会大幅上涨，股票指数期权市场上的下列哪项交易的风险最大？
   A. 出售一份看涨期权。
   B. 出售一份看跌期权。
   C. 购买一份看涨期权。
   D. 购买一份看跌期权。

4. 短期市政债券的收益率为4%，应税债券的收益率为5%，当你的税率等级分别为以下情况时，哪一种债券可以提供更高的税后收益率？
   A. 0。　　　B. 10%。　　　C. 20%。　　　D. 30%。

5. 免税债券的利率为5.6%，应税债券的利率为8%，两种债券均按面值销售，当投资者的税率等级为多少时投资两种债券是无差别的？

参考答案

一、选择题

1. E	2. B	3. E	4. D	5. B	6. B	7. B	8. B	9. E	10. C
11. C	12. C	13. D	14. C	15. D	16. D	17. E	18. C	19. E	20. B

二、课后习题

1. 一方面，优先股类似于长期债务，它通常会承诺每年支付给持有人一笔固定的股息。从这个意义上讲，它是永续的。此外，同长期债务相同，它也没赋予其持有者参与公司决策的权利。

   另一方面，优先股又类似股权，支付优先股股息并不是公司的合同义务，不支付股息也不会引起公司破产。而在公司破产时，优先股对于公司的索赔优先权要优于普通股，但次于债券。

2. 货币市场证券之所以被称为"现金等价物"，是因为它们流动性高。货币市场证券价格稳定，可以在短时间内变现，并且具有较低的交易成本。货币市场工具包括国库券、商业票据和银行承兑汇票等，其中每一种证券都是高度市场化的，可以在二级市场上进行交易。

3. a项正确。回购协议是买卖双方签订的一种协议，在该协议下，证券的卖方同意以约定的价格在约定的日期从买方"回购"该证券。证券交易员通常使用回购作为获取购买证券资金的一种手段。

4. 它们的收益率之差将会扩大。经济恶化会增加信贷风险，即增加违约的可能性。因此，对于具有较高违约风险的债务证券，投资者将要求更高的收益。

5. 普通股、优先股以及公司债券之间的主要区别如下表所示：

	公司债券	优先股	普通股
投票权			是
合同义务	是		
永续支付		是	是
累积股息		是	
固定支付	是	是	
破产清算偿付顺序	第一	第二	第三

6. 市政债券的利息是免税的。当面临更高的边际税率时，高收入投资者将更倾向于投资免税的证券。

7. a. 需要支付的价格为：面值 × 161.187 5% = 1 611.875（美元）。
   b. 息票利率为 6.25%，意味着每年需要支付 62.50 美元的票息，更确切地说，每半年支付 31.25 美元的票息。
   c. 固定收益证券的到期收益率是指其被要求达到的回报，《华尔街日报》和其他金融新闻界把它称作要价收益。在这种情况下，到期收益率为 2.113%。投资者今天买入这种证券并持有至到期的年收益将达到 2.113%。学生将在后面的一章中学习如何使用金融计算器计算价格和到期收益率。

8. 预期的售价 $P = 10\,000/1.02 = 9\,803.92$（美元）。

9. 税前总收入是 4 美元。除去 70% 优先股股息后，
   应纳税所得额为：$0.30 \times 4 = 1.20$（美元）。
   因此，应纳税额为：$0.30 \times 1.20 = 0.36$（美元）；
   税后收益为：$4.00 - 0.36 = 3.64$（美元）；
   故收益率为：$3.64/40.00 = 9.10\%$。

10. a. 可以购买：$5\,000/64.69 = 77.29$ 股。由于股票不可拆分，因此可以购买 77 股。
    b. 每年的股息收入为：$77 \times 2.04 = 157.08$（美元）。
    c. 已知市盈率为 9.31，价格为 64.69 美元。因此，64.69/每股收益 = 9.3，每股收益 = 6.96 美元。
    d. General Dynamics 当日收盘价为 64.69 美元，比前一交易日收盘价高 0.65 美元。故前一交易日收盘价为 64.04 美元。

11. a. 在 $t=0$ 时，价格加权指数为：$(90+50+100)/3 = 80$。
    在 $t=1$ 时，价格加权指数为：$(95+45+110)/3 = 83.333$。
    故其收益率为：$(83.333/80) - 1 = 4.17\%$。
    b. 股票分拆前，股票 C 的价格为 110，故价格加权指数为：$250/3 = 83.333$。股票分拆后，股票 C 的价格降为 55。因此，必须找到一个新的除数 d，满足：
    $$83.333 = (95+45+55)/d, \quad 所以\ d = 2.340$$
    c. 第 2 期收益率为零。因为每只股票的收益率分别为零，故指数保持不变。

12. a. $t=0$ 时总市值为：$(9\,000+10\,000+20\,000) = 39\,000$；
    $t=1$ 时总市值为：$(9\,500+9\,000+22\,000) = 40\,500$。
    故市值加权指数收益率 = $(40\,500/39\,000) - 1 = 3.85\%$。
    b. 每种股票收益率分别如下：
    $$r_A = (95/90) - 1 = 0.055\,6$$
    $$r_B = (45/50) - 1 = -0.10$$

$$r_C = (110/100) - 1 = 0.10$$

故等权重指数收益率为：$[0.0556 + (-0.10) + 0.10]/3 = 0.0185 = 1.85\%$。

13. 公司债券税后收益率为：$0.09 \times (1 - 0.30) = 0.0630 = 6.30\%$。因此，市政债券应提供的收益率最低为 6.30%。

14. 教材式（2-2）表明，应税等值收益率为：$r = r_m/(1 - t)$。
    因此，税率等级为 0 时，$r = 4\%/(1 - 0) = 4.00\%$；
    税率等级为 10% 时，$r = 4\%/(1 - 10\%) = 4.44\%$；
    税率等级为 20% 时，$r = 4\%/(1 - 20\%) = 5.00\%$；
    税率等级为 30% 时，$r = 4\%/(1 - 30\%) = 5.71\%$。

15. 在等权重指数基金中，不论市值大小，每只股票都被赋予相同的权重。大盘股和小盘股权重相同。它将面临如下挑战。
    (1) 由于大盘股与小盘股权重相同，等权重指数（EWI）会比相应的市值更不稳定。
    (2) 因此，EWI 不能很好地反映所代表的市场，它低估了大公司在经济中的重要性。
    (3) 由于 EWI 必须重新调回它的初始目标，转手率通常会被高估。且很多交易将集中在流动性较差的小市值股票中。

16. a. 因为债券持有人可以收到更高的利息，所以较高息票率的 10 年期国债将以更高的价格出售。
    b. 具有较低行权价格的看涨期权更有价值。
    c. 基于定价较低股票的看跌期权更有价值。

17. a. 在期货价格 787.25 时买入合约（见教材图 2-11）。合约的收盘价为 787.25，比初始期货价格高 0.04。合约乘数为 5 000。因此，可获利 $0.04 \times 5\,000 = 200.00$。
    b. 未平仓合约量为 135 778。

18. a. 因为股票价格超过行权价格，将行权看涨期权。期权的收益为 $193 - 180 = 13$ 美元，最初成本为 12.58 美元，故利润为 $13 - 12.58 = 0.42$ 美元。
    b. 由于股票价格超过行权价格，会行使期权，期权的收益是 $193 - 185 = 8$ 美元，最初成本为 9.75 美元，故利润为 $8 - 9.75 = -1.75$ 美元。
    c. 若看涨期权的行权价格为 185 美元，当股票价格大于 185 美元时，不会行权该期权，故将会损失最初成本 12.01 美元。

19. 股票的即时价格往往低于未来价格，而且股票价格波动幅度较大，虽然当前股票价格低于期权行权价格，在未来，两者的高低仍难以确定，投资者仍可能行权获得收益。因此，看涨期权仍能以正的价格出售。

20.

	到期时看涨期权价值	初始成本	损益		到期时看跌期权价值	初始成本	损益
a.	0	4	-4	a.	10	6	4
b.	0	4	-4	b.	5	6	-1
c.	0	4	-4	c.	0	6	-6
d.	5	4	1	d.	0	6	-6
e.	10	4	6	e.	0	6	-6

21. 看跌期权的买方具有以行权价卖出标的资产的权利。期货合约中的空头具有以期货价格卖出标的资产的义务。不过，如果标的资产的价格下跌，这两个角色都会从中受益。

22. 看涨期权的买方具有以行权价买入标的资产的权利。期货合约中的多头具有以期货价格买入标的资产的义务。不过，如果标的资产的价格上涨，这两个角色都会从中受益。

三、CFA考题

1. D。债券利息收入要缴纳所得税，而优先股的股利收入是免税的。即使优先股以较低的收益率出售，由于其拥有税收优势，扣除所得税后，债券的收益率可能反而要低于优先股。
2. 应税等值收益率为：$6.75\%/(1-0.34)=10.23\%$。
3. A。随着股票价格升高，看涨期权卖方将承担无限的潜在损失。
4. A. 应税债券。税率等级为零时，应税债券的税后收益率与税前收益率相同（5%），这高于市政债券的收益率。
   B. 应税债券。其税后收益率为 $5\%\times(1-10\%)=4.5\%$。
   C. 两种一样。应税债券的税后收益率为 $5\%\times(1-20\%)=4.0\%$，与市政债券的收益率相同。
   D. 市政债券。应税债券的税后收益率为 $5\%\times(1-30\%)=3.5\%<4.0\%$，税率等级在20%以上时，市政债券会为投资者提供更高的税后收益率。
5. 若税后收益率相等，则 $0.056=0.08\times(1-t)$，解得 $t=0.30=30\%$。

第3章

证券是如何交易的

一、选择题

1. 先前已发行的股票（　　）交易。
   A. 在二级市场　　　　　B. 在一级市场　　　　　C. 通常在投资银行的协助下
   D. A 和 B　　　　　　　E. B 和 C

2. 购买新发行的股票是（　　）。
   A. 在二级市场上　　　　B. 在一级市场上　　　　C. 通常在投资银行的协助下
   D. A 和 B　　　　　　　E. B 和 C

3. 公司通过（　　）发行股票来筹集资金。
   A. 在二级市场上　　　　B. 在一级市场上　　　　C. 向粗心的投资者
   D. 在市场走势上涨时　　E. C 和 D

4. 下列关于专家做市商的说法哪项是正确的？（　　）
   A. 专家做市商保留了一份所有未执行限价指令的订单。
   B. 专家做市商的收入来源是佣金收入和股票买卖差价。
   C. 专家做市商会按买价或卖价立即执行交易。
   D. 专家做市商不能用自有账户交易。
   E. A、B 和 C 都正确。

5. 投资银行（　　）。
   A. 在股票发行和投资者之间起到中介作用
   B. 作为顾问，帮助公司分析财务需求，为新发行的证券寻找买主
   C. 从储户手中接收存款，并将它们贷给公司
   D. A 和 B
   E. A、B 和 C

6. 在包销时，（　　）。
   A. 投资银行从发行公司那里购买证券，再将这些证券出售给公众
   B. 投资银行同意帮助公司以优惠的价格销售证券
   C. 投资银行家认为投资银行是最好的营销安排
   D. B 和 C
   E. A 和 B

7. 二级市场包括了（　　）。
   A. 在美国证券交易所的交易　　B. 在场外交易市场上的交易　　C. 通过投资银行的交易
   D. A 和 B　　　　　　　　　　E. A、B 和 C

8. 初始保证金要求取决于（　　）。
   A. 证券交易委员会　　　B. 美国联邦储备体系　　C. 美国证券交易所
   D. B 和 C　　　　　　　E. A 和 B

9. 你以每股 50 美元的价格购买 JNJ 股票，现在的股价是 65 美元，你的收益通过建立一个（　　）可以得到保护。
   A. 止购指令　　　　　　B. 限价买入指令　　　　C. 市场委托指令
   D. 限价卖出指令　　　　E. 以上都不是。

10. 你以每股 80 美元的价格卖空 JCP 股票，你通过建立一个（　　）可以使损失最小。

A. 限价卖出指令　　　B. 限价买入指令　　　C. 止购指令
D. 当日委托指令　　　E. 以上都不是。

11. 下列关于交易指令的说法哪项是错误的？（　　）
    A. 市场委托指令是按照当前市场价格立即执行的买入或卖出指令。
    B. 限价卖出指令是指达到投资者指定的价格卖出证券。
    C. 如果 ABC 股票的卖出价是 50 美元，限价买入指令可以指导经纪人在股价低于 45 美元时买入股票。
    D. 市场委托指令是在一个特定的交易市场买入或卖出股票的指令。
    E. 以上都不是。

12. 内幕信息交易的限制涉及以下人员除了（　　）。
    A. 公司高管
    B. 公司董事
    C. 主要股东
    D. 上述所有人员都受到内幕交易限制。
    E. 上述所有人都不受内幕交易限制。

13. 买卖股票的成本包括了（　　）。
    A. 经纪人的佣金
    B. 交易商的买卖差价
    C. 投资者可能被迫做出的价格让步
    D. A 和 B
    E. A、B 和 C

14. 假设你以每股 70 美元的价格从你的经纪人手中购入 200 股 GE 普通股股票，如果初始保证金是 55%，你需要从你的经纪人那里借入多少钱？（　　）
    A. 6 000 美元。　　　B. 4 000 美元。　　　C. 7 700 美元。
    D. 7 000 美元。　　　E. 6 300 美元。

15. 你以每股 60 美元的价格卖空了 200 股普通股，初始保证金是 60%，你的初始投资额是（　　）。
    A. 4 800 美元　　　B. 12 000 美元　　　C. 5 600 美元
    D. 7 200 美元　　　E. 以上都不是。

16. 你以每股 70 美元的价格购买 100 股 IBM 的普通股，假设初始保证金是 50%，维持保证金是 30%，在哪一价格水平之下你会收到保证金催款通知？假设不支付股利，忽略保证金利息。（　　）
    A. 21 美元。　　　B. 50 美元。　　　C. 49 美元。
    D. 80 美元。　　　E. 以上都不是。

17. 你以每股 45 美元的价格购买 100 股普通股股票，假设初始保证金是 50%，股票不支付股利。如果股价在 30 美元时收到了保证金存款通知，那么维持保证金是多少？忽略保证金利息。（　　）
    A. 0.33。　　　B. 0.55。　　　C. 0.43。
    D. 0.23。　　　E. 0.25。

18. 你以每股 60 美元的价格购买了 300 股普通股股票，初始保证金是 60%，股票不支付股利。如果你以每股 45 美元的价格卖出股票，你的收益率是多少？忽略保证金利息。（　　）

A. 25.00%。 B. -33.33%。 C. 44.31%。
D. -41.67%。 E. -54.22%。

19. 假设你以每股 45 美元的价格卖出 100 股普通股股票，初始保证金是 50%，如果以每股 40 美元的价格买回股票，你的收益率是多少？在此期间，股票未支付股利，并且在进行这一笔抵消交易前，你没有从账户中转移任何资金。（　　）
    A. 20.03%。 B. 25.67%。 C. 22.22%。
    D. 77.46%。 E. 以上都不是。

20. 你以每股 55 美元价格卖空了 300 股普通股股票，初始保证金是 60%，如果维持保证金是 35%，在何种股价下你将会收到保证金催缴通知？（　　）
    A. 51.00 美元。 B. 65.18 美元。 C. 35.22 美元。
    D. 40.36 美元。 E. 以上都不是。

21. 假设你以每股 50 美元的价格卖空了 100 股普通股，初始保证金是 60%，如果股价跌至 60 美元时你会收到保证金催缴通知，那么维持保证金是多少？（　　）
    A. 40%。 B. 33%。 C. 35%。
    D. 25%。 E. 以上都不是。

二、课后习题

1. 止损指令、限价卖出指令和市场指令之间的区别是什么？
2. 为什么近几年平均交易规模在逐渐下降？
3. 保证金交易是如何既放大上行潜力又增加投资的下行风险的？
4. 市场委托指令具有_____。
   a. 价格的不确定性，执行的确定性
   b. 价格和执行的不确定性
   c. 执行的不确定性，价格的确定性
5. 在发展中国家，流动性差的证券最可能在什么市场中交易？
   a. 经纪人市场。 b. 电子通信网络。 c. 电子限价指令市场。
6. 投资者 Dee 开设了一个经纪人账户，以每股 40 美元购买了 300 股 Internet Dreams 的股票，为支付购买价款，她向经纪人借款 4 000 美元，借款利率为 8%。
   a. Dee 首次购买股票时，其账户中的保证金是多少？
   b. 若年末时股价跌至每股 30 美元，Dee 账户中的剩余保证金是多少？若维持保证金比例是 30%，她会收到保证金催缴通知吗？
   c. 她的投资收益率是多少？
7. 投资者 Old Economy 开设了一个账户，卖空了 1 000 股 Internet Dreams 的股票，最初的保证金比例是 50%（保证金账户没有利息）。一年后，Internet Dreams 的股价从每股 40 美元涨至每股 50 美元，且该股票已支付了每股 2 美元的股利。
   a. 账户中的剩余保证金是多少？
   b. 若维持保证金比例要求是 30%，Old Economy 会收到保证金催缴通知吗？
   c. 其投资收益率是多少？
8. 下表是专家做市商的最新成交簿，该股票上笔交易的成交价格是每股 50 美元。

限价买入指令		限价卖出指令	
报价（美元）	股票数量	报价（美元）	股票数量
49.75	500	50.25	100
49.50	800	51.50	100
49.25	500	54.75	300
49.00	200	58.25	100
48.50	600		

  a. 若买入 100 股的市场委托指令出现，行权价格将是多少？
  b. 下一条市场委托买入指令将以何种价格执行？
  c. 如果你是专家做市商，你会增加还是减少自己的股票存货？
9. 你对 Telecom 的股票看涨，其当前市价是每股 50 美元，你自己有 5 000 美元可进行投资，此外你又从经纪人处借入 5 000 美元，年利率为 8%。你将这 10 000 美元全部投资该股票。
  a. 若 Telecom 股价在下一年内上涨 10%，你的投资收益率将是多少（不考虑股利）？
  b. 若维持保证金比例为 30%，Telecom 的股价跌至多少时你会收到保证金催缴通知？假设股价是瞬间变化。
10. 你对 Telecom 的股票看跌，其当前市价是每股 50 美元，你决定卖空 100 股。
  a. 若经纪人的维持保证金比例要求是空头头寸的 50%，你必须在你的经纪人账户中存入多少现金或证券？
  b. 若经纪人的维持保证金比例要求是空头头寸的 30%，股价涨到多少时你会收到保证金催缴通知？
11. 假设英特尔股票的当前价格为每股 20 美元，你买入 1 000 股，其中 15 000 美元为你的自有资金，剩下的向经纪人借入，借款利率为 8%。
  a. 若英特尔的股价瞬间变为：①22 美元；②20 美元；③18 美元，你的经纪人账户中权益的变动百分比是多少？你的投资收益率与股价变化率之间的关系是什么？
  b. 若维持保证金比例 25%，股价跌至多少时你会收到保证金催缴通知？
  c. 若你最初买入股票时自有资金仅为 10 000 美元，问题 b 的答案将如何变化？
  d. 若一年后英特尔的股价变为：①22 美元；②20 美元；③18 美元，你的投资收益率分别为多少（假设你最初投资的自有资金为 15000 美元）？你的投资收益率与股价变化率之间的关系是什么？
  e. 假设一年已经过去，股价跌至多少时你会收到保证金催缴通知？
12. 假设你卖空 1 000 股英特尔公司的股票，其当前市价为每股 20 美元，你向经纪人支付 15 000 美元来建立你的保证金账户。
  a. 假设保证金账户没有利息，若一年后英特尔的股价变为：①22 美元；②20 美元；③18 美元，你的投资收益率分别为多少（不考虑股利）？
  b. 若维持保证金比例为 25%，股价涨至多少时你会收到保证金催缴通知？
  c. 假设英特尔公司支付每股 1 美元的年终股利，重新计算问题 a 和问题 b。其中，问题 a 中的股价不包含股利。
13. 下面是 Marriott 股票价格的部分信息。

	买方报价（美元）	卖方报价（美元）
Marriott	39.95	40.05

你已发出一条40美元的止损指令，这意味着你在向经纪人传达什么意思？考虑到当前的市场价格，你的指令会被执行吗？

14. 下面是Fincorp股票价格的部分信息，假设该股票在交易商市场进行交易。

买方报价（美元）	卖方报价（美元）
55.25	55.50

　　a. 假设你已向经纪人发出一条市场委托买入指令，该指令的行权价格将是多少？
　　b. 假设你已向经纪人发出一条市场委托卖出指令，该指令的行权价格将是多少？
　　c. 假设你已向经纪人发出一条55.62美元的限价卖出指令，将会发生什么？
　　d. 假设你已向经纪人发出一条55.37美元的限价买入指令，将会发生什么？

15. 你以保证金贷款的形式借入20 000美元购买迪士尼公司的股票，该股票的当前市价为每股40美元，账户的初始保证金比例要求为50%，维持保证金比例要求为35%，两天后该股票的价格跌至每股35美元。

　　a. 此时你会收到保证金催缴通知吗？
　　b. 股价下跌至多少时，你会收到保证金催缴通知？

16. 1月1日，你以每股21美元卖空100股Lowes公司的股票。2月1日，收到每股2美元的股利支付。4月1日，你以每股15美元的价格买入股票填补卖空的股票。每笔交易你都要支付每股50美分的佣金。4月1日，你账户的价值是多少？

三、CFA考题

1. FBN公司刚刚首次公开发行了100 000股股票，支付给承销商的显性费用为70 000美元，首次公开发行价格为每股50美元，但发行后立即涨至每股53美元。
　　a. 你认为FBN公司这次首次公开发行的总成本是多少？
　　b. 承销的总成本是承销商的利润来源之一吗？
2. 某股票的当前市价为每股62美元，你发出一条以每股55美元卖出100股该股票的止损指令，若股价跌至每股50美元，每股你将收到多少钱？（　　）
　　a. 50美元。　　　　　　　　　　b. 55美元。
　　c. 54.87美元。　　　　　　　　 d. 根据已知信息无法判断。
3. 纽约证券交易所的专家做市商不包括下列哪一项？（　　）
　　a. 作为自己账户的交易商。　　　b. 执行限价指令。
　　c. 向市场提供流动性。　　　　　d. 作为交易商。

参考答案

一、选择题

1. A	2. E	3. B	4. E	5. D	6. A	7. D	8. B	9. D	10. C
11. D	12. D	13. E	14. E	15. D	16. B	17. E	18. D	19. C	20. B
21. B									

二、课后习题

1. 止损指令：如果价格低于预定价格，允许卖出股票，止损指令往往伴随着短期卖出。

限价卖出指令：当股票价格高于预定价格时执行卖出。

市场指令：以当前市价立即执行买入或卖出指令。

2. 当前市场针对大规模交易具有负面反应，于是大规模交易通常被拆分为许多小交易，从而交易的平均规模逐渐下降。

3. 杠杆的使用必然会放大投资者的回报。如果股票价格上涨，利用借款可以获得更大的投资回报。但是，如果股价下跌，无论下跌多少，投资者都必须偿还贷款，从而都会产生负的回报率。例如，如果投资者以 100 美元的价格买入资产，当价格上涨到 110 美元时，投资者就可以获得 10% 的收益。如果投资者以 5% 的成本获得 40 美元的贷款并购买相同的股票，那么回报率为 13.3%，计算如下：10 美元的资本收益减去 2 美元的利息支出，然后除以 60 美元的本金。当然，如果股价低于 100 美元，杠杆账户的负回报率会更大。

4. a。市场委托指令是指以最可能成交的价格立即执行交易。市场委托指令的重点是执行速度（减少执行的不确定性）。市场委托指令的缺点是执行的价格未知，因此具有不确定性。

5. a。经纪市场由为客户酌情执行交易的中介组成。当某个低流动性证券有大量交易时，很可能是因为经纪人接触了大量对这类证券感兴趣的客户。

6. a. 购买股票的成本是：$300 \times 40 = 12\,000$ 美元，从经纪人处借了 4 000 美元。因此，投资者的保证金为 8 000 美元。

   b. 如果股价跌至每股 30 美元，则股票的总价值跌至 9 000 美元。年末时，欠经纪人的贷款增长至：$4\,000 \times 1.08 = 4\,320$ 美元。因此，投资者账户的剩余保证金为：$9\,000 - 4\,320 = 4\,680$ 美元。现在，保证金比例为：$4\,680/9\,000 = 0.52 = 52\% > 30\%$。因此，她不会收到保证金催缴通知。

   c. 这一年的投资收益率为：（账户期末权益 − 初始权益）/初始权益 $= (4\,680 - 8\,000)/8\,000 = -0.415 = -41.5\%$。

7. a. 初始保证金为：$0.50 \times 1\,000 \times 40 = 20\,000$（美元）。

   股价的增长导致 Old Economy 的交易商损失：$10 \times 1\,000 = 10\,000$（美元）。

   此外，Old Economy 交易商必须向股票的持有者支付每股 2 美元的股息，从而账户中的保证金还要额外减少 2 000 美元。因此剩余保证金为：$20\,000 - 10\,000 - 2\,000 = 8\,000$（美元）。

   b. 保证金比例为：$8\,000/50\,000 = 0.16 = 16\%$，因此会收到保证金催缴通知。

   c. 账户中的股票在一年之内从 20 000 美元下降至 8 000 美元，从而收益率为：$(-12\,000/20\,000) = -0.60 = -60\%$。

8. a. 市场委托指令将以最低的限价卖出指令价格 50.25 美元成交。

   b. 下一条市场委托指令将按前个交易完成之后的最低卖出价格 51.50 美元成交。

   c. 会增加自己的存货。从委托书可以看出，此股票在低于 50 美元的价位时有大量的买入需求；而卖出压力却很小。表明适度的买入指令可能导致股价的大幅上涨。

9. a. 用 10 000 美元买入了 200 股的 Telecom 股票。在下一年内，这些股票价值将增加 10% 或 1 000 美元。支付的利息是：$0.08 \times 5\,000 = 400$ 美元。从而，收益率为：

$$\frac{1\,000 - 400}{5\,000} = 0.12 = 12\%$$

   b. 设 200 股股票的价值为 $200P$，则权益价值为 $(200P - 5\,000)$。令 $\frac{200P - 5\,000}{200P} = 0.30$ 解得 $P = 35.71$ 美元，从而得知当 P 小于等于 35.71 美元时会收到保证金催缴通知。

10. a. 初始保证金为 5 000 美元的 50%, 即 2 500 美元。

b. 总资产为 7 500 美元 (5 000 美元来自卖空股票, 2 500 美元为保证金)。负债为 $100P$。因此, 权益价值为 $(7\,500 - 100P)$。令 $\dfrac{7\,500 - 100P}{100P} = 0.30$, 解得 $P = 57.69$ 美元, 从而得知, 当 P 大于 57.69 美元时会收到保证金催缴通知。

11. 买入股票的总成本为 $20 \times 1\,000 = 20\,000$ 美元, 从经纪人处借得 5 000 美元, 并从自有资金中取出 15 000 美元进行投资, 从而保证金账户初始净值为 15 000 美元。

a. ①若英特尔的股价瞬间变为 22 美元, 则权益增至: $(22 \times 1\,000) - 5\,000 = 17\,000$ 美元; 收益百分比 $= 2\,000/15\,000 = 0.133\,3 = 13.33\%$。

②若英特尔的股价仍为 20 美元, 则权益不变, 从而收益百分比为 0。

③若英特尔的股价瞬间变为 18 美元, 则权益跌至 $(18 \times 1\,000) - 5\,000 = 13\,000$ (美元); 收益百分比 $= -2\,000/15\,000 = -0.133\,3 = -13.33\%$。

股价变化率和投资者收益率的关系由下式给出:

$$\text{收益率} = \text{股价变化率} \times \dfrac{\text{总投资}}{\text{投资者的初始权益}} = \text{股价变化率} \times 1.333$$

b. 1 000 股股票的价值为 $1\,000P$, 权益价值为 $(1\,000P - 5\,000)$。令 $\dfrac{1\,000P - 5\,000}{1\,000P} = 0.25$, 解得 $P = 6.67$ 美元, 从而可知, 当 P 小于等于 6.67 美元时会收到保证金催缴通知。

c. 1 000 股股票的价值为 $1\,000P$, 但是现在借了 10 000 美元, 而不是 5 000 美元。因此, 权益价值为 $(1\,000P - 10\,000)$, 令 $\dfrac{1\,000P - 10\,000}{1\,000P} = 0.25$, 解得 $P = 13.33$ 美元, 从而可知, 当 P 小于等于 13.33 美元时会收到保证金催缴通知。

d. 一年后, 贷款金额增加至 $5\,000 \times 1.08 = 5\,400$ 美元, 账户权益价值为 $(1\,000P - 5\,400)$, 初始权益价值为 15 000 美元。因此, 一年后的收益率如下:

① $\dfrac{(1\,000 \times 22) - 5\,400 - 15\,000}{15\,000} = 0.106\,7$, 即 10.67%

② $\dfrac{(1\,000 \times 20) - 5\,400 - 15\,000}{15\,000} = -0.026\,7$, 即 -2.67%

③ $\dfrac{(1\,000 \times 18) - 5\,400 - 15\,000}{15\,000} = -0.160\,0$, 即 -16.00%

英特尔股票价格的百分比变化和收益的百分比变化的关系如下:

$$\text{收益率} = \left(\text{股价变化率} \times \dfrac{\text{总投资}}{\text{投资者的初始权益}}\right) - \left(8\% \times \dfrac{\text{借款}}{\text{投资者的初始权益}}\right)$$

e. 1 000 股股票的价值为 $1\,000P$, 权益价值为 $(1\,000P - 5\,400)$, 则 $\dfrac{1\,000P - 5\,400}{1\,000P} = 0.25$, 解得 $P = 7.2$ 美元, 从而可知, 当 P 小于等于 7.2 美元时会收到保证金催缴通知。

12. a. 空头头寸的损益为 $(-1\,000 \times \Delta P)$, 投资金额为 15 000 美元, 因此, 收益率 $= (-1\,000 \times \Delta P)/15\,000$, 3 种情形下的收益率分别为:

① 收益率 $= (-1\,000 \times 2)/15\,000 = -0.133\,3 = -13.33\%$;

② 收益率 $= (-1\,000 \times 0)/15\,000 = 0\%$;

③ 收益率 $= [-1\,000 \times (-2)]/15\,000 = 0.133\,3 = 13.33\%$。

b. 保证金账户的总资产为: 20 000 (来自股票的销售) + 15 000 (初始保证金) = 35 000 美元,

债务为 500P，令 $\dfrac{35\,000 - 1\,000P}{1\,000P} = 0.25$，解得 $P = 28$ 美元，从而可知，当 P 小于等于 28 美元时会收到保证金催缴通知。

c. 股利为 1 美元，空头头寸也必须为借得的股票支付（1 美元/股 × 1 000 股）= 1 000 美元。现在收益率为 [(-1 000 × ΔP) - 1 000] / 15 000。

① 收益率 = [(-1 000 × 2) - 500]/15 000 = -0.166 7 = -16.67%；
② 收益率 = [(-1 000 × 0) - 500]/15 000 = -0.033 3 = -3.33%；
③ 收益率 = [(-1 000) × (-2) - 500]/15 000 = 0.100 0 = 10.00%。

总资产为 35 000 美元，债务为 (1 000P + 1 000)。

令 $\dfrac{35\,000 - 1\,000P - 1\,000}{1\,000P} = 0.25$，解得 $P = 27.20$ 美元，则当 P 大于等于 27.20 美元时会收到催缴通知。

13. 经纪人收到的指示为：当股价等于或低于 40 美元时，立即卖出 Marriott 公司股票。经纪人会执行委托，但是因为现在买入价是 39.95 美元，经纪人很可能无法以 40 美元的价格售出，而很可能以当前的买价 39.95 美元卖出。因为当价格符合要求时，止损指令将转变成按照当前市价卖出的市价指令。

14. a. 买入价格为当前交易商卖价 55.50 美元。
    b. 卖出价格为交易商买入价 55.25 美元。
    c. 因为买方报价低于限价卖出指令指定的 55.62 美元，交易将不会被执行。
    d. 因为卖方报价高于限价买入指令指定的 55.37 美元，交易将不会被执行。

15. a. 不会收到保证金催缴通知。借入的 20 000 美元和自有的 20 000 美元可以以 40 美元的价格买入迪士尼公司的股票 1 000 股。在股价为每股 35 美元时，股票的市场价值为 35 000 美元，权益价值为 15 000，保证金比例为 15 000/35 000 = 42.9%，超过了维持保证金比例。

    b. $\dfrac{1\,000P - 20\,000}{1\,000P} = 0.35$，解得 $P = 30.77$（美元），从而可知，当 P 小于等于 30.77 美元时会收到保证金催缴通知。

16. 卖空的收入为：(21 × 100) - 50 = 2 050 美元。从该账户中提取 200 美元的股利。在每股 15 美元情况下平仓将花费 1 500 + 50 = 1 550 美元。因此，账户价值等于交易净利润，为 2 050 - 200 - 1 550 = 300 美元。

三、CFA 考题

1. a. 除了 70 000 美元的显性费用外，FBN 公司还为首次公开发行的折价发行支付了一笔隐形费用。折扣额为每股 3 美元，总计 300 000 美元，这意味着总成本为 370 000 美元。
   b. 不是。折价的成本支付给了购买股票的投资者，而承销商并未获得相应的成本。但如果不存在折价，承销难度必然加大，发行者同样要支付更多的承销费用。

2. d。经纪人将努力在第一笔市价低于或等于 55 美元之后进行市场委托，收入接近 55 美元，但不能确定具体数字。

3. d。专家做市商的业务有执行委托、买卖证券存货以保证价格的稳定和市场的流动性等，不包括零股自营商。

第4章

共同基金与其他投资公司

一、选择题

1. 下列关于开放式共同基金的说法哪项是错误的？（   ）
   A. 以资产净值赎回基金份额。
   B. 基金为投资者提供专业化的管理。
   C. 该基金为投资者提供一个保障收益率。
   D. 该基金为投资者提供专业化管理，并保障收益率。
   E. 以资产净值赎回基金份额，并为投资者提供专业化的管理。

2. 下列关于封闭式共同基金的说法哪项是错误的？（   ）
   A. 基金有时按资产净值折价出售。
   B. 基金按现行市场价格出售。
   C. 该基金为投资者提供专业化管理。
   D. 以资产净值赎回基金份额。
   E. 基金有时按资产净值溢价出售。

3. 对投资者来说，投资公司发挥以下哪几项功能？（   ）
   A. 记账与管理。
   B. 分散化与可分割性。
   C. 专业化管理。
   D. 较低的交易成本。
   E. 记账与管理，分散化与可分割性，专业化管理，较低的交易成本。

4. 年末，共同基金的资产是 457 000 000 美元，负债是 17 000 000 美元，期末的基金份额是 24 300 000，每份共同基金的资产净值是多少？（   ）
   A. 18.11 美元。   B. 18.81 美元。   C. 69.96 美元。
   D. 7.00 美元。   E. 181.07 美元。

5. 年末，成长基金的资产是 862 000 000 美元，负债是 12 000 000 美元，期末的基金份额是 32 675 254，每份成长基金的资产净值是多少？（   ）
   A. 28.17 美元。   B. 25.24 美元。   C. 19.62 美元。
   D. 26.01 美元。   E. 21.56 美元。

6. 年末，多元化投资组合基金的资产是 279 000 000 美元，负债是 43 000 000 美元，如果每份基金的资产净值是 42.13 美元，那么持有该基金的份额是多少？（   ）
   A. 43 000 000。   B. 6 488 372。   C. 5 601 709。
   D. 1 182 203。   E. 5 402 761。

7. 同市场指数基金如威尔希尔 5000 相比，大多数积极管理的共同基金（   ）。
   A. 在所有年份都可以取得高于市场收益率的报酬
   B. 在大多数年份可以取得高于市场收益率的报酬
   C. 其回报率超过指数基金
   D. 一般不能跑赢大市
   E. 通常其表现不如市场

8. 在基金存续期间，将资金投资在一个固定的投资者组合中，这被称为（   ）。
   A. 开放式基金   B. 封闭式基金   C. 单位投资信托

D. 不动产投资信托基金　　E. 可赎回信托基金

9. 封闭式基金的投资者想要变现的话，必须（　　）。
   A. 通过经纪人将股份出售
   B. 按资产净值折价将基金份额出售给发行人
   C. 按资产净值溢价将基金份额出售给发行人
   D. 按资产净值将基金份额出售给发行人
   E. 持有基金份额至到期

10. 封闭式基金通常按资产净值（　　）发行，按资产净值（　　）交易。
    A. 折价；折价　　　　　　B. 折价；溢价　　　　　　C. 溢价；溢价
    D. 溢价；折价　　　　　　E. 没有发现这其中有一致性的关系。

11. 发行时，开放式基金的发行价往往（　　）。
    A. 由于手续费和佣金，低于资产净值
    B. 由于手续费和佣金，高于资产净值
    C. 由于需求有限，低于资产净值
    D. 由于需求过剩，高于资产净值
    E. 没有固定模式，低于或高于资产净值

12. 下列关于不动产投资信托的说法哪项是正确的？（　　）
    A. 不动产投资信托投资于不动产或不动产担保的贷款。
    B. 不动产投资信托通过银行借款、抵押贷款来筹集资金。
    C. 不动产投资信托同开放式基金一样，按资产净值赎回份额。
    D. 上述所有都正确。
    E. 不动产投资信托投资于不动产或不动产担保的贷款，它们通过银行借款、抵押贷款来筹集资金。

13. 下列关于不动产投资信托的说法哪项是正确的？（　　）
    A. 不动产投资信托可能是股权信托或抵押信托。
    B. 不动产投资信托通常运用很高的财务杠杆。
    C. 不动产投资信托类似于封闭式基金。
    D. 不动产投资信托可能是股权信托或抵押信托，它们通常运用很高的财务杠杆，类似于封闭式基金。
    E. 不动产投资信托可能是股权信托或抵押信托，它们类似于封闭式基金。

14. 下列关于货币市场基金的说法哪项是正确的？（　　）
    A. 它们投资于商业票据、大额可转让存单和回购协议。
    B. 它们通常提供支票簿提领功能。
    C. 它们通常有很高的财务杠杆和风险。
    D. 上述所有都正确。
    E. 它们投资于商业票据、大额可转让存单和回购协议，通常提供支票簿提领功能。

15. 共同基金的管理费用和其他费用包括了（　　）。
    A. 前端费用　　　　　　B. 撤离费用　　　　　　C. 12b-1 费用
    D. 前端费用和撤离费用　　E. 前端费用、撤离费用和 12b-1 费用

16. 2019 年 1 月 1 日某盈利基金的资产净值是 17.50 美元，同年 12 月 31 日基金的资产净值是 19.47 美元，获得的收入分配是 0.75 美元，资本利得是 1.00 美元。不考虑税收和交易成

本，投资者从这个盈利基金中得到的投资报酬率是多少？（ ）
A. 11.26%。　　　　B. 15.54%。　　　　C. 16.97%。
D. 21.26%。　　　　E. 9.83%。

17. 下列哪项不是共同基金的优点？（ ）
    A. 它们提供了各种不同的投资风格。
    B. 它们使小型投资者享有多元化投资的好处。
    C. 就税务目的而言，收入被认为是转递给投资者。
    D. 它们提供了各种不同的投资风格，使小型投资者享有多元化投资的好处，就税务目的而言，收入被认为是转递给投资者，这些都是共同基金的优点。
    E. 它们提供了各种不同的投资风格，使小型投资者享有多元化投资的好处，就税务目的而言，收入被认为是转递给投资者，这些都不是共同基金的优点。

18. 假设在其他条件不变的情况下，下列哪项可以增加共同基金份额的资产净值？（ ）
    A. 共同基金份额的显著增加。
    B. 基金应付账户的增加。
    C. 基金管理的变化。
    D. 该基金投资的股票价值的增加。
    E. 该基金投资的股票价值的减少。

19. 下列哪项符合单位信托投资的特点？（ ）
    Ⅰ）多投资于固定收益的投资组合。
    Ⅱ）它们是积极管理的投资组合。
    Ⅲ）信托的发起人建立证券组合，然后将它们以信托的形式卖给公众。
    Ⅳ）在基金存续期，投资组合是固定的。
    A. Ⅰ和Ⅳ。　　　　B. Ⅰ和Ⅱ。　　　　C. Ⅰ、Ⅲ和Ⅳ。
    D. Ⅰ、Ⅱ和Ⅲ。　　E. Ⅰ、Ⅱ、Ⅲ和Ⅳ。

20. 下列关于股权基金的说法哪项是正确的？（ ）
    Ⅰ）它们主要投资于股票。
    Ⅱ）它们可能持有固定收益证券和股票。
    Ⅲ）多持有货币市场证券和股票。
    Ⅳ）股权基金的两种形式是收入型基金和成长型基金。
    A. Ⅰ和Ⅳ。　　　　B. Ⅰ、Ⅲ和Ⅳ。　　C. Ⅰ、Ⅱ和Ⅳ。
    D. Ⅰ、Ⅱ和Ⅲ。　　E. Ⅰ、Ⅱ、Ⅲ和Ⅳ。

二、课后习题

1. 你认为一只典型的开放式固定收益基金比一只固定收益单位投资信托的运营费用是高还是低？为什么？
2. 下列投资工具的比较优势分别是什么？（ ）
   a. 单位投资信托。　　　b. 开放式基金。　　　c. 个人自主选择的股票和债券。
3. 开放式股权基金通常会将投资组合5%左右的资产投资于流动性较强的货币市场，而封闭式基金无须在现金等价物证券市场中保持这样一个头寸。开放式基金和封闭式基金的哪些差异导致了它们投资策略的不同？

4. 平衡型基金、生命周期基金以及资产分配基金都投资于股票和债券市场。这些基金的区别是什么?
5. 为什么封闭式基金的价格可以偏离资产净值但是开放式基金不会?
6. 交易所交易基金与共同基金相比,其优势和劣势分别是什么?
7. 某开放式基金的资产净值是10.70美元/单位,前端费用是6%,那么发行价格是多少?
8. 如果某开放式基金的发行价格是12.30美元/单位,前端费用是5%,那么它的资产净值是多少?
9. Fingroup基金投资组合的组成如下表所示。

股票	股数	价格(美元)	股票	股数	价格(美元)
A	200 000	35	C	400 000	20
B	300 000	40	D	600 000	25

该基金没有借入资金,目前管理费用总共为30 000美元。发行在外总份额为400万股。基金的资产净值是多少?

10. 重新考虑第9题的Fingroup基金,如果当年投资组合管理人将D股票全部卖出,并以50美元/股的价格购买了200 000股E股票,以25美元/股的价格购买了200 000股F股票。投资组合的换手率是多少?

11. Closed基金是一家封闭式基金投资公司,其投资组合现值为20 000万美元,负债是300万美元,发行在外总份额为500万股。
    a. 该基金的资产净值是多少?
    b. 如果基金每股售价36美元,则其折价或溢价百分比是多少?

12. Corporate基金年初资产净值为12.50美元/单位,年末资产净值为12.10美元/单位,该基金支付了1.50美元的年终收入分配和资本利得。投资者的税前收益率是多少?

13. 某封闭式基金年初资产净值是12.00美元/单位,年末资产净值为12.10美元/单位。年初时基金按资产净值的2%溢价销售。年末时基金按资产净值的7%折价销售。该基金支付了1.50美元的年终收入分配和资本利得。
    a. 基金投资者本年度的收益率是多少?
    b. 持有与投资管理人相同证券的投资者本年度的回报率是多少?

14. a. 去年某基金投资业绩表现良好,其投资回报率达到了同种投资政策的所有基金的前10%。你认为它明年的业绩仍然会位于前列吗?为什么?
    b. 假设该基金是比较组中业绩最差的基金之一。你认为未来几年它的相关业绩会持续下去吗?为什么?

15. 某共同基金年初资产为2亿美元,发行在外总份额为1 000万份。该基金投资的一个股票组合,年末的股息收入为200万美元。该基金投资组合股票的股价上升了8%,但是没有出售任何股票,没有资本利得分配。基金收取1%的12b-1费用,年末从投资组合资产中扣除。年初和年末的资产净值是多少?基金投资者的收益率是多少?

16. 上一年,New基金平均每天的资产为22亿美元。当年该基金出售了4亿美元的股票同时购入了5亿美元的股票。那么该基金的换手率是多少?

17. 如果New基金的费率为1.1%(见问题16),管理费用为0.7%。那么当年支付给基金投资管理人的费用总共为多少?其他的管理费用为多少?

18. 假设年初你以20美元/单位购买了1 000份New基金,前端费用为4%。当年,该基金投资的证券的价值增长了12%，费率为1.2%。如果年末卖掉股份，你的收益率是多少？

19. Loaded-Up 基金收取1.0%的12b-1费用以及0.75%的运营费用。Economy 基金收取2%的前端费用、0.25%的运营费用但是无12b-1费用。假设两只基金投资组合的费前年收益率为6%。1年、3年、10年之后每只基金的投资收益各是多少？

20. City Street 基金持有一个投资组合，其资产为4 500万美元，负债为1 000万美元。

    a. 如果发行在外总份额为440万份，资产净值为多少？

    b. 如果一个大投资者要赎回100万个单位，投资组合价值、流通股数以及资产净值会有哪些变化？

21. Investment 基金既出售A类股份又出售B类股份，A类股份的前端费用为6%，B类股份每年的12b-1费用为0.5%且撤离费用的费率起点为5%，之后每年下降1%，直到投资者持有满5年。假设投资组合扣除运营费用后的年收益率为10%。如果打算4年后出售基金，A类股份还是B类股份是你比较好的选择？如果你打算15年之后出售呢？

22. 如果你考虑投资一个有4%手续费、0.5%运营费用的共同基金，或是一个有6%利率的银行大额定期存单。

    a. 若投资2年，要想使投资基金比投资大额定期存单更赚钱，基金投资组合的年收益率应是多少？假设以复利计算年收益率。

    b. 若投资6年，情况会如何变化？为什么？

    c. 现在假设基金每年收取0.75%的12b-1费用，不收取前端费用。要想使投资基金比投资大额定期存单更赚钱，基金投资组合的年回报率应该是多少？答案与投资期限有关吗？

23. 假设每次基金管理人交易股票的成本（如佣金和买卖价差）为交易额的0.4%。若投资组合的换手率为50%，则交易成本会使投资组合的总收益率降低多少？

24. 如果某免税市政债券投资组合的收益率是4%，管理费为0.6%。那么费用占投资组合收入的百分之几？如果股权基金的管理费用也是0.6%，但是投资者预期投资组合收益率为12%，那么费用占投资组合收入的百分之几？以上结论能否解释无管理的单位投资信托倾向于固定收益市场的原因。

25. 假设观察350个投资组合管理人5年的投资业绩，并根据每年的投资收益将他们排列起来。5年后，发现样本中有11只基金的投资收益每年都能排在前50%，业绩持续性表明这些基金经理技能出众，有证据证明这一结论吗？

参考答案

一、选择题

| 1. C | 2. D | 3. E | 4. A | 5. D | 6. C | 7. D | 8. C | 9. A | 10. D |
| 11. B | 12. E | 13. D | 14. E | 15. E | 16. D | 17. C | 18. D | 19. C | 20. E |

二、课后习题

1. 投资信托的资产组合是固定的，单位投资信托具有较低的营运费用，因而不需要经理经常性的监管和根据察觉到机会的变化而重新平衡资产组合。因为其资产组合是固定的，单位投资信托实际上也几乎没有交易成本。

2. a. 单位投资信托的优势：高分散化、低成本、低管理费用，可预知的资产组合的组成，保证低资产组合流动率。
   b. 开放式基金的优势：高分散化、低成本、信息披露透明度高。
   c. 个股和债券的优势：无管理费，资本损益与个人的税收状况相关，可根据投资者的特定风险状况设计投资组合。

3. 开放式基金需要按资产净值赎回投资者的份额，因此手边必须持有一笔现金或现金等价物以满足可能的赎回需要。封闭式基金不需要现金储备，因为它们无须担心赎回的问题，它们的投资者在需要现金时，只需卖出它们的股票。

4. 平衡型基金在每种资产类别上投资的比例相对稳定，被视为一种能够实现参与多种资产投资的便利工具。生命周期基金是一种平衡型基金，其资产组合一般取决于投资者的年龄。激进型生命周期基金投资于股票的比例较大，适合于年轻的投资者；而保守型生命周期基金投资于固定收益证券的比例较大，适合于年长的投资者。相反，资产分配基金可能会根据对不同类别资产相对表现的预测，使每类资产的投资比例发生较大的变化。因此，资产分配基金需要更积极地进行市场择时。

5. 开放式基金可以随时以资产净值赎回或发行基金股份（虽然购买与赎回都会伴随销售费用）。当开放式基金的投资者想要变现基金份额时，他们就以资产净值把股份再卖回给基金。相反，封闭式基金不能赎回或发行股份，封闭式基金的投资者想要变现的话，必须将股份出售给其他投资者。封闭式基金的股份在有组织的交易所里交易，可以像其他普通股票一样通过经纪人进行买卖，因此它的价格与资产净值不同。

6. 交易所交易基金相对于共同基金而言有几大优势。
   （1）共同基金的资产净值每天只能进行一次报价，投资者在基金中的股份每天只能交易一次。相反，交易所交易基金可以持续交易，而且，交易所交易基金可以像股票一样卖空或用保证金买入。
   （2）交易所交易基金还具有潜在税收优势。当大量共同基金投资者赎回股份时，共同基金必须出售证券以满足这些赎回。这会产生资本利得税，并且会转嫁给剩下的股份持有者。相反，当小投资者想要赎回在交易所交易基金中的头寸时，他们仅需把股份出售给其他交易者，基金无须出售任何现有投资组合。大投资者可以将交易所交易基金的股份换成潜在投资组合中的股份，这种赎回形式也避免了税赋。
   （3）交易所交易基金也比共同基金成本更低。购买交易所交易基金的投资者从经纪人那里购买而不是直接从基金购买。因此，基金节省了直接向小投资者销售的成本。这种费用的减少降低了管理费用。

   交易所交易基金相对共同基金也有一些缺点。
   （1）因为可以像证券一样交易，在套利活动使价格恢复均衡之前，它们的价格有可能会小幅偏离资产净值。即使小的差异也能够轻易吞噬掉交易所交易基金相对于共同基金的成本优势。
   （2）共同基金可以无佣金、无手续费，而交易所交易基金必须从经纪人手中购买且需要支付费用。

7. 发行价格包括6%的前端手续费或销售佣金，意味着每支付的1美元中只有0.94美元用来购买股票。因此，发行价格 = 资产净值/(1 - 前端费用) = 10.70/(1 - 0.06) = 11.38美元。

8. 资产净值 = 发行价 × (1 - 前端费用) = 12.30 × 0.95 = 11.69美元。

9.

股票	基金价值（美元）
A	7 000 000
B	12 000 000
C	8 000 000
D	15 000 000
总计	42 000 000

$$资产净值 = \frac{42\,000\,000 - 30\,000}{4\,000\,000} = 10.49（美元）$$

10. 出售和替换的股票的价值为 1 500 万美元，故换手率 = 1 500/4 200 = 0.357 = 35.7%。

11. a. 资产净值 $= \frac{20\,000 - 300}{500} = 39.40（美元）$。

    b. 溢价（或折价）$= \frac{P-NAV}{NAV} = \frac{36-39.40}{39.40} = -0.086 = -8.6\%$。

    故基金按资产净值 8.6% 的折扣出售。

12. 税前收益率 $= \frac{NAV_1 - NAV_0 + 收入分配}{NAV_0} = \frac{12.10 - 12.50 + 1.50}{12.50} = 0.088 = 8.8\%$

13. a. 年初价格：$P_0 = 12.00 \times 1.02 = 12.24（美元）$；

    年末价格：$P_1 = 12.10 \times 0.93 = 11.25（美元）$。

    尽管资产净值增加了 0.10 美元，但基金的价格减少了 0.99 美元，故

    $$收益率 = \frac{P_1 - P_0 + 收入分配}{P_0} = \frac{11.25 - 12.24 + 1.50}{11.24} = 0.042 = 4.2\%$$

    b. 一个与基金经理持有相同资产组合的投资者的收益率，取决于该资产组合的资产净值的增长：

    $$\frac{NAV_1 - NAV_0 + 收入分配}{NAV_0} = \frac{12.10 - 12.00 + 1.50}{12.00} = 0.133 = 13.3\%$$

14. a. 实证研究表明，共同基金过去的表现并不能很好地预测其未来的表现，尤其是对于表现好的基金。虽然基金下一年的表现有可能高于平均水平，却不太可能仍然成为前 10%。

    b. 有迹象表明业绩较差的基金很可能仍然表现得很糟，这可能与基金成本和换手率有关。因此，如果基金现在是业绩表现最差的一组基金中的一员，投资者应注意它的不良业绩可能持续下去。

15. $$NAV_0 = 20\,000/1\,000 = 20（美元）$$
    $$每股股利 = 200/1\,000 = 0.20（美元）$$

    NAV_1 是基于 8% 的价格收益，减去 1% 的 12b-1 费用：

    $$NAV_1 = 20 \times 1.08 \times (1 - 0.01) = 21.384（美元）$$

    $$收益率 = \frac{21.384 - 20 + 0.20}{20} = 0.079\,2 = 7.92\%$$

16. 购买多于出售是因为有新的资金流入基金。因此，基金原先所持有的 4 亿美元的股票被新的资产所取代，换手率为：4/22 = 0.182 = 18.2%。

17. 支付给基金投资管理人的费用为：0.007 × 22 亿美元 = 1 540 万美元，由于总的费率为 1.1%，管理费为 0.7%，可得出必有 0.4% 的其他费用。因此，其他的管理费用为：0.004 × 22 亿美元 = 880 万美元。

18. 收益率的近似值等于每股收益率减去总的费率和购买成本：12% − 1.2% − 4% = 6.8%。但

精确的收益率将比这一近似值略小,因为4%的手续费在年初支付,而不是在年末。若要购买股份,需投资 20 000/(1 - 0.04) = 20 833 美元。

股份价值从 20 000 美元增加至: 20 000 × (1.12 - 0.012) = 22 160 美元。

故收益率为:(22 160 - 20 833)/20 833 = 6.37%。

19.

(单位:美元)

假设投资 1 000 美元	Loaded-Up 基金	Economy 基金
年增长率(r 为6%)	$(1 + r - 0.01 - 0.007\,5)$	$(0.98) \times (1 + r - 0.002\,5)$
1 年	1 042.50	1 036.35
3 年	1 133.00	1 158.96
10 年	1 516.21	1 714.08

20. a. $\dfrac{4\,500 - 1\,000}{440} = 100$(美元)

b. 100 万个单位的赎回可能引发资本利得税,这将使得剩余投资组合价值减少超过 10 000 万美元(意味着剩余总价值小于 35 000 万美元)。流通在外的股份降至 340 万,NAV 降低到 100 美元以下。

21. 假定投资者有 1 000 美元可用于投资。减去前段费用,A 类股份初始净投资为 940 美元。4 年后,资产组合价值为 $940 \times (1.10)^4 = 1\,376.25$ 美元。

B 类股份初始净投资为 1 000 美元,但投资收益在扣除费用后将只有 9.5%。此外,若在 4 年之后卖掉,还需支付 1% 的后端手续费,则 4 年后投资组合价值为 $1\,000 \times (1.095)^4 = 1\,437.66$ 美元。在支付后端手续费后,投资组合价值为 $1\,437.66 \times 0.99 = 1\,423.28$ 美元。

因此,若期限为 4 年,则选择 B 类股份更好。

若期限为 15 年,A 类股份的价值为 $940 \times (1.10)^{15} = 3\,926.61$ 美元。

因为 15 年期限大于 5 年,B 类股份没有后端手续费,因此 B 类股份价值为 $1\,000 \times (1.095)^{15} = 3\,901.32$ 美元。

故期限较长时,B 类股份不再是最优选择。B 类 0.5% 的费用会随着时间积累,最终超过 A 类股份 6% 的手续费。

22. a. 2 年后,按费用为 4%,资产组合收益率为 r 计算,投资于基金的每一美元将增加为:0.96 美元 $\times (1 + r - 0.005)^2$。投资于银行大额定期存单的每一美元将增加为:1 美元 $\times 1.06^2$。如果资产组合的收益率 r 满足以下条件,共同基金就是较好的选择:

$$0.96 \times (1 + r - 0.005)^2 > 1.06^2$$

故 $r > 0.086\,9 = 8.69\%$。

b. 若投资 6 年,则投资组合的收益率需满足:

$$0.96 \times (1 + r - 0.005)^6 > 1.06^6 = 1.418\,5$$

故 $r > 7.22\%$。

由于"固定成本"(一次前端手续费)在更长的年份中摊销,6 年投资的终止的收益率较低。

c. 如果是缴纳费用而不是前端手续费,资产组合收益率需满足:

$$1 + r - 0.005 - 0.007\,5 > 1.06$$

在这种情况下,无论投资期限有多长,r 必须超过 7.25%。

23. 换手率为 50% 意味着每年平均 50% 的投资组合被出售并替换成其他的资产。交易成本为 0.4%,替换这些证券的买单也将会带来额外 0.4% 的交易成本。故总交易成本将会减少资产组合的收益率，减少量为 $2 \times 0.4\% \times 0.50 = 0.4\%$。

24. 对于债券基金，费用占投资组合收益的比例为：$0.6\%/4.0\% = 0.150 = 15.0\%$。
    对于股权基金，费用占投资收益的比例为：$0.6\%/12.0\% = 0.050 = 5.0\%$。

    费用在债券基金中占期望收益的比重更高些，因此在选择债券基金时费用可能会成为一个更重要的考虑因素。这可能有助于解释无管理的单位投资信托都集中在固定收益市场上的原因。单位投资信托的优点是低换手率、低交易成本和低管理费。这是债券市场投资者一个很重要的考虑因素。

25. 假定前一半表现较好者的基金经理纯粹是靠运气，且其概率在任一年都是 1/2。那么某一特定基金经理在 5 年样本期内连续处于前 50% 的概率为 $(1/2)^5 = 1/32$。因此，我们可以预期有 $350 \times (1/32) = 11$ 个基金经理连续 5 年位于前 50%。这与我们的发现正好相符。因此，我们就不能得出结论说连续 5 年的业绩表现是其技能的证明。即使在业绩纯粹是靠运气的情况下，我们仍能找到 11 个基金经理恰好表现出该种程度的"持续性"。

第 5 章
风险与收益入门及历史回顾

一、选择题

1. 去年的货币名义增长率是10%，同期的通货膨胀率是5%，实际的购买力增长率是（　　）。
    A. 15.5%　　　　　　　B. 10.0%　　　　　　　C. 5.0%
    D. 4.8%　　　　　　　　E. 15.0%

2. 去年，你将1 000美元存入银行，年利率是7%，如果通货膨胀率是3%，那么你的实际年利率大概是多少？（　　）
    A. 4%。　　　　　　　　B. 10%。　　　　　　　C. 7%。
    D. 3%。　　　　　　　　E. 6%。

3. 如果实际年利率是5%，预期通货膨胀率是4%，名义年利率大约是（　　）。
    A. 1%　　　　　　　　　B. 9%　　　　　　　　　C. 20%
    D. 15%　　　　　　　　E. 7%

4. 你以20美元的价格购入一股股票，一年后你获得1美元的股利，并以29美元的价格卖出股票，你的持有期收益率是多少？（　　）
    A. 45%。　　　　　　　B. 50%。　　　　　　　C. 5%。
    D. 40%。　　　　　　　E. 32%。

5. 下列哪项可以决定实际利率水平？（　　）
    Ⅰ）来自家庭和企业存款的资金供给。
    Ⅱ）投资资金需求。
    Ⅲ）政府的净资金供给或资金需求。
    A. 只有Ⅰ。　　　　　　B. 只有Ⅱ。　　　　　　C. 只有Ⅰ和Ⅱ。
    D. Ⅰ、Ⅱ和Ⅲ。　　　　 E. 只有Ⅲ。

6. 下列哪种说法是正确的？（　　）
    Ⅰ）实际利率是由资金的供给和需求决定的。
    Ⅱ）实际利率是由预期通货膨胀率决定的。
    Ⅲ）实际利率受到美联储行动的影响。
    Ⅳ）实际利率等于名义利率加上预期通货膨胀率。
    A. 只有Ⅰ和Ⅱ。　　　　B. 只有Ⅰ和Ⅲ。　　　　C. 只有Ⅲ和Ⅳ。
    D. 只有Ⅱ和Ⅲ。　　　　E. Ⅰ、Ⅱ、Ⅲ和Ⅳ。

7. 下列哪种说法是正确的？（　　）
    A. 通货膨胀率对名义利率没有影响。
    B. 已实现的名义利率通常高于实际利率。
    C. 定期存单可以保证实际利率。
    D. 定期存单可以保证名义利率。
    E. 通货膨胀率对名义利率没有影响，已实现的名义利率通常高于实际利率，定期存单可以保证实际利率。

8. 在其他条件不变的情况下，政府预算赤字的增加（　　）。
    A. 驱动利率下降　　　　B. 驱动利率上升　　　　C. 可能对利率没有影响
    D. 通常会增加企业前景　E. 不能增加企业前景

9. 在其他条件不变的情况下，可贷资金的需求减少（　　）。

A. 驱动利率下降
B. 驱动利率上升
C. 可能对利率没有影响
D. 增加业务前景,导致储蓄水平下降
E. 增加业务前景,导致储蓄水平上升

10. 股票的持有期收益率等于(　　)。
    A. 在此期间的资本收益率加上通货膨胀率
    B. 在此期间的资本收益率加上股利收益率
    C. 当期收益率加上股利收益率
    D. 股利收益率加上风险溢价
    E. 股票价格的变动

11. 贷款基金的需求下降,将导致(　　)。
    A. 利率下降
    B. 利率上升
    C. 对利率没有影响
    D. 增加对经济前景的良好预期,并使得存款减少
    E. 上述各项均不准确。

12. 如果贷款人支付的利率和存款人获得的利率都准确地反映了已实现的通货膨胀,那么(　　)。
    A. 贷款人获利,存款人损失
    B. 存款人损失,贷款人获利
    C. 贷款人和存款人都遭受损失
    D. 贷款人和存款人既没有获利也没有损失
    E. 贷款人和存款人都获利

根据右表回答第13~15题,KMP股票的持有期收益率的概率分布如右表所示。

经济状况	概率	持有期收益率
繁荣	0.30	18%
正常增长	0.50	12%
衰退	0.20	-5%

13. KMP股票的预计持有期收益率是多少?(　　)
    A. 10.40%。   B. 9.32%。
    C. 11.63%。   D. 11.54%。
    E. 10.88%。

14. KMP股票的预计标准差是多少?(　　)
    A. 6.91%。   B. 8.13%。   C. 7.79%。
    D. 7.25%。   E. 8.85%。

15. KMP股票的预计方差是多少?(　　)
    A. 66.04%。   B. 69.96%。   C. 77.04%。
    D. 63.72%。   E. 78.45%。

16. 如果名义收益率不变,那么税后实际收益率(　　)。
    A. 随着通货膨胀率的增加而减少
    B. 随着通货膨胀率的增加而增加
    C. 随着通货膨胀率的减少而减少
    D. 随着通货膨胀率的减少而增加

E. 随着通货膨胀率的增加而减少，随着通货膨胀率的减少而增加

17. 普通股的风险溢价（　　）。
    A. 可以为0，即投资者不愿意投资于普通股
    B. 理论上必须为正数
    C. 是负数，因为普通股是有风险的
    D. 可以为0，即投资者不愿意投资于普通股；理论上必须为正数
    E. 可以为0，即投资者不愿意投资于普通股；应该是负数，因为普通股是有风险的

18. 如果一个投资组合的收益率是15%，无风险资产的收益率是3%，投资组合超额收益率的标准差是34%，风险溢价是（　　）。
    A. 31%　　　　　　　B. 18%　　　　　　　C. 49%
    D. 12%　　　　　　　E. 29%

19. 你购买了波音公司的股票，每股90美元，1年后，每股股票收到3美元的股利，然后以92美元的价格卖出股票，你的持有期收益率是多少？（　　）
    A. 4.44%。　　　　　B. 2.22%。　　　　　C. 3.33%。
    D. 5.56%。　　　　　E. 5.91%。

20. 下列哪项预期不会影响名义收益率？（　　）
    A. 可贷资金的供给。
    B. 可贷资金的需求。
    C. 当期发行的政府债券的票面利率。
    D. 预期通货膨胀率。
    E. 政府开支和借贷。

二、课后习题

1. 费雪方程式说明实际利率约等于名义利率与通货膨胀率的差。假设通货膨胀率从3%涨到5%，是否意味着实际利率的下降呢？
2. 假设有一组数据集使你可以计算美国股票的历史收益率，并可追溯到1880年。那么这些数据对于预测未来一年的股票收益率有哪些优缺点？
3. 你有两个2年期投资可以选择：①投资于正风险溢价的风险资产，这两年的收益分布不变且不相关，②投资该风险资产1年，第2年投资无风险资产。以下陈述哪些是正确的？
    a. 第1种投资2年的风险溢价和第2种投资相同。
    b. 两种投资两年收益的标准差相同。
    c. 第1种投资年化标准差更低。
    d. 第1种投资的夏普比率更高。
    e. 对风险厌恶的投资者来说第1种投资更有吸引力。
4. 明年你有5 000美元资金可用于投资，有3种选择。
    a. 货币市场基金，平均期限30天，年收益率6%。
    b. 1年的储蓄存单，利率7.5%。
    c. 20年国库券，到期收益率为9%。
    未来利率的预期在你的决策中起什么作用？
5. 根据教材图5-1分析以下情况对实际利率的影响。

a. 商业不景气，对未来产品需要越来越悲观，决定减少资本支出。
b. 家庭倾向于更多储蓄，因为未来社会保障不确定性增大。
c. 美联储在公开市场上购买国库券来增加货币供给。

6. 你愿意将 50 000 美元投资于利率为 5% 的传统 1 年期银行存单，还是投资于与通货膨胀率挂钩的 1 年期大额存单，年收益率为 1.5% 加上通货膨胀率。
   a. 哪种投资更安全？
   b. 哪一种投资期望收益率更高？
   c. 如果投资者预期来年通货膨胀率为 3%，哪一种投资更好？
   d. 如果无风险利率为 5%，实际利率为 1.5%，能推出市场预期通货膨胀率是 3.5% 吗？

7. 假设你对股价的预期如下表所示。

经济状况	概率	期末价格（美元）	持有期收益率（%）
繁荣	0.35	140	44.5
正常增长	0.30	110	14.0
衰退	0.35	80	−116.5

使用教材式（5-11）和教材式（5-12）来计算持有期收益率的均值和标准差。

8. 推导票面利率 8% 的 30 年国库券 1 年期持有期收益率的概率分布。现以面值出售，1 年后到期收益率分布如右表所示。

经济状况	概率	到期收益率（%）
繁荣	0.20	11.0
正常增长	0.50	8.0
衰退	0.30	7.0

为了简化，认为利息为年末支付。

9. 随机变量 q 的标准差为多少，其概率分布如右下表所示：

q	概率
0	0.25
1	0.25
2	0.50

10. 一个股票的连续复利收益是正态分布的，均值 20%，标准差 30%。在 95.44% 的置信水平下，预期其实际收益的范围是多少？参考教材图 5-4。

11. 应用 1926~2009 年的历史风险溢价，你对标准普尔 500 指数的预期年持有期收益率为多少？无风险利率为 3%。

12. 你可以通过网站（http://mba.tuck.dartmouth.edu/pages/faculty/ken.french/data_library.html）找到各种分类资产的年持有期收益率；将样本分成两部分，计算 1928~2012 年共 85 年的大盘股和长期美国国库券的年持有期收益率的均值、标准差、偏度和峰度。6 个分割的统计数据是否表明，在整个周期中，收益来自相同的分布？

13. 在恶性通货膨胀期间，某债券的名义持有期收益率为每年 80%，通货膨胀率为 70%。
    a. 该债券在 1 年里的实际持有期收益率是多少？
    b. 比较实际持有期收益率和实际利率。

14. 假定不远的将来预期通货膨胀率为 3%，根据本章提供的历史数据，你对下列各项的预期如何？
    a. 短期国库券利率。　　b. 大盘股的期望收益率。　　c. 股票市场的风险溢价。

15. 经济正在从严峻的衰退中快速复苏，商业前景预计资本投资的需求量很大。为何这一发展影响实际利率？

16. 你面临持有期收益率分布如教材表 5-4 所示。假设一份指数基金的看跌期权价格为 12 美元，执行价格为 110 美元，期限 1 年。
    a. 看跌期权持有期收益率的概率分布？
    b. 一份基金和一份看跌期权构成的组合，其持有期收益率的概率分布？

c. 购买看跌期权如何起到保险的作用?
17. 继续前一问题，假设无风险利率为 6%，你打算投资 107.55 美元于 1 年期银行存单，同时购买股票市场基金的看涨期权，执行价格为 110 美元，期限 1 年。你全部投资 1 年后收益的概率分布是多少?
18. 考虑下面长期投资数据:
    - 10 年期 100 美元面值的通胀指数型债券的价格为 84.49 美元;
    - 一项房产预期产生每季度 2% 收益，季度收益标准差为 10%。
    a. 计算该债券年收益率。
    b. 计算该房产投资的年化连续复利风险溢价。
    c. 运用 EXCEL 或相关公式计算房产投资的年化超额收益的标准差（连续复利）。
    d. 10 年后的损失概率是多少?

三、CFA 考题

1. 投资 100 000 美元，从右表中计算投资权益的期望风险溢价。

投资	概率	期望收益（美元）
权益	0.6	50 000
	0.4	-30 000
无风险短期国库券	1.0	5 000

基于右下表中对股票 X 和 Y 的情境分析，回答第 2~5 题。

2. 股票 X 和 Y 的期望收益率?
3. 股票 X 和 Y 收益率的标准差?
4. 假设投资 9 000 美元于股票 X，1 000 美元于股票 Y，组合的期望收益率是多少?

	熊市	正常	牛市
概率	0.2	0.5	0.3
股票 X (%)	-20	18	50
股票 Y (%)	-15	20	10

5. 3 种经济状况的概率和特定股票收益的概率如下表所示:

经济状况	概率	股票表现	给定经济状况下股票收益的概率
好	0.3	好	0.6
		正常	0.3
		差	0.1
正常	0.5	好	0.4
		正常	0.3
		差	0.3
差	0.2	好	0.2
		正常	0.3
		差	0.5

经济状况正常但是股票表现差的概率为多少?

参考答案

一、选择题

1. D 2. A 3. B 4. B 5. D 6. B 7. D 8. B 9. A 10. B
11. A 12. D 13. A 14. B 15. A 16. E 17. D 18. D 19. D 20. C

二、课后习题

1. 费雪方程式是指名义利率等于均衡时的实际利率加上预期通货膨胀率。因此，如果实际利率不变，通货膨胀率从3%涨到5%，名义利率将上涨2%。另外，与预期通货膨胀率的上升相伴的可能还有实际利率的上升。如果名义利率不变而通货膨胀率上升，则意味着实际利率下降。

2. 如果股票历史收益率的分布保持稳定，则样本周期越长，预期收益率越精确。这是因为当样本容量增大时，标准差下降。然而，如果收益率分布的均值随时间而变化且人为无法控制，那么预期收益率必须基于更近的历史周期来估计。在一系列数据中，需要决定回溯到多久以前来选取样本。本题如果选用从1880年到现在的所有数据可能不太精确。

3. c项和e项正确。解释如下：

    c项：令 σ = 风险投资的标准差（年），σ_1 = 第1种投资2年中的标准差（年），可得 $\sigma_1 = 2 \times \sigma$。

    因此，第1种投资的年化标准差为：$\dfrac{\sigma_1}{2} = \dfrac{\sigma}{\sqrt{2}} < \sigma$

    e项：第1种投资比第2种投资风险更大。因此，第1种投资对风险厌恶程度低的投资者更有吸引力。然而要注意，如果错误地认为"时间分散化"可以减少整个风险投资的风险，那么可能会得出第1种投资风险更小因此更吸引高风险厌恶者的结论。这显然是错误的，因为第1种投资的标准差大于第2种投资。

4. 如果预计货币市场工具的利率上涨，且远高于现在的6%，则货币市场基金可能会有较高的年度持有期收益。20年期9%到期收益率的国库券，比1年期银行储蓄存款利率高出150个基点，然而如果长期利率在这一年间上涨，则持有债券1年的持有期收益率将小于7.5%。如果国债收益率在该期间内上涨至9%以上，则债券的价格就会下跌，如果在这一年内债券收益率保持不变，资本损失将消除掉9%的部分甚至全部收益。

5. a. 如果企业降低资本支出，很可能会减少对资金的需求。这将使得教材图5-1中的需求曲线向左上方移动，从而降低均衡实际利率。

    b. 居民储蓄的增加将使得资金的供给曲线向右下方移动，导致实际利率下降。

    c. 在公开市场上购买由美联储发行的财政证券，增加了资金的供给，供给曲线向右移动，均衡的实际利率将下降。

6. a. 与通货膨胀率挂钩的大额存单更安全，因为它保证了投资的购买力。运用实际利率等于名义利率减去通货膨胀率的近似概念，不论通胀率如何，大额存单提供了1.5%的实际收益率。

    b. 预期收益率取决于来年的预期通货膨胀率。如果预期通货膨胀率小于3.5%，则传统的大额存单的实际收益率更高；如果预期通货膨胀率高于3.5%，则与通胀挂钩的大额存单的实际收益率更高。

    c. 如果预期明年的通货膨胀率为3%，则传统的大额存单将提供2%的预期实际收益率，比与通胀挂钩的大额存单的实际收益率高出0.5%。但是除非有一定的把握确知通胀率将是3%，否则传统的大额存单的风险显然更大。至于哪一种投资更好，则要根据投资者对风险和收益的态度而定。投资者可能会选择分散投资，每种资产都投资一部分资金。

    d. 不能。不能假定5%的名义无风险利率（传统的大额存单）和1.5%的实际无风险利率（通胀保护型大额存单）之间的整个差额就是预期的通货膨胀率。该差额的一部分可能是与传统大额存单的不确定性风险有关的风险溢价。因此预期的通货膨胀率可能要小于每年3.5%。

7. $E(r) = 0.35 \times 44.5\% + 0.30 \times 14.0\% + 0.35 \times (-16.5\%) = 14\%$；
$\sigma^2 = 0.35 \times (44.5 - 14)^2 + 0.30 \times (14 - 14)^2 + 0.35 \times (-16.5 - 14)^2 = 651.175$；
$\sigma = 25.52\%$。
均值没变，但是标准差随着高收益和低收益的概率的增加而增加了。

8. 30年期美国国库券（在年末时还有29年到期）的价格和1年持有期收益率的概率分布如下表所示：

经济状况	概率	到期收益率（%）	价格（美元）	资本收益（美元）	票息（美元）	持有期收益率（%）
繁荣	0.20	11.0	74.05	-25.95	8.00	-17.95
正常增长	0.50	8.0	100.00	0.00	8.00	8.00
衰退	0.30	7.0	112.28	12.28	8.00	20.28

9. $E(q) = (0 \times 0.25) + (1 \times 0.25) + (2 \times 0.50) = 1.25$；
$\sigma = [0.25 \times (0 - 1.25)^2 + 0.25 \times (1 - 1.25)^2 + 0.50 \times (2 - 1.25)^2]^{1/2} = 0.8292$。

10. 在95.44%的置信水平下，正态分布变量的值会落在均值的两个标准差之间，即-40%到80%之间。

11. 从教材表5-4可知，1926~2009年间的平均风险溢价是每年12.34%。
3%的无风险利率加上12.34%，可得对标准普尔500指数的预期年持有期收益率为：3.00% + 12.34% = 15.34%。

12.

	（1928年1月至1970年6月）					
	小			大		
	低	2	高	低	2	高
均值	1.03%	1.21%	1.46%	0.78%	0.88%	1.18%
标准差	8.55%	8.47%	10.35%	5.89%	6.91%	9.11%
偏度	1.6704	1.6673	2.3064	0.0067	1.6251	1.6348
峰度	13.1505	13.5284	17.2137	6.2564	16.2305	13.6729

	（1970年6月至2012年12月）					
	小			大		
	低	2	高	低	2	高
均值	0.91%	1.33%	1.46%	0.93%	1.02%	1.13%
标准差	7.00%	5.49%	5.66%	4.81%	4.50%	4.78%
偏度	-0.3278	-0.5135	-0.4323	-0.3136	-0.3508	-0.4954
峰度	1.7962	3.1917	3.8320	1.8516	2.0756	2.8629

收益并非来自相同的分布，（1928年1月至1970年6月）和（1970年7月至2012年12月）两个期间的分布具有明显的特征，这是由于经济的系统冲击和随后的政府干预。虽然这两个时期的收益相差不大，但它们各自的分布情况却截然不同。在第一阶段，所有6个投资组合的标准偏差都更大。偏斜也是正的，但在第2种情况下是负的，在右尾显示高于正常回报的可能性更大。峰度在第一阶段也明显增大。

13. a. $r = \dfrac{1+R}{1+i} - 1 = \dfrac{R-i}{1+i} = \dfrac{0.8 - 0.7}{1.7} = 0.0588 = 5.88\%$
b. $r \approx R - i = 80\% - 70\% = 10\%$。

显然，实际持有期收益率的近似值过高。

14. 根据教材表5-2，国库券的平均实际利率为0.52%。
    a. 国库券：0.52%（实际利率）+3%（通胀率）=3.52%。
    b. 大盘股的期望收益率：3.52%（国库券利率）+12.34%（历史风险溢价）=15.86%。
    c. 股票的风险溢价保持不变。溢价，即两种利率之间的差额，是一个实际值，不受通货膨胀的影响。

15. 实际利率预期会上升。投资活动将使得教材图5-1中的资金需求曲线向右移动。因此，均衡时的实际利率将增加。

16. a. 股票和看跌期权的持有期收益率的概率分布如下表所示。

经济状况	概率	股票 最终价格+红利（美元）	股票 持有期收益率（%）	债券 最终价格（美元）	债券 持有期收益率（%）
很好	0.25	131.00	31	0.00	-100
好	0.45	114.00	14	0.00	-100
不好	0.25	93.25	-6.75	20.25	68.75
极差	0.05	48.00	-52	64.00	433.33

指数基金的成本为每股100美元，看跌期权的成本为12美元。

b. 一份指数基金加一份看跌期权的总成本为112美元。该组合的持有期收益率的概率分布如下表所示。

经济状况	概率	最终价格+看跌期权+红利（美元）	持有期收益率
很好	0.25	131.00	17.0% = (131 - 112)/112
好	0.45	114.00	1.8% = (114 - 112)/112
不好	0.25	113.50	1.3% = (113.50 - 112)/112
极差	0.05	112.00	0.0% = (112 - 112)/112

c. 购买看跌期权保证了不管股票价格有怎样的变动，投资者最少有0%的持有期收益率。因此，它提供了价格下跌的保险。

17. 大额存单加上看涨期权的收益的概率分布如下表所示。

经济状况	概率	最终价格（美元）	最终价值（美元）	总价值（美元）
很好	0.25	114.00	16.50	130.50
好	0.45	114.00	0.00	114.00
不好	0.25	114.00	0.00	114.00
极差	0.05	114.00	0.00	114.00

18. a. 债券的总收益为 $(100/84.49) - 1 = 0.1836$，债券的实际年利率为 $(1+EAR) = 1.1836^{\frac{1}{10}} = 1.69\%$。
    b. 每季度的收益率是2%，则年收益率是8.24%。等价的连续复利 $\ln(1+0.0824) = 7.92\%$，无风险利率是3.55%，等价的连续复利 $\ln(1+0.0355) = 3.49\%$，$0.0792 - 0.0349 = 4.433\%$。
    c. 合适的公式是 $\sigma^2(effective) = e^{2 \times m(cc)} \times [e^{2 \times m(cc)} - 1]$，
    $$m(cc) = g + \frac{1}{2} \times \sigma^2(cc)$$

d. 将产生 $120 \times 4.433\% = 531.9\%$ 的超额收益

产生的夏普比率为 $531.9/197.5 = 2.6929$

$(-2.6929) = 0.0035$ 年,在10年的时间里,出现短缺的可能性为35%。

三、CFA 考题

1. 权益投资的期望收益为 18 000 美元,国库券投资的期望收益是 5 000 美元。因此,期望风险溢价为 13 000 美元。
2. $E(R_X) = 0.2 \times (-20\%) + 0.5 \times 18\% + 0.3 \times 50\% = 20\%$
   $E(R_Y) = 0.2 \times (-15\%) + 0.5 \times 20\% + 0.3 \times 10\% = 10\%$
3. $\sigma_X^2 = 0.2 \times (-20-20)^2 + 0.5 \times (18-20)^2 + 0.3 \times (50-20)^2 = 592$
   $\sigma_X = 24.33\%$
   $\sigma_Y^2 = 0.2 \times (-15-10)^2 + 0.5 \times (20-10)^2 + 0.3 \times (10-10)^2 = 175$
   $\sigma_Y = 13.23\%$
4. $E(r) = 0.9 \times 20\% + 0.1 \times 10\% = 19\%$,投资回报是 1 900 美元。
5. $0.30 \times 0.50 = 0.15 = 15\%$。

第6章

风险资产配置

一、选择题

1. 下列关于风险厌恶投资者的说法哪项是正确的？（　　）
   A. 他们只关心收益率。
   B. 他们接受公平博弈的投资。
   C. 他们只接受风险溢价超过无风险利率的风险投资。
   D. 他们只愿意接受低收益和高风险的投资。
   E. 他们只关心收益率，接受公平博弈的投资。

2. 下列哪项说法是正确的？（　　）
   Ⅰ）风险厌恶投资者拒绝接受公平博弈。
   Ⅱ）风险中性投资者只根据期望收益率来判断风险投资。
   Ⅲ）风险厌恶投资者通过风险性来判断投资。
   Ⅳ）风险偏好投资者不愿意参与公平博弈。
   A. 只有Ⅰ。　　　　　　　B. 只有Ⅱ。　　　　　　　C. 只有Ⅰ和Ⅱ。
   D. 只有Ⅱ和Ⅲ。　　　　　E. 只有Ⅱ、Ⅲ、Ⅳ。

3. 在均值－标准差图表中，无差异曲线的斜率是（　　）。
   A. 负的　　　　　　　　B. 0　　　　　　　　　　C. 正的
   D. 东北向的　　　　　　E. 不能确定

4. 在均值－标准差图表中，考虑到风险厌恶投资者的无差异曲线，下列的哪项说法是正确的？（　　）
   A. 它是具有相同的预期收益率和不同的标准差的投资组合的轨迹。
   B. 它是具有相同的标准差和不同的投资收益率的投资组合的轨迹。
   C. 它是基于收益率和标准差计算的效用相同的资产组合的轨迹。
   D. 它是基于收益率和标准差计算的效用增加的资产组合的轨迹。
   E. 它与投资者做出资产组合决策无关。

5. 在收益－标准差空间图中，下列哪项说法对风险厌恶投资者是正确的？（竖直线和水平线分别代表了预期收益轴和标准差轴。）（　　）
   Ⅰ）一个投资者自身的无差异曲线图可能相交。
   Ⅱ）无差异曲线图的斜率为负。
   Ⅲ）在一组无差异曲线图中，最高的那条曲线提供的效用最大。
   Ⅳ）两个投资者无差异曲线可能相交。
   A. 只有Ⅰ和Ⅱ。　　　　　B. 只有Ⅱ和Ⅲ。　　　　　C. 只有Ⅰ和Ⅳ。
   D. 只有Ⅲ和Ⅳ。　　　　　E. 只有Ⅱ和Ⅳ。

6. 伊丽莎是风险厌恶投资者，大卫的风险厌恶程度比伊丽莎略低，因此，（　　）。
   A. 在相同的风险下，大卫比伊丽莎要求更高的收益率
   B. 在相同的收益率下，伊丽莎可以比大卫承受更高的风险
   C. 在相同的风险下，伊丽莎要求的收益率低于大卫
   D. 在相同的收益率下，大卫可以比伊丽莎承受更高的风险
   E. 不能确定

7. 当投资顾问试图确定投资者风险承受能力时，下列哪项因素最不可能被评估？（　　）

A. 投资者先前的投资经验。
B. 投资者的财务安全程度。
C. 投资者做出冒风险还是保守决策的倾向。
D. 投资者乐意接受的收益水平。
E. 投资者对损失的态度。

利用以下条件回答第 8~9 题，假设投资者的效用函数如下： $U = E(r) - (3/2)s^2$

8. 为了使她的期望效用最大化，她应该选择一项预期收益率是（   ）标准差是（   ）的资产。
   A. 12%；20%
   B. 10%；15%
   C. 10%；10%
   D. 8%；10%
   E. 10%；12%

9. 为了使她的期望效用最大化，她可以选择下列哪种投资组合？（   ）
   A. 一项投资组合，预期收益率是 10% 的概率是 60%，预期收益率是 5% 的概率是 40%。
   B. 一项投资组合，预期收益率是 10% 的概率是 40%，预期收益率是 5% 的概率是 60%。
   C. 一项投资组合，预期收益率是 12% 的概率是 60%，预期收益率是 5% 的概率是 40%。
   D. 一项投资组合，预期收益率是 12% 的概率是 40%，预期收益率是 5% 的概率是 60%。
   E. 一项投资组合，预期收益率是 12% 的概率是 20%，预期收益率是 5% 的概率是 80%。

10. 一项投资组合的预期收益率是 0.15，标准差是 0.15，无风险利率是 6%，投资者的效用函数是 $U = E(r) - (A/2)s^2$。A 取何值时风险资产组合和无风险资产组合之间无差异？（   ）
    A. 5。
    B. 6。
    C. 7。
    D. 8。
    E. 1。

11. 按照均值-方差准则，下列哪项投资组合优于其他组合？（   ）
    A. $E(r) = 0.15$；方差 $= 0.20$。
    B. $E(r) = 0.10$；方差 $= 0.20$。
    C. $E(r) = 0.10$；方差 $= 0.25$。
    D. $E(r) = 0.15$；方差 $= 0.25$。
    E. $E(r) = 0.12$；方差 $= 0.35$。

12. 风险投资组合 A 的预期收益率是 0.15，标准差是 0.15，可以画出一条无差异曲线，下列哪项投资组合可以画出一条相同的无差异曲线？（   ）
    A. $E(r) = 0.15$；标准差 $= 0.20$。
    B. $E(r) = 0.15$；标准差 $= 0.10$。
    C. $E(r) = 0.10$；标准差 $= 0.10$。
    D. $E(r) = 0.20$；标准差 $= 0.15$。
    E. $E(r) = 0.10$；标准差 $= 0.20$。

根据下表回答第 13~15 题。

投资	预期收益率 $E(r)$	标准差	投资	预期收益率 $E(r)$	标准差
1	0.12	0.3	3	0.21	0.16
2	0.15	0.5	4	0.24	0.21

$U = E(r) - (A/2)s^2$，其中 $A = 4.0$。

13. 基于上述效用函数，你会选择哪项投资？（   ）
    A. 1。
    B. 2。
    C. 3。

D. 4。 E. 从上述信息中无法得出结论。
14. 如果你是风险中性的投资者，你会选择哪项投资？（ ）
    A. 1。 B. 2。 C. 3。
    D. 4。 E. 从上述信息中无法得出结论。
15. 效用函数中的变量 A 代表（ ）。
    A. 投资者要求的报酬率 B. 投资者的风险厌恶系数 C. 投资组合的确定当量系数
    D. 投资组合要求的最小效用 E. 证券的方差
16. 单一资产的风险（ ）。
    A. 在资产配置时应该被考虑
    B. 在整体投资组合波动的影响下应该被考虑
    C. 应该同组成整体资产组合的其他单一资产的风险联合考虑
    D. 在整体投资组合波动的影响下应该被考虑，也应该同组成整体资产组合的其他单一资产的风险联合考虑
    E. 同资产组合决策无关
17. 公平博弈（ ）。
    A. 不会被风险厌恶投资者接受
    B. 是风险溢价为 0 的风险投资
    C. 是一项无风险投资
    D. 不会被风险厌恶者接受，是一项风险溢价为 0 的无风险投资
    E. 不会被风险厌恶投资者接受，是一项无风险投资
18. 风险的存在意味着（ ）。
    A. 投资者将会发生损失
    B. 可能有多种结果
    C. 收入的标准差大于预期值
    D. 最终的财富量大于初始的财富量
    E. 最终的财富量小于初始的财富量
19. 在其他条件相等的情况下，投资者分配给特定投资组合的效用值（ ）。
    A. 随着收益率的增加而减少
    B. 随着标准差的减少而减少
    C. 随着方差的减少而减少
    D. 随着方差的增加而增加
    E. 随着收益率的增加而增加
20. 基于均值–方差准则，下列哪项说法是正确的？（ ）

投资	$E(r)$（%）	标准差（%）	投资	$E(r)$（%）	标准差（%）
A	10	5	C	18	23
B	21	11	D	24	16

A. 投资组合 B 优于投资组合 A。
B. 投资组合 B 优于投资组合 C。
C. 投资组合 D 优于其他所有投资组合。
D. 投资组合 D 优于投资组合 B。
E. 投资组合 C 优于投资组合 A。

二、课后习题

1. 风险厌恶程度高的投资者会偏好哪种投资组合？（　　）
   a. 更高风险溢价。　　b. 风险更高。　　c. 夏普比率更低。
   d. 夏普比率更高。　　e. 以上各项均不是。
2. 以下哪几个表述是正确的？（　　）
   a. 风险组合的配置减少，夏普比率会降低。
   b. 借入利率越高，有杠杆时夏普比率越低
   c. 无风险利率固定时，如果风险组合的期望收益率和标准差都翻倍，夏普比率也会翻倍。
   d. 风险组合风险溢价不变，无风险利率越高，夏普比率越高。
3. 如果投资者预测股票市场波动性增大，股票期望收益将如何变化？
4. 考虑一个风险组合，年末现金流为 70 000 美元或 200 000 美元，两者概率相等。短期国债利率为 6%。
   a. 如果追求风险溢价为 8%，你愿意投资多少钱？
   b. 期望收益率是多少？
   c. 追求风险溢价为 12% 呢？
5. 考虑一个期望收益率为 12%、标准差为 18% 的组合。短期国债收益率为 7%。投资者仍然偏好风险资产所允许的最大风险厌恶系数是多少？
6. 画出 $A=3$ 的投资者效用水平 0.05 的无差异曲线。
7. $A=4$ 的投资者呢？回答第 6 题。
8. 画出风险中性投资者效用水平 0.05 的无差异曲线。
9. 风险喜好者的风险厌恶系数 A 是怎样的？用图形表示一个效用值为 0.05 的风险喜好型投资者的无差异曲线。

习题 10~12，考虑历史数据，过去 80 年标准普尔 500 的平均年收益约为 8%，标准差 20%，当前短期国债利率为 5%。

10. 计算组合期望收益和组合方差。投资比例如下表所示。

短期国债	标准普尔 500 指数	短期国债	标准普尔 500 指数
0	1.0	0.6	0.4
0.2	0.8	0.8	0.2
0.4	0.6	1.0	0

11. 计算效用水平，$A=2$，你得到什么结果？
12. $A=3$ 呢？

回答习题 13~19，你管理一个风险组合，期望收益率为 18%，标准差 28%，短期国债利率 8%。

13. 你的客户选择投资 70% 于你的基金，30% 于短期国债。他组合的期望收益率和方差是多少？
14. 假设你的风险组合投资如右表所示。那么你的客户的投资头寸是怎样的？
15. 你的组合报酬-波动性比率是多少？你客户的呢？

股票 A	25%
股票 B	32%
股票 C	43%

16. 画出你的组合的资本配置线,斜率是多少?
17. 假设你的客户投资于你的组合权重为 y,期望收益率为 16%。
    a. y 是多少?
    b. 你客户组合的收益标准差是多少?
18. 假设你的客户偏好在标准差不大于 18% 的情况下最大化期望收益率,那么他的投资组合是怎样的?
19. 你客户的风险厌恶系数为 $A=3.5$,他如何投资?
20. 参见教材表 6-7 中的关于标准普尔 500 超出无风险收益率的风险溢价以及风险溢价标准差数据。假设标准普尔 500 指数是你的风险投资组合。
    a. 如果 $A=4$,并假设 1926~2009 年很好地代表了未来表现的预期,你将分配多少投资到短期国债,多少到股票?
    b. 如果你认为 1968~1988 年才可以代表未来,你如何投资呢?
    c. 比较以上 a 和 b 的答案,你能得出什么样的结论?
21. 考虑关于你的风险组合的信息,$E(r_P)=11\%$,$\sigma_P=15\%$,$r_f=5\%$。
    a. 你的客户想要投资一定比例于你的风险组合,以获得期望收益率 8%。他投资的比例是多少?
    b. 他的组合标准差是多少?
    c. 另一个客户在标准差不超过 12% 的情况下最大化收益水平,他投资的比例是多少?
22. 投资管理公司 IMI 使用资本市场线来提供资本配置建议。IMI 有以下预测:市场组合期望收益率 12%,标准差 20%,无风险收益率 5%。约翰逊寻求 IMI 的投资建议,他想要投资组合的标准差为市场组合的一半。IMI 可以为约翰逊提供怎样的期望收益率?

习题 23~26:假设借款利率为 9%,标准普尔 500 指数期望收益率为 13%,标准差为 25%,无风险利率为 5%,你的基金情况同习题 21 一样。

23. 考虑到更高的借款利率时画出你的客户的资本市场线,叠加两个无差异曲线,一是客户借入资金时的;二是投资于市场指数基金和货币市场基金时的。
24. 在投资者选择既不借入资金也不贷出资金时其风险厌恶系数范围是什么(即当 $y=1$ 时)?
25. 当投资者投资你的基金而不是市场指数基金时,回答习题 23 和习题 24。
26. 贷出资金($y<1$)的投资者最多愿意支付多少管理费?借入资金($y>1$)的呢?

回答挑战性习题 27~28:你估计一个跟踪标准普尔 500 指数的被动证券组合的期望收益率为 13%,标准差为 25%。你经营一个积极组合,期望收益率为 18%,标准差为 28%,无风险利率为 8%。

27. 在收益-标准差二维平面上画出资本市场线和你的组合的资本配置线。
    a. 资本配置线的斜率是多少?
    b. 用一段话描述你的组合较被动组合的优势?
28. 你的客户犹豫是否要将投资于你的组合的 70% 的资金转移到被动组合中。
    a. 你如何告诫他这种转换的坏处?
    b. 告诉他保证他获得和被动组合同等效用时的最高管理费(年末按一定投资比例收取)是多少?(**提示**:管理费将通过降低净期望收益从而减小资本配置线的斜率。)
29. 考虑问题 19 中 $A=3.5$ 的情况:
    a. 如果他投资于被动组合,比例 y 是多少?
    b. 通过改变你客户的资本配置决策(即 y 的选取),当他觉得投资于你的组合和被动组合没有差异时,你所能征收的最高管理费用是多少?

三、CFA 考题

用下表中的数据回答 CFA 考题 1~3。

效用函数数据

投资	期望收益	标准差	投资	期望收益	标准差
1	0.12	0.30	3	0.21	0.16
2	0.15	0.50	4	0.24	0.21

$$U = E(r) - (1/2)A\sigma^2, \quad A = 4$$

1. 根据以上效用函数，当你的风险厌恶系数 $A = 4$ 时，你会选择哪个投资？
2. 如果你是风险中性投资者呢？
3. 效用函数中的参数 A 代表：
   - a. 投资者的收益回报要求。
   - b. 投资者的风险厌恶程度。
   - c. 确定性等价收益率。
   - d. 关于 1 个单位收益与 4 个单位风险交换的偏好。

根据下图回答 CFA 考题 4~5。

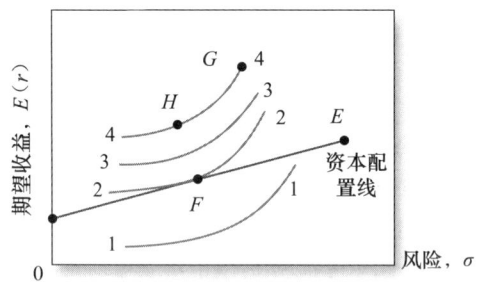

4. 哪条无差异曲线反映了投资者可以达到的最大效用水平？
5. 哪个点标出了最佳的风险投资组合？
6. 假设投资总额为 100 000 美元，下表中投资于股票和债券的预期风险溢价（以美元表示）是多少？

行动	概率	期望收益（美元）
投资股票	0.6	50 000
	0.4	-30 000
投资债券	1.0	5 000

7. 资本配置线由直线变成弯曲是因为（　　）。
   - a. 报酬-波动性比率增长
   - b. 借入资金利率高于贷出资金利率
   - c. 投资者风险容忍度降低
   - d. 组合中无风险资产比重上升

8. 你管理着一个股票基金，其预期风险溢价为 10%，预期标准差为 14%。短期国债利率为 6%。你的客户决定向你的基金投资 60 000 美元，投资于短期国债 40 000 美元。你客户组合的期望收益和标准差为多少？

9. CFA 考题 8 中股票基金的报酬-波动性比率是多少？

参考答案

一、选择题

1. C	2. C	3. C	4. C	5. D	6. D	7. D	8. C	9. C	10. D
11. A	12. C	13. C	14. D	15. B	16. D	17. D	18. B	19. E	20. B

二、课后习题

1. e。前两个答案选择是不正确的,因为高风险厌恶的投资者将规避具有高风险溢价和标准差的投资组合。此外,较高或较低的夏普比率并不能反映出投资者的风险宽容度。夏普比率只是衡量每单位风险可获得多少超额回报的工具。

2. b 项正确。较高的借入利率是对借款人违约风险的补偿。在没有额外的违约成本的完美市场中,这个增量值将与借款人违约选择权的价值相等。然而,在现实中违约是有成本的,因此这部分的增量值会使夏普比率降低。c 项是不正确的,因为一个固定的无风险利率的预期回报增加 1 倍,风险溢价和夏普比率将增加 1 倍以上。

3. 假设风险容忍度不变,即有一个不变的风险厌恶系数(A),则更大的波动会增加风险投资组合的最优投资方程的分母。因此,投资于风险投资组合的比例将会下降。

4. a. 预期现金流入为 $(0.5 \times 70\,000) + (0.5 \times 200\,000) = 135\,000$ 美元。风险溢价为 8%,无风险利率为 6%,则必要回报率为 14%。因此资产组合的现值为:$135\,000/1.14 = 118\,421$ 美元。

    b. 如果资产组合以 118 421 美元买入,给定预期的收入为 135 000 美元,则期望收益率 $E(r)$ 满足:$118\,421 \times [1 + E(r)] = 135\,000$ 美元。因此 $E(r) = 14\%$。资产组合的价格被设定为使必要回报率与预期收益率相等。

    c. 如果国库券的风险溢价为 12%,则必要回报率为 $6\% + 12\% = 18\%$。资产组合的现值为 $135\,000/1.18 = 114\,407$ 美元。

5. 设效用为 $U = E(r) - 0.5A\sigma^2$,国库券的效用为 7%,风险资产组合的效用为 $U = 0.12 - 0.5 \times A \times (0.18)^2 = 0.12 - 0.0162 \times A$。要使风险资产组合优于国库券,下列不等式必须成立:$0.12 - 0.0162A > 0.07$,$A < 0.05/0.0162 = 3.09$。

    因此,要使风险资产组合优于国库券,A 必须小于 3.09。

6. 曲线上的点是通过求下式中的 $E(r)$ 得出的:
$$U = 0.05 = E(r) - 0.5A\sigma^2 = E(r) - 1.5\sigma^2$$

    下表所列的是预期收益率和标准差的等效用组合,其无差异曲线即为习题 9 图中标为 Q6 的向上倾斜的曲线。

σ	σ^2	$E(r)$	σ	σ^2	$E(r)$
0.00	0.0000	0.05000	0.15	0.0225	0.08375
0.05	0.0025	0.05375	0.20	0.0400	0.11000
0.10	0.0100	0.06500	0.25	0.0625	0.14375

7. 重复习题 6 的分析,投资者的效用为:
$$U = E(r) - 0.5A\sigma^2 = E(r) - 2.0\sigma^2 = 0.05$$

    下表所列的是预期收益率和标准差的等效用组合,其无差异曲线即为习题 9 图中标为

Q7 的向上倾斜的曲线。

σ	σ²	E(r)	σ	σ²	E(r)
0.00	0.000 0	0.050 0	0.15	0.022 5	0.095 0
0.05	0.002 5	0.055 0	0.20	0.040 0	0.130 0
0.10	0.010 0	0.070 0	0.25	0.062 5	0.175 0

8. 风险中性投资者风险厌恶系数为零。因此，其对应的效用等于资产组合的预期收益率。相应的无差异曲线在期望收益-标准差平面是一条水平线，如习题 9 中标为 Q8 的直线所示。

9. 风险喜好者非但不会因风险而降低资产组合的效用，反而会随着方差的增加获得更大的效用。这将导致负的风险厌恶系数。相应的无差异曲线向下倾斜，如下图中标为 Q9 的曲线所示。

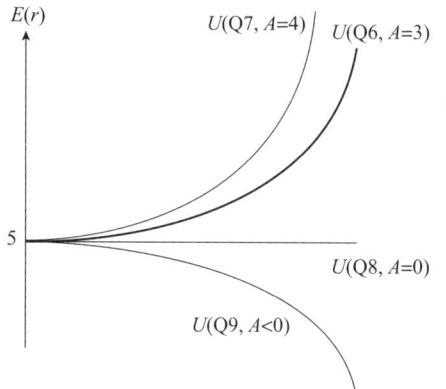

10. 资产组合的预期收益率和方差计算如下表所示。

(1) $W_{国债}$	(2) $r_{国债}$	(3) $W_{指数}$	(4) $r_{指数}$	$r_{组合}$：(1)×(2)+(3)×(4)	$s_{组合}$：(3)×20%	$s_{组合}^2$
0.0	5%	1.0	13.0%	13.0% = 0.130	20% = 0.20	0.040 0
0.2	5%	0.8	13.0%	11.4% = 0.114	16% = 0.16	0.025 6
0.4	5%	0.6	13.0%	9.8% = 0.098	12% = 0.12	0.014 4
0.6	5%	0.4	13.0%	8.2% = 0.082	8% = 0.08	0.006 4
0.8	5%	0.2	13.0%	6.6% = 0.066	4% = 0.04	0.001 6
1.0	5%	0.0	13.0%	5.0% = 0.050	0% = 0.00	0.000 0

11. 根据 $U = E(r) - 0.5 \times A\sigma^2 = E(r) - \sigma^2$ 计算效用，可得出下表：

$W_{国债}$	$W_{指数}$	$r_{组合}$	$\sigma_{组合}$	$\sigma_{组合}^2$	$U(A=2)$	$U(A=3)$
0.0	1.0	0.130	0.20	0.040 0	0.090 0	0.070 0
0.2	0.8	0.114	0.16	0.025 6	0.088 4	0.075 6
0.4	0.6	0.098	0.12	0.014 4	0.083 6	0.076 4
0.6	0.4	0.082	0.08	0.006 4	0.075 6	0.072 4
0.8	0.2	0.066	0.04	0.001 6	0.064 4	0.063 6
1.0	0.0	0.050	0.00	0.000 0	0.050 0	0.050 0

效用栏 $U(A=2)$ 表明：对于 $A=2$ 的投资者来说，相比表中的其他资产组合，他最为偏好 100% 投资于市场指数。

12. 上题中效用栏 $U(A=3)$ 是根据 $U = E(r) - 0.5A\sigma^2 = E(r) - 1.5\sigma^2$ 计算得来的。它表明风险厌恶程度更高的投资者会偏好投资 40% 于市场，而不是像 $A=2$ 的投资者那样 100% 投资于市场指数。

13. 期望收益率 = (0.7×18%) + (0.3×8%) = 15%，方差 = 0.7×28% = 19.6%。

14.

	投资比例
	30.0% 投资于短期国债
0.7×25% =	17.5% 投资于股票 A
0.7×32% =	22.4% 投资于股票 B
0.7×43% =	30.1% 投资于股票 C

15. 报酬-波动性比率为：$s = \dfrac{0.18 - 0.08}{0.28} = 0.357\ 1$

    客户的报酬-波动性比率为：$s = \dfrac{0.15 - 0.08}{0.196} = 0.357\ 1$

16.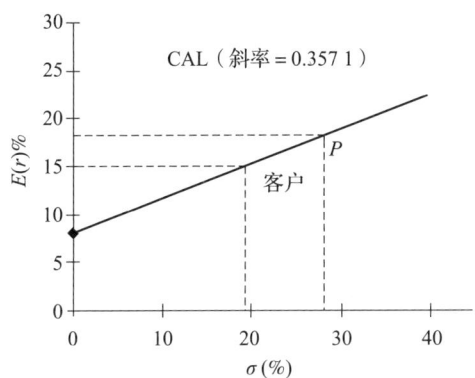

17. a. $E(r_C) = r_f + y \times [E(r_P) - r_f] = 0.08 + y \times (0.18 - 0.08)$

    如果资产组合的期望收益率为16%，则：$16\% = 8\% + 10\% \times y$
    $$y = \dfrac{0.16 - 0.08}{0.1} = 0.8$$

    因此，为了得到期望收益率为16%的资产组合，客户必须将总基金的80%投资于风险资产组合，20%投资于短期国债。

    b. 客户组合的收益标准差为 $\sigma_C = 0.8 \times \sigma_P = 0.8 \times 28\% = 22.4\%$。

18. $\sigma_C = y \times 28\%$，如果客户希望标准差不超过18%，则 $y = 18/28 = 0.642\ 9 = 64.29\%$，即64.29%应投资于风险资产组合。

19. $\sigma_C = y \times 28\%$，$y = 18/28 = 0.642\ 9 = 64.29\%$

    因此，客户的最优投资组合为：35.71%投资于风险资产组合，64.29%投资于短期国债。

20. a. 如果假设1926~2009年很好地代表了未来表现的预期，那么用以下数据计算投资于股票的比例（用教材表6-7中风险溢价的标准差）：
    $$A = 4, \quad E(r_M) - r_f = 8.1\%, \quad \sigma_M = 20.48\%$$
    $$y^* = \dfrac{E(r_M) - r_f}{A\sigma_M^2} = \dfrac{0.081\ 0}{4 \times 0.204\ 8^2} = 0.482\ 8$$

    因此，资产组合的48.28%应分配给股票，51.72%分配给短期国债。

    b. 如果假设1968~1988年很好地代表了未来表现的预期，那么用以下数据计算投资于股票的比例：
    $$A = 4, \quad E(r_M) - r_f = 3.44\%, \quad \sigma_M = 16.71\%$$

    则可得 $y^* = \dfrac{E(r_M) - r_f}{A\sigma_M^2} = \dfrac{0.034\ 4}{4 \times 0.167\ 1^2} = 0.308\ 0$

    因此，资产组合的30.80%应分配给股票，69.20%分配给短期国债。

    c. 在b中，市场风险溢价预期低于a，市场风险高于a。因此，b中的报酬-波动性比率会较低，这也解释了b中将更大的比例投资给了短期国债的原因。

21. a. $E(r_C) = 8\% = 5\% + y \times (11\% - 5\%) \Rightarrow y = \dfrac{0.08 - 0.05}{0.11 - 0.05} = 7.5\%$

    b. $\sigma_C = y \times \sigma_P = 0.50 \times 15\% = 7.5\%$

c. 第一个客户更厌恶风险,只能允许一个较小的标准差。$\sigma_C = y \times \sigma_P = y \times 15\% = 12\%$,得到 $y = 0.8$,即80%投资于风险组合。

22. 约翰逊要求资产组合的标准差为市场资产组合标准差的一半。市场资产组合 $\sigma_M = 20\%$,则 $\sigma_P = 10\%$。资本市场线的截距为 $r_f = 0.05$,其斜率为市场资产组合的夏普比率(35%)。因此利用市场资本线可得:

$$E(r_P) = r_f + \frac{E(r_M) - r_f}{\sigma_M}\sigma_P = 0.05 + 0.35 \times 0.10 = 0.085 = 8.5\%$$

23. 已知数据为:$r_f = 5\%$,$E(r_M) = 13\%$,$\sigma_M = 25\%$,$r_f^B = 9\%$,则资本市场线和无差异曲线如下图:

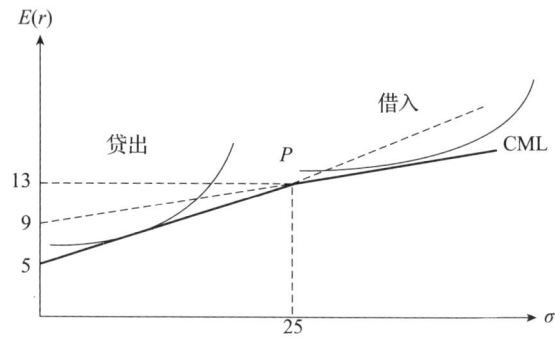

24. 当 $y < 1$(即投资者是贷款人)时,风险厌恶系数(A)必须满足:

$$y = \frac{E(r_M) - r_f}{A\sigma_M^2} < 1 \Rightarrow A > \frac{0.13 - 0.05}{0.25^2} = 1.28$$

当 $y > 1$(即投资者是借款人)时,A 必须满足:

$$y = \frac{E(r_M) - r_f}{A\sigma_M^2} > 1 \Rightarrow A < \frac{0.13 - 0.09}{0.25^2} = 0.64$$

对于在此范围内的风险厌恶值,客户既不向人借钱也不借钱给别人,而是持有仅包含最优风险资产组合的投资组合。因此,当 $y = 1$ 时,$0.64 \leq A \leq 1.28$。

25. a. 再次画出习题23的图,此时 $E(r_P) = 11\%$,$\sigma_P = 15\%$。

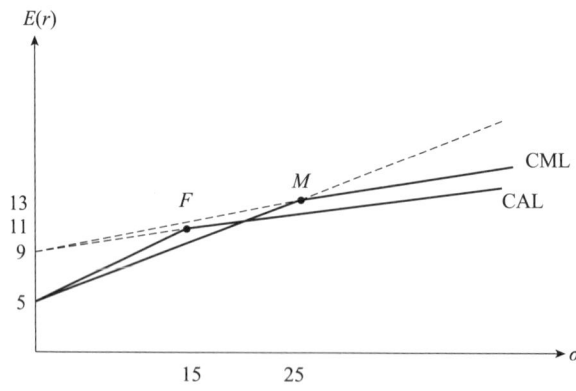

b. 对于贷款头寸:$A > \dfrac{0.11 - 0.05}{0.15^2} = 2.67$

对于借款头寸:$A < \dfrac{0.11 - 0.09}{0.15^2} = 0.89$

因此,当 $y = 1$ 时,$0.89 \leq A \leq 2.67$。

26. 最大的可行费用视报酬 - 波动性比率而定,设为 f。

当 $y<1$,贷款利率 5% 被视为相关的无风险利率时,解关于 f 的方程:
$$\frac{0.11 - 0.05 - f}{0.15} = \frac{0.13 - 0.05}{0.25}, \quad \text{所以} f = 0.06 - \frac{0.15 \times 0.08}{0.25} = 1.2\%$$

当 $y>1$,借款利率 9% 被视为相关的无风险利率时,注意到即使没有费用,积极型基金也劣于消极型基金,因为,更愿意承担风险的投资者(更愿意借钱),即使没有费用也不愿意成为基金的客户。(如果解费用方程——使得借款的投资者对消极型和积极型的基金无偏好,会发现 f 是负值,即要让其选择你的基金,你必须支付一笔补贴。)原因在于投资者倾向于整个资产组合有高风险 - 高收益,因此他们在资本配置线的相应的借款区域内。在这一区域内指数(消极型基金)的报酬 - 波动性比率比管理型基金要好。

27. a. 资本配置线斜率 = $\frac{0.13 - 0.08}{0.25} = 0.2$

图形如下:

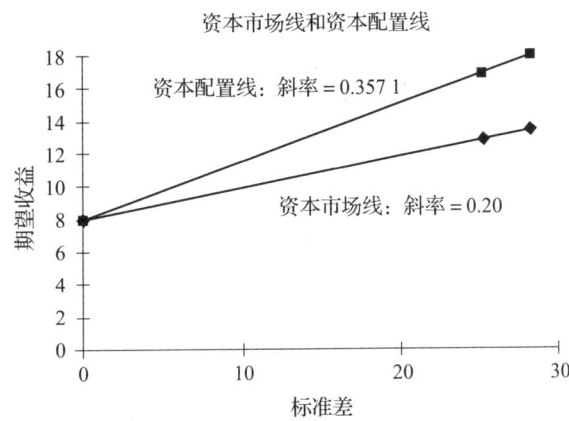

b. 基金允许投资者在任一给定的标准差条件下获得比消极策略更高的均值,也就是任意给定风险水平下更高的期望收益率。

28. a. 客户将 70% 的资金投资于基金资产组合,其期望收益率是每年 15%,标准差是每年 19.6%。如果他将资金转移到被动资产组合(期望收益为 13%,标准差为 25%),则其整体期望收益变为:
$$E(r_C) = r_f + 0.7 \times [E(r_M) - r_f] = 0.08 + [0.7 \times (0.13 - 0.08)] = 11.5\%$$
被动组合的资产组合标准差为:
$$\sigma_C = 0.7 \times \sigma_M = 0.7 \times 25\% = 17.5\%$$

因此转换意味着均值从 15% 减少到 11.5%,标准差从 19.6% 减少到 17.5%。因为平均收益和标准差都减少了,故不能判断转换是否有利。转变的不利之处在于,如果这位客户愿意接受其总资产有 11.5% 的平均收益率,他可以通过基金的资产组合以更低的标准差来实现,而不是使用被动组合。

要达到均值为 11.5% 的目标,先将总资产组合的平均收益看作基金投资比例(y)的函数:
$$E(r_C) = 0.08 + y \times (0.18 - 0.08) = 0.08 + 0.10 \times y$$
因为目标为 $E(r_C) = 11.5\%$,所以投资于基金的比例应为:
$$0.115 = 0.08 + 0.10y, \quad y = \frac{0.115 - 0.08}{0.10} = 0.35$$

投资组合的标准差为：

$$\sigma_C = y \times 28\% = 0.35 \times 28\% = 9.8\%$$

因此，通过投资于基金资产组合，同样的11.5%的期望收益率可以在标准差为9.8%的条件下得到，而不是被动组合的17.5%的标准差。

b. 费用将会降低报酬-波动性比率，即资本配置线的斜率。如果付费后资本配置线和资本市场线的斜率相等，客户不管选择基金还是被动组合都一样。设 f 为费用：

$$\text{有费用的资本配置线的斜率} = \frac{0.18 - 0.08 - f}{0.28} = \frac{0.1 - f}{0.28}$$

$$\text{资本市场线斜率(无费用)} = \frac{0.13 - 0.08}{0.25} = 0.2$$

使两斜率相等可得：

$$\frac{0.1 - f}{0.28} = 0.2, \quad \text{所以} f = 0.044$$

29. a. 投资于被动组合的最优比例的方程为：

$$y^* = \frac{E(r_M) - r_f}{A\sigma_M^2}$$

将 $E(r_M) = 13\%$，$r_f = 8\%$，$\sigma_M = 25\%$，$A = 3.5$ 代入上式可得：

$$y = \frac{0.13 - 0.08}{3.5 \times 0.25^2} = 0.2286$$

即将22.86%投资于被动组合。

b. 答案参见习题28的b。不论客户如何配置资产，可以向客户征收的费用都相同，即可以征收使资产组合的报酬-波动性比率与竞争者相等的费用。

三、CFA考题

1. 每种投资的效用 $= E(r) - 0.5 \times 4 \times \sigma^2$。选择效用最高的投资，因此选择投资3。

投资	投资收益率	标准差 σ	效用 U	投资	投资收益率	标准差 σ	效用 U
1	0.12	0.30	-0.0600	3	0.21	0.16	0.1588
2	0.15	0.50	-0.3500	4	0.24	0.21	0.1518

2. 若投资者是风险中性的，此时 $A = 0$。效用最高的投资是投资4，因为它具有最高的期望收益率。
3. b。
4. 无差异曲线2。
5. F点。
6. $(0.6 \times 50\,000) + 0.4 \times (-30\,000) - 5\,000 = 13\,000$（美元）。
7. b。
8. 股票基金的收益率（%）= 短期国债利率 + 风险溢价 = 6% + 10% = 16%；
客户资产组合的期望收益率 $= (0.6 \times 16\%) + (0.4 \times 6\%) = 12\%$；
客户资产组合的期望收益 $= 12\% \times 100\,000 = 12\,000$（美元），这表明到期时预期的总财富 $= 12\,000$美元；
客户整体资产组合的标准差 $= 0.6 \times 14\% = 8.4\%$。
9. 报酬-波动性比率 $= \dfrac{0.10}{0.14} = 0.71$。

第7章 CHAPTER7

最优风险资产组合

一、选择题

1. 市场风险通常是指（　　）。
   A. 系统风险，可分散风险　　B. 系统风险，不可分散风险　　C. 特有风险，不可分散风险
   D. 特有风险，可分散风险　　E. 公司特有风险

2. 可以被分散掉的风险是（　　）。
   A. 公司特有风险　　B. 贝塔系数　　C. 系统风险
   D. 市场风险　　E. 非系统风险

3. 风险资产组合的方差是（　　）。
   A. 证券方差的加权值　　B. 证券方差的总和　　C. 证券方差和协方差的加权值
   D. 证券协方差的总和　　E. 证券协方差的加权值

4. 风险资产组合的标准差是（　　）。
   A. 证券方差加权值的平方根
   B. 证券方差总和的平方根
   C. 证券方差和协方差的加权值的平方根
   D. 证券协方差总和的平方根
   E. 证券协方差的加权值

5. 风险资产组合的预期收益率是（　　）。
   A. 证券期望收益率的加权平均值
   B. 证券期望收益率的总和
   C. 证券方差和协方差的加权值
   D. 证券期望收益率的加权平均值，也是证券方差和协方差的加权值
   E. 证券协方差的加权值

6. 在其他条件相同的情况下，当（　　）的时候分散化投资最有效。
   A. 证券的收益不相关　　B. 证券的收益正相关　　C. 证券收益很高
   D. 证券收益负相关　　E. 证券收益正相关，并且证券收益很高

7. 风险资产的有效边界是指（　　）。
   A. 高于所有最小方差组合的那部分投资机会集
   B. 代表最高标准差的那部分投资机会集
   C. 包括最小标准差的那部分投资机会集
   D. 标准差为0的投资组合集合
   E. 高于所有最小方差组合的那部分投资机会集，以及代表最高标准差的那部分投资机会集

8. 无风险证券和风险证券N的资本配置线是（　　）。
   A. 风险资产的所有最小方差组合与无风险利率的连接线
   B. 具有最高预期收益率的风险资产组合的有效边界与无风险利率的连接线
   C. 无风险利率与风险资产组合有效边界的切线
   D. 无风险利率的水平线
   E. 风险资产的所有最大方差组合与无风险利率的连接线

9. 考虑完全负相关的两种证券投资组合机会集，它们的最小方差组合的标准差通常（　　）。
   A. 大于0　　B. 等于0　　C. 等于证券标准差之和

D. 等于 –1　　　　　　　　E. 在 0 到 –1 之间
10. 下列关于两种风险资产组合方差的说法哪项是正确的？（　　）
    A. 证券之间的相关系数越大，组合方差减小得越多。
    B. 证券组合的方差和相关系数之间是线性关系。
    C. 证券之间的相关性越低，投资组合的方差越小。
    D. 证券之间的相关系数越大，组合方差减小得越多；证券的相关系数和投资组合的方差之间是线性关系。
    E. 证券之间的相关系数越大，组合方差减小得越多；证券之间相关性越低，投资组合的方差越小。
11. 风险证券 N 的有效投资组合是（　　）。
    A. 由具有最高收益率的证券组成的，不论其标准差是多少
    B. 在给定的风险水平下，具有最高的收益率
    C. 从中选择的具有最低标准差的证券，不论其收益率是多少
    D. 具有最高的风险和收益率，以及最大的标准差
    E. 具有最低的标准差和收益率

股票 A 和股票 B 概率分布如下表所示。

状态	概率	股票A的收益率（％）	股票B的收益率（％）	状态	概率	股票A的收益率（％）	股票B的收益率（％）
1	0.10	10	8	4	0.30	14	9
2	0.20	13	7	5	0.20	15	8
3	0.20	12	6				

12. 股票 A 和股票 B 的预期收益率分别是（　　）。
    A. 13.2%；9%　　　　B. 14%；10%　　　　C. 13.2%；7.7%
    D. 7.7%；13.2%　　　E. 13.8%；9.3%
13. 股票 A 和股票 B 的标准差分别是（　　）。
    A. 1.5%；1.9%　　　　B. 2.5%；1.1%　　　　C. 3.2%；2.0%
    D. 1.5%；1.1%　　　　E. 1.8%；1.6%
14. 股票 A 和股票 B 的方差分别是（　　）。
    A. 1.5%；1.9%　　　　B. 2.2%；1.2%　　　　C. 3.2%；2.0%
    D. 1.5%；1.1%　　　　E. 1.4%；2.1%
15. 股票 A 和股票 B 的相关系数是（　　）。
    A. 0.46　　　　　　　B. 0.60　　　　　　　C. 0.58
    D. 1.20　　　　　　　E. 0.73
16. 如果你将 40% 的资金投资于股票 A，60% 的资金投资于股票 B，你的投资组合的预期收益率和标准差分别是多少？（　　）
    A. 9.9%；3%。　　　　B. 9.9%；1.1%。　　　C. 11%；1.1%。
    D. 11%；3%。　　　　E. 10.6%；2.1%。
17. 建立最小方差组合 G，在 G 中股票 A 和股票 B 的权重分别是（　　）。
    A. 0.40；0.60　　　　B. 0.66；0.34　　　　C. 0.34；0.66
    D. 0.77；0.23　　　　E. 0.23；0.77
18. 最小方差组合 G 的预期收益率和标准差分别是（　　）。

A. 10.07%；1.05% B. 8.97%；2.03% C. 10.07%；3.01%
D. 8.97%；1.05% E. 7.56%；0.83%

19. 下列哪个组合位于有效边界上？（ ）
    A. 20%投资于A，80%投资于B。
    B. 15%投资于A，85%投资于B。
    C. 26%投资于A，74%投资于B。
    D. 10%投资于A，90%投资于B。
    E. 20%投资于A，80%投资于B；15%投资于A，75%投资于B。这两种组合都在有效边界上。

二、课后习题

1. 以下哪些因素反映了单纯市场风险？（ ）
    a. 短期利率上升。   b. 公司仓库失火。   c. 保险成本增加。
    d. 首席执行官死亡。 e. 劳动力成本上升。

2. 将增加房地产到一个股票、债券和货币的资产组合中，房地产收益的哪些因素影响组合风险？（ ）
    a. 标准差。   b. 期望收益。   c. 和其他资产的相关性。

3. 以下关于最小方差组合的陈述哪些是正确的？（ ）
    a. 它的方差小于其他证券或组合。
    b. 它的期望收益比无风险利率低。
    c. 它可能是最优风险组合。
    d. 它包含所有证券。

用以下数据回答习题4~10：一个养老金经理考虑3个共同基金。第1个是股票基金，第2个是长期政府和公司债基金，第3个是短期国债货币基金，收益率为8%。风险组合的概率分布如下表所示。

(%)

	期望收益	标准差
股票基金 S	20	30
债券基金 B	12	15

基金的收益率之间的相关系数为0.1。

4. 两种风险基金的最小方差投资组合的投资比例是多少？这种投资组合收益率的期望值与标准差各是多少？
5. 制表并画出这两种风险基金的投资可行集，股票基金的投资比率从0~100%按照20%的幅度增长。
6. 从无风险收益率到可行集曲线画一条切线，由此得到的最优投资组合的期望收益与标准差各是多少？
7. 计算出最优风险投资组合下每种资产的比例以及期望收益与标准差。
8. 最优配置线下的最优报酬-波动性比率是多少？
9. 投资者对他的投资组合的期望收益要求为14%，是有效的，并且在最优可行资本市场线上。

a. 投资者投资组合的标准差是多少？
b. 在短期国库券上的投资比例以及在其他两种风险基金上的投资比例是多少？
10. 如果投资者只用两种风险基金进行投资并且要求14%的收益率，那么他的组合投资比例是怎样的？
11. 股票提供的期望收益率为18%，标准差为22%。黄金提供的期望收益率为10%，标准差为30%。

    a. 根据黄金在平均收益和波动性上的明显劣势，有人会愿意持有它吗？如果有，用图形表示这样做的理由。
    b. 由上面的数据，再假设黄金与股票的相关系数为1，回答a，画图表示为什么有人会或不会在他的投资组合中持有黄金。这一系列有关期望收益率、标准差、相关性的假设代表了证券市场的均衡吗？

12. 假设证券市场中有许多股票，股票A和股票B如右表所示。

    相关系数为 -1。

    假设可以以无风险利率借入资金，则无风险收益率是多少（由股票A和股票B构造）？

股票	期望收益	标准差
A	10	5
B	15	10

    （%）

13. 假设所有证券的期望收益、标准差和无风险利率已知，这时所有投资者会持有同样的最优风险资产，判断正误。
14. 组合的标准差等于组合中资产的标准差的加权平均值。判断正误。
15. 假设有一个项目，有0.7的概率使你的投资翻倍，有0.3的概率使你的投资减半。这项投资收益的风险是多少？
16. 假设你有100万美元，由以下两种资产来构造组合：

    ①无风险资产年收益率12%；

    ②风险资产，期望收益率30%，标准差40%。

    构造的组合标准差30%，则期望收益率是多少？

以下数据用于回答习题17~19：$Corr(A, B) = 0.85$；$Corr(A, C) = 0.6$；$Corr(A, D) = 0.45$，每只股票期望收益率为8%，标准差20%。

17. 如果你整个组合就是股票A，你可以加入一只股票，你的选择是哪个？
18. 对风险厌恶程度不同的投资者来说上述问题的答案会变化吗？
19. 假设增加一种股票的同时还可以增加投资短期国债，利率为8%，你会改变上述问题的答案吗？

下表中的数据为复利年收益率，回答习题20和习题21。

（%）

	20世纪20年代[①]	20世纪30年代	20世纪40年代	20世纪50年代	20世纪60年代	20世纪70年代	20世纪80年代	20世纪90年代
小公司股票	-3.72	7.28	20.63	19.01	13.72	8.75	12.46	13.84
大公司股票	18.36	-1.25	9.11	19.41	7.84	5.90	17.60	18.20
长期政府债券	3.98	4.60	3.59	0.25	1.14	6.63	11.50	8.60
中期政府债券	3.77	3.91	1.70	1.11	3.41	6.11	12.01	7.74
短期政府债券	3.56	0.30	0.37	1.87	3.89	6.29	9.00	5.02
通货膨胀率	-1.00	-2.04	5.36	2.22	2.52	7.36	5.10	2.93

①基于1926~1929年。

20. 将表中的数据填入电子数据表，计算各类资产收益率和通货膨胀率的序列相关系数，以及各类资产之间的相关系数。
21. 将表中的收益率转化为实际收益率，重新上一问题。

习题 22~25 的相关信息如下。Greta 是一位年长的投资者，投资期为 3 年时，其风险回避系数为 3。她在考虑投资于两个组合：标准普尔 500 和一个对冲基金两者都是 3 年的投资策略（所有收益率均为年化，连续复利）。标准普尔 500 的风险溢价预计为每年 5%，标准差 20%；对冲基金的风险溢价预计为 10%，标准差 35%。某一组合某年的收益率与其自身收益率或其他组合收益率都不相关。对冲基金经理声称标准普尔 500 的年收益率与对冲基金的当年收益率的相关系数为零，但是 Greta 对此持怀疑态度。

22. 计算这两个组合的 3 年风险溢价、标准差和夏普比率。
23. 假设两个组合的年收益率间相关系数真的为零，最优组合配置策略是什么？Greta 的资本配置是怎样的？
24. 如果组合年度收益之间相关系数为 0.3，年化方差是多少？
25. 相关系数为 0.3 时的 3 年期收益的协方差是多少？

三、CFA 考题

下面的数据用于 1~3 题。

H&A 公司为 W 养老基金管理着 3 000 万美元的股票投资组合。W 基金的财务副主管琼斯注意到 H&A 在 W 基金的 6 个股票经理人中持续保持着最优的纪录。在过去的 5 年中有 4 年 H&A 公司管理的投资组合的表现明显优于标准普尔 500 指数。唯一业绩不佳的一年带来的损失也是微不足道的。

H&A 公司是一个"特立独行"的管理者。该公司尽量避免在对市场的时机预测上做任何努力，它把精力主要放在对个股的选择而不是对行业好坏的评估上。

6 位管理者之间没有明显一致的管理模式。除了 H&A，其余 5 位经理共计管理着由 150 种以上的个股组成的 2.5 亿美元的资产。

琼斯相信 H&A 可以在股票选择上表现出出众的能力，但是受投资高度分散化的限制，达不到高额的收益率。这几年来，H&A 公司的投资组合一般包含 40~50 只股票，每只股票占基金的 2%~3%。H&A 公司之所以在大多数年份里表现还不错，原因在于它每年都可以找到 10~20 只获得高额收益率的股票。

基于以上情况，琼斯向 W 养老基金委员会提出以下计划：把 H&A 公司管理的投资组合限制在 20 只股票以内。H&A 公司会对其真正感兴趣的股票投入加倍的精力，而取消其他股票的投资。如果没有这个新的限制，H&A 公司就会像以前那样自由地管理投资组合。

基金委员会的大多数成员都同意琼斯的观点，他们认为 H&A 公司确实表现出了在股票选择上的卓越能力。但是该建议与以前的实际操作相背离，几个委员对此提出了质疑，请根据上述情况回答下列问题。

1. a. 20 只股票的限制会增加还是减少投资组合的风险？请说明理由。
   b. H&A 公司有没有办法使股票数由 40 只减少到 20 只，而同时又不会对风险造成很大的影响？请说明理由。
2. 一名委员在提及琼斯的建议时特别热心，他认为如果把股票数减少到 10 只，H&A 公司的业绩将会更好。但是如果把股票减少到 20 只被认为是有利的，试说明为什么减少到 10

只反而不那么有利了?(假设 W 养老基金把 H&A 公司的投资组合与基金的其他组合分开考虑。)

3. 另一名委员建议,与其把每种投资组合与其他的投资组合独立起来考虑,不如把 H&A 公司管理的投资组合的变动放到整个基金的角度上来考虑会更好。解释这一观点将对委员会把 H&A 公司的股票减至 10 只还是 20 只的讨论产生什么影响?

4. 下面哪一种投资组合不属于马科维茨描述的有效边界(见下表)?

	投资组合	期望收益(%)	标准差(%)		投资组合	期望收益(%)	标准差(%)
a.	W	15	36	c.	Z	5	7
b.	X	12	15	d.	Y	9	21

5. 下面对投资组合分散化的说法哪些是正确的?
   a. 适当的分散化可以减少或消除系统风险。
   b. 分散化减少投资组合的期望收益,因为它减少了投资组合的总体风险。
   c. 当把越来越多的证券加入投资组合时,总体风险一般会以递减的速率下降。
   d. 除非投资组合包含至少 30 只的个股,分散化降低风险的好处不会充分显现。

6. 测度分散化投资组合中的某一证券的风险用的是(   )。
   a. 特有风险
   b. 收益的标准差
   c. 再投资风险
   d. 协方差

7. 马科维茨描述的投资组合理论主要关注于(   )。
   a. 系统风险的减少
   b. 分散化对投资组合的风险影响
   c. 非系统风险的确认
   d. 积极的资产管理以扩大收益

8. 假设一名风险厌恶的投资者拥有 M 公司的股票,他决定在其投资组合中加入 Mac 公司或是 G 公司的股票。这 3 只股票的期望收益率和总体风险水平相当,M 公司股票与 Mac 公司股票的协方差为 -0.5,M 公司股票与 G 公司股票的协方差为 0.5。则投资组合(   )。
   a. 买入 Mac 公司股票,风险会降低更多
   b. 买入 G 公司股票,风险会降低更多
   c. 买入 G 公司股票或 Mac 公司股票都会导致风险增加
   d. 由其他因素决定风险的增加或降低

9. A、B、C 三只股票具有相同的期望收益率和方差,右表为三只股票收益之间的相关系数。根据这些相关系数,风险水平最低的投资组合为(   )。

	股票 A	股票 B	股票 C
股票 A	+1.0		
股票 B	+0.9	+1.0	
股票 C	+0.1	-0.4	+1.0

   a. 平均投资于 A 和 B
   b. 平均投资于 A 和 C
   c. 平均投资于 B 和 C
   d. 全部投资于 C

10. A、B、C 三只股票的统计数据如下表所示:
    仅从表中信息出发,在等权重 A 和 B 的投资组合和等权重 B 和 C 的组合中做选择,请说明理由。

	收益标准差		
股票	A	B	C
收益标准差（%）	40	20	40
	收益相关系数		
股票	A	B	C
A	1.00	0.90	0.50
B		1.00	0.10
C			1.00

11. 斯蒂文森目前有200万美元的投资组合，组合情况见下表。

	价值（美元）	占总额的百分比（%）	期望年收益率（%）	年标准差（%）
短期债券	200 000	10	4.6	1.6
国内大盘股	600 000	30	12.4	19.5
国内小盘股	1 200 000	60	16.0	29.9
投资组合总和	2 000 000	100	13.8	23.1

斯蒂文森计划将很快就能到手的另外200万美元全部投资于指数基金，这样就可以和现在的投资组合构成很好的互补关系。特许金融分析师库普评估表中的4种指数基金是否可以满足组合的两个标准，即维持或提高期望收益和维持或降低波动性。

每种基金投资于一类资产，这些类别在现在的证券组合中并没有充分表现出来。

指数基金	期望年收益率（%）	标准差（%）	与目前投资组合的相关性
基金 A	15	25	+0.80
基金 B	11	22	+0.60
基金 C	16	25	+0.90
基金 D	14	22	+0.65

请问库普应该向斯蒂文森推荐哪个基金？说说你选择的基金如何很好地满足了库普的两个标准，这不需要任何计算。

12. 格蕾丝有90万美元完全分散化的证券投资组合。随后她继承了价值10万美元的欧洲公司普通股。她的财务顾问提供了如右表所示的预测信息。

	期望月收益率（%）	月收益标准差（%）
原始证券组合	0.67	2.37
欧洲公司	1.25	2.95

欧洲公司股票与原始证券组合的收益相关系数为0.4。

遗产继承改变了格蕾丝的全部证券投资组合，她正在考虑是否要继续持有欧洲公司股票。假定格蕾丝继续持有欧洲股票，请计算：

a. i. 包括欧洲公司股票在内的新证券投资组合的期望收益。

ii. 欧洲公司股票与原投资组合收益的协方差。

iii. 包括欧洲公司股票在内的新投资组合的标准差。

如果格蕾丝卖掉欧洲股票，她将投资于无风险的月收益率为0.42%的政府证券，假定她卖掉欧洲股票并用此收入购买了政府证券，请计算：

b. i. 包括政府证券在内的新投资组合的期望收益。

ii. 政府证券收益与原证券投资组合收益的协方差。

iii. 包括政府证券在内的新投资组合的标准差。

c. 比较包括政府证券在内的新投资组合与原证券组合的系统风险,二者谁高谁低?

d. 格蕾丝经过与丈夫商量后,考虑要卖出10万美元的欧洲公司股票,买入10万美元的XYZ公司普通股。这两种股票的期望收益和标准差都相等。她丈夫说,是否用XYZ公司股票替代欧洲公司股票并无区别。判断她丈夫的说法是否正确,并说明理由。

格蕾丝最近和她的财务顾问说:"如果我的证券投资不亏本,我就满足了。我虽然希望得到更高的收益,但我更害怕亏本。"

e. i. 用收益标准差作为风险衡量的标准,指出格蕾丝的一个不合理之处。

ii. 给出一个当前情况下一种更合适的风险衡量方法。

13. 特许金融分析师特鲁迪最近约见了一位客户。特鲁迪主要投资于来自几个产业的30多只公司股票。约见结束后,客户说:"我相信你的股票选择能力,我认为你应将我的资金投资于你认为最好的5只股票,你明显偏爱其中几只股票,为何还要投资于30家公司?"特鲁迪准备运用现代证券组合理论给他做解释。

a. 试比较系统性风险与公司特有风险的概念,并各举一例。

b. 评论客户的建议。说说随着证券组合中证券数量的增加,系统性风险与公司特有风险各自将如何变化?

参考答案

一、选择题

| 1. B | 2. A | 3. C | 4. C | 5. A | 6. D | 7. A | 8. C | 9. B | 10. C |
| 11. B | 12. C | 13. D | 14. B | 15. A | 16. B | 17. E | 18. D | 19. C | |

二、课后习题

1. a 和 e。短期利率和劳工问题是所有公司共有的影响因素,因此必须考虑为市场风险因素。剩下的3个因素并非在所有公司中具有共同性,并不是市场风险的一部分。

2. a 和 c。房地产的方差(或标准差)和房地产收益与其他资产类别收益之间的相关性影响着投资组合的风险。(注意房地产收益率和现金收益率之间的相关性很有可能为零。)

3. a。

4. 机会集的参数为:$E(r_S) = 20\%$,$E(r_B) = 12\%$,$\sigma_S = 30\%$,$\sigma_B = 15\%$,$\rho = 0.10$。根据标准差和相关系数,可以推出协方差矩阵(注意 $\text{Cov}(r_S, r_B) = \rho \times \sigma_S \times \sigma_B$):

	债券	股票
债券	225	45
股票	45	900

最小方差组合可由下列公式推出:

$$w_{\text{Min}}(S) = \frac{\sigma_B^2 - \text{Cov}(r_S, r_B)}{\sigma_S^2 + \sigma_B^2 - 2\text{Cov}(r_S, r_B)} = \frac{225 - 45}{900 + 225 - (2 \times 45)} = 0.1739$$

$$w_{\text{Min}}(B) = 1 - 0.1739 = 0.8261$$

最小方差组合的均值和标准差为:

$$E(r_{\text{Min}}) = (0.1739 \times 0.20) + (0.8261 \times 0.12) = 0.1339 = 13.39\%$$

$$\sigma_{\text{Min}} = [w_S^2 \sigma_S^2 + w_B^2 \sigma_B^2 + 2w_S W_B \text{Cov}(r_S, r_B)]^{1/2}$$
$$= [(0.173\,9^2 \times 900) + (0.826\,1^2 \times 225) + (2 \times 0.173\,9 \times 0.826\,1 \times 45)]^{1/2}$$
$$= 13.92\%$$

5.

(%)

股票基金比例	债券基金比例	预期收益率	标准差	
0.00	100.00	12.00	15.00	
17.39	82.61	13.39	13.92	最小方差
20.00	80.00	13.60	13.94	
40.00	60.00	15.20	15.70	
45.16	54.84	15.61	16.54	切点资产组合
60.00	40.00	16.80	19.53	
80.00	20.00	18.40	24.48	
100.00	0.00	20.00	30.00	

图形如下：

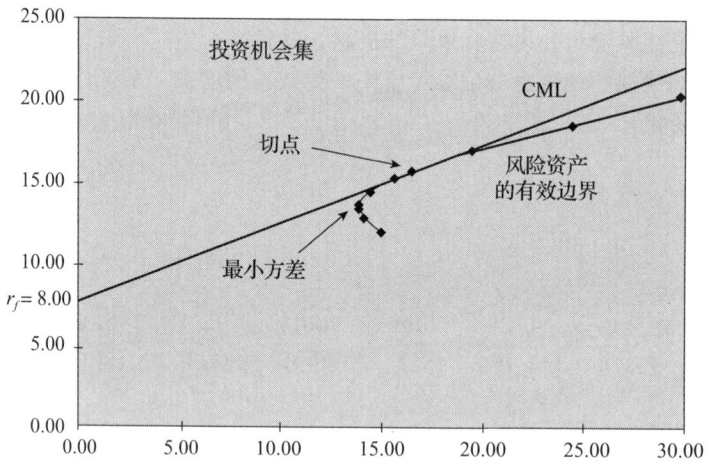

6. 从上图可知，最优资产组合是切点处资产组合，其期望收益近似为 15.6%，标准差近似为 16.5%。

7. 最优风险投资组合投资于股票基金的比例由下式给出：

$$w_S = \frac{[E(r_S) - r_f] \times \sigma_B^2 - [E(r_B) - r_f] \times \text{Cov}(r_S, r_B)}{[E(r_S) - r_f] \times \sigma_B^2 + [E(r_B) - r_f] \times \sigma_S^2 - [E(r_S) - r_f + E(r_B) - r_f] \times \text{Cov}(r_S, r_B)}$$

$$= \frac{(0.20 - 0.08) \times 225 - (0.12 - 0.08) \times 45}{[(0.20 - 0.08) \times 225] \times [(0.12 - 0.08) \times 900] - (0.20 - 0.08 + 0.12 - 0.08) \times 45}$$

$$= 0.451\,6$$

$w_B = 1 - 0.451\,6 = 0.548\,4$

最优风险投资组合的均值和标准差如下：

$E(r_p) = (0.451\,6 \times 0.20) + (0.548\,4 \times 0.12) = 0.156\,1 = 15.61\%$

$\sigma_p = [(0.451\,6^2 \times 900) + (0.548\,4^2 \times 225) + (2 \times 0.451\,6 \times 0.548\,4 \times 45)]^{1/2} = 16.54\%$

8. 最优资本配置线下的最优报酬-波动性比率为：

$$\frac{E(r_p) - r_f}{\sigma_p} = \frac{0.156\,1 - 0.08}{0.165\,4} = 0.460\,1$$

9. a. 资本配置线的公式为：$E(r_C) = r_f + \frac{E(r_p) - r_f}{\sigma_p} \sigma_C = 0.08 + 0.4601\sigma_C$。令 $E(r_C)$ 等于 14%，

此时，投资组合的标准差为13.04%。

b. 整个资产组合的均值（即14%）是国库券利率与股票和债券的最优组合（P）的平均值。令y表示投资于资产组合P的比例。在最优资本配置线上的任何一个资产组合的均值为：

$$E(r_C) = (1-y) \times r_f + y \times E(r_p) = r_f + y \times [E(r_p) - r_f] = 0.08 + y \times (0.1561 - 0.08)$$

令$E(r_C) = 14\%$，可得$y = 0.7884$和$1 - y = 0.2119$（投资于国库券的比例）。

为求得投资于每种基金的比例，用0.7884分别乘以最优风险性资产组合中的股票和债券的比例：

整个资产组合中股票的比例 = $0.7884 \times 0.4516 = 0.3560$；

整个资产组合中债券的比例 = $0.7884 \times 0.5484 = 0.4323$。

10. 若仅用股票基金和债券基金来得到期望收益率为14%的资产组合，则必须求出投资于股票基金的适当比例（w_S）和投资于债券基金的适当比例（$w_B = 1 - w_S$）：

$$0.14 = 0.20 \times w_S + 0.12 \times (1 - w_S) = 0.12 + 0.08 \times w_S$$

从而可得$w_B = 0.25$。

因此，投资比例为：25%投资于股票基金，75%投资于债券基金。这种资产组合的标准差为：$\sigma_p = [(0.25^2 \times 900) + (0.75^2 \times 225) + (2 \times 0.25 \times 0.75 \times 45)]^{1/2} = 14.13\%$。

与用国库券和最优资产组合构造的资产组合的13.04%相比，这一结果更大。

11. a.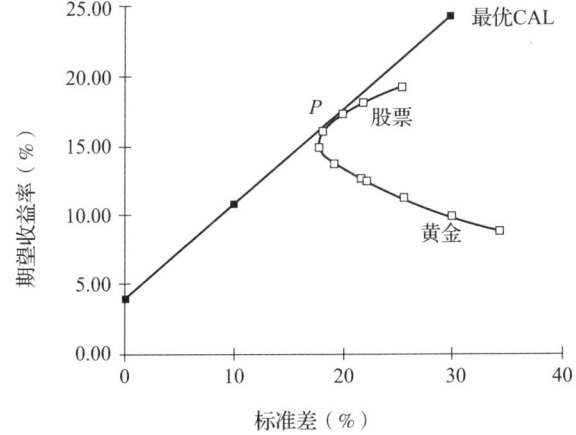

即便股票看起来优于黄金，黄金仍然是一种极具吸引力的资产，可以作为资产组合的一部分来持有。当黄金和股票之间的相关性足够低时，黄金仍可能被作为资产组合尤其是最优切线资产组合中的一个元素被持有。

b. 如果黄金和股票之间的相关系数为+1，则不会有人去持有黄金。最优资本配置线将会只由国库券和股票构成。因为当二者相关系数为1时，股票和黄金的组合可行集是一条负斜率的直线（见右图），而股票资产组合将优于它们。当然，这种情形不会永远持续下去，如果没人想要黄金，它的价格会下降，它的期望收益率将会上升，直至它变成一个极具吸引力的值得持有的资产。

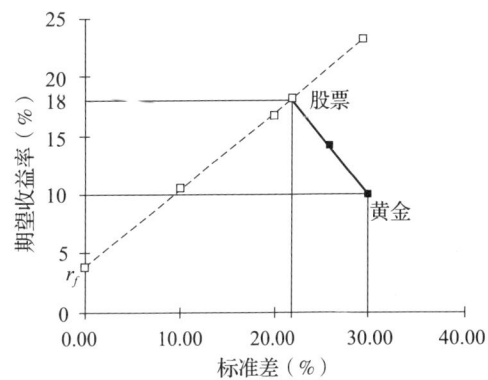

12. 因为股票 A 和股票 B 完全负相关,因此可以构造一个无风险资产组合,且在均衡时,它的收益率等于无风险利率。为求得该资产组合比例(投资于股票 A 的比例 w_A 和投资于股票 B 的比例 $w_B = 1 - w_A$),令标准差为 0。由于完全负相关,该资产组合的标准差为:$\sigma_P = |w_A\sigma_A - w_B\sigma_B|$,即 $0 = 5 \times w_A - [10 \times (1 - w_A)]$,得 $w_A = 0.6667$。该无风险资产组合的期望收益率为:$E(r) = 0.6667 \times 10\% + 0.3333 \times 15\% = 11.667\%$,因此,无风险利率为 11.667%。

13. 错误。如果借款利率不等于贷款利率,则资本配置线为一条弯曲的曲线,最优风险组合由无差异曲线和资本配置线切点决定,借款者和贷款者很可能有不同的最优风险资产组合。

14. 错误。资产组合的标准差只有在所有资产完全正相关的特殊条件下才会等于组合中各构成资产的标准差的加权平均值。否则,如资产组合标准差公式所示,资产组合标准差小于组合中各组成资产的标准差的加权平均值。资产组合的方差是协方差矩阵中各元素的加权平均和,权重为资产组合中所占的比例。

15. 这项投资收益的概率分布如右表所示:
    均值 $= 0.7 \times 100\% + 0.3 \times (-50\%) = 55\%$;
    方差 $= 0.7 \times (100\% - 55\%)^2 + 0.3 \times (-50\% - 55\%)^2 = 0.4725$;
    标准差 $= 0.4725^{1/2} = 68.74\%$。

概率	收益率(%)
0.7	100
0.3	-50

16. $\sigma_P = 30\% = y \times \sigma = y \times 40\%$,可得 $y = 0.75$。
    $E(r_P) = 0.25 \times 0.12 + 0.75 \times 0.30 = 25.5\%$。

17. 既然所有的股票都有相同的期望收益率和标准差,应选择可以使风险最小的股票,即与股票 A 的相关性最小的股票,即股票 D。

18. 不变,至少只要他们不是风险偏好者,就不会变。风险中性投资者不会在乎他们所特有的资产组合,因为所有资产组合的收益率都为 8%。

19. 不变,当收益率为 8% 时,风险资产处在有效边界上。因此,最优资本配置线从无风险利率到由股票 A 和股票 D 权重分别为 0.5 时形成的资产组合。这个投资组合也具有最小的方差。和通常一样,最优的整体资产组合视风险厌恶程度而定。

20. 重新排表(将行变为列),计算相关系数,得下表。

20 世纪	小公司股票	大公司股票	长期政府债券	中期政府债券	短期政府债券	通货膨胀率
20 年代	-3.72	18.36	3.98	3.77	3.56	-1.00
30 年代	7.28	-1.25	4.60	3.91	0.30	-2.04
40 年代	20.63	9.11	3.59	1.70	0.37	5.36
50 年代	19.01	19.41	0.25	1.11	1.87	2.22
60 年代	13.72	7.84	1.14	3.41	3.89	2.52
70 年代	8.75	5.90	6.63	6.11	6.29	7.36
80 年代	12.46	17.60	11.50	12.01	9.00	5.10
90 年代	13.84	18.20	8.60	7.74	5.02	2.93
相关系数	0.46	-0.22	0.60	0.59	0.63	0.23

例如,要计算多年来大公司股票名义收益率的序列相关性,在 Excel 中建立以下两列,使用电子表格的"Correl"功能计算数据的相关性:

20 世纪	每个 10 年（%）	前 10 年（%）	20 世纪	每个 10 年（%）	前 10 年（%）
20 年代	-1.25	18.36	50 年代	7.84	19.41
30 年代	9.11	-1.25	60 年代	5.90	7.84
40 年代	19.41	9.11	70 年代	17.60	5.90

注意，每个相关系数都仅以 7 个观测值为基础，因此不能真正得出统计上的确切的结论。但是，从数字上看，除大公司股票（标准普尔 500）外，存在着持续的序列相关。

21. 实际收益率表（从 10 年平均名义收益率减去 10 年平均通胀率的近似值得出）为：

20 世纪	小公司股票	大公司股票	长期政府债券	中期政府债券	短期政府债券
20 年代	-2.72	19.36	4.98	4.77	4.56
30 年代	9.32	0.79	6.64	5.95	2.34
40 年代	15.27	3.75	-1.77	-3.66	-4.99
50 年代	16.79	17.19	-1.97	-1.11	-0.35
60 年代	11.20	5.32	-1.38	0.89	1.37
70 年代	1.39	-1.46	-0.73	-1.25	-1.07
80 年代	7.36	12.50	6.40	6.91	3.90
90 年代	10.91	15.27	5.67	4.81	2.09
相关系数	0.29	-0.27	0.38	0.11	0.00

10 年期的序列（尽管对于任何决定性的结论而言实在太短）表明实际收益率在各个 10 年期之间是独立的。

22. 标准普尔 500 投资组合 3 年期的风险溢价是 $(1+0.05)^3 - 1 = 0.1576$。

对冲基金投资组合 3 年期的风险溢价是 $(1+0.1)^3 - 1 = 0.3310$，33.10%。

标准普尔 500 投资组合 3 年期的标准差为 $0.2 \times \sqrt{3} = 0.3464$，34.64%。

对冲基金投资组合 3 年期的标准差为 $0.35 \times \sqrt{3} = 0.6062$，60.62%。

标准普尔 500 投资组合 3 年期的夏普比率为 $15.76/34.64 = 0.4550$。

对冲基金投资组合 3 年期的夏普比率为 $33.10/60.62 = 0.5460$。

23. $W_{\text{标准普尔500}} = \dfrac{15.76 \times 60.62^2 - 33.10 \times (0 \times 34.64 \times 60.62)}{15.76 \times 60.62^2 + 33.10 \times 34.64^2 - (15.76 + 33.10) \times (0 \times 34.64 \times 60.62)} = 0.5932$。

$W_{\text{对冲基金}} = 1 - 0.5932 = 0.4068$。

$E(r_p) = 0.5932 \times 15.76 + 0.4068 \times 33.10 = 0.2281$

$\sigma_p = \sqrt{0.5932^2 \times 34.64^2 + 0.4068^2 \times 60.62^2 + 2 \times 0.5932 \times 0.4068 \times (0 \times 34.64 \times 60.62)}$
$= 0.3210$

$y = \dfrac{0.2281}{3 \times 0.3210^2} = 0.7138 = 71.38\%$

Greta 将投资 71.38% 于这个风险组合，该投资组合是标准普尔指数：$0.7138 \times 59.32\% = 42.34\%$ 和对冲基金：$0.7138 \times 40.68\% = 29.03\%$。剩下的 28.63% 将投资于无风险资产。

24. $0.3 \times 0.2 \times 0.35 = 0.021$。

25. 3 年期的标准普尔 500 标准差是 $0.2 \times \sqrt{3} = 0.3464 = 34.64\%$，对冲基金的标准差是 $0.35 \times \sqrt{3} = 0.6062 = 60.62\%$。因此 3 年期协方差是 $0.3 \times 0.3464 \times 0.6062 = 0.063$。

三、CFA 考题

1. a. 将资产组合限制在 20 只股票而不是 40~50 只股票将增加资产组合的风险，但是可能增加的不多。例如，如果50只股票都有相同的标准差 σ，且两两之间的相关性都相同，即相关系数 ρ 相同，那么两两之间的协方差为 $\rho\sigma^2$，且一个等权数的资产组合的方差为：

$$\sigma_P^2 = \frac{1}{n}\sigma^2 + \frac{n-1}{n}\rho\sigma^2$$

等式右边第2项中 n 的减少影响可能相当小（因为49/50接近于19/20，且 $\rho\sigma^2$ 比 σ^2 小），但是第1项的分母将是20而不是50。例如，若 $\sigma = 45\%$，$\rho = 0.2$，则50种股票的标准差将为20.91%，当只持有20只股票时，标准差将上升至22.05%。如果预期收益率增长得足够多，这个增长是可以接受的。

  b. H&A公司可以通过确保它在其资产组合中的20只股票，以相当的分散性来控制风险的上升。这要求在剩余的股票中维持较低的相关性。例如，在a题中，$\rho = 0.2$，资产组合风险的增长是很小的。在实际中，这意味着H&A公司将不得不将其资产组合分散到很多行业中去；仅仅集中投资于少数几个行业将会导致囊括进来的股票间有较高的相关性。

2. 由于分散化而减少风险的收益不是资产组合中证券数量的线性函数。相反，来自新增加的分散化的边际收益在分散化最小时是很重要的。限制H&A公司专注于10只股票而不是20只，会使得它的资产组合风险增加，比从30只股票减少到20只时大得多。在我们的例子中，限制股票数量在10只将会使标准差增加至23.81%。从20只股票变为10只而导致的标准差增加的1.76%要大于从50只股票减少到30只而导致的标准差增加的1.14%。

3. 这一点很有意义，因为委员会会考虑整体资产组合的波动性。由于H&A公司的资产组合仅仅是6个分散化资产组合中的一个且小于平均值，集中于少数几个证券对整个基金的分散化的影响是很小的。因此，让它去做股票选择工作可能更有利。

4. d。资产组合Y不在有效边界上，资产组合X与其相比有更高的期望收益率和更低的标准差，所以投资者不会选择组合Y。

5. c。a：即使在最充分的分散条件下还存在市场风险，也被称为系统风险；b：分散化不一定减少期望收益；d：资产组合的股数量较少但各股相关性很低的情况下仍能充分发挥分散化降低风险的好处。

6. d。协方差反映了该证券与其他证券及证券组合的相关程度，体现了其分散风险的能力，如果其与组合协方差较大，说明其非系统性风险较大。

7. b。

8. a。其他情况相同时，协方差越小，两种资产组合的风险就越小。

9. c。其他情况相同时，相关系数越小，两种资产组合的风险就越小。

10. 因为不知道预期收益是多少，所以我们只关注波动性的减少。股票A和C有相同的标准差，但是B和C的协方差（0.10）小于A和B的协方差（0.90）。因此，由股票B和C组成的资产组合的总体风险小于由股票A和B组成的资产组合的总体风险。

11. 基金D可以和现在的证券组合构成很好的互补关系，同时满足斯蒂文森的标准。

  首先，基金D的期望收益率（14.0%）在一定程度上可以增加证券组合的收益率。

  其次，基金D与目前证券组合的相关性较低（+0.65），这暗示在所有选项中除了基金B以外，基金D提供了更大的分散效应。在证券组合中加入基金D后构成的组合和原有基金相比，有同样的收益率但波动性更低。

  另外3个基金无论是从期望收益的增强还是从通过分散来降低波动性的角度而言都有不足：基金A提供了增加组合收益的潜力，但资产之间的相关性太大，以至于不能通过分散来提供波动性降低的效应；基金B能够通过分散效应大幅度地降低波动性，但其产生的收益预期将大大低于当前组合的收益；基金C增加收益的潜力最大，但资产之间的相关性太大，不能提供分散效应。

12. a. 用 OP 代表原有的投资组合，ABC 代表新股票，NP 代表新的投资组合。

　　ⅰ. $E(r_{NP}) = w_{OP} \times E(r_{OP}) + w_{ABC} \times E(r_{ABC}) = (0.9 \times 0.67) + (0.1 \times 1.25) = 0.728$；

　　ⅱ. $\text{Cov} = \rho \times \sigma_{OP} \times \sigma_{ABC} = 0.40 \times 2.37 \times 2.95 = 2.7966 \approx 2.80$；

　　ⅲ. $\sigma_{NP} = [w_{OP}^2 \sigma_{OP}^2 + w_{ABC}^2 \sigma_{ABC}^2 + 2 w_{OP} w_{ABC} (\text{Cov}_{OP,ABC})]^{1/2}$
　　　　　　$= [(0.9^2 \times 2.37^2) + (0.1^2 \times 2.95^2) + (2 \times 0.9 \times 0.1 \times 2.80)]^{1/2} = 2.2673\% \approx 2.27\%$

b. 用 OP 代表原有的投资组合，GS 代表政府证券，NP 代表新的投资组合。

　　ⅰ. $E(r_{NP}) = w_{OP} \times E(r_{OP}) + w_{GS} \times E(r_{GS}) = (0.9 \times 0.67) + (0.1 \times 0.42) = 0.645$；

　　ⅱ. $\text{Cov} = \rho \times \sigma_{OP} \times \sigma_{GS} = 0 \times 2.37 \times 0 = 0$；

　　ⅲ. $\sigma_{NP} = [w_{OP}^2 \sigma_{OP}^2 + w_{GS}^2 \sigma_{GS}^2 + 2 w_{OP} w_{GS} (\text{Cov}_{OP,GS})]^{1/2}$
　　　　　　$= [(0.9^2 \times 2.37^2) + (0.1^2 \times 0) + (2 \times 0.9 \times 0.1 \times 0)]^{1/2} = 2.133\% \approx 2.13\%$

c. 加入无风险的政府债券会导致新组合的贝塔值更低。新组合的贝塔值将是组合内单笔证券的贝塔值的加权平均；无风险证券的加入将降低加权平均值。

d. 该说法不正确。虽然所考虑的两个证券各自的标准差和期望收益率是相等的，但每个证券和原来的组合之间的协方差未知，从而不可能得出该结论。例如，如果协方差是不同的，选择一个其他的证券可能会导致作为一个整体的投资组合有一个较低的标准差。在这种情况下，假设所有其他因素都是相等的，则该证券将是一个更好的投资选择。

e. ⅰ. 格蕾丝清楚地表示，损失的风险对于她而言比获得收益的机会更为重要。利用方差（或标准差）作为风险的度量有严重的缺陷，因为标准差并不能区分正向和逆向的价格变动。

　　ⅱ. 可以用来代替方差的另外两种度量风险的方式为：
　　　● 收益率范围，它考虑的是在今后一个时期内最高的和最低的预期收益率，最高和最低之间的范围越大，可变性越大，因此风险越大；
　　　● 半方差可以用来衡量收益低于均值或者其他基准（比如0）的预期偏差。

　　对格蕾丝来说，这两个措施都将优于方差。收益率范围将有助于突出她正在承担的全方位的风险，尤其是她特别关注的下跌部分的范围。半方差也是有效的，因为它隐含地假设投资者要最小化低于某些目标利率的收益率的可能性。在格蕾丝的情况中，目标利率将设为零（以防止负收益）。

13. a. 系统性风险表示对所有风险资产而言都很普遍的、宏观经济因素导致的资产价格的波动，因此，系统性风险通常也被称为市场风险。系统风险的例子包括商业周期、通货膨胀、货币政策和技术变动。公司特有风险表示市场无关的因素导致的资产价格的波动，比如行业的特性和企业的特性。公司特有风险的例子包括法律诉讼、专利权、管理和财务杠杆等。

b. 特鲁迪应该对客户解释道：只选择最好的 5 个股票很可能会导致客户持有风险更大的资产组合，因为组合的总风险或者组合方差包括系统性风险和公司特有风险。系统性风险部分取决于单笔资产对于市场波动的敏感程度，这可以用贝塔值表示。假设组合是充分分散的，资产的数量将不会影响组合方差中的系统性风险部分。组合的贝塔值取决于单笔资产的贝塔值和这些证券在组合中的权重。另一方面，非系统性风险部分并不会完全正相关，因此，随着更多的资产加入组合，组合的风险就能降低。因此，增加组合中证券的数量能降低公司特有风险。比如，某个公司的专利权到期并不会影响组合内的其他证券。石油价格的上升也许会导致航空公司的股票下跌，但会有利于能源公司的股票。随着随机选择的证券数量的增加，组合的总风险（方差）将接近其系统方差。

第 8 章

指数模型

一、选择题

1. 随着组合中资产数量的增加,投资组合的总方差趋近于( )。
   A. 0
   B. 1
   C. 市场组合的方差
   D. 无穷大
   E. −1

2. 随着组合中资产数量的增加,投资组合的标准差趋近于( )。
   A. 0
   B. 1
   C. 无穷大
   D. 市场组合的标准差
   E. −1

3. 随着组合中资产数量的增加,投资组合的公司特有风险趋近于( )。
   A. 0
   B. 1
   C. 无穷大
   D. $(n-1)\times n$
   E. −1

4. 随着组合中资产数量的增加,投资组合的非系统风险趋近于( )。
   A. 1
   B. 0
   C. 无穷大
   D. $(n-1)\times n$
   E. −1

5. 随着组合中资产数量的增加,投资组合的特有风险趋近于( )。
   A. 1
   B. 0
   C. 无穷大
   D. $(n-1)\times n$
   E. −1

6. 指数模型首先是由( )提出的。
   A. 格雷厄姆
   B. 马科维茨
   C. 米勒
   D. 夏普
   E. 詹森

7. 单指数模型将( )视为系统性风险的代理因素。
   A. 市场指数,如标准普尔 500
   B. 经常账户赤字
   C. GNP 的增长率
   D. 失业率
   E. 通货膨胀率

8. 账面贝塔通常采用最近( )个月的观测值来计算回归参数。
   A. 12
   B. 36
   C. 60
   D. 120
   E. 6

9. 运用指数模型来估计股票 A 和股票 B 得到以下结果:
$$R_A = 0.03 + 0.7R_M + e_A$$
$$R_B = 0.01 + 0.9R_M + e_B$$
$$\sigma_M = 0.35$$
$$\sigma(e_A) = 0.20$$
$$\sigma(e_B) = 0.10$$
股票 A 和股票 B 收益率的协方差是( )。
   A. 0.038 4
   B. 0.040 6
   C. 0.192 0
   D. 0.077 2
   E. 0.400 0

10. 基于指数模型,证券之间的协方差( )。

A. 使用市场收益指数来代表单一的共同因素的影响

B. 计算极为困难

C. 与特定行业的事件相关

D. 通常是正数

E. 使用市场收益指数来代表单一的共同因素的影响，它通常是正数

11. 利用账面贝塔值计算的回归方程截距项等于（　　）。
   A. 资本资产定价模型中的 α 值　　B. $\alpha + r_f(1+\beta)$　　C. $\alpha + r_f(1-\beta)$
   D. $1-\alpha$　　E. 1

12. 分析师可能使用回归分析来估计股票的指数模型，回归线的斜率等于（　　）的估计值。
   A. 资产的 α　　B. 资产的 β　　C. 资产的 σ
   D. 资产的 δ　　E. 资产的 ρ

13. 分析师可能使用回归分析来估计股票的指数模型，回归线的截距等于（　　）的估计值。
   A. 资产的 α　　B. 资产的 β　　C. 资产的 σ
   D. 资产的 δ　　E. 资产的 ρ

14. 在单因素模型中，特定期间的股票收益率与（　　）相关。
   A. 公司特有事件
   B. 宏观经济因素
   C. 误差项
   D. 公司特有事件和宏观经济因素
   E. 公司特有风险和宏观经济因素都不

15. 罗森伯格和盖伊发现（　　）有助于预测公司的 β 值。
   A. 公司的财务特征值
   B. 公司的行业类型
   C. 公司规模
   D. 公司的财务特征值和行业类型
   E. 公司的财务特征值、行业类型和公司规模

16. 如果指数模型是有效的，（　　）有助于确定 GM 和 GE 资产的协方差。
   A. β_{GM}　　B. β_{GE}　　C. σ_M
   D. β_{GM}，β_{GE}，σ_M　　E. β_{GE}，σ_M

17. 罗森伯格和盖伊发现（　　）有助于预测公司的贝塔值。
   A. 资产负债比率
   B. 市值
   C. 收入变量
   D. 资产负债比率、市值、收入变量
   E. 只有资产负债比率和收入变量

18. 利用回归方程计算的公司贝塔值是 0.6，通常使用的是技术调整后的贝塔值，调整后的贝塔值（　　）。
   A. 大于 0，小于 0.6　　B. 在 0.6 和 1.0 之间　　C. 在 1.0 和 1.6 之间
   D. 大于 1.6　　E. 小于等于 0

19. 利用回归方程计算的公司贝塔值是 1.3，通常使用的是技术调整后的贝塔值，调整后的贝塔值（　　）。

A. 大于 0，小于 1.0　　　B. 在 0.3 和 0.9 之间　　　C. 在 1.0 和 1.3 之间
D. 大于 1.3　　　　　　　E. 小于等于 0

20. 利用回归分析和历史收益样本计算的埃克森股票的贝塔值是 1.6，通常使用技术分析调整后的贝塔值是（　　）。
A. 1.20　　　　　　　　B. 1.32　　　　　　　　C. 1.13
D. 1.40　　　　　　　　E. 1.65

二、课后习题

1. 获得有效分散化组合，指数模型相对于马科维茨模型的优缺点是什么？
2. 管理组合时从单纯跟踪指数到积极管理转变的优缺点是什么？
3. 公司特定风险达到什么样的程度会影响积极型投资者持有指数组合的意愿？
4. 我们为什么称 α 为非市场收益溢价？为何对于积极投资经理高 α 值的股票更有吸引力？其他参数不变，组合成分股的 α 值上升，组合的夏普比率如何变化？
5. 一个投资组合管理组织分析了 60 只股票并用这 60 只股票构造了均值 – 方差有效组合：
    a. 要构造最优组合，需要估计多少期望收益率、方差、协方差？
    b. 如果可以合理假设股票市场的收益结构与单指数模型非常相似，则估计量为多少？
6. 右表是两只股票的估计：
    市场指数标准差为 22%，无风险利率为 8%。
    a. 股票 A 和 B 的标准差是多少？
    b. 假设我们建立一个组合，股票 A 占 30%，股票 B 占 45%，短期国债占 25%，计算组合的期望收益、标准差、β 和非系统性标准差。

股票	期望收益（%）	β	公司特定标准差（%）
A	13	0.8	30
B	18	1.2	40

7. 考虑右图中股票 A 和 B 的回归线。
    a. 哪只股票的公司特定风险更高？
    b. 哪只股票的系统性风险更高？
    c. 哪只股票 R^2 更高？
    d. 哪只股票 α 值更高？
    e. 哪只股票和市场相关性更高？

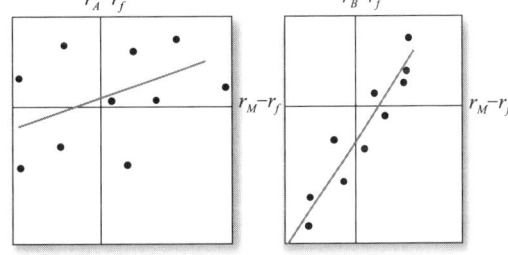

8. 考虑 A 和 B 的（超额收益）指数模型回归结果：

$$R_A = 1\% + 1.2 R_M$$
$$R^2 = 0.576$$
$$残差标准差 = 10.3\%$$
$$R_B = -2\% + 0.8 R_M$$
$$R^2 = 0.436$$
$$残差标准差 = 9.1\%$$

a. 哪只股票的公司特定风险更高？
b. 哪只股票的市场风险更高？
c. 哪只股票的收益波动性更好地由市场变动来解释？

d. 如果无风险利率为6%，而回归使用的是总收益而非超额收益，那么股票 A 的回归截距是多少？

用以下数据解 9~14 题，假设指数模型回归使用的是超额收益。

$$R_A = 3\% + 0.7R_M + e_A$$
$$R_B = -2\% + 1.2R_M + e_B$$
$$\sigma_M = 20\%;\quad R\text{-square}_A = 0.20;\quad R\text{-square}_B = 0.12$$

9. 每只股票的标准差是多少？
10. 将每只股票的方差分解为系统性和公司特有的两个部分。
11. 两只股票之间的协方差和相关系数是多少？
12. 每只股票与市场指数的协方差是多少？
13. 组合 P 投资 60% 于 A，投资 40% 于 B，重新回答问题 9、10 和 12。
14. 组合 Q 投资 50% 于 P，投资 30% 于市场指数，投资 20% 于短期国库券，重新回答问题 13。
15. 一只股票的 β 值估计为 1.24。

    a. "β 指引"如何计算该股票的调整 β 值？

    b. 假设你估计如下回归来描述 β 随时间的变化趋势：

    $$\beta_t = 0.3 + 0.7\beta_{t-1}$$

    你对明年 β 的预测是多少？

16. 根据当前的股息水平和预期增长率，股票 A 和 B 的期望收益分别为 11% 和 14%，β 值分别为 0.8 和 1.5，短期国债的利率为 6%，标准普尔 500 指数的期望收益率为 12%，年标准差分别为 10% 和 11%。如果你现在持有消极的指数组合，你会选择哪只股票增加到自己的组合中？

17. 假设投资经理根据宏观和微观预测，得到以下输入表：

微观预测			
资产	期望收益率（%）	β	残差标准差（%）
股票 A	20	1.3	58
股票 B	18	1.8	71
股票 C	17	0.7	60
股票 D	12	1	55

宏观预测		
资产	期望收益率（%）	标准差
短期国库券	8	0
被动权益组合	16	23

a. 计算各股票的预期超额收益、α 和残差方差。
b. 构建最优风险投资组合。
c. 该最优风险投资组合的夏普比率是多少？积极投资组合对它的贡献是多少？
d. 假设投资者的风险厌恶系数 $A = 2.8$，对短期国库券和消极股票的投资比例是多少？

18. 当不允许卖空时，重新计算第 17 题：

    a. 根据夏普比率，这个约束的成本是多少？

    b. 假设投资者的风险厌恶系数 $A = 2.8$，投资者的效用值损失多少？

19. 假设基于分析师过去的表现，你估计预测收益和真实 α 之间的关系为：

实际超额收益 = 0.3 × α 的估计值

用第17题中的 α，期望收益受到 α 估计不准确性的影响有多大？

20. 假设教材表8-4第44行的 α 预测变为原来的2倍，其他数据不变。重新计算最优风险组合。在你计算之前先用最优化过程估计信息率和夏普比率，然后再与估计值做个比较。

三、CFA 考题

1. 将 ABC 与 XYZ 两只股票在 2006~2010 年 5 年间的年化月收益率数据与市场指数做回归，得到结果如右表所示：

统计量	股票 ABC	股票 XYZ
α	-3.2%	7.3%
β	0.6	0.97
R^2	0.35	0.17
残差标准差	13.02%	21.45%

试说明这些回归结果告诉了分析师 5 年间两只股票风险收益关系的什么信息。假定两只股票包含在一个分散化组合中，结合右下表中取自两个经纪商截至 2010 年 12 月两年间的周数据，评价上述回归结果对风险收益关系的意义。

经纪商	ABC 的 β	XYZ 的 β
A	0.62	1.45
B	0.71	1.25

2. 假设 Baker 基金和标准普尔 500 指数的相关系数为 0.7，那么其总风险中有多少是非系统性的？

3. Charlottesville 国际基金和 EAFE 市场指数的相关系数为 1，EAFE 的期望收益为 11%，Charlottesville 基金的期望收益为 9%，无风险收益率为 3%。基于这一分析，Charlottesville 基金的 β 是多少？

4. β 概念与下列哪个关系最紧密？（　　）
   a. 相关系数。
   b. 均值-方差分析。
   c. 非系统性风险。
   d. 系统性风险。

5. β 和标准差是不同的风险度量，原因在于 β 度量（　　）。
   a. 非系统性风险，标准差度量总风险
   b. 系统性风险，标准差度量总风险
   c. 系统性和非系统性风险，标准差度量非系统性风险
   d. 系统性和非系统性风险，标准差度量系统性风险

参考答案

一、选择题

| 1. C | 2. D | 3. A | 4. B | 5. B | 6. D | 7. A | 8. C | 9. D | 10. E |
| 11. C | 12. B | 13. A | 14. D | 15. E | 16. D | 17. D | 18. B | 19. C | 20. D |

二、课后习题

1. 相比于马科维茨模型，指数模型的优点是大量地减少了估计数。此外，马科维茨模型需要大量估计数，可能会导致在实施过程时出现巨大估计错误。指数模型的缺点来自模型的收益残差不相关的假设。如果使用的指数忽略了一个重要的风险因素，那么这种假设便是不正确的。

2. 积极管理投资组合相较于被动地跟踪指数,具有更高的管理费用,但有可能获得更高的投资回报。

3. 这个问题的答案可以从 w^0(教材式(8-20))和 w^*(教材式(8-21))的公式中看出。在其他条件不变的情况下,w^0 越小,包含在资产组合中候选资产的剩余方差越大,就越容易被纳入投资组合。此外,当 w^0 减小时,w^* 也减小。因此,其他条件不变,资产的剩余方差越大,其在最优风险投资组合中的头寸就越小。也就是说,企业特定风险的增加降低了一个积极的投资者愿意放弃持有指数组合的程度。

4. 总风险溢价等于:$\alpha + (\beta \times$ 市场风险溢价$)$。α 被称为"非市场"收益溢价,因为它是收益溢价中独立于市场表现的一部分。

   夏普比率表明,具有较高 α 的证券更吸引投资者。α 是夏普比率的分子,是一个固定的数,不会受到夏普比率的分母即收益的标准差影响。因此在 α 增加时,夏普比率同比增长。由于投资组合的 α 是证券 α 的组合加权平均,则在其他所有参数不变的前提下,一种证券的 α 值增加将会导致资产组合的夏普比率同比增加。

5. a. 要构造最优投资组合,需要:
   $n = 60$ 个均值估计值;
   $n = 60$ 个方差估计值;
   $(n^2 - n)/2 = 1770$ 个协方差估计值。
   因此,总计有 $(n^2 + 3n)/2 = 1890$ 个估计值。

   b. 在单指数模型中:$r_i - r_f = \alpha_i + \beta_i(r_M - r_f) + e_i$,或等价地,利用超额收益:$R_i = \alpha_i + \beta_i R_M + e_i$。
   每种股票收益率的方差可以分解成以下几个部分:
   (1) 由于共同的市场因素导致的方差:$\beta_i^2 \sigma_M^2$。
   (2) 由于特定企业未预计到的事件造成的方差:$\sigma^2(e_i)$。

   在这个模型中,$\text{Cov}(r_i, r_j) = \beta_i \beta_j \sigma$,需要的参数估计值的数目为:
   $n = 60$ 个均值 $E(r_i)$ 的估计值;
   $n = 60$ 个敏感性系数 β_i 的估计值;
   $n = 60$ 个企业特定方差 $\sigma^2(e_i)$ 的估计值;
   1 个市场均值 $E(r_M)$ 的估计值;
   1 个市场方差 σ_M^2 的估计值。
   因此,共计 182 个估计值。

   单指数模型将需要的参数估计值的数目从 1890 减少到了 182 个,更一般地说,是从 $(n^2 + 3n)/2$ 减少到 $3n + 2$ 个。

6. a. 每种股票的标准差由下式给出:
   $$\sigma_i = [\beta_i^2 \sigma_M^2 + \sigma^2(e_i)]^{1/2}$$
   因为 $\beta_A = 0.8$,$\beta_B = 1.2$,$\sigma(e_A) = 30\%$,$\sigma(e_B) = 40\%$,$\sigma_M = 22\%$,
   得出 $\sigma_A = (0.8^2 \times 22^2 + 30^2)^{1/2} = 34.78\%$
   $\sigma_B = (1.2^2 \times 22^2 + 40^2)^{1/2} = 47.93\%$

   b. 资产组合的期望收益率是单个证券的期望收益率的加权平均:
   $$E(r_P) = w_A \times E(r_A) + w_B \times E(r_B) + w_f \times r_f$$
   $$E(r_P) = (0.30 \times 13\%) + (0.45 \times 18\%) + (0.25 \times 8\%) = 14\%$$
   资产组合的 β 值等同于各证券的 β 值的加权平均:$\beta_P = w_A \times \beta_A + w_B \times \beta_B + w_f \times \beta_f$

$$\beta_P = (0.30 \times 0.8) + (0.45 \times 1.2) + (0.25 \times 0.0) = 0.78$$

资产组合的方差为：$\sigma_P^2 = \beta_P^2 \sigma_M^2 + \sigma^2(e_P)$

其中，$\beta_P^2 \sigma_M^2$ 是系统组成成分，$\sigma^2(e_P)$ 是非系统的成分。由于残差是不相关的，非系统的方差为：$\sigma^2(e_P) = w_A^2 \times \sigma^2(e_A) + W_B^2 \times \sigma^2(e_B) + W_f^2 \times \sigma^2(e_f) = (0.30^2 \times 30^2) + (0.45^2 \times 40^2) + (0.25^2 \times 0) = 405$

其中 $\sigma^2(e_A)$ 和 $\sigma^2(e_B)$ 是股票 A 和股票 B 所具有的企业特有的（非系统的）方差，而 $\sigma^2(e_f)$ 是短期国债的非系统的方差，等于 0。因此资产组合的剩余标准差为：

$$\sigma(e_P) = (0.0405)^{1/2} = 20.12\%$$

资产组合的总体方差为：$\sigma_P^2 = (0.78^2 \times 22^2) + 405 = 699.47$

则资产组合的标准差为 26.41%。

7. a. 图中两条曲线描述了两只股票的证券特征线（SCL）。股票 A 的公司特有风险更高，因为 A 的观测值偏离 SCL 的程度要大于 B。偏离程度由观测值偏离 SCL 的垂直距离来度量。

   b. β 是证券特征线的斜率，也是系统风险的测度指标。股票 B 的证券特征线更陡峭，因此它的系统风险更高。

   c. 证券特征线的 R^2（或者说相关系数的平方）是股票收益率的可解释方差与整体方差的比率，而总体方差又等于可解释方差和不可解释方差（股票的剩余方差）的和：

   $$R^2 = \frac{\beta_i^2 \sigma_M^2}{\beta_i^2 \sigma_M^2 + \sigma^2(e_i)}$$

   由于股票 B 的可解释方差大于股票 A（因为股票 B 的贝塔值更大，所以可解释方差 $\beta_B^2 \sigma_M^2$ 更大），并且它的残差 $\sigma^2(e_B)$ 更小，所以其相关系数的平方大于股票 A。

   d. 阿尔法值是证券特征线在期望收益轴上的截距。股票 A 具有正的阿尔法值而股票 B 的阿尔法值为负，所以股票 A 的阿尔法值大。

   e. 因为相关系数是 R^2 的平方根，所以与股票 A 相比，股票 B 的市场相关性更高。

8. a. 企业特有风险通过残差标准差来测度，因此，股票 A 的企业特有风险更高：10.3%＞9.1%。

   b. 市场风险以 β 来衡量，即回归曲线的斜率。A 的 β 系数更高：1.2＞0.8。

   c. R^2 测度的是收益整体方差中可由市场收益率来解释的部分。A 的 R^2 大于 B：0.576＞0.436。

   d. 用总收益（r）来代替超额收益（R），重写证券特征线的公式：

   $$r_A - r_f = \alpha + \beta \times (r_M - r_f) \Rightarrow r_A = \alpha + r_f \times (1 - \beta) + \beta \times r_M$$

   现在的截距为：$\alpha + r_f \times (1 - \beta) = 1\% + r_f \times (1 - 1.2)$

   因为 $r_f = 6\%$，截距应等于 $1\% + 6\% \times (1 - 1.2) = 1\% - 1.2\% = -0.2\%$

9. 每只股票的标准差可由下式推出：

   $$R_i^2 = \frac{\beta_i^2 \sigma_M^2}{\sigma_i^2} = 被解释方差 / 总体方差$$

   $$\sigma_A^2 = \frac{\beta_A^2 \sigma_M^2}{R_A^2} = \frac{0.7^2 \times 20^2}{0.20} = 980 \qquad \sigma_B^2 = \frac{1.2^2 \times 20^2}{0.12} = 4800$$

   $$\sigma_A = 31.3\% \qquad\qquad\qquad \sigma_B = 62.28\%$$

10. A 的系统风险为：$\beta_A^2 \times \sigma_M^2 = 0.70^2 \times 20^2 = 196$。

    A 的公司特有风险（残差方差），即为 A 的总体风险和它的系统风险的差额为：$980 - 196 = 784$。

    B 的系统风险为：$\beta_B^2 \times \sigma_M^2 = 1.20^2 \times 20^2 = 576$。

    B 的企业特有风险（残差方差）为：$4800 - 576 = 4224$。

11. A 和 B 的收益率的协方差为 $\text{Cov}(r_A, r_B) = \beta_A \beta_B \sigma_M^2 = 0.70 \times 1.20 \times 400 = 336$。

A 和 B 的收益率的相关系数为 $\rho_{AB} = \dfrac{\text{Cov}(r_A, r_B)}{\sigma_A \sigma_B} = \dfrac{336}{31.30 \times 69.28} = 0.155$。

12. 相关系数是 R^2 的平方根：$\rho = \sqrt{R^2}$

$$\text{Cov}(r_A, r_M) = \rho \sigma_A \sigma_M = 0.20^{1/2} \times 31.30 \times 20 = 280$$

$$\text{Cov}(r_B, r_M) = \rho \sigma_B \sigma_M = 0.12^{1/2} \times 69.28 \times 20 = 480$$

13. 组合资产 P 可计算如下：

$$\sigma_P = [(0.6^2 \times 980) + (0.4^2 \times 4800) + (2 \times 0.4 \times 0.6 \times 336)]^{1/2} = 1282.08^{1/2} = 35.81\%$$

$$\beta_P = 0.6 \times 0.7 + 0.4 \times 1.2 = 0.90$$

$$\sigma^2(e_P) = \sigma_P^2 - \beta_P^2 \sigma_M^2 = 1282.08 - 0.90^2 \times 400 = 958.08$$

$$\text{Cov}(r_P, r_M) = \beta_P \sigma_M^2 = 0.90 \times 400 = 360$$

运用单个股票和市场的协方差，也可以得到相同的结果：

$$\text{Cov}(r_P, r_M) = \text{Cov}(0.6 r_A + 0.4 r_B, r_M) = 0.6 \times \text{Cov}(r_A, r_M) + 0.4 \times \text{Cov}(r_B, r_M)$$
$$= 0.6 \times 280 + 0.4 \times 480 = 360$$

14. 国库券的方差为零，它与任何资产的协方差也为零。因此，对于资产组合 Q：

$$\sigma_Q = [w_P^2 \sigma_P^2 + w_M^2 \sigma_M^2 + 2 \times w_P \times w_M \times \text{Cov}(r_P, r_M)]^{1/2}$$
$$= (0.5^2 \times 1282.08 + 0.3^2 \times 400 + 2 \times 0.5 \times 0.3 \times 360)^{1/2} = 21.55\%$$

$$\beta_Q = w_P \beta_P + w_M \beta_M = 0.5 \times 0.90 + 0.3 \times 1 + 0.20 \times 0 = 0.75$$

$$\sigma^2(e_Q) = \sigma_Q^2 - \beta_Q^2 \sigma_M^2 = 464.52 - (0.75^2 \times 400) = 239.52$$

$$\text{Cov}(r_Q, r_M) = \beta_Q \sigma_M^2 = 0.75 \times 400 = 300$$

15. a. "β 指引"根据 β 的样本估计值来调整 β，利用权重 2/3 和 1/3 调整使它的均值为 1.0，如下：

$$\text{调整的 } \beta = (2/3) \times 1.24 + (1/3) \times 1.0 = 1.16$$

b. 若用现在的 β 估计值 $\beta_{t-1} = 1.24$，则 $\beta_t = 0.3 + (0.7 \times 1.24) = 1.168$。

16. 对于股票 A：

$$\alpha_A = r_A - [r_f + \beta_A \times (r_M - r_f)] = 0.11 - [0.06 + 0.8 \times (0.12 - 0.06)] = 0.2\%$$

对于股票 B：

$$\alpha_B = r_B - [r_f + \beta_B \times (r_M - r_f)] = 0.14 - [0.06 + 1.5 \times (0.12 - 0.06)] = -1\%$$

因此将股票 A 添加到自己的分散化资产组合中会更好。股票 B 的空头头寸也是合理的。

17. a.

	阿尔法（α） $\alpha_i = r_i - [r_f + \beta_i \times (r_M - r_f)]$	期望超额收益 $E(r_i) - r_f$
	$\alpha_A = 20\% - [8\% + 1.3 \times (16\% - 8\%)] = 1.6\%$	$20\% - 8\% = 12\%$
	$\alpha_B = 18\% - [8\% + 1.8 \times (16\% - 8\%)] = -4.4\%$	$18\% - 8\% = 10\%$
	$\alpha_C = 17\% - [8\% + 0.7 \times (16\% - 8\%)] = 3.4\%$	$17\% - 8\% = 9\%$
	$\alpha_D = 12\% - [8\% + 1.0 \times (16\% - 8\%)] = -4.0\%$	$12\% - 8\% = 4\%$

股票 A、C 有正的 α 值，而股票 B、D 有负的 α 值。它们的残差方差为：

$$\sigma^2(e_A) = 0.58^2 = 0.3364$$

$$\sigma^2(e_B) = 0.71^2 = 0.5041$$

$$\sigma^2(e_C) = 0.60^2 = 0.3600$$

$$\sigma^2(e_D) = 0.55^2 = 0.3025$$

b. 要构建最优风险资产组合,首先需确定最优的积极投资组合。利用 Treynor – Black 方法,构建积极投资组合(见右表):

具有正阿尔法值的股票的权数不会为负,反之亦然。可以看出,在积极资产组合中的整个头寸都是负的,并使一切都返回到正常的好状态。

	$\dfrac{a}{\sigma^2(e)}$	$\dfrac{a/\sigma^2(e)}{Sa/\sigma^2(e)}$
A	0.000 476	-0.614 2
B	-0.000 873	1.126 5
C	0.000 944	-1.218 1
D	-0.001 322	1.705 8
总计	-0.000 775	1.000 0

应用这些权重,对积极型资产组合的预测为:

$\alpha = -0.614\,2 \times 1.6 + 1.126\,5 \times (-4.4)$
$\quad - 1.218\,1 \times 3.4 + 1.705\,8 \times (-4.0)$
$\quad = -16.90\%$

$\beta = -0.614\,2 \times 1.3 + 1.126\,5 \times 1.8 - 1.218\,1 \times 0.70 + 1.705\,8 \times 1 = 2.08$

高 β 值(高于所有单个股票的 β 值)是来自于具有相对低 β 值的股票的空头头寸和具有相对高 β 值的股票的多头头寸。

$\sigma^2(e) = (-0.614\,2)^2 \times 0.336\,4 + 1.126\,5^2 \times 0.504\,1 + (-1.218\,1)^2 \times 0.360\,0$
$\quad + 1.705\,8^2 \times 0.302\,5 = 2.180\,96$

$\sigma(e) = 147.68\%$

股票 B 的杠杆头寸(高 $\sigma^2(e)$)克服了分散化的影响,并得到了一个高的剩余标准差。最优的风险资产组合在积极型资产组合中占比 w^*,计算如下:

$$w_0 = \frac{\alpha/\sigma^2(e)}{[E(r_M) - r_f]/\sigma_M^2} = \frac{-0.169\,0/21\,809.6}{0.08/23^2} = -0.051\,24$$

调整的 β 为:

$$w^* = \frac{w_o}{1 + (1-\beta)w_0} = \frac{-0.051\,24}{1 + (1-2.08) \times (-0.051\,24)} = -0.048\,6$$

由于 w^* 是负的,故投资组合为一个具有正 α 值的股票的正头寸和一个具有负 α 值的股票的负头寸。指数资产组合的头寸为:$1 - (-0.048\,6) = 1.048\,6$。

c. 为了计算最优资产组合的夏普比率,先计算积极资产组合的信息比率及市场组合的夏普比率。积极资产组合的信息比率计算如下:

$A = \alpha/\sigma(e) = -16.90\%/147.68\% = -0.114\,4$
$A^2 = 0.013\,1$

因此,优化风险资产组合的夏普比率(S)的平方为:

$$S^2 = S_M^2 + A^2 = \left(\frac{8}{23}\right)^2 + 0.013\,1 = 0.134\,1$$

$S = 0.366\,2$

与市场的夏普比率比较可得:$S_M = 8\%/23\% = 0.347\,8 \to$ 差距为 0.018 4。

d. 为了计算总资产组合的构成,先计算 β 值、平均超额收益以及最优风险组合的方差:

$\beta_P = w_M + (w_A \times \beta_A) = 1.048\,6 + (-0.048\,6) \times 2.08 = 0.95$
$E(R_P) = \alpha_P + \beta_P E(R_M) = [(-0.048\,6) \times (-16.90\%)] + (0.95 \times 8\%) = 8.42\%$
$\sigma_P^2 = \beta_P^2 \sigma_M^2 + \sigma^2(e_P) = (0.95 \times 23)^2 + (-0.048\,6^2) \times 21\,809.6 = 528.94$
$\sigma_P = 23.00\%$

由于 $A = 2.8$,组合的最优头寸为:

$$y = 8.42\%/(0.01 \times 2.8 \times 0.529) = 0.568\,5$$

采取消极策略时：$y = 8\% / (0.01 \times 2.8 \times 0.232) = 0.5401$

差额为 0.028 4。最终头寸为（M 可能包含一些从 A 到 D 的股票）：

票据	$1 - 0.5685 =$	43.15%
M	$0.5685 \times 1.0486 =$	59.61%
A	$0.5685 \times (-0.0486) \times (-0.6142) =$	1.70%
B	$0.5685 \times (-0.0486) \times 1.1265 =$	−3.11%
C	$0.5685 \times (-0.0486) \times (-1.2181) =$	3.37%
D	$0.5685 \times (-0.0486) \times 1.7058 =$	−4.71%
	（四舍五入）	100.00%

18. a. 如果一个管理者不允许卖空，他的资产组合中将不会有 α 值为负的股票，因此他将只考虑 A 和 C：

	α	$\sigma^2(e)$	$\dfrac{a}{\sigma^2(e)}$	$\dfrac{a/\sigma^2(e)}{Sa/\sigma^2(e)}$
A	1.6	3 364	0.000 476	0.335 2
C	3.4	3 600	0.000 944	0.664 8
			0.001 420	1.000 0

积极组合的预测为：
$$\alpha = 0.3352 \times 1.6 + 0.6648 \times 3.4 = 2.80\%$$
$$\beta = 0.3352 \times 1.3 + 0.6648 \times 0.7 = 0.90$$
$$\sigma^2(e) = 0.3352^2 \times 0.3364 + 0.6648^2 \times 0.3600 = 0.1969$$
$$\sigma(e) = 44.37\%$$

在积极组合中的权重为：
$$w_0 = \frac{\alpha/\sigma^2(e)}{E(R_M)/\sigma_M^2} = \frac{2.80/1\,969.03}{8/23^2} = 0.0940$$

调整的 β 为：
$$w^* = \frac{w_0}{1 + (1-\beta)w_0} = \frac{0.094}{1 + [(1 - 0.90) \times 0.094]} = 0.0931$$

积极组合的信息比率为：
$$A = \alpha/\sigma(e) = 2.80\% / 44.37\% = 0.0631$$

因此，夏普比率的平方为：
$$S^2 = (8\%/23\%)^2 + 0.0631^2 = 0.1250$$

故 $S = 0.3535$。

市场的夏普比率为 $S_M = 0.3478$。

当允许卖空时，管理者的夏普比率更高（0.3662）。减少的夏普比率是卖空约束的成本。

最优风险组合的特征值为：
$$\beta_P = w_M + w_A \times \beta_A = (1 - 0.0931) + (0.0931 \times 0.9) = 0.99$$
$$E(R_P) = \alpha_P + \beta_P \times E(R_M) = (0.0931 \times 2.8\%) + (0.99 \times 8\%) = 8.18\%$$
$$\sigma_P^2 = \beta_P^2 \times \sigma_M^2 + \sigma^2(e_P) = (0.99 \times 23)^2 + (0.0931^2 \times 1\,969.03) = 535.54$$
$$\sigma_P = 23.14\%$$

由 $A = 2.8$，资产组合的最优头寸为：
$$y = 8.18\% / (0.01 \times 2.8\% \times 0.535) = 0.5455$$

每种资产的最终头寸为：

票据	1 – 0.545 5 =	45.45%
M	0.545 5 × (1 – 0.093 1) =	49.47%
A	0.545 5 × 0.093 1 × 0.335 2 =	1.70%
C	0.545 5 × 0.093 1 × 0.664 8 =	3.38%
		100.00%

b. 无限制。受卖空限制的以及对于消极策略的最优总资产组合的均值和方差分别为：

	$E(R_C)$	σ_C^2
无限制	0.568 5 × 8.42% = 4.79	$0.568\ 5^2 × 528.94 = 170.95$
存在限制	0.545 5 × 8.18% = 4.46	$0.545\ 5^2 × 535.54 = 159.36$
消极策略	0.540 1 × 8.00% = 4.32	$0.540\ 1^2 × 529.00 = 154.31$

利用公式可算出效用水平如下：$E(r_C) - 0.005 A \sigma_C^2$

无限制：8% + 4.79% – 0.005 × 2.8 × 0.170 95 = 10.40%；

存在限制：8% + 4.46% – 0.005 × 2.8 × 0.159 36 = 10.23%；

消极策略：8% + 4.32% – 0.005 × 2.8 × 0.154 31 = 10.16%。

19. 所有的阿尔法值减少到 0.3 乘以它们的最初值，因此，在积极资产组合中每种证券的相对权数不会发生改变，但是积极资产组合的阿尔法值仅仅是它以前值的 0.3 倍：0.3 × (–16.90%) = –5.07%。投资者在积极资产组合中将持有一个更小的头寸。最佳风险组合在积极资产组合中有一个 w^* 比例：

$$w_0 = \frac{\alpha/\sigma^2(e)}{E(r_M - r_f)/\sigma_M^2} = \frac{-0.050\ 7/21\ 809.6}{0.08/23^2} = -0.015\ 37$$

调整负头寸的原因前面已给出。调整后的 β 为：

$$w^* = \frac{w_0}{1 + (1 - \beta)w_0} = \frac{-0.015\ 37}{1 + (1 - 2.08) × (-0.015\ 37)} = -0.015\ 1$$

由于 w^* 是负的，结果为：正阿尔法值股票的头寸为正，负阿尔法值股票的头寸为负。指数型资产组合的头寸为：1 – (–0.015 1) = 1.015 1。

为了计算最佳风险投资组合的夏普比率，需要计算积极资产组合的信息比率和市场组合的夏普比率。积极资产组合的信息比率为 0.3 乘以它以前的值：

$$A = \frac{\alpha}{\sigma(e)} = \frac{-5.07}{147.68} = -0.034\ 3 \quad A^2 = 0.001\ 18$$

因此，最佳风险投资组合的夏普比率的平方为：

$$S^2 = S_M^2 + A^2 = (8\%/23\%)^2 + 0.001\ 18 = 0.122\ 2$$
$$S = 0.349\ 5$$

将其与市场组合的夏普比率进行比较：$S_M = 8/23 = 0.347\ 8$，差额为：0.001 7。

注意，α 的预测值与 0.3 相乘后减小了信息比率的平方，并使得对夏普比率的平方的改进减少到原来的 $0.3^2 = 0.09$ 倍。

20. 如果每个预测 α 值增加一倍，那么积极投资组合的 α 也将增加一倍。在其他条件相同的情况下，积极投资组合的信息比率（IR）也增加了一倍。最优投资组合的夏普比率的平方（S^2）等于市场指数夏普比率的平方（SM^2）加信息比率的平方。由于信息比率增加了一

倍，其平方为原来的 4 倍。因此：$S^2 = SM^2 + (4 \times IR)$

相对于以前的 S^2，差距为：$3IR$。

三、CFA 考题

1. 基于 5 年间 60 个月的月收益率，回归分析提供了大量的分析数据。

    ABC 股票的 β 为 0.60，低于股票的平均 β 值 1.0，表明当标准普尔 500 每上升或下降一个百分点，ABC 股票的收益率平均地上升或下降仅 0.6 个百分点。这表明 ABC 股票的系统风险或市场风险相对典型股票的风险要低。ABC 股票的 α（回归截距）为 -3.2%，表明当市场收益率为 0 时，ABC 股票的平均收益率为 -3.2%。ABC 股票的非系统风险，或者说剩余风险，用 $\sigma(e)$ 来测度，等于 13.02%。对 ABC 股票来说，它的 R^2 为 0.35，表明线性回归的拟合程度高于股票典型值。

    XYZ 股票的 β 比 0.97 略高，表明 XYZ 股票的收益率情况类似于 β 为 1.0 的市场指数，因此该股票在被观测期内具有平均的系统风险。XYZ 股票的 α 为正且较大，表明平均而言，XYZ 股票有一个接近于 7.3% 的收益率，是独立于市场收益率的。剩余风险为 21.45%，是股票 ABC 的 1.5 倍，表明对 XYZ 股票来说，在回归线附近观测值分布比较分散。相应的回归模型的拟合也较差，这与 R^2 仅为 0.17 也是一致的。

    投资于这两种股票中的一种对分散化投资组合的影响可能是不同的。假定两种资产的贝塔值在一定时期内不变，那么其系统风险水平有很大不同。取自两家经纪公司的 β 数据可能有助于得出一些推论。股票 ABC 的 3 个贝塔值很相近，尽管基础数据因样本不同而有所不同，其估计区间为 0.60 到 0.71，远低于市场贝塔值均值 1.0。XYZ 股票的 β 随着计算来源的不同有很大的变化，最大值达到最近两年的每周价格变动观测值的 1.45。可以推知 XYZ 股票未来的 β 可能大于 1.0，这意味着它含有的系统风险可能比根据 5 年间的季度数据回归所显示的系统风险要大。

    这些股票表现出明显不同的系统风险特征。如果这些股票加入到一个充分分散化的资产组合中，资产组合整体的波动性会明显增加。

2. 回归得到的 R^2 为：$0.70^2 = 0.49$。

    因此 51% 的方差无法用市场风险解释，这些风险属于非系统风险。

3. $0.09 = 0.03 + \beta(0.11 - 0.03)$，解得 $\beta = 0.75$。

4. d。因为 β 在资本资产定价模型中代表系统性风险。

5. b。

第 9 章 资本资产定价模型

一、选择题

1. 在资本资产定价模型中,用( )衡量风险。
   A. 特有风险 B. 贝塔 C. 收益的标准差
   D. 收益的方差 E. 偏态

2. 在资本资产定价模型中,相关风险是( )。
   A. 特有风险 B. 系统风险 C. 收益的标准差
   D. 收益的方差 E. 变异函数、半方差

3. 根据资本资产定价模型,一个多元化资产组合的收益率是( )的函数。
   A. 市场风险 B. 非系统风险 C. 特有风险
   D. 再投资风险 E. 利率风险

4. 根据资本资产定价模型,一个多元化资产组合的收益率是( )的函数。
   A. β 风险 B. 非系统风险 C. 特有风险
   D. 再投资风险 E. 利率风险

5. 市场组合的 β 值等于( )。
   A. 0 B. 1 C. -1
   D. 0.5 E. 0.75

6. 无风险利率和预期市场收益率分别是 0.06 和 0.12,按照资本资产定价模型,β 值为 1.2 的证券 X 的预期收益率等于( )。
   A. 0.06 B. 0.144 C. 0.12
   D. 0.132 E. 0.18

7. 下列关于市场组合的说法哪项不正确?( )
   A. 它包括了所有公开交易的金融资产。
   B. 它位于有效边界上。
   C. 市场组合中的所有证券都按其市值比例持有。
   D. 它是资本市场线和无差异曲线的切点。
   E. 它位于代表预期风险 – 收益关系的线上。

8. 下列关于市场投资组合的说法哪项是正确的?( )
   A. 它包括了所有公开交易的金融资产。
   B. 它位于有效边界上。
   C. 市场组合中的所有证券都按其市值比例持有。
   D. 它是资本市场线和无差异曲线的切点。
   E. 它包括了所有公开交易的金融资产,位于有效边界上,市场组合中的所有证券都按其市值比例持有。

9. 下列关于资本市场线的说法哪项不正确?( )
   A. 资本市场线是一条从无风险利率出发并通过市场组合的射线。
   B. 资本市场线是一条最佳资本配置线。
   C. 资本配置线也被称作证券市场线。
   D. 资本市场线的斜率通常为正数。
   E. 资本市场线用标准差来衡量风险。

10. 下列关于资本市场线的说法哪项是正确的？（　　）
    A. 资本市场线是一条从无风险利率出发并通过市场组合的射线。
    B. 资本市场线是一条最佳资本配置线。
    C. 资本配置线也被称作证券市场线。
    D. 资本市场线的斜率通常为正数。
    E. 资本市场线是一条从无风险利率出发并通过市场组合的射线，它是一条最佳资本配置线，斜率通常为正数。
11. 一个证券的市场风险 β 等于（　　）。
    A. 证券收益和市场收益的协方差除以市场收益的方差
    B. 证券收益和市场收益的协方差除以市场收益的标准差
    C. 市场收益的方差除以证券收益和市场收益的协方差
    D. 证券收益的方差除以市场收益的方差
    E. 证券收益的方差除以市场收益的标准差
12. 按照资本资产定价模型，证券的预期收益率等于（　　）。
    A. $R_f + \beta[E(R_M)]$ 　B. $R_f + \beta[E(R_M) - R_f]$ 　C. $\beta[E(R_M) - R_f]$
    D. $E(R_M) + R_f$ 　E. $R_f - \beta[E(R_M) - R_f]$
13. 证券市场线（　　）。
    A. 只能描述多元化投资组合的期望收益－贝塔关系
    B. 又被称作资本配置线
    C. 是与所有风险资产有效边界相切的线。
    D. 代表了期望收益－贝塔关系
    E. 又被称为资本市场线
14. 根据资本资产定价模型，公平定价的证券（　　）。
    A. β 值为正　　　　B. α 值为 0　　　　C. β 值为负
    D. α 值为正　　　　E. α 值非 0
15. 根据资本资产定价模型，证券价格被低估时（　　）。
    A. β 值为正　　　　B. α 值为 0　　　　C. β 值为负
    D. α 值为正　　　　E. α 值为负
16. 根据资本资产定价模型，证券价格被高估时（　　）。
    A. β 值为正　　　　B. α 值为 0　　　　C. α 值为负
    D. α 值为正　　　　E. β 值为负
17. 根据资本资产定价模型，（　　）。
    A. 当 α 值为正时，证券价格被高估
    B. 应该购买 α 值为 0 的证券
    C. 应该购买 α 值为负的证券
    D. 当 α 值为正时，证券价格被低估
    E. 当 β 值为正时，证券价格被低估
18. 根据资本资产定价模型，下列哪项说法是错误的？（　　）
    A. 随着无风险利率的减少，证券的预期收益率成比例增加。
    B. 证券的预期收益率随着 β 值的增加而增加。
    C. 公平定价的证券的 α 值为 0。

D. 在均衡状态下，所有证券都位于证券市场线上。
E. 上述所有都是正确的。

19. 在一个多元化投资组合中，（　　）。
    A. 市场风险是微不足道的
    B. 系统风险是微不足道的
    C. 非系统风险是微不足道的
    D. 不可分散风险是微不足道的
    E. 不存在风险

20. A证券的期望收益率是0.11，β值是1.5，无风险利率是0.05，预期市场收益率是0.09，按照资本资产定价模型，这个证券（　　）。
    A. 价格被低估　　　　　B. 价格被高估　　　　　C. 公平定价
    D. 不能从提供的β值判断　　E. 可能被高估，也可能被低估，但不可能是公平定价

二、课后习题

1. 如果$E(r_P)=18\%$，$r_f=6\%$，$E(r_M)=14\%$，那么该资产组合的β值等于多少？

2. 某证券的市场价格是50美元，期望收益率是14%，无风险利率为6%，市场风险溢价为8.5%。如果该证券与市场投资组合的相关系数加倍（其他保持不变），该证券的市场价格是多少？假设该股票永远支付固定数额的股利。

3. 下列选项是否正确？并给出解释。
   a. β为0的股票提供的期望收益率为0。
   b. 资本资产定价模型认为投资者对持有高波动性证券要求更高的收益率。
   c. 你可以通过将75%的资金投资于短期国债，其余的资金投资于市场投资组合的方式来构建一个β为0.75的资产组合。

4. 右表给出两个公司的数据。短期国债收益率为4%，市场风险溢价为6%。
   根据资本资产定价模型，各公司的公平收益率为多少？

公司	$1 Discount Store	Everything 5 $
预测收益率（%）	12	11
收益标准差（%）	8	10
贝塔	1.5	1.0

5. 在以上问题中各公司的股票价格是被高估、低估还是合理估价了？

6. 如果一只股票的β为1.0，市场的期望收益率为15%，那么该股票的期望收益率为多少？
   a. 15%。　　　　b. 大于15%。　　　　c. 没有无风险利率不能得出。

7. Kaskin公司的股票β值为1.2，Quinn公司的β值为0.6。下列陈述中哪项最准确？
   a. Kaskin公司的股票比Quinn公司的股票有着更高的期望收益率。
   b. Kaskin公司的股票比Quinn公司的股票有着更高的风险。
   c. Quinn公司的股票比Kaskin公司的股票有着更高的系统性风险。

8. 假设你是一家大型制造公司的咨询顾问，该公司准备进行一个大的项目，该项目税后净现金流如右表所示（单位为百万美元）。
   该项目的β为1.8，假设$r_f=8\%$，$E(r_M)=16\%$，该项目的净现值为多少？当NPV为负时，该项目估计最高的可能β为多少？

从今往后年份	税后现金流
0	-40
1~10	15

9. 右表给出了某证券分析师在两个给定市场收益情况下两只股票期望收益（%）。

   a. 两只股票的 β 值各是多少？

市场收益	激进型股票	防守型股票
5	-2	6
25	38	12

   b. 如果市场收益为 5% 与 25% 的可能性相同，两只股票的期望收益率为多少？

   c. 如果国债利率为 6%，市场收益为 5% 与 25% 的可能性相同，画出整个经济体系的证券市场线。

   d. 在证券市场线图上标出这两只股票。每只股票的 α 为多少？

   e. 激进型企业的管理层在具有与防守型企业股票的风险特征的项目中使用的临界利率为多少？

第 10~16 题：如果资本资产定价模型是有效的，下列哪些情形是有可能的？并给出解释。每种情况单独考虑。

10.

资产组合	期望收益	β
A	20	1.4
B	25	1.2

11.

资产组合	期望收益	标准差
A	30	35
B	40	25

12.

资产组合	期望收益	标准差
无风险资产	10	0
市场组合	18	24
A	16	12

13.

资产组合	期望收益	标准差
无风险资产	10	0
市场组合	18	24
A	20	22

14.

资产组合	期望收益	β
无风险资产	10	0
市场组合	18	1.0
A	16	1.5

15.

资产组合	期望收益	β
无风险资产	10	0
市场组合	18	1.0
A	16	0.9

16.

资产组合	期望收益	标准差
无风险资产	10	0
市场组合	18	24
A	16	22

第 17~19 题：假设无风险利率为 6%，市场的期望收益率为 16%。

17. 一只股票今日的售价为 50 美元。每年年末将会支付每股股息 6 美元，β 值为 1.2。那么投资者预期年末该股票的售价为多少？

18. 我正准备买入一只股票，该股票预期的永久现金流为 1 000 美元，但风险不能确定。如果我认为该企业的 β 值为 0.5，那么当 β 值实际为 1 时，我实际支付的比该股票的真实价值高出多少？

19. 一只股票的期望收益率为 4%，那么 β 为多少？

20. 两个投资顾问在比较业绩。一个的平均收益率为 19%，另一个为 16%。然而前者的 β 为 1.5，后者的 β 为 1.0。
    a. 你能判断哪个投资者更善于选择个股（不考虑市场的总体趋势）？
    b. 如果短期国债利率为 6%，而这一期间市场收益率为 14%，那么哪个投资者选股更出色？
    c. 如果国债利率为 3%，市场收益率为 15%，情况又是怎样？

21. 假定短期政府债券的收益率为 5%（被认为是无风险的）。假定一个 β 值为 1 的资产组合市场要求的期望收益率为 12%，根据资本资产定价模型：
    a. 市场组合的期望收益率为多少？
    b. β 为 0 的股票的期望收益率为多少？
    c. 假设你正准备买入一只股票，价格为 40 美元。该股票预期在明年发放股息 3 美元，投资者预期以 41 美元的价格将股票卖出。股票风险 $\beta = -0.5$，该股票是被高估了还是被低估了？

22. 假设借入行为受限制，零 β 资本资产定价模型成立。市场组合的期望收益为 17%，而零 β 资产组合为 8%。那么当 β 值为 0.6 时资产组合的期望收益率是多少？

23. a. 一个共同基金的 β 值为 0.8，期望收益率为 14%。如果 $r_f = 5\%$，市场组合的期望收益率为 15%，你会选择投资该基金吗？基金的 α 值为多少？
    b. 一个包含市场指数资产组合和货币市场账户的消极资产组合与该基金 β 值相同吗？证明消极资产组合期望收益率与基金期望收益率之差等于题 a 中 α 值。

24. 阐述你如何在基于消费的资本资产定价模型时考虑：
    a. 流动性
    b. 非交易资产（你需要担心工资收入吗？）

三、CFA 考题

1. a. 约翰·威尔森是奥斯丁公司的一名组合管理经理。对他所有的顾客，威尔森根据马科维茨的有效边界进行管理。威尔森请奥斯丁的执行经理玛丽·里根（CFA）来评价他的两个客户的资产组合，其客户分别是鹰牌制造公司以及彩虹人生保险公司。两个资产组合的期望收益率有着很大的差别。里根认为彩虹资产组合实质上相似于市场组合，并得到彩虹资产组合优于鹰牌公司资产组合的结论。你是否同意这一结论？用资本市场线证明你的观点。
   b. 威尔森回应指出彩虹资产组合比鹰牌资产组合的期望收益高，因为其非系统风险要高于鹰牌资产组合。试定义非系统风险并解释你是否同意威尔森的观点。

2. 威尔森正评估两只普通股的期望收益，它们分别是福尔曼实验公司和戛坦测试公司。他收

集了以下信息:
a. 无风险利率为5%。
b. 市场组合的期望收益率为11.5%。
c. 福尔曼公司股票的β为1.5。
d. 戛坦公司股票的β为0.8。

根据你的分析,威尔森对两只股票收益率的预测分别是福尔曼股票13.25%,戛坦股票11.25%。计算福尔曼公司和戛坦公司股票的必要收益率,并指出每只股票是被高估、公平定价还是低估了。

3. 证券市场线描绘的是(　　)。
   a. 证券的期望收益率与其系统风险的关系
   b. 市场投资组合是最佳风险证券组合
   c. 证券收益与指数收益的关系
   d. 由市场投资组合与无风险资产组成的完美资产组合

4. 根据资本资产定价模型,假定:
   (1) 市场组合期望收益率 = 15%
   (2) 无风险利率 = 8%
   (3) XYZ证券的期望收益率 = 17%
   (4) XYZ证券的β = 1.25
   下列哪项是正确的?(　　)。
   a. XYZ被高估
   b. XYZ公平定价
   c. XYZ的α为 -0.25%
   d. XYZ的α为0.25%

5. 零贝塔证券的期望收益为多少?(　　)。
   a. 市场收益率
   b. 零收益率
   c. 负收益率
   d. 无风险收益率

6. 资本资产定价理论认为资产组合收益可以用以下(　　)提供最好的解释。
   a. 经济因素
   b. 特殊风险
   c. 系统性风险
   d. 多样化

7. 根据资本资产定价模型,$\beta = 1.0$,$\alpha = 0$的资产组合的期望收益率为:(　　)。
   a. 在r_M与r_f之间
   b. 无风险收益率,即r_f
   c. $\beta(r_M - r_f)$
   d. 市场组合期望收益率,即r_M

下表给出了两个资产组合的风险以及收益率。

资产组合	平均年收益率(%)	标准差(%)	β
R	11	10	0.5
标准普尔500	14	12	1.0

8. 根据上表信息在证券市场线画出资产组合R的图形,R位于:(　　)。
   a. 证券市场线上
   b. 证券市场线的下方
   c. 证券市场线的上方
   d. 数据不足

9. 在资本市场线画出资产组合R的图形,R位于:(　　)。
   a. 资本市场线上
   b. 资本市场线的下方
   c. 资本市场线的上方
   d. 数据不足

10. 简要说明根据资本资产定价模型,投资者持有资产组合A是否会比持有资产组合B获得更高的收益率(相关信息见右表)?假定两种资产组合都已经充分分散化。

	资产组合A	资产组合B
系统性风险(β)	1.0	1.0
单个证券特别风险	高	低

11. 约翰·麦凯是一个银行信托部门的组合经理。麦凯约见两个客户：凯文·穆雷和丽莎·约克，评价他们的投资目标。每个客户都表示有改变他们个人投资目标的兴趣。每个客户目前都持有分散性很好的风险资产组合。

   a. 穆雷想提高他的资产组合的期望收益。说出麦凯应该采取怎样的措施才能达到穆雷想达到的目标。根据前文的资本市场线说明你的建议。

   b. 约克想要降低资产组合的风险敞口，但不想有借入和借出行为。麦凯应该采取怎样的措施才能达到约克想达到的目标。根据前文的证券市场线说明你的建议。

12. 凯伦·凯伊是柯林斯资产管理公司的一名组合经理，正使用资本资产定价模型来为其客户提供建议。他们的研究部门提供如下信息。

	期望收益率（%）	标准差（%）	β
X 股票	14.0	36	0.8
Y 股票	17.0	25	1.5
市场指数	14.0	15	1.0
无风险利率	5.0		

   a. 计算每只股票的期望收益率与 α 值。

   b. 分辨和判断哪只股票更适合投资者，他们分别希望：

   ⅰ. 增加该股票到一个充分分散的股票组合；

   ⅱ. 持有此股票作为单一股票组合。

参考答案

一、选择题

| 1. B | 2. B | 3. A | 4. A | 5. B | 6. D | 7. D | 8. E | 9. C | 10. E |
| 11. A | 12. B | 13. D | 14. B | 15. D | 16. C | 17. D | 18. A | 19. C | 20. C |

二、课后习题

1. $E(r_P) = r_f + \beta_P \times E(r_M) - r_f$

$$0.18 = 0.06 + \beta_P \times (0.14 - 0.06)$$

解得 $\beta_P = 0.12/0.08 = 1.5$。

2. 如果该证券与市场投资组合的相关系数加倍（其他所有变量保持不变），那么 β 和风险溢价也将加倍。当前风险溢价为：14% – 6% = 8%。因此新的风险溢价将变为 16%，新的证券贴现率将变为：16% + 6% = 22%。

   如果股票支付固定股利，那么，从原始的数据中可知，股利必须满足永续年金的现值公式：价格 = 股利/贴现率，即，50 = D/0.14，解得，D = 50×0.14 = 7 美元。

   在新的贴现率 = 22% 的情况下，股票价格为：7/0.22 = 31.82 美元。

   股票风险的增加使它的价值降低了 36.36%。

3. a. 错误。$\beta = 0$ 意味着 $E(r) = r_f$，不等于零。

   b. 错误。只有承担了较高的系统风险（不可分散的风险或市场风险），投资者才要求较高期望收益；如果高风险债券的 β 较小，即使总风险较大，投资者要求的收益率也不会太高。

   c. 错误。投资组合应当是 75% 的市场组合和 25% 的短期国债，此时 β 为：

$$\beta_P = (0.75 \times 1) + (0.25 \times 0) = 0.75$$

4. 对于一个给定的系统性风险水平，期望收益是资本资产定价模型所预测的收益：
$$E(r_i) = r_f + \beta_i \times [E(r_M) - r_f]$$
$$E(r_{\$1Discount}) = 0.04 + 1.5 \times (0.10 - 0.04) = 0.13，\quad 即 13\%$$
$$E(r_{Everything\ \$5}) = 0.04 + 1.0 \times (0.10 - 0.04) = 0.10，\quad 即 10\%$$

5. 根据 CAPM 模型，基于 $\beta = 1.5$ 的系统性风险水平，$1 Discount Store 的要求收益率为13%，然而，预测收益率只有12%。因此，股票被高估。

   基于 $\beta = 1.0$ 的系统性风险水平，Everything 5 $ 的要求收益率为10%，然而，预测收益率是11%。因此，股票被低估。

6. a。$\beta = 1.0$ 的股票的期望收益必须和 $\beta = 1.0$ 的市场的期望收益相同。

7. a。β 衡量的是系统性风险，因为只有系统性风险有回报，可以确定的结论是 Kaskin 公司的股票比 Quinn 公司的股票有着更高的期望收益。

8. 这个项目适当的折现率为：
$$r_f + \beta \times [E(r_M) - r_f] = 0.08 + 1.8 \times (0.16 - 0.08) = 0.224，\quad 即 22.4\%$$
使用该折现率：
$$NPV = -40 + \sum_{t=1}^{10} \frac{15}{1.224^t} = 18.09 \text{（美元）}$$

   该项目的内部收益率（IRR）为35.73%。如果内部收益率大于折现率（或者等价地，临界利率），NPV 是正的。在临界利率超过内部收益率之前，β 可取的最高值是由下式决定：$0.3573 = 0.08 + \beta \times (0.16 - 0.08)$，解得 $\beta = 0.2773/0.08 = 3.47$。

9. a. 称 A 为激进型股票，D 为防守型股票。β 是股票收益对市场收益的敏感程度，即是市场收益每变化一单位股票收益的相应变化。因此，可以通过计算两种情况下股票的收益差除以市场的收益差来计算该股票的 β 值：
$$\beta_A = \frac{-0.02 - 0.38}{0.05 - 0.25} = 2.00 \quad \beta_D = \frac{0.06 - 0.12}{0.05 - 0.25} = 0.30$$

   b. 在两种情形可能性相等的情况下，期望收益是两种可能结果的平均数：
$$E(r_A) = 0.5 \times (-0.02 + 0.38) = 0.18 = 18\%$$
$$E(r_D) = 0.5 \times (0.06 + 0.12) = 0.09 = 9\%$$

   c. 证券市场线由市场期望收益 $0.5 \times (0.25 + 0.05) = 15\%$ 决定，此时 $\beta_M = 1$，$r_f = 6\%$，$\beta_f = 0$。如下图所示。

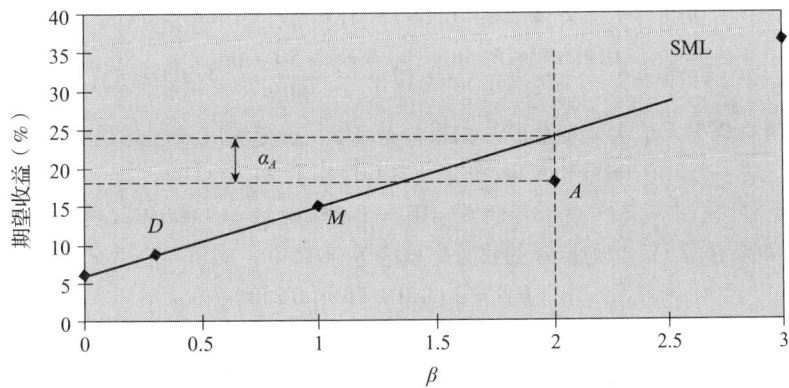

   证券市场线的方程为：$E(r) = 0.06 + \beta \times (0.15 - 0.06)$。

d. 基于它的风险，激进型股票有一个要求期望收益：
$$E(r_A) = 0.06 + 2.0 \times (0.15 - 0.06) = 0.24 = 24\%$$
但是分析家预期的期望收益是18%。因此，股票的 α 为：
$$\alpha_A = 实际期望收益 - 必要收益(给定风险) = 18\% - 24\% = -6\%$$
同理，防守型股票 D 必要收益为：$E(r_D) = 0.06 + 0.3 \times (0.15 - 0.06) = 8.7\%$。
分析家预期的期望收益为9%，因此，股票有一个正的 α 值：
$$\alpha_D = 实际期望收益 - 必要收益(给定风险) = 0.09 - 0.087 = 0.003，即 0.3\%$$
每种股票对应的点如上图所示。

e. 临界利率由项目的 β 值（0.3）决定，而不是由公司的 β 值决定。正确的折现率为8.7%，即股票 D 的公平的收益率。

10. 不可能。资产组合 A 的 β 比 B 高，但期望收益率却比 B 低。因此，这两个资产组合不可能达到均衡。

11. 可能。如果 CAPM 是正确的，期望收益率仅仅补偿 β 所表示的系统（市场）风险，而不是包含非系统风险的标准差。因此，资产组合 A 可能有一个较低的收益率和一个较高的标准差，只要 A 的 β 值比 B 小即可。

12. 不可能。根据提供的数据：
$$S_A = \frac{0.16 - 0.10}{0.12} = 0.5 \quad S_M = \frac{0.18 - 0.10}{0.24} = 0.33$$
这表明资产组合 A 会提供一个比市场组合更高的风险报酬。根据 CAPM 这是不可能的，因为 CAPM 认为市场是最有效的资产组合。

13. 不可能。资产组合 A 明显优于市场组合。它的标准差较低而期望收益较高。

14. 不可能。这种情况的证券市场线为：$E(r) = 10\% + \beta \times (18\% - 10\%)$。$\beta$ 为 1.5 的资产组合的期望收益率为：$E(r) = 10\% + 1.5 \times (18\% - 10\%) = 22\%$。

    资产组合 A 的期望收益率为 16%，即 A 在证券市场线下有一负的阿尔法值 -6%，所以 A 定价过高，这与资本市场均衡相矛盾。

15. 不可能。证券市场线与第14题的相同。在这里资产组合 A 的要求收益为：$0.10 + (0.9 \times 0.08) = 17.2\%$。高于16%。因此，资产组合 A 定价过高，$\alpha_A = -1.2\%$。

16. 可能。资本市场线与第12题的相同。资产组合 A 位于资本市场线的下方，这与资本资产定价模型并不矛盾。

17. 由于股票的 β 值等于1.2，它的期望收益率为：
$$0.06 + 1.2 \times (0.16 - 0.06) = 18\%$$
$$E(r) = \frac{D_1 + P_1 + P_0}{P_0} \rightarrow 0.18 = \frac{P_1 - 50 + 6}{50} \rightarrow P_1 = 53(美元)$$

18. 支付的1 000美元是永久现金流。如果 β 是0.5，现金流应该按此利率贴现：
$$0.06 + 0.5 \times (0.16 - 0.06) = 0.11 = 11\%$$
$$PV = 1\,000/0.11 = 9\,090.91(美元)$$
然而，如果 β 等于1，则投资的收益率就应等于16%，支付给企业的价格应为：
$$PV = 1\,000/0.16 = 6\,250(美元)$$
其中的差额为2 840.91美元，如果错误地将 β 视为0.5而不是1，这将是多支付的部分。

19. 利用证券市场线：$0.04 = 0.06 + \beta \times (0.16 - 0.06)$，解得 $\beta = -0.02/0.10 = -0.2$。

20. $r_1 = 19\%$；$r_2 = 16\%$；$\beta_1 = 1.5$；$\beta_2 = 1$。

a. 要找出更善于选择个股的投资者,先考虑他们的异常收益,即事后的 α 值,也就是实际收益和根据证券市场线估计的收益之间的差额。由于没有无风险利率和市场收益率的数值,因此无法得出哪个投资者的预测更准确。

b. 如果 $r_f = 6\%$,$r_M = 14\%$,则(用 α 表示异常收益)有:

$$\alpha_1 = 0.19 - [0.06 + 1.5 \times (0.14 - 0.06)] = 0.19 - 0.18 = 0.01,即 1\%$$

$$\alpha_2 = 0.16 - [0.06 + 1 \times (0.14 - 0.06)] = 0.16 - 0.14 = 0.02,即 2\%$$

在这里,第 2 个投资者有更高的异常收益,因而是较为出色的股票选择者。通过更好的预测,第 2 个投资者会使得他的投资组合偏向被低估的股票组合。

c. 如果 $r_f = 3\%$,$r_M = 15\%$,则:

$$\alpha_1 = 0.19 - [0.03 + 1.5 \times (0.15 - 0.03)] = 0.19 - 0.21 = -0.02,即 -2\%$$

$$\alpha_2 = 0.16 - [0.03 + 1 \times (0.15 - 0.03)] = 0.16 - 0.15 = 0.01,即 1\%$$

在这里,不仅第 2 个投资者是更出色的股票选择者,而且第 1 个投资者的预测显得毫无价值。

21. a. 因为市场组合的 β 为 1,它的期望收益率为 12%。

b. β = 0 意味着没有系统性风险。因此,在市场均衡时股票的期望收益率即为无风险利率 5%。

c. 运用证券市场线,β = -0.5 的股票公平期望收益率为:

$$E(r) = 0.05 + (-0.5) \times (0.12 - 0.05) = 1.5\%$$

利用第 2 年的预期价格和红利,求得实际期望收益率为:$E(r) = 41 + 3 40 - 1 = 0.10 = 10\%$。

因为实际的期望收益率超过了公平收益率,股票被低估了。

22. 在零 β 资本资产定价模型中,零 β 资产组合代替了无风险利率,因此:

$$E(r) = 0.08 + 0.6 \times (0.17 - 0.08) = 13.4\%$$

23. a. $E(r_P) = r_f + \beta_P \times [E(r_M) - r_f] = 5\% + 0.8 \times (15\% - 5\%) = 13\%$;
$\alpha = 14\% - 13\% = 1\%$;应该投资该基金,因为 α 值为正。

b. 与该基金 β 值相同的消极资产组合应该投资 80% 到市场指数资产组合,投资 20% 到货币市场账户。对此投资组合有:

$$E(r_P) = (0.8 \times 15\%) + (0.2 \times 5\%) = 13\%$$

$$14\% - 13\% = 1\% = \alpha$$

24. a. 类似于将流动性并入传统的资本资产定价模型的方法,可以将流动性并入基于消费的资本资产定价模型。在前者的情况下,除了市场风险溢价,预期收益也依赖于预期的非流动性成本和与流动性相关的 3 个测量灵敏度的 β:①证券流动性对市场流动性的灵敏度;②证券收益对市场流动性的灵敏度;③证券流动性对市场收益的灵敏度。类似的方法可以用于 CAPM,除了流动性 β 将用于测量相对于消费增长而不是通常的市场指数。

b. 非交易资产将以与 a 类似的方式纳入资本资产定价模型。用消费增长替换市场组合。虽然拥有一家私有企业与拥有一个流动性不足的股票是相似的,但典型的私有企业的流动性更差。如果一个私有企业的所有者对企业支付的股息是满意的,那么缺乏流动性将不是问题。如果所有者试图实现高于企业能支付的收入,那么出售全部或部分所有权通常需有大幅的流动性折价。非流动性的校正应用 a 所建议的方法。

虽然工资收入的流动性对证券市场均衡值并没有产生较大影响,但同样的考虑也适用于工资收入。工资收入对投资决策有重大的影响。尽管在一定程度上可能会以工资为抵押借款，且与工资收入相关的风险可通过保险来得到改善，但消费流的流动性 β 仍是合理的，这是因为以工资收入为抵押借款的需求很可能是周期性的。

三、CFA 考题

1. a. 同意，里根的结论是正确的。根据定义，市场投资组合位于资本市场线（CML）上。在资本市场理论的假设条件下，从风险-收益的角度来说，所有资本市场线上的投资组合都优于马科维茨有效资产前沿上的投资组合。这是因为在所允许的杠杆水平一定的条件下，资本市场线产生了一个资产组合可能性曲线，这条曲线高于有效资产前沿上除市场资产组合外的所有点，这条曲线就是彩虹投资组合。因为老鹰投资组合是马科维茨有效资产前沿上而不是市场组合的一点，所以彩虹投资组合要优于老鹰投资组合。
   b. 非系统性风险是投资组合中单只证券的特有风险，通过持有有效的分散化投资组合能够将风险分散。投资组合总风险由系统风险（市场分线）和非系统风险（公司特有风险）构成。
   　　不同意，威尔逊的观点是错误的。由于两者都位于马科维茨有效资产前沿上，老鹰投资组合和彩虹投资组合都没有任何非系统性风险。因此，非系统风险不能解释它们之间不同的期望收益。关键原因是彩虹资产组合位于将无风险资产和该市场投资组合连接起来的资本市场线和马科维茨有效资产前沿的切点上，这个点上的资产组合具有最高的单位风险收益率。下面的这个事实也可以反驳威尔逊的观点：既然非系统性风险能够通过分散化消除，那么非系统风险的期望收益率即为 0。这就是实施有效分散化的投资者将每种资产的价格哄抬至系统性风险获得一个正的收益率的结果。（非系统性风险收益为 0。）

2. $E(r) = r_f + \beta \times [E(r_M) - r_f]$。
   福尔曼实验公司：$E(r) = 0.05 + 1.5 \times (0.115 - 0.05) = 0.1475$，即 14.75%。
   戛坦测试公司：$E(r) = 0.05 + 0.8 \times (0.115 - 0.05) = 0.1020$，即 10.20%。
   如果预测的收益率低于（高于）必要收益率，则股票是被高估了（低估了）。
   福尔曼实验公司：预测收益率 - 必要收益率 = 13.25% - 14.75% = -1.50%，
   戛坦测试公司：预测收益率 - 必要收益率 = 11.25% - 10.20% = 1.05%。
   因此，福尔曼实验公司被高估了，戛坦测试公司被低估了。

3. a。

4. d。由 CAPM 可知，公平期望收益 = 8% + 1.25 × (15% - 8%) = 16.75%，实际期望收益 = 17%。因此，α = 17% - 16.75% = 0.25%。

5. d。

6. c。

7. d。

8. d。为判断出资产组合 R 在证券市场线上的位置，还需要知道无风险利率。

9. d。为判断出资产组合 R 在资本市场线上的位置，还需要知道无风险利率。

10. 在资本资产定价模型 CAPM 中，投资者的预期收益只与系统性风险有关。因为系统风险（以 β 来测度）对两种资产组合都等于 1.0，投资者将期望这两种资产组合 A 和 B 有相同的收益率。同时，因为这两种资产组合都是充分分散的，所以个别证券的特有风险并不会影响到整个资产组合。两种资产组合中企业特有风险都被分散了。

11. a. 麦凯应该借入资金，并按比例地将这些资金投资于穆雷现有的资产组合（即以保证金的形式购买更多的风险资产）。这样做除了增加了期望收益率，在资本市场线上这种投资组合也将增加风险，因为在整个投资组合中风险投资所占的比例提高了。
b. 麦凯应该用低 β 的股票去替代高 β 的股票以降低约克的投资组合的整体 β。通过降低整体投资组合的 β，麦凯可以降低投资组合的系统性风险，因此也降低了它对市场的波动性。通过证券市场线分析这种操作（也就是将证券组合沿着证券市场线向下移动），虽然降低贝塔值可能也会让投资组合的效率出现轻微的损失（除非完全保持投资多样化），但是约克的首要目的不是为了保持投资组合的效率，而是为了降低投资组合的风险敞口，进而降低投资组合的贝塔值来满足这个目的。但又因为约克不想贷款，麦凯无法通过出售股权和买入无风险资产（比如借出投资组合的一部分）来降低风险。

12. a. 两只股票的期望收益率和 α 如下表所示：

	期望收益率	α
股票 X	$5\% + 0.8 \times (14\% - 5\%) = 12.2\%$	$14.0\% - 12.2\% = 1.8\%$
股票 Y	$5\% + 1.5 \times (14\% - 5\%) = 18.5\%$	$17.0\% - 18.5\% = -1.5\%$

b. ⅰ. 凯伊应该推荐股票 X，因为与 Y 相比，它有一个正的 α 值，而 Y 的 α 值是负的。

在图中股票 X 的期望收益/风险在证券市场线的上方，而股票 Y 的期望收益/风险在证券市场线的下方；同时，根据委托人的风险偏好，贝塔值低的股票 X 可能对整个投资组合的风险产生有利的影响。

ⅱ. 凯伊应该推荐股票 Y，因为与 X 相比，它有较高的预期收益和较低的标准差。股票 X 和股票 Y 和市场指数各自的夏普比率为：

$$股票 X: (14\% - 5\%)/36\% = 0.25$$
$$股票 Y: (17\% - 5\%)/25\% = 0.48$$
$$市场指数: (14\% - 5\%)/15\% = 0.60$$

市场指数的夏普比率比任何单个股票都要好，但是，如果只在股票 X 和股票 Y 之间进行选择，应当优先选择股票 Y。因为当一只股票被作为单一股票组合来持有时，标准差就是其相应的风险测度。在这种投资组合当中，作为风险测度的贝塔值是不相关的。尽管持有单一的资产不是一种典型被推荐的投资策略，但有些投资者可能持有受雇公司的股票，从本质上来说他还是持有单一股票组合，对于这些投资者来说，标准差相对于贝塔值是一个更重要的问题。

第 10 章

套利定价理论与风险收益多因素模型

一、选择题

1. （　　）是期望收益与风险之间的关系。
    A. 套利定价理论
    B. 资本资产定价理论
    C. 套利定价理论和资本资产定价理论
    D. 套利定价理论和资本资产定价理论都不是
    E. 尚未发现定价模型

2. 考虑了两个因素的多因素套利定价理论，股票 A 的预期收益率是 17.6%，因素 1 的 β 值是 1.45，因素 2 的 β 值是 0.86，因素 1 的风险溢价是 3.2%，无风险收益是 5%，如果不存在套利机会，那么因素 2 的风险溢价是多少？（　　）
    A. 9.26%。
    B. 3%。
    C. 4%。
    D. 7.75%。
    E. 9.75%。

3. 在多因素套利模型中，宏观因素的相关系数被称为（　　）。
    A. 系统风险
    B. 因素敏感度
    C. 特有风险
    D. 因子贝塔
    E. 因素敏感度或因子贝塔

4. 术语"套利"是指（　　）。
    A. 在低价时买入，在高价时再卖出
    B. 在高价时做空，在低价时再买入
    C. 获取无风险经济利益
    D. 协商以获取有利的经纪费
    E. 通过使用期权来对冲资产组合

5. 下列哪种定价模型没有提供关于如何确定纯因子组合风险溢价的指导？（　　）
    A. 资本资产定价模型。
    B. 多因素套利定价理论。
    C. 资本资产定价模型和多因素套利定价理论。
    D. 现有的定价模型都没有提供关于如何确定任何资产组合风险溢价的指导。

6. 如果投资者可以建立一个确定性收益为（　　）投资组合，就存在套利机会。
    A. 较小的正数
    B. 较小的负数
    C. 0
    D. 较大的正数
    E. 较大的负数

7. （　　）在 1976 年提出套利定价理论。
    A. 林特纳
    B. 莫迪利亚尼和米勒
    C. 罗斯
    D. 夏普
    E. 法玛

8. （　　）资产组合是一个充分分散的投资组合，该组合对一个因素的 β 是 1，对其他因素的 β 是 0。
    A. 单因素
    B. 市场
    C. 指数
    D. 单因素和市场
    E. 单因素、市场和指数

9. 利用证券的错误定价获取无风险经济利益，这被称为（　　）。
    A. 套利
    B. 资本资产定价
    C. 因子分解
    D. 基本面分析
    E. 技术分析

10. 在研究套利定价理论时，罗斯假设（　　）导致了资产收益的不确定性。
    A. 一个共同的宏观经济因素
    B. 公司特有风险因素
    C. 定价误差
    D. 一个共同的宏观经济因素和公司特有风险因素都不会
    E. 一个共同的宏观经济因素和公司特有风险因素

11. （　　）为所有资产的期望收益－贝塔关系提供了确定性的声明，而（　　）表明这种关系只对除一小部分之外的所有证券适用。
    A. APT；CAPM
    B. APT；OPM
    C. CAPM；OPT
    D. CAPM；OPM
    E. APT，OPM；CAPM

12. 利用单因素套利定价理论，资产组合 A 的 β 值是 1.0，预期收益率是 16%；资产组合 B 的 β 值是 0.8，预期收益率是 12%。无风险利率是 6%。如果你想通过套利机会获利，你应该对资产组合（　　）采取空头头寸，对资产组合（　　）采取多头头寸。
    A. A；A
    B. A；B
    C. B；A
    D. B；B
    E. A；无风险资产

13. 利用单因素套利定价理论，资产组合 A 的 β 值是 0.2，预期收益率是 13%；资产组合 B 的 β 值是 0.4，预期收益率是 15%。无风险利率是 10%。如果你想通过套利机会获利，你应该对资产组合（　　）采取空头头寸，对资产组合（　　）采取多头头寸。
    A. A；A
    B. A；B
    C. B；A
    D. B；B
    E. 不存在套利机会。

14. 利用单因素套利定价理论，投资组合的因素的收益方差是 6%，充分分散的多元化投资组合的 β 值是 1.1，充分分散的资产组合的收益方差大约是（　　）。
    A. 3.6%
    B. 6.0%
    C. 7.3%
    D. 10.1%
    E. 8.6%

15. 利用单因素套利定价理论，充分分散的多元化投资组合的收益标准差是 18%，投资组合的因素的收益标准差是 16%，充分分散的多元化投资组合的 β 值大约是（　　）。
    A. 0.80
    B. 1.13
    C. 1.25
    D. 1.56
    E. 0.93

16. 利用单因素套利定价理论，股票 A 和股票 B 的预期收益率分别是 15% 和 18%，无风险利率是 6%，股票 B 的 β 值是 1.0，如果排除套利机会，股票 A 的 β 值是（　　）。
    A. 0.67
    B. 1.00
    C. 1.30
    D. 1.69
    E. 0.75

17. 利用含有两个因素的多因素套利定价理论模型，股票 A 的预期收益率是 16.4%，因素 1 的 β 值是 1.4，因素 2 的 β 值是 0.8，因素 1 对资产组合的风险溢价是 3%，无风险利率是 6%，如果不存在套利机会，那么因素 2 的风险溢价是多少？（　　）
    A. 2%。
    B. 3%。
    C. 4%。
    D. 7.75%。
    E. 6.89%。

18. 当（　　）时，零投资资产组合的预期收益率为正。
    A. 只有投资者有下跌风险
    B. 不违反一价定律
    C. 机会集与资产配置线不相切
    D. 存在无风险套利机会
    E. 不存在无风险套利机会

19. 当投资者采取尽可能大的头寸时，均衡价格关系可能被破坏。这样的例子有（　　）。

A. 风险-收益占优观点　　B. 均值-方差有效边界　　C. 无风险套利
D. 资本资产定价模型　　E. 证券市场线

20. 套利定价理论不同于资本资产定价模型，原因在于套利定价理论（　　）。

A. 更注重市场风险

B. 将分散投资的重要性降到最低

C. 可以识别非系统性风险因素

D. 可以识别系统性风险因素

E. 更注重系统风险

二、课后习题

1. 假定影响美国经济的两个因素被确定：工业生产增长率 IP 和通货膨胀率 IR。预期 IP 为 3%，IR 为 5%。某只股票的 IP 的 β 值为 1，IR 的 β 值为 0.5，当前的期望收益率为 12%。如果工业产值的实际增长率为 5%，通货膨胀率为 8%，那么修正后的股票期望收益率为多少？

2. 套利定价理论本身不决定风险溢价的因素。研究者如何决定研究哪些因素？例如为什么工业产值作为决定风险溢价的一个因素？

3. 如果套利定价理论是一个有用的理论，那么经济体中的系统性风险的数量一定很小。为什么？

4. 假设有两个独立的经济因素 F_1 和 F_2。无风险利率为 6%，所有股票都包含了独立于公司所特有的部分，标准差为 45%。右表是充分分散的投资组合。

投资组合	F_1 的 β 值	F_2 的 β 值	期望收益（%）
A	1.5	2.0	31
B	2.2	-0.2	27

在该经济体中，期望收益-贝塔关系是怎样的？

5. 考虑右表中单因素经济中的数据。所有的投资组合都是充分分散的。

投资组合	$E(r)$	β
A	12%	1.2
F	6%	0

假设存在另一个充分分散的投资组合 E，β 为 0.6，期望收益为 8%。套利机会是否存在？如果存在，那么套利策略是什么？

6. 假定投资组合 A 和 B 都是充分分散的，$E(r_A)=12\%$，$E(r_B)=9\%$。如果经济中只有一个因素而且 $\beta_A=1.2$，$\beta_B=0.8$，无风险利率等于多少？

7. 假定股市收益以市场指数作为共同因素，经济体中所有股票对市场价格指数的 β 均为 1。公司特有的收益的标准差都为 30%。假设证券分析师研究 20 只股票，并发现其中一半股票的 α 值为 2%，另一半股票的 α 值为 -2%。假定证券分析师买进了 100 万美元等权重的正 α 值的股票，并同时卖出 100 万美元的等权重的负 α 值的股票。

a. 投资的期望收益（以美元表示）为多少？分析师收益的标准差为多少？

b. 如果分析师检验了 50 只股票而不是 20 只，那么答案会是怎样的？100 只呢？

8. 假定证券收益由单因素模型确定，即

$$R_i = \alpha_i + \beta_i R_M + e_i$$

R_i 表示证券 i 的超额收益，R_M 表示市场超额收益。无风险利率为 2%。同样假设证券 A、B 和 C，其数据如下表所示。

证券	β_i	$E(R_i)$（%）	$\sigma(e_i)$（%）
A	0.8	10	25
B	1.0	12	10
C	1.2	14	20

a. 如果 $\sigma_M = 20\%$，计算证券 A、B 和 C 收益的方差。

b. 现在假定资产的种类无限多，并且与证券 A、B 和 C 具有相同的收益特征。如果证券 A 是一个充分分散的投资组合，则该投资组合的超额收益方差的均值是多少？那么只有 B 或 C 组成的投资组合呢？

c. 市场中是否存在套利机会？如何实现套利？用图表分析这一套利机会。

9. 证券市场线表明，在单因素模型中证券的期望风险溢价与该证券的 β 成比例。假定情况不是这样的，例如，在下图中，假定期望收益大于 β 的增长比例。

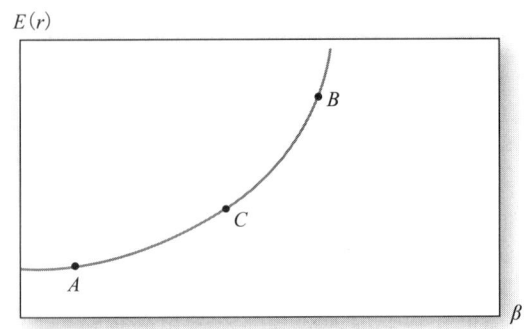

a. 如何构建套利机会？（提示：结合投资组合 A 和 B，并与投资于 C 的结果进行比较。）

b. 一些研究人员已经对分散的投资组合的平均收益与这些组合的 β 与 β^2 的相关性进行了分析。β^2 对投资收益有何影响？

10. 考虑一下特定股票证券收益的多因素（套利定价理论）模型。

因素	因素 β	因素风险溢价（%）
通货膨胀	1.2	6
工业生产	0.5	8
石油价格	0.3	3

a. 如果当前国库券收益率为 6%，且视市场为公平定价，求出股票的期望收益率。

b. 假定下面第 1 列给出 3 种宏观因素的市场预测值，而实际值在第 3 列给出。计算在这种情况下该股票修正后的期望收益率。

因素	预期变化率（%）	实际变化率（%）
通货膨胀	5	4
工业生产	3	6
石油价格	2	0

11. 假定市场可以用右表所示的 3 种系统性风险以及溢价来描述。

因素	风险溢价（%）
工业生产	6
利率	2
消费者信心	4

某一特定股票的收益率可以由以下方程来确定：
$$r = 15\% + 1.0I + 0.5R + 0.75C + e$$
利用套利定价理论计算股票的均衡收益。国库券利率为 6%。该股票的价格被高估了还是低估了？请解释。

12. 作为一名猪肉产品生产商的财务管理实习生，詹妮弗·温瑞特需要对公司的资本成本提出自己的观点。她把这看作检验她上学期学习有关套利定价理论的大好时机。她认为以下三个因素对她的工作至关重要：①类似标准普尔 500 这样的指数收益率；②利率水平，用 10 年期的国债来表示；③猪肉价格，这对她的农场非常重要。她计划采用多元回归的方法来计算猪肉产品的 β 值及每一因素对应的风险溢价。请评价她所选择的因素，哪一个因素可能对她的公司资本成本产生影响？你能对她的选择提出改进意见吗？

利用以下信息回答第 13~16 题。

Orb Trust 有史以来都对他的投资组合采取消极的管理方式。Orb 在过去唯一的管理模型就是资本资产定价模型。现在 Orb 询问了他的特许金融分析师凯文·麦克拉肯来使用套利定价理论模型进行投资。

麦克拉肯相信套利定价理论是两因素的，这两个因素是 GDP 变动的敏感性以及通货膨胀。麦克拉肯得出实际 GDP 的风险溢价为 8%，而通货膨胀的风险溢价为 2%。他预计 Orb 高增长基金对两因素的敏感性分别为 1.25 和 1.5。利用他的套利定价理论，他计算出基金的期望收益。出于对比的目的，他也利用基本分析来计算 Orb 高增长基金的期望收益。麦克拉肯发现 Orb 高增长基金期望收益的两个估计是相等的。

麦克拉肯咨询另一个分析师苏权，让其利用基本分析对 Orb 的大型股基金的期望收益做出预计。苏权对基金进行管理，并得出其期望收益比无风险利率高出 8.5% 的结论。麦克拉肯然后对大型股基金运用套利定价理论模型。他发现对实际 GDP 和通货膨胀的敏感性分别为 0.75 和 1.25。

麦克拉肯的 Orb 管理者杰·斯蒂尔斯要求麦克拉肯构建一个只含 GDP 增长而不受通货膨胀影响的投资组合。然后他计算第 3 个基金的敏感性——Orb 实业基金，其敏感性分别为 1.0 和 2.0。麦克拉肯将利用套利定价理论结果对这三个基金完成构建一个受实际 GDP 影响而不受通货膨胀影响的投资组合的任务。他把该基金称为"GDP"基金。斯蒂尔斯认为以获取稳定收入为目的进行投资的退休顾客更偏好这样的基金。麦克拉肯则认为，如果政府在未来供给面的宏观经济政策能成功的话，这样的基金将会是不错的选择。

13. 根据套利定价理论，无风险利率为 4%，麦克拉肯的 Orb 高增长基金的期望收益率估计值为多少？
14. 根据苏权提供的 Orb 大型股基金的信息，对其采用麦克拉肯套利定价理论模型进行估计，存在套利机会吗？
15. 其他三因素组成的 GDP 基金在实业基金中所占的比重为①-2.2；②-3.2；③0.3。
16. 关于斯蒂尔斯和麦克拉肯对 GDP 基金的评论，下列哪些是合适的：（　　）。
    a. 麦克拉肯是正确的，斯蒂尔斯是错误的
    b. 都是正确的
    c. 斯蒂尔斯是正确的，麦克拉肯是错误的

三、CFA 考题

1. 特许金融分析师杰弗里·布鲁勒利用资本资产定价模型来找出不合理定价的证券。一位财务顾问建议他用套利定价理论来代替。对比资本资产定价模型和套利定价理论，该顾问得出以下几点结论：
    a. 资本资产定价模型和套利定价理论都需要一个均值-方差有效的市场投资组合。
    b. 资本资产定价模型和套利定价理论都不需要假设证券收益是正态分布的。
    c. 资本资产定价模型假定一个特殊因素解释证券收益，而套利定价理论没有。

判断该顾问的每个观点是否正确。如果不正确，给出理由。
2. 假设 X 和 Y 都是充分分散的投资组合（见右下表），无风险利率为 8%。

   根据这些内容判断投资组合 X 和 Y：（　　）。

   a. 均处于均衡
   b. 存在套利机会
   c. 都被低估
   d. 都是公平定价的

投资组合	期望收益（%）	β
X	16	1.00
Y	12	0.25

3. 在什么条件下会产生正 α 值的零净投资组合？（　　）。
   a. 投资组合的期望收益率为 0
   b. 资本市场线是机会集的切线
   c. 不违背一价定律
   d. 存在无风险套利机会
4. 根据套利理论：（　　）。
   a. 高 β 值的股票经常被高估
   b. 低 β 值的股票经常被高估
   c. 正 α 值投资机会将很快消失
   d. 理性投资者会从事与其风险承受度相符的套利活动
5. 套利定价理论与单因素资本资产定价模型不同，原因在于：（　　）。
   a. 更注重市场风险
   b. 减小了分散的重要性
   c. 承认多种非系统性风险因素
   d. 承认多种系统性风险因素
6. 当均衡价格关系违背，投资者尽可能多地持有头寸。这是（　　）的实例。
   a. 支配性观点
   b. 均方差的有效边界
   c. 套利活动
   d. 资本资产定价模型
7. 与简单的资本资产定价模型相比，套利定价理论更具有潜在的优势，其特征为：（　　）。
   a. 把产量变化、通货膨胀以及利率期限结构作为解释风险收益关系的重要因素
   b. 按历史时间来测度无风险收益率
   c. 对给定的资产按时间变化来衡量套利定价理论因素的敏感性变化
   d. 利用多个因素而不是单因素市场指数来解释风险收益关系
8. 与资本资产定价模型相比，套利定价理论（　　）。
   a. 要求市场均衡
   b. 利用基于微观变量的风险溢价
   c. 说明数量并确定那些能够决定期望收益率的特定因素
   d. 不需要关于市场投资组合的严格的假设

参考答案

一、选择题

1. C　　2. A　　3. E　　4. C　　5. B　　6. C　　7. C　　8. A　　9. A　　10. E
11. C　　12. C　　13. C　　14. C　　15. B　　16. E　　17. D　　18. D　　19. C　　20. D

二、课后习题

1. 股票预期收益率的修正估计值应该是原来的估计值加上各要素未预期到的变化乘以敏感性系数：

$$修正估计值 = 12\% + [(1 \times 2\%) + (0.5 \times 3\%)] = 15.5\%$$

2. 套利定价理论的要素必须与不确定性的来源有关,这些不确定性的来源必须是许多投资者关注的。研究人员应该调查与消费和投资机会的不确定性有关的因素。国内生产总值、通货膨胀率和利率被认为是决定风险溢价的因素的一部分。尤其工业产值(IP)是行业周期变化一个很好的指标。因此,工业产值是一个在经济体系中与投资和消费机会的不确定性高度相关的一个待选因素。

3. 如果可以自由地选择无数解释变量,那么任何类型的收益都可以"被解释"。如果一个资产定价理论有价值,它就必须使用有限数量的解释变量(系统性因素)来解释收益。

4. 使用教材式(10-11):
$$E(r_P) = r_f + \beta_{P1}[E(r_1) - r_f] + \beta_{P2}[E(r_2) - r_f]$$
找出这两个因素的风险溢价:$RP_1 = [E(r_1) - r_f]$,$RP_2 = [E(r_2) - r_f]$
则需解出下列方程组:
$$0.31 = 0.06 + (1.5 \times RP_1) + (2.0 \times RP_2)$$
$$0.27 = 0.06 + (2.2 \times RP_1) + [(-0.2) \times RP_2]$$
$$RP_1 = 10\%, RP_2 = 5\%$$
因此,$E(r_P) = 6\% + (\beta_{P1} \times 10\%) + (\beta_{P2} \times 5\%)$

5. 投资组合 F 的预期收益率等于无风险利率,因为它的 β 等于0。投资组合 A 的风险溢价比率为:$(12\% - 6\%)/1.2 = 5\%$,而投资组合 E 的比率只有:$(8\% - 6\%)/0.6 = 3.33\%$。这意味着存在套利机会。例如,可以通过持有相等的投资组合 A 和投资组合 F 构建一个资产组合 G,其 β 等于 0.6(与 E 相同)。投资组合 G 的预期收益率和 β 分别为:
$$E(r_G) = 0.5 \times 12\% + 0.5 \times 6\% = 9\%$$
$$\beta_G = 0.5 \times 1.2 + 0.5 \times 0\% = 0.6$$

比较 G 和 E,G 有相同的 β,但收益率更高。因此,通过买入投资组合 G 和卖出等量的投资组合 E 可以获得套利机会。这一套利行为的收益为:
$$r_G - r_E = [9\% + (0.6 \times F)] - [8\% + (0.6 \times F)] = 1\%$$
即在每个组合中投资1%的资金(多头或空头)。

6. 在收益-β 关系式中,代入投资组合收益和 β 值,得到两个方程,未知数为无风险利率和风险溢价要素 RP:
$$12\% = r_f + (1.2 \times RP)$$
$$9\% = r_f + (0.8 \times RP)$$
解方程组得:$r_f = 3\%$,$RP = 7.5\%$。

7. a. 卖空一组由10只 $-\alpha$ 值的股票等权重组成的资产组合,同时将资金投资于一组由10只 $+\alpha$ 的股票等权重组成的资产组合,将产生一个零投资资产组合。用 R_M 表示系统的市场因素,则预期的美元收益为(注意到非系统性风险的预期 e 是零):
$$1\,000\,000 \times [0.02 + (1.0 \times R_M)] - 1\,000\,000 \times [-0.02 + (1.0 \times R_M)]$$
$$= 1\,000\,000 \times 0.04 = 40\,000(美元)$$

该组合回报对市场因素的敏感度为零,因为正 α 和负 α 股票的风险相互抵消。(涉及 R_M 项的和恰好为零。)因此,总风险中市场因素也是零,然而分析师利润的方差不为零,因为资产组合没有充分分散化。

对于 $n = 20$ 只股票(即买多10只股票,卖空10只股票),投资者在每只股票中拥有

10万美元的头寸（多头或空头）。净市场风险暴露是零，但公司特有风险还没有得到充分分散。以美元计20只股票资产的收益方差为：$20 \times [(100\,000 \times 0.30)^2] = 18\,000\,000\,000$，则美元收益的标准差为134 164美元。

b. 如果 $n=50$ 只股票（买多25只，卖空25只），投资者在每只股票中拥有4万美元的头寸，以美元计的股票资产收益方差为：$50 \times [(40\,000 \times 0.30)^2] = 7\,200\,000\,000$，其收益标准差为84 853美元。

同样，如果 $n=100$ 只股票（买多50只，卖空50只），投资者在每只股票中拥有2万美元的头寸，以美元计的股票资产收益方差为：$100 \times [(20\,000 \times 0.30)^2] = 3\,600\,000\,000$，其收益标准差为60 000美元。

由此可见，在相同条件下，当股票数量增加5倍（从20只增加到100只），标准差下降了 $\sqrt{5} = 2.236\,07$ 倍（从134 164到60 000）。

8. a. $\sigma^2 = \beta^2 \sigma_M^2 + \sigma^2(e)$

$\sigma_A^2 = (0.8^2 \times 20^2) + 25^2 = 881$

$\sigma_B^2 = (1.0^2 \times 20^2) + 10^2 = 500$

$\sigma_C^2 = (1.2^2 \times 20^2) + 20^2 = 976$

b. 如果存在无限的具有相同特征的资产，则每一类充分分散化的资产组合都将只有系统风险，因为当 n 很大时，非系统风险趋近于零：

充分分散化 $\sigma_A^2 = 256$

充分分散化 $\sigma_B^2 = 400$

充分分散化 $\sigma_C^2 = 576$

均值将与个股（都是相等的）的均值相等。

c. 没有套利机会，因为充分分散化的资产组合都落在证券市场线上。它们都是公平定价的，因而没有套利机会。

9. a. 由资产组合 A 和 B 组合成的资产组合（P），其期望收益–贝塔值将落在 AB 间的直线上。当该资产组合 $\beta_P = \beta_C$ 时，资产组合收益率却高于 C。因此可买入资产组合，卖出 C，即将 P 和空头 C 组合，将创造一个零投资、零贝塔值的套利资产组合，并且有正的收益率。

b. 假如投资收益与 β^2 相关，那么必然存在无风险套利机会。因此投资收益的 β^2 的系数必须为0。

10. a. $E(r) = 6\% + (1.2 \times 6\%) + (0.5 \times 8\%) + (0.3 \times 3\%) = 18.1\%$。

b. 宏观经济因素的意外变动将导致股票收益率的异常变动：

宏观因素的未预期到的收益率 $= 1.2 \times (4\% - 5\%) + 0.5 \times (6\% - 3\%) + 0.3 \times (0\% - 2\%) = -0.3\%$；

$E(r) = 18.1\% - 0.3\% = 17.8\%$。

11. 根据套利定价理论，股票期望收益率为：

要求的 $E(r) = 6\% + 1 \times 6\% + 0.5 \times 2\% + 0.75 \times 4\% = 16\%$

根据股票收益率的方程，股票的实际期望收益率是15%（因为根据定义所有因素的预期变动为0）。由于实际期望收益低于均衡收益，所以可以认为股票价格被高估了。

12. 前两个因素都是宏观因素，可能对公司的资本成本产生影响。可能引起主要部门投资者的期望收益的变化，从而影响公司的资本成本。第3个因素并不是一个合理的选择，因为猪肉价格影响的是公司的收益率而非公司的风险及资本成本，猪肉价格对投资者来说不重要，因而几乎不可能成为价格风险因素。更好的选择是集中在那些大多数投资者都认为会影响他们的福利的因素，比如通货膨胀的不确定性、短期利率风险、能源价格风险或者汇率风险。在 SML 的所有因素中，只有对整体投资者都重要的因素才能要求在资本市场中得到相应的风险溢价。

13. 期望收益率的估计值为：$E(r) = 0.04 + 1.25 \times 0.08 + 1.5 \times 0.02 = 0.17 = 17\%$。
14. 如果 $r_f = 4\%$，根据对实际 GDP（0.75）和通货膨胀（1.25）的敏感性，麦克拉肯将按下式计算 Orb 大型股基金的期望收益率：
$$E(r) = 0.04 + 0.75 \times 0.08 + 1.25 \times 0.02 = 0.04 + 0.085 = 12.5\%$$

因此，苏权的基本面分析的估计值和麦克拉肯的无套利定价的估计值是一致的。如果假设苏权和麦克拉肯对 Orb 大型股基金的收益率的估计都是正确的，那么将不存在套利机会。

15. 为了消除通货膨胀，必须同时求解下面的 3 个方程：第 1 个方程，GDP 的灵敏度等于 1；第 2 个方程，通货膨胀的灵敏度等于 0；第 3 个方程，权重总和必须等于 1。
    (1) $1.25w_x + 0.75w_y + 1.0w_z = 1$
    (2) $1.5w_x + 1.25w_y + 2.0w_z = 0$
    (3) $w_x + w_y + w_z = 1$

    其中，"x"代表 Orb 的"高增长基金"，"y"代表"大型股票基金"，"z"代表"实业基金"。使用代数运算将得到 $w_x = w_y = 1.6$，$w_z = -2.2$。

16. 由于依靠稳定收入生活的退休人员将会受到通胀的伤害，这一投资组合不适合他们。退休人员想要收益与通胀正相关、与 GDP 增长率低相关的投资组合。因此，斯蒂尔斯是错误的。麦克拉肯是正确的，因为供给面的宏观经济政策是在通胀压力最小的情况下增加产量，与麦克拉肯的想法一致。产量增加将意味着更高的 GDP，这反过来将增加与 GDP 呈正相关的基金收益。

三、CFA 考题

1. a. 观点错误。CAPM 需要一个均值 - 方差有效的市场组合，但 APT 不需要。
   b. 观点错误。CAPM 需要假设证券收益是正态分布的，但是 APT 不需要。
   c. 观点正确。
2. b。因为投资组合 X 的 $\beta = 1.0$，因此 X 是市场组合，$E(R_M) = 16\%$。由 $E(R_M) = 16\%$ 和 $r_f = 8\%$ 可知，$E(R_Y) = 8\% + 0.25 \times (16\% - 12\%) = 9\%$。由此可见，投资组合 Y 的期望收益与均衡收益是不相符的，即存在套利机会。
3. d。正 α 值的零净投资组合表明存在超额收益，即存在无风险套利机会。
4. c。
5. d。
6. c。只有当错误定价存在套利机会时，投资者才会持有尽可能大的头寸；否则，风险和分散化的考虑会限制投资者持有错误定价证券的头寸。
7. d。套利定价理论使用多个因素来解释风险与收益的相关性，资本资产定价模型仅考虑单一市场指数。
8. d。

第11章 有效市场假说

一、选择题

1. 如果你相信（　　）有效市场假说，那么你认为股价反映了所有相关信息，包括了历史股价、与公司有关的全部公开信息，但不包括仅公司内部人员才知道的信息。
   A. 半强　　　　　　　　B. 强　　　　　　　　C. 弱
   D. 半强、强、弱　　　　E. 高度有效

2. 莫里斯·肯德尔在1953年对股票收益模式进行了研究，他发现股票市场是（　　）。现在，这种股票价格的随机变化暗示着（　　）。
   A. 无效的；市场的良好运行是有效的
   B. 有效的；市场是无效的
   C. 无效的；市场是无效的
   D. 有效的；市场的良好运行是有效的
   E. 非理性的；比以前更加不理性

3. 股票市场遵循（　　）。
   A. 随机漫步
   B. 下鞅
   C. 可利用的预测模式
   D. 随机漫步和可利用的预测模式
   E. 半鞅和可利用的预测模式

4. 混合策略是指投资者（　　）。
   A. 使用基本面分析和技术分析来选择股票
   B. 选择专门研究可替代燃料的公司的股票
   C. 选择一些他们自己积极管理的共同基金，并按照投资咨询师的建议选择其他一些积极管理的基金
   D. 保持一个消极核心，并使用主动管理投资组合来扩大这一核心
   E. 上述都不正确。

5. 随机漫步和下鞅之间的区别在于随机漫步的预期价格变动是（　　），下鞅的预期价格变动是（　　）。
   A. 正的；0　　　　　　B. 正的；正的　　　　　C. 正的；负的
   D. 0；正的　　　　　　E. 0；0

6. 有效市场假说的支持者通常主张（　　）。
   A. 一个积极的交易策略
   B. 投资于指数基金
   C. 消极投资策略
   D. 一个积极的交易策略和投资于指数基金
   E. 投资于指数基金和消极投资策略

7. 有效市场假说的支持者通常主张（　　）。
   A. 以保证金购买单个股票和频繁地交易
   B. 投资于对冲基金
   C. 消极投资策略

D. 以保证金购买单个股票、频繁地交易和投资于对冲基金

E. 投资于对冲基金和消极投资策略

8. 如果你相信反向效应,你应该(　　)。

   A. 购买债券,如果你近期持有股票

   B. 购买股票,如果你近期持有债券

   C. 购买近期表现较差的股票

   D. 做空

   E. 购买近期表现较差的股票并做空

9. (　　)更多地关注于公司股价过去的变动情况,而不是未来盈利能力的基本决定因素。

  A. 信贷分析　　　　　　B. 基本面分析　　　　　　C. 系统分析

  D. 技术分析　　　　　　E. 信贷分析、基本面分析、系统分析、技术分析

10. (　　)是指该数值很难超越市场上升水平。

  A. 账面价值　　　　　　B. 阻力水平　　　　　　C. 支持水平

  D. 账面价值和阻力水平　　E. 账面价值和支持水平

11. (　　)是指该数值很难低于市场下降水平。

  A. 内在价值　　　　　　B. 阻力水平　　　　　　C. 支持水平

  D. 内在价值和阻力水平　　E. 阻力水平和支持水平

12. (　　)是指股票收益超出预期市场变动收益的那部分收益。

  A. 非理性收益　　　　　　B. 经济收益　　　　　　C. 异常收益

  D. 非理性收益和经济收益　E. 非理性收益和异常收益

13. 由于存在(　　),关于市场是否有效的争论可能永远不会被解决。

   A. 幸运事件问题

   B. 规模问题

   C. 选择偏见问题

   D. 幸运事件问题、规模问题、选择偏见问题

   E. 上述所有答案都不正确。

14. 消极管理的通常策略是(　　)。

   A. 建立一个指数基金

   B. 建立一个小公司基金

   C. 建立一个投资俱乐部

   D. 建立一个指数基金和一个投资俱乐部

   E. 建立一个小公司基金和一个投资俱乐部

15. Arbel(1985)发现(　　)。

   A. 1月效应对被忽略的公司最明显

   B. 净市率效应在1月最明显

   C. 流动性效应对小公司最明显

   D. 被忽略公司效应独立于小公司效应

   E. 小公司的净市率更高

16. 研究者发现大多数的小公司效应出现在(　　)。

  A. 春季　　　　　　　　B. 夏季　　　　　　　　C. 12月

  D. 1月　　　　　　　　E. 随机的

17. 一项由 Ball、Kothari 和 Shanken(1995)对逆转效应进行的研究表明（   ）。
    A. 逆转效应集中发生在低价位股票
    B. 当投资是根据年中而不是年末的业绩来进行投资组合时，逆转效应会大大减少
    C. 想利用逆转效应而获得风险利润基本上是无劳而返
    D. 上述各项均正确。
    E. 上述各项均不准确。
18. Jaffe(1974)发现内部人员大量买进股票以后股价会（   ）。
    A. 下降　　　　　　　　B. 不变　　　　　　　　C. 上升
    D. 变得极度动荡　　　　E. 变得波动幅度较小
19. Banz(1981)发现，通常小公司的风险调整收益（   ）。
    A. 高于大公司的风险调整收益
    B. 等于大公司的风险调整收益
    C. 低于大公司的风险调整收益
    D. 与大公司的风险调整收益无关
    E. 是负的
20. 有效市场假说的支持者认为技术分析（   ）。
    A. 应该关注相对强弱　　B. 应该关注阻力水平　　C. 应该关注支持水平
    D. 应该关注财务报表　　E. 是浪费时间的

二、课后习题

1. 如果市场是有效的，那么不同时期的股票收益的相关系数将是怎样的？
2. 一个成功的公司（像微软）长期获得巨额利润，这与有效市场假说相违背吗？
3. "如果所有证券都被公平定价，所有证券都将提供相等的期望收益。"请对这句话进行评价。
4. 稳定增值型行业在其 94 年内从未漏发股息。对投资者的投资组合而言，它是否更具有吸引力？
5. 在一个鸡尾酒会上，你的伙伴告诉你在过去的 3 年里他都在市场上获得了超额收益。假设你相信了他。你对有效市场假说是否产生动摇？
6. "变动性较强的股票表明市场不知如何进行定价。"请对这句话进行评价。
7. 为什么下列现象被称为有效市场异象？这些效应的理性解释是什么？
    a. 市盈率效应　　　　　　　　b. 账面－市值比效应
    c. 动量效应　　　　　　　　　d. 小公司效应
8. 如果价格下跌和上升可能性相同，为什么投资者能从市场上获得平均正收益？
9. 下列哪一项与"股票市场是弱有效的"命题相抵触？请给出解释。
    a. 超过 25% 的共同基金优于市场平均水平。
    b. 内部人员取得超额交易利润。
    c. 每年 1 月，股票市场获得异常收益。
10. 下列哪个市场无效性来源最容易被利用？
    a. 由于机构卖出一大股股票致使股票价格下跌。
    b. 由于交易商被严格限制只能进行短期交易，股票价格被高估。

c. 由于投资者对经济中产品的投资多样化，股票价格被高估。
11. 假定通过对股票过去价格的分析，投资者得到以下的结论。哪一个与有效市场假说的弱式有效性形式相违背？并给出解释。
    a. 平均收益率远远大于0。
    b. 在给定的一周的收益率与下一周收益率的协方差为0。
    c. 在股票价格上涨10%之后买进，然后在股票价格下跌10%以后卖出，能够获得超额收益。
    d. 持有期收益率较低的股票能够取得超过平均水平的资本利得。
12. 根据有效市场假说，下列哪些陈述是正确的？
    a. 未来事件能够被精准预测。 b. 价格能够反映所有可得到的信息。
    c. 证券价格由于不可辨别的原因而变化。 d. 价格不波动。
13. 对下列观点进行评论。
    a. 如果股票价格服从随机漫步，资本市场就像赌场一样。
    b. 公司前景好的部分可以被预测。根据这一方面，股票价格不可能服从随机漫步。
    c. 如果市场是有效的，你也可能根据《华尔街日报》上的股票名单来选择自己的投资组合。
14. 如果市场是半强式有效市场，下列哪种方式是能赚取异常高交易利润的合理方式？
    a. 买进低市盈率的股票。
    b. 买进高于近期平均价格变化的股票。
    c. 买进低于近期平均价格变化的股票。
    d. 买进管理团队有着先进知识的股票。
15. 假设你发现在分红之前股票价格上涨，并获得持续的正异常收益。这是否违背了有效市场假说？
16. 如果经济周期可以预测，股票的 β 为正，那么股票的收益率也可以被预测。请对其做出评论。
17. 下列现象哪些支持或违背了有效市场假说？并简要解释。
    a. 在某一年，有将近一半的由专家管理的共同基金表现优于标准普尔500指数。
    b. 投资经理在某一年有超过市场平均水平的业绩（在风险调整的基础上），很可能在紧接着下一年其业绩又超过市场平均水平。
    c. 1月股票价格波动比其他月份更加反复无常。
    d. 在1月份公布收益要增加的公司的股票，其价格在2月超过市场平均收益水平。
    e. 在某一周表现良好的股票，在紧接着下一周将表现不佳。
18. 以往月份福特汽车公司股票收益率的指数模型回归分析有以下结论，这一估计在长期内固定不变：
    $$r_F = 0.10\% + 1.1 r_M$$
    如果市场指数上涨了8%，而福特汽车公司股票价格上涨了7%，福特汽车公司股票价格的异常变化是多少？
19. 国库券的月收益率为1%，该月市场上升1.5%。此外，AmbChaser公司的 β 值为2，在过去一周令人吃惊地赢得了诉讼案件，并立刻获得了100万美元的回报。
    a. 如果 AmbChaser 公司的原始价值为1亿美元，那么该股票在本月的收益率为多少？
    b. 如果 AmbChaser 公司获得200万美元的回报，那么 a 题的答案会是多少？

20. 在最近的一场官司中，Apex 公司控告 Bpex 公司侵犯了它的专利权。陪审团今天做出裁决。Apex 公司的收益率＝3.1%，Bpex 公司的收益率＝2.5%。市场今天对有关失业率的消息做出反应，市场收益率＝3%。从线性回归模型的估计得出这两只股票的收益率与市场投资组合的关系如下：

$$\text{Apex 公司}: r_A = 0.2\% + 1.4 r_M$$
$$\text{Bpex 公司}: r_B = -0.1\% + 0.6 r_M$$

基于这些数据，投资者认为哪家公司赢得了这场官司？

21. 投资者预测下一年的市场收益率为 12%，国库券收益率为 4%。CFI 公司股票的 β 值为 0.5，在外流通股的市价总值为 1 亿美元。
    a. 假定该股票被合理定价，投资者估计期望收益率为多少？
    b. 如果下一年的市场收益率的确为 10%，投资者估计股票的收益率会为多少？
    c. 假定该公司在这一年里赢得了一场官司，判给它 500 万美元，公司在这一年的收益率为 10%。投资者原先预期的市场获得了怎样的结果？（继续假定一年中的市场收益率为 10%。）公司的规模是唯一不确定的因素。

22. 平均美元成本意味着你在每一期都买一个股票相等美元的数量，如每个月 500 美元。这种策略的基本思路是：在股价比较低的月份，你可以买进更多的股数，高的时候则买得少。平均来看，在末期当股价便宜时你将买到更多的股数，股价贵的时候买入的少。因此你可以通过设计来展示最佳的购买时间。请评估这一策略。

23. 我们知道市场会对好消息以及好消息事件做出积极的回应，如根据某些精准的预测得到经济衰退即将结束。那么为什么我们不能预测出当经济恢复时市场价格将会上升？

24. 假设 XYZ 公司运行较差。在 10:1 的好坏比率上，它的得分为 3。市场评估的一致结论只有 2。你会买卖该只股票吗？

25. 假设某一周美联储公布了一项新的货币增长政策，国会通过了法律来限制外国汽车的进口，然后福特公司新推出一款汽车，并认为能从实质上增加公司的利润。那么关于市场对福特新车型的评估，投资者应该怎样评价？

26. 一家公司刚刚宣布了它的年收益增加，而股票价格有所下跌，你能给出这一现象的理性解释吗？

27. 很少交易的小公司股票倾向于拥有正的资本资产定价模型 α。这是否违背了有效市场假说？

28. 下图表示内幕人员买卖公司股票的日期前后获得累计超额收益。投资者应该怎样解释这一图形？怎样得到此类事件发生前后的累计异常收益？

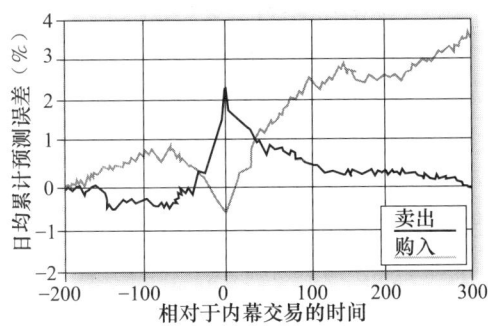

29. 假设经济随着商业周期变动，风险溢价同样变化。例如，当处在萧条时期，人们更关注他

们的工作，风险承受能力自然会降低，风险溢价会上升。在经济繁荣时期，风险承受能力上升，风险溢价降低。

  a. 这里所描述的风险溢价预测的改变是否与有效市场假说相违背？
  b. 上升或者下降的风险溢价怎样使股票价格出现"过度反应"，先极度变化然后再恢复正常？

三、CFA 考题

1. 半强式有效市场假定认为股票价格（ ）。
 a. 反映了以往全部价格信息   b. 反映了全部公开可得到的信息
 c. 反映了包括内幕消息在内的全部相关信息 d. 是可预测的

2. 假定某公司宣布给持股人发放未预测的大量现金分红。在一个有效市场中，假设没有信息泄露，我们可以预测：（ ）。
 a. 在宣布时异常价格变动   b. 在宣布前异常价格增加
 c. 在宣布后异常价格降低   d. 在宣布前后没有异常价格变动

3. 下列哪一个对半强式有效市场理论提出了反对观点？（ ）
 a. 将近一半的退休金基金表现高于市场平均水平。
 b. 所有投资者学会搜寻有关未来表现的信息。
 c. 在确定股票价格方面交易分析是无用的。
 d. 低市盈率股票在长期内倾向于获得正异常收益。

4. 根据有效市场假说理论，（ ）。
 a. 高 β 股票经常被高估   b. 低 β 股票经常被高估
 c. 正 α 股票很快会消失   d. 负 α 股票对套利者来说经常获得较低收益

5. 下列哪种情况发生时会出现"随机漫步"？（ ）
 a. 股票价格随机变化但可以预测。 b. 股票价格对新旧信息均反应迟缓。
 c. 未来价格变化与以往价格变化无关。 d. 以往信息对预测未来价格是有用的。

6. 技术分析的两个基本假定是证券价格能够：（ ）。
 a. 根据新的信息逐步做出调整，研究经济环境能够预测未来市场的走向
 b. 根据新的信息迅速做出调整，研究经济环境能够预测未来市场的走向
 c. 根据新的信息迅速做出调整，市场价格由供求关系决定
 d. 根据新的信息逐步做出调整，市场价格由供求关系决定

7. 技术分析表示一只股票"相对强势"，这意味着：（ ）。
 a. 股票价格与市场或产业指数比例倾向于上升
 b. 近期股票的交易量超过了正常的股票交易量
 c. 股票的总收益超过了国库券总收益
 d. 股票近期表现超过了过去表现

8. 你的投资客户向你咨询关于投资组合管理的信息。他特别热衷于积极基金管理人是否可以在资本市场上持续地找到市场失效，从而创造出高于平均水平的利润又无须承担更高的风险。

  有效市场假说中的半强式有效认为所有公共可得的信息都会迅速而且准确地在证券价格上反映出来。这表明投资者在信息公布出来之后不可能从购买证券中获得超额利润，因为

证券价格已经完全反映了信息的全部效应。
   a. 试找出两个现实中的例子以支持上述有效市场假说并给出说明。
   b. 试找出两个现实中的例子以驳斥上述有效市场假说并给出说明。
   c. 试论述投资者在半强式有效市场上仍然不能进行指数化投资的原因。
9. a. 简要说明有效市场假说的概念以及三种形式——弱式、半强式与强式，试论述现实中不同程度上支持三种形式的有效市场假说的例子。
   b. 简述有效市场假说对投资策略的影响。
      ⅰ. 用图表进行技术分析；
      ⅱ. 基本面分析。
   c. 简要说明投资组合经理在有效市场环境中的责任与作用。
10. 成长型与价值型可以用很多方式来定义。"成长型"通常是指侧重于或包含确信在未来具有高于平均每股收益率增长率的股票的投资组合。较低的当前收益、较高价格-账面市值比和高价格-盈利比是这些公司的特征。"价值型"通常是指侧重于或包含当期具有较低的价格-账面比、低价格-盈利比、高于平均水平的股息收益和市场价格低于公司的内在价值的股票的资产组合。
    a. 试找出说明在一段相当长的时间内，价值型股票投资业绩可能超过成长型股票投资业绩的理由。
    b. 解释为什么 a 中出现的结果在一个被普遍认为高度有效的市场上是不可能出现的。

参考答案

一、选择题

1. A	2. A	3. B	4. D	5. D	6. E	7. C	8. C	9. D	10. B
11. C	12. C	13. D	14. A	15. A	16. D	17. B	18. C	19. A	20. E

二、课后习题

1. 如果市场是有效的，那么在不同时期，股票收益的相关系数应为零。如果不是，那么一种股票可以根据另一种股票的收益去预测未来的收益并获得异常收益。
2. 不违背。微软的持续盈利能力并不意味着在微软成功后，购买了其股份的投资者能明确获得非常可观的投资回报。
3. 由于风险溢价不同，不同证券的期望收益率会不同。
4. 否。股息的价值已经反映在股票价格中，是否准时发放股利不影响股票收益率。
5. 不会。即使有些投资者能赚取高于市场平均水平的收益，市场仍是有效的。考虑"幸运事件"：如果忽略交易成本，在任意给定的一年，约50%的专业投资者能够"跑赢"市场。连续3年击败的概率虽小，但也无法忽视。过去几年跑赢市场并不意味着能够成功地预测未来，因为3年的回报率的样本对于相关性检验来说太小，更不用说因果关系检验。
6. 波动的股价可以反映经济状况的潜在波动，因为大量的信息被纳入价格会导致股价的波动。有效市场假说认为，投资者不能获得超额的风险调整后的回报。收益与风险呈正相关，股票价格的变化反映在预期收益中。
7. a. 多项研究表明，随着时间的推移，"价值型"股票能比"成长型"股票获得更高的收益，由此可以得到一个可以持续获得高收益的策略。然而，另一种合理的观点是传统形式的资本资产定价模型（如夏普模型）没有充分考虑所有影响公司价格水平的风险因素。一家被视为风险较高的公司可能有一个较低的价格，因此市盈率也低。

b. 账面-市值比效应意味着投资者可以通过投资于具有高账面价值（公司的资产价值减去负债除以流通在外股数）的公司来赚取超额回报。法玛和弗伦奇的一项研究表明，传统单因子 CAPM 没有考虑账面-市值比所反映的风险因素。例如，面临财务困境的公司可观察到账面-市值比的增加。因此，一个更复杂的资本资产定价模型，应将账面-市值比也作为解释变量，来检验市场异象。

c. 股票价格的动量效应与过去的表现呈正相关或负相关关系。对此的解释包括从众效应或"行为理论"（见第 12 章），即投资者往往对新信息反应不足，从而产生了正的序列相关性。然而，统计显著性并不意味着这一结论具有经济意义。一些研究（如在动量模型中考虑交易成本）发现，动量交易者的业绩往往并不比有效市场假说的买入并持有的策略更优异。

d. 小公司效应，即规模较小的公司比大公司产生更高的回报。自 1926 年以来，小公司的回报率每年超过大型公司股票回报约 1%。那么小盘投资者获得了经风险调整后的超额回报吗？

根据夏普的资本资产定价模型，度量系统性风险的是股票的 β 值（或股票收益对市场收益的敏感性）。如果股票的 β 值是对风险最好的解释，那么小公司效应确实证明了市场的低效率。基于 β 值将市场分割成十分位数，可得到贝塔值和收益正相关。法玛和弗伦奇的研究表明，β 和股票回报率之间的实证关系在一个相当长的时期内（1963~1990 年）是平缓的。基于不同规模，将市场分成十分位数，然后检验每种十分位规模的 β 和股票收益之间的关系，从而可得出这种平稳的关系。这意味着，企业规模可能是比 β 更好的度量风险的测度，并且规模效应不应该被看作市场无效率的指标。这是有道理的，规模较小的公司与大公司相比通常风险更大，并且其风险和回报是正相关的。

此外，这种效应似乎是端点和数据敏感的。例如，从 20 世纪 80 年代中期到 90 年代，较小的股票没有跑赢较大的个股。还有，数据库中包含的是来自幸存下来的公司的股票收益，而不是那些破产的公司的。因此，小企业的数据可能会出现生存偏差。

8. 从长期来看，基于公平期望收益率，股票价格将会向上攀升。某一天的公平期望收益率很小（例如，12%/年的话，仅只有 0.03%/天），因此，任何一天股票价格的涨跌概率几乎相等。然而，从长期来看，随着每天的收益积累，股价向上的变动可能性要大于向下变动的可能性。

9. c。如果市场是弱有效的，那么投资者不能根据过去的交易信息获得超额收益，不存在一种获得超额收益的可预期交易模式。

10. a。严重的市场低效率是暂时的，并比长期低效率更容易被利用。相比 bc 两项中提到的长期低效率，由于大量的卖空而造成的股价的暂时下跌更容易被利用。

11. c。这是一个典型的过滤规则，有效市场中不可能存在取得超额收益的交易模式。

12. b。

13. a. 虽然股票价格遵循随机漫步，且股价变化似乎也符合随机漫步规律，但是在长期，市场风险和资金的时间价值会得到补偿。投资与赌博不同之处在于：在长期，投资者会得到与所承担的风险相应的补偿；而在赌场，玩家将面临不公平的游戏赔率。

b. 在有效市场中，任何可预见的公司未来前景已经反映在股票的当前价值中。因此，股票的股价仍然遵循随机漫步。

c. 理性的投资组合管理的作用在于确保一个足够分散化的投资组合，来评估投资者的风险承受力和考虑税收问题。

14. d。在半强式有效市场中，投资者不可能利用公开可获得信息获得异常收益。市盈率和近期价格变化属于公开的信息。另一方面，具有先进的管理知识的投资者，可以获得异常高的交易利润（除非市场是强式有效的）。

15. 市场有效意味着投资者无法获得经风险调整后的超额利润。如果股票价格上涨时，只有内部人士知道未来的股息增长，那么它违反了强式有效。如果公众也知道价格的上涨，那么这违反了半强式有效。

16. 即使正β值的股票能够反映出关于经济发展的可喜新信息，这也不能表明在已经预期到的事件上存在异常收益。例如，如果经济复苏已经被预期到，则实际复苏不再是新信息。股票价格应该已经反映了即将到来的经济复苏。

17. a. 支持。基于纯粹的运气，在任何一年里，管理者中都应该有一半能击败市场。
    b. 不支持。这是"轻松得钱"规则的基础：只用交予去年最好的管理者去投资。
    c. 支持。相比可预测的收益，可预测的波动性并不意味着可以获取超额收益。
    d. 不支持。如果市场是有效的，异常收益应该发生在1月公布盈利时。
    e. 不支持。反向操作提供了一种"轻松得钱"的手段：只用买上周表现不佳的股票。

18. 市场收益率为8%，因此福特每月预期收益率为：
$$0.10\% + (1.1 \times 8\%) = 8.9\%$$
福特公司的实际收益率为7%，故异常收益为-1.9%。

19. a. 根据资本资产定价模型，AmbChaser股票应增长：$1.0\% + 2.0 \times (1.5\% - 1.0\%) = 2.0\%$。因为诉讼带来了100万美元回报，初始价值1亿美元，因而公司特有（非系统）收益为1%。因此，总收益为2%+1%=3%（假设诉讼收入期望现值为0）。
    b. 如果市场预测该诉讼赢得200万美元，而事实上有"100万美元令人失望"，所以公司特定收益将为-1%，总收益为2%-1%=1%。

20. 根据市场表现，两种股票预期的收益为：
$$\text{Apex}: 0.2\% + (1.4 \times 3\%) = 4.4\%$$
$$\text{Bpex}: -0.1\% + (0.6 \times 3\%) = 1.7\%$$
Apex公司表现低于预期，Bpex公司表现超出预期。故投资者认为Bpex公司赢得了这场官司。

21. a. 已知$E(r_M) = 12\%$，$r_f = 4\%$，$\beta = 0.5$，则期望收益率为：$4\% + 0.5 \times (12\% - 4\%) = 8\%$。若股票是合理定价的，则$E(r) = 8\%$。
    b. 因为市场收益低于期望值2%，则CFI公司的收益会低于期望值：$\beta \times 2\% = 1\%$。因此，对CFI的收益率修正后的期望为：8% - 1% = 7%。
    c. 市场收益率为10%，CFI公司的预期收益率为7%，实际的收益率为10%。因此，由于企业特定因素而导致的意外变动为10% - 7% = 3%，这部分变化可以归结为市场对公司诉讼收入的预期错误的纠正。因为企业最初价值为1亿美元，官司解决的意外增值应为1亿美元的3%，也就是300万美元，表明原来对官司解决的预期收益为200万美元。

22. 平均美元成本策略暗示了股票价格围绕一正常水平波动。否则诸如"何时价格高"的说法是没有意义的。

23. 市场会对新的消息产生积极的回应。如果最终的经济复苏可预计，那么复苏就已经反映在股票价格中了。只有超过预期的复苏会影响股票价格。

24. 买入。投资者对公司的预期好于整个市场,因此投资者认为市场低估了该股票。
25. 假设福特公司收益受两种系统性因素的影响:整个市场和汽车行业。如果设定 r_{IND} 为行业收益,r_M 为市场收益,则首先利用如下回归方程估计回归参数 α、β_M 和 β_{IND}:

$$r_{FORD} = \alpha + \beta_M r_M + \beta_{IND} r_{IND} + \varepsilon r_{FORD}$$

根据这些参数,可以计算福特的公司特有收益为:

$$r_{FORD} - [\alpha + \beta_M r_M + \beta_{IND} r_{IND} + \varepsilon]$$

企业特有信息的估计值将度量出市场对福特公司新汽车模型的潜在获利能力的评估。
26. 市场可能预期到了更高的收益。与原来的预期相比,公布的消息是令人失望的。
27. 对于很少交易的小公司股票来说,对它们所代表的公司进行的市场调研不多。被忽略公司效应意味着相对较小的公司有较大的不确定性。因此在很少交易的小公司股票中的正的 CAPM 阿尔法并不违背有效市场假说,因为这些高阿尔法值实际上是风险溢价,并不能证明市场的低效率。
28. 负的超常收益(CAR 的下滑)发生在股票购买之前,表明内部人员推迟其股票购买直到坏消息公之于众。这证明了内部信息是有价值的。正的超额收益产生在股票购买之后,表明内幕人员在预期到好的消息时买入。对内幕人员抛售的分析是与上面的分析对称的。
29. a. 市场风险溢价与商业周期既定阶段发展方向相反,在经济衰退中达到峰值。对有效市场假说的违背意味着,投资者可以利用这种可预测性获得风险调整后的超额回报。然而,一些研究表明,迄今为止还没有专业投资者成功地及时捕捉到股价的变化。另外,变化的风险溢价意味着股票必要收益率的改变,而不是市场的无效率。
  b. 由于市场风险溢价在经济衰退时期增加了,股票价格趋于下跌。随着经济的复苏,市场风险溢价下降,股票价格上升。这些变化可能给投资者带来市场反应过度的印象,尤其是在市场风险溢价的潜在变化很小却又逐步累积的情况下。例如,"1987 年 10 月崩溃"通常被看作市场过度反应的一个例子。然而,到 10 月中旬的几周内,市场风险溢价发生了潜在的变化(除了美国长期国债的收益率的变化)。国会用"并购税"威胁投资者,这种税将限制蓬勃发展的并购行业并且降低并购对公司管理层造成的威胁。此外,美元的进一步贬值使外国投资者陷入恐慌。这些事件看似"反应过度",其实可能已经增加了市场风险溢价,降低了股票价格。

三、CFA 考题

1. b。半强式有效市场表明市场价格反映全部的公开可得信息,包括关于过往交易和基本面的信息,但不包括内幕信息。
2. a。在有效市场上,价格应反映所有的信息。当发放红利的信息公开时会有大幅的价格调整。
3. d。如果市盈率低的股票倾向于具有正的异常收益,表明存在一个未发掘的获利机会,也证明投资者没有充分利用所有可得信息去投资获利。
4. c。在有效市场中,证券价格反映了所有可获得的信息,即正确地反映了投资者的预期。即使某些证券在一段时期后出现正阿尔法值和负阿尔法值,这些超常收益也会很快消失。
5. c。随机漫步意味着股票价格是不可预测的,不论是用过去的价格变动还是任何其他的数据资料。
6. d。证券基本价值的逐步调整,会使利用基于过去价格变动的策略获取超常利润。
7. a。技术分析中的相对强弱法就是用一段时间的股票业绩和同行业的市场或其股票的业绩做比较。如果比率上升，就是相对强势。

8. a. 一些支持有效市场理论的实证论据是：
   i. 专业的资金管理者并不能明显获得比消极指数策略更高的收益；
   ii. 经验研究表明股票会对相关信息迅速做出反应；
   iii. 很多对技术分析的检验发现很难确定价格变动的趋势，而明确价格变动趋势可以发掘出获得风险调整后的超额投资收益的机会。

   b. 一些股票能获得超额收益，这与有效市场相矛盾。能提供超额收益的资产组合的例子有：
   i. 低市盈率的股票；
   ii. 高账面-市值比的股票；
   iii. 小企业1月效应；
   iv. 在过去几个月股价都表现很差的企业。
   其他证据包括，在盈利宣布后股票价格的漂移和中期价格的变动。

   c. 即使市场是有效的，投资者也可能不投资于指数，因为他可能想设计一种适合特定的税收考虑或特定的风险管理的资产组合，例如，轧平（或至少不增加）对某一风险来源的暴露（如行业暴露）的需要等。

9. a. 有效市场假说认为，如果证券价格能够即时、充分反映全部可得相关信息，那么该市场即为有效市场。如果市场能充分反映信息，由于股票价格已经组合了信息，那么任何投资者将无法因为该信息而获利。
   i. 弱式有效市场假说认为，股票价格能够反映所能获得的所有信息，其信息通过市场监测获得，主要是历史交易数据，诸如过去的价格和交易量等。在美国的主要证券市场上，有一组强有力的实证支持弱式有效市场假说。例如，检验结果表明交易技术准则在扣除交易成本和税收之后，并不能产生更高的收益。
   ii. 半强式有效市场认为，公司的股票价格反映所有关于公司前景的公开可得信息，比如，公司年度报告和投资咨询数据。实证显著支撑半强式有效市场观点，但是也有个别研究（有些市场异象，比如1月小公司现象、账面-市值现象）和事件（例如1987年10月19日的股票市场暴跌）违背这种有效市场。然而，这些市场异象在多大程度上是由数据挖掘造成的仍然存在争议。
   iii. 强式有效市场假说认为，当前市场价格反映与公司价值相关的所有信息（不论是公开可得的还是私人持有的）。经验证据表明，强式有效市场假说不成立。如果这一假说成立，那么价格将反映所有信息。即使内部人员也无法赚取超额收益。但是事实证明，在信息公布之前，公司内部人员的确有渠道获取直接相关信息，使其能够利用此信息在证券交易中获利。

   b. i. 技术分析通过对股票价格的周期性和预期性进行研究，以提高收益。有效市场假说表明技术分析没有价值。如果过去价格不包含对将来价格有意义的信息，那么遵循技术型交易原则也就毫无意义。
   ii. 基本面分析通过利用公司净利润、预期股利、预期未来利率和公司的预期风险价值来决定合理的股票价格。有效市场假说认为所有的基础分析都将注定失败。根据半强式有效市场假说，没有一个投资者能通过基于公开信息的交易原则获取超额收益——除非分析者具有非凡的远见。

   总之，有效市场假说认为，市场能迅速地对有关个股和经济整体的信息做出调整，以至于不管是使用技术分析还是使用基本面分析，都不可能持续地超越仅仅只是买入并持有一组充分分散化的证券组合的简单投资策略。
c. 即使在完全有效的市场上,投资组合经理也有一定的作用和责任。最重要的职责是在既定的投资者限制下确定风险-收益目标。在有效市场中,投资组合经理负责调整投资组合来满足投资者的需求,而不是要超越市场的资产组合,这就要求确定客户的要求收益和风险承受能力。理性的投资组合经理还要考察投资者的限制条件,包括流动性、时间跨度、法律法规、税收和独特的喜好以及年龄与就业情况等。

10. a. 成长型股票的收益(和股利)增长率可能会持续地被投资者高估。投资者可能对将来的预期过高,从而忽视了不可避免的下跌情况。在任一给定的时间,成长股都有可能会回到(较低的)平均收益,而价值型股票有可能恢复到(较高的)平均收益。通常是在未来很长的一段时间里完成这一过程。
b. 在有效市场上,股票现在的价格已经反映了所有已知的相关信息。在这种情况下,成长型股票和价值型股票将会提供相同的风险调整后的期望收益率。

第12章

行为金融与技术分析

一、选择题

1. 传统理论认为投资者（　　），行为金融认为他们（　　）。
   A. 是理性的；是非理性的
   B. 是理性的；可能不是理性的
   C. 是理性的；是理性的
   D. 可能不是理性的；可能不是理性的
   E. 可能不是理性的；是理性的

2. 行为金融的前提是（　　）。
   A. 传统金融理论忽略了现实人决策的过程以及个体间的差异
   B. 传统金融理论考虑了感性人是如何做出决策的，但市场是由理性的效用最大化的投资者驱动的
   C. 传统金融理论应该忽略了普通人是如何做出决策的，因为市场是由比普通人更为专业的投资者驱动的
   D. 传统金融理论考虑了感性人是如何做出决策的，但市场是由理性的效用最大化的投资者驱动的，传统金融理论应该忽略了普通人是如何做出决策的，因为市场是由比普通人更为专业的投资者驱动的
   E. 上述说法都是错误的。

3. 信息处理错误包括了（　　）。
   Ⅰ）预测错误　　　　　　Ⅱ）过度自信
   Ⅲ）保守主义　　　　　　Ⅳ）框定偏差
   A. Ⅰ和Ⅱ　　　　　　B. Ⅰ和Ⅲ　　　　　　C. Ⅲ和Ⅳ
   D. 只有Ⅳ　　　　　　E. Ⅰ、Ⅱ和Ⅲ

4. 预测错误具有潜在的重要性，因为（　　）。
   A. 研究表明人们低估了近期经验
   B. 研究表明人们过于依赖近期经验
   C. 研究表明人们合理利用了近期经验
   D. 研究表明人们既没有低估近期经验也没有过于依赖近期经验，而是取决于信息的好坏
   E. 上述说法都不正确。

5. DeBondt 和 Thaler 认为高市盈率导致投资者（　　）。
   A. 期望收益过于极端　　B. 期望收益不太极端　　C. 期望股价过于极端
   D. 期望股价不太极端　　E. 上述说法都不正确。

6. 如果人们过于依赖近期经验而非先验经验，那么他们会出现（　　）错误。
   A. 框定　　　　　　B. 选择偏见　　　　　　C. 过度自信
   D. 保守主义　　　　E. 预测

7. 单身男性比女性的交易更为活跃，这是由于男性更加（　　）。
   A. 框定偏差　　　　B. 后悔规避　　　　　　C. 过度自信
   D. 保守主义　　　　E. 上述说法都不正确。

8. （　　）也许可以解释为什么积极管理比消极管理更为流行。
   A. 框定偏差　　　　B. 过度自信　　　　　　C. 心理账户

D. 保守主义　　　　　　　E. 后悔规避

9. （　　）偏差意味着投资者对事件的反映太慢。
   A. 框定　　　　　　B. 后悔规避　　　　　C. 过度自信
   D. 保守主义　　　　E. 上述说法都不正确。

10. 心理学家发现人们不依惯例进行决策并出现不利结果时会更加后悔。这种现象的名称是（　　）。
    A. 后悔规避　　　　　　　　　　　B. 框定偏差
    C. 心理账户　　　　　　　　　　　D. 过度自信

11. （　　）的例子是，当面临有风险的可能收益时，人们可能会拒绝一项投资；当面临有风险的可能损失时，投资者可能会接受同样的投资。
    A. 框定偏差　　　　B. 后悔规避　　　　　C. 过度自信
    D. 保守主义　　　　E. 上述说法都不正确。

12. Statman（1977）认为（　　）与投资者偏好高股利股票的非理性偏好一致，而且投资者倾向于长时间持有亏损的股票。
    A. 心理账户　　　　B. 后悔规避　　　　　C. 过度自信
    D. 保守主义　　　　E. 上述说法都不正确。

13. （　　）的例子是，相对于购买一个价值下跌的蓝筹股，购买一个不知名的新成立公司的股票并遭受损失时投资者会更痛苦。
    A. 心理账户　　　　B. 后悔规避　　　　　C. 过度自信
    D. 保守主义　　　　E. 上述说法都不正确。

14. 套利者由于（　　）不可能充分利用行为偏差。
    Ⅰ）基本面风险　　　Ⅱ）执行成本　　　　Ⅲ）模型风险
    Ⅳ）保守主义　　　　Ⅴ）后悔规避
    A. 只有Ⅰ和Ⅱ　　　　B. Ⅰ、Ⅱ和Ⅲ　　　　C. Ⅰ、Ⅱ、Ⅲ和Ⅴ
    D. Ⅱ、Ⅲ和Ⅳ　　　　E. Ⅳ和Ⅴ

15. 违反了一价定律却能很好解释套利活动面临的限制的例子是（　　）。
    Ⅰ）连体双婴公司　　Ⅱ）单位信托基金　　Ⅲ）封闭式基金
    Ⅳ）开放式基金　　　Ⅴ）股权分拆上市
    A. Ⅰ和Ⅱ　　　　　　B. Ⅰ、Ⅱ和Ⅲ　　　　C. Ⅰ、Ⅱ和Ⅴ
    D. Ⅳ和Ⅴ　　　　　　E. Ⅴ

16. （　　）是技术分析的鼻祖。
    A. 哈里·马科维茨　　B. 威廉·夏普　　　　C. 查尔斯·道
    D. 本杰明·格雷厄姆　E. 上述说法都不正确。

17. 道氏理论的目标是（　　）。
    A. 确定主要和基本模式　B. 确定分离点　　　C. 确定阻力水平
    D. 确定支持水平　　　　E. 确定长期趋势

18. 股价的长期趋势，持续时间从几个月到几年不等，这被称为（　　）。
    A. 次要趋势　　　　B. 基本趋势　　　　　C. 中间趋势
    D. 趋势分析　　　　E. 基本趋势和趋势分析

19. 几乎不重要的日波动被称为（　　）。
    A. 次要趋势　　　　B. 基本趋势　　　　　C. 中间趋势

D. 市场趋势 E. 上述说法都不正确。
20. Trin 统计量指标小于 1.0（　　）。
    A. 是熊市信号
    B. 是牛市信号
    C. 一些技术分析师视为熊市信号，而另一些技术分析师视为牛市信号
    D. 一些基本面分析师视为熊市信号
    E. 一些技术分析师视为熊市信号，另一些技术分析师视为牛市信号，一些基本面分析师视为牛市信号

二、课后习题

1. 试解释如何利用本章介绍的行为偏差促使技术交易规则的成功？
2. 为什么有效市场假说的倡导者认为即使许多投资者存在行为偏差，证券价格仍可能是有效的？
3. 列举可能限制理性投资者利用非理性投资者导致的错误定价的因素。
4. 即使行为偏差不影响资产的均衡价格，投资者还是需要关注行为偏差，为什么？
5. 行为金融学派和有效市场学派一致认为指数投资策略对大多数投资者来说是最优的，但理由各有不同，将其进行对比。
6. 吉尔·戴维斯不想以低于其买价的价格出售其股票，她认为只要持有股票的时间长一点，股价就会回升，到时再出售。戴维斯在做决定时表现出了什么行为特点？（　　）
    a. 损失规避。　　　　　　b. 保守主义。　　　　　　c. 代表性。
7. 柏莉·莎朗售出股票后，不会继续关注媒体报道来追踪该股票，她担心随后股票的价格会上升。莎朗表现出了什么行为特点？（　　）
    a. 后悔规避。　　　　　　b. 代表性。　　　　　　c. 心理账户。
8. 下列选项与后悔规避不一致的是（　　）。
    a. 尽快售出亏损股票　　b. 雇用一位全面服务经纪人　　c. 较长持有亏损股票
9. 将下表右列的行为特点与左列的例子相匹配：

例子	行为特点
a. 当出现新证据时，投资者更新其理念的速度较慢	i. 处置效应
b. 投资者不太愿意承受由非传统的投资策略带来的损失	ii. 代表性偏差
c. 与其他股票账户相比，投资者对退休账户风险容忍度较低	iii. 后悔规避
d. 投资者不太愿意出售账面亏损的股票	iv. 保守主义
e. 投资者依据股票的过去表现对未来走势进行判断时，不考虑样本规模	v. 心理账户

10. 基本面风险是指什么，为什么它会导致行为偏差继续存在？
11. 数据挖掘是指什么，为什么技术分析员要小心避免这种行为？
12. 即使价格服从随机漫步，也有可能不是信息有效的。解释为什么这句话是正确的以及为什么其对资本有效配置非常重要？
13. 使用教材图 12-7 的数据证实纽约证券交易所的 Trin 统计量，其是牛市信号还是熊市信号？
14. 使用教材图 12-7 的数据计算纽约证券交易所的市场宽度，其是牛市信号还是熊市信号？
15. 搜集几个月的道琼斯平均工业指数，辨别出其基本趋势，并判断市场是处于上升状态还是下跌状态。
16. 假设评级为 Baa 债券的收益率为 6%，评级为 Aa 债券的收益率为 5%。由于通货膨胀的影

响，两者的收益率都会增加 1%，这会导致信心指数如何变化？技术分析员会将其视为牛市信号还是熊市信号？你又是如何认为的？

17. 下表列出了电脑公司的股价和电脑行业指数，电脑公司是否显示出了相对强势？

电脑公司历史股票价格

			今年		去年
	高评级公司债的收益率		8%		8.5%
	中评级公司债的收益率		10.5%		10%
交易日	电脑公司	行业指数	交易日	电脑公司	行业指数
1	19.63	50.0	21	19.63	54.1
2	20	50.1	22	21.50	54.0
3	20.50	50.5	23	22	53.9
4	22	50.4	24	23.13	53.7
5	21.13	51.0	25	24	54.8
6	22	50.7	26	25.25	54.5
7	21.88	50.5	27	26.25	54.6
8	22.50	51.1	28	27	54.1
9	23.13	51.5	29	27.50	54.2
10	23.88	51.7	30	28	54.8
11	24.50	51.4	31	28.50	54.2
12	23.25	51.7	32	28	54.8
13	22.13	52.2	33	27.50	54.9
14	22	52.0	34	29	55.2
15	20.63	53.1	35	29.25	55.7
16	20.25	53.5	36	29.50	56.1
17	19.75	53.9	37	30	56.7
18	18.75	53.6	38	28.50	56.7
19	17.50	52.9	39	27.75	56.5
20	19	53.4	40	28	56.1

18. 用上表的数据计算电脑公司的 5 天移动平均，由此你能判断出买入或卖出信号吗？
19. 假设昨天道琼斯工业指数上升了 54 点，有 1 704 只价格下跌的股票，1 367 只价格上涨的股票。为什么即使指数上升了，技术分析员还是会担心市场走势？
20. 下表列出了价格上涨和下跌的股票数量，计算累计宽度并判断其是牛市信号还是熊市信号。

市场上涨和下跌数据

交易日	上涨	下跌	交易日	上涨	下跌
1	906	704	6	970	702
2	653	986	7	1 002	609
3	721	789	8	903	722
4	503	968	9	850	748
5	497	1 095	10	766	766

21. 如果在第 20 题中，第 1 天价格上涨股票的成交量是 3.3 亿股，价格下跌股票的成交量是 2.4 亿股，这一天的 Trin 统计量为多少？其是牛市信号还是熊市信号？
22. 给定以下数据，信心指数是上升还是下降？如何解释债券收益率的变化？

	(%)	
	今年	去年
高评级公司债券收益率	8	8.5
中评级公司债券收益率	10.5	10

23. 登录 www.mhhe.com/bkm 并点击第 12 章的链接，找出标准普尔 500 指数 5 年的周收益率。
    a. 制表并计算该指数的 26 周移动平均，假设指数的初始值为 100，每周指数等于上一周指数乘以（1 + 上周收益率）。
    b. 标出所有指数与移动平均的交叉点，并判断交叉点之后有多少周指数上涨，有多少周下跌？
    c. 标出所有指数从上下穿移动平均的点，并判断下穿之后有多少周指数上涨，有多少周指数下跌？
    d. 利用移动平均规则辨别买卖机会的效果如何？

24. 登录 www.mhhe.com/bkm 并点击第 12 章的链接，找出标准普尔 500 指数 5 年的周收益率和富达银行基金（FSRBX）5 年的周收益率。
    a. 制表并计算银行业与市场整体的相对强势。提示：与第 23 题一致，将银行业指数和标准普尔 500 指数的初始值设为 100，并用同一方法更新每周指数。
    b. 标出所有相对强度指标相对 5 周前增长超过 5% 的时点，并判断在这些时点之后有多少周银行业的表现优于标准普尔 500 指数？有多周银行业的表现会差于标准普尔 500 指数？
    c. 标出所有相对强度指标相对 5 周前下降超过 5% 的时点，并判断在这些时点之后有多少周银行业的表现差于标准普尔 500 指数？有多少周银行业的表现优于标准普尔 500 指数？
    d. 利用相对强度指标辨别买卖机会的效果如何？

25. 封闭式基金的价格大多会偏离其资产净值，看似违反了一价定律。你认为是过于分散化的基金还是分散不足的基金会有更大的偏离呢？为什么？

三、CFA 考题

1. 丹·桑普森对其金融咨询师提出了以下投资理念。

序号	投资理念
1	投资要有较高的收益潜力和有限的风险，我倾向于比较保守的投资策略，想最小化损失，即使这样我会错过很好的增长机会
2	所有非政府类投资，只能选择处于行业主导地位且资金雄厚的公司
3	只能通过利息和现金股利来满足所有的收入需求，只能持有支付现金股利的股权证券
4	仅当对整体经济形势和公司自身增长的预期一致时才能做出投资决定
5	如果证券的价格下跌到买价之下，证券应该继续持有至其价格恢复到初始买入成本。相反，如果投资成功，我更希望能较快实现收益
6	我会定期指导投资的购买，包括衍生证券。这些激进的投资是根据我个人的研究，也许与我的投资策略不一致。我没有记录下类似这些投资的表现，但是我也曾有过一些"巨大的成功"

   以上哪些陈述能较好地描述下述行为金融概念，并对你的选择进行说明。
   a. 心理账户　　　　b. 过度自信（控制错觉）　　c. 参照依赖（框定偏差）

2. 蒙蒂·弗罗斯特将所有递延所得税退休账户都投资在股票上，因其资产组合的国际投资部分历史表现很差，他将国际股权证券减持至 2%，弗罗斯特的投资咨询师曾建议其增持，他做出以下回应：
   a. 由于历史表现较差，一旦这些国际股权证券的价格恢复到其初始价格，就全部售出。

b. 大多数分散化的国际资产组合在过去 5 年的表现都很让人失望。然而这段时间，XYZ 国市场的表现超过了包括本国在内的其他所有市场。如果要增加国际股权头寸的话，我也更倾向于增加 XYZ 国证券的头寸。

c. 国际投资本身存在着很高的风险。因此，我倾向于在我的"投机"账户（能使我成为富翁的最好机会）中购买这些证券，而不想在我的退休账户中购买，以免养老的时候一贫如洗。

咨询师虽然对行为金融的概念非常熟悉，但仍偏好于传统或标准的金融投资策略（现代资产组合理论）。

指出以上三个陈述表现出的行为金融概念并解释应如何用传统金融来反驳每一个陈述。

3. 路易斯和克里斯托弗·麦克林居住在英国伦敦，他们最近想租一个靠近都市的公寓。在对麦克林的投资计划进行初始讨论时，麦克林对她的投资咨询师格兰特·韦伯做出如下陈述：
   a. "过去 5 年我利用网络资源对住房市场进行了研究，我认为现在正是买房的最佳时期。"
   b. "我不想以低于买价的价格出售我的资产组合中的任何债券。"
   c. "我不会出售我公司的股票，因为我对它非常了解而且对其未来表现非常乐观。"

判断行为金融中哪些概念可以描述以上三个陈述，并解释每一个行为金融概念是如何影响麦克林的投资决策的。

4. 一个已退休的投资者在与其投资咨询师会谈时说到以下问题：
   a. "我非常高兴过去两年能在皮特里股票的投资上获利，我确信其未来也会有优越表现。"
   b. "我很满意皮特里股票的投资收益，因为这些钱我有特殊的用途，也正因此，我想在我的退休基金账户中购买该股票。"

判断行为金融中哪些概念可以描述以上陈述。

5. 克莱尔·皮尔斯对她的生活状况和投资前景做出如下评论：

"我必须供养居住在普格岛的父母，普格岛在过去两年出现飞速的经济增长和较低的通货膨胀，专家一致预期这些良好的趋势会在未来延续下去。经济增长是由于新技术开发的自然资源的出口所导致的。

我想投资 10% 购买普格岛政府长期债券，因为我的父母可能还会在岛上居住 10 年。专家们预期未来不会出现通货膨胀，所以我确信这些债券产生的收益可以足够支付我父母的生活费用，而且这些债券是以当地货币为计价单位，没有汇率风险。我想购买普格岛的证券，但不想扭曲长期资产的配置来达到这个目的。整体的股票、债券和其他投资也都不能改变。因此，我打算从所持有的美国债券基金中选一个出售来筹资购买普格岛债券。选择之一是高收益债券基金，其价值到目前为止已经下跌了 5%，前景预期并不乐观，事实上，我认为其在未来可能会下跌更多，但是也有可能会很快恢复，所以我决定出售今年升值了 5% 的核心债券基金，我预期这项投资带来的收益能持续下去，但是也有可能会很快消失。

如果投资完成的话，我的投资状况将处于良好状态。唯一例外的是表现较差的小公司基金，我计划一旦该基金的价格恢复到其初始成本就出售。"

从以上表述中辨别出三个行为金融概念并对每一个概念进行描述。讨论遵守标准或传统金融理论的投资者如何质疑这三个行为金融概念。

参考答案

一、选择题

1. B　　2. A　　3. E　　4. B　　5. A　　6. E　　7. C　　8. B　　9. D　　10. A

11. A 12. A 13. B 14. B 15. C 16. C 17. E 18. B 19. A 20. B

二、课后习题

1. 技术分析通常可以看作对市场价格趋势的探索。技术分析师将这些趋势看作动量，逐步向"正确"价格的调整，又或者趋势的逆转。本章讨论的一些行为偏差可能导致了这样的趋势和模式。例如，保守主义偏差可能会引起投资者逐渐把新信息纳入考虑中，导致价格逐步调整到基本面价值。另一个例子来自代表性的概念，投资者在一个小样本数据的基础上，建立了一个持续到未来的模式，从而得出不恰当的结论。当投资者随后意识到价格反应过度时，会扭转最初错误的方向。

2. 即使许多投资者出现行为偏差，如果套利行为将价格推向其内在价值，证券价格仍可能是有效的。套利者在观察到证券市场的错误定价后，会买入被低估的证券（或可能卖出被高估的证券），从而使得价格向其内在价值移动。

3. 限制理性投资者利用其他投资者行为导致的错误定价来获利的能力的一个主要的因素是错误会随时间不断恶化。例如，20世纪90年代末纳斯达克指数持续明显的溢价，一个相关的因素是固有成本和卖空的相关限制，它限制了利用套利使被高估的证券（或指数）回归其公允价值的程度。理性的投资者必须要注意由模型风险导致的错误定价，即观察到的错误定价可能是因为投资者使用了错误的模型来评估证券。

4. 行为偏差可能不会影响均衡资产价格的原因有两个：第一，在价格向其内在价值逐步调整的过程中，行为偏差可能有助于技术交易规则的实现；第二，套利者的行为可能会使证券价格趋向它们的内在价值。对投资者来说意识到这些偏差是很重要的，因为这些现象中的任何一个都有可能带来潜在的超额利润，即使行为偏差不影响均衡价格。此外，即使偏差不影响均衡价格，投资者也应该意识到他的个人行为偏差，以避免这些信息的处理误差（如过度自信或代表性）。

5. 有效市场的倡导者认为，在任何时间点上，公开的信息（对于强式有效市场的倡导者来说，甚至包括内幕信息）都体现在证券价格上，并且价格会很快地对新信息做出调整。因此，价格是合理的，积极型管理的业绩不太可能超过充分分散化的指数组合。与之相对地，行为金融学的倡导者发现了一些投资者在处理信息和制定决策上可能会犯的导致错误定价的错误。然而，行为金融学文献一般不指导如何利用这些投资者的错误来获得超额利润。因此，在没有任何有利可图的替代品的情况下，即使证券市场是没有效率的，最优策略可能仍然是一个被动的指数策略。

6. a. 戴维斯利用损失规避来作为她制定决策的基础。她持有低于买价的股票，认为股价会回升。她拒绝接受损失。

7. a. 莎朗拒绝追踪她所卖的股票是因为她不想在看到股价上升时感到后悔。这种被用来作为制定决策的基础的行为特点是后悔规避。

8. a. 投资者通过持有表现不佳的股票以试图避免后悔，抱着该种股票会回升的希望。如果股票回升到其初始的购买价格，股票可以被毫无遗憾地卖掉。投资者也试图通过雇用一位全面服务的经纪人去规避后悔。

9. a. ⅳ   b. ⅲ   c. ⅴ
   d. ⅰ   e. ⅱ

10. 即使是在错误定价的情况下，仍然存在潜在风险。市场错误定价可能在好转之前变得更糟。其他不利的影响可能会在价格自身修正之前出现（如因配合不默契导致的客户流失或对错误定价机会的偏好）。

11. 数据挖掘是从数据中找到某种模式的过程。技术分析师必须小心，不要将从事数据挖掘看得过于重要，以至于去寻找辨别一些根本不存在的模式。技术分析师必须避免为支持一种理论而挖掘数据，而是应该用数据去检验一个理论。

12. 即使价格遵循随机漫步，套利限制和非理性投资者的存在都可能会导致持久性错误定价的存在。这意味着资本没有被有效地配置，即资本未能立即从生产效率低的企业流向生产效率高的企业。

13. $\text{Trin} = \dfrac{\text{下跌股票的成交量}/\text{下跌的股票量}}{\text{上升股票的成交量}/\text{上升的股票量}} = \dfrac{1\,058\,313/1\,553}{852\,581/1\,455} = 1.16$

    Trin 统计量大于 1，因此被看作熊市的信号。

14. 宽度为：

上涨	下跌	净上涨
1 455	1 553	−98

   宽度是负值，为熊市信号。（实际上没有人会用一天的数据来度量。）

15. 答案不唯一，学生应该能够识别出向上或向下趋势明显的时间段。

16. 信心指数从 0.833（=5%/6%）增加到 0.857（=6%/7%）。技术分析员会将这一略高的信心视为牛市信号。但是信心指数上升的真正原因来自对通货膨胀率上升的预期，而不是投资者对经济前景更有信心了。

17. 期初，电脑公司的价格除以行业指数为 0.39；期末，这一比率提高到 0.50。随着这一期间该比率的上升，电脑公司在该行业表现优于其他公司。因此，虽然期间存在一定的波动，如在第 19 天的比例下降到最低点 0.33，但电脑公司整体的趋势表现得相对强势。

18. 5 天移动平均为：

    1 ~ 5 日 = (19.63 + 20 + 20.5 + 22 + 21.13)/5 = 20.65
    2 ~ 6 日 = 21.13
    3 ~ 7 日 = 21.50
    4 ~ 8 日 = 21.90
    5 ~ 9 日 = 22.13
    6 ~ 10 日 = 22.68
    7 ~ 11 日 = 23.18
    8 ~ 12 日 = 23.45 ← 卖出信号（第 12 天价格 < 移动平均值）
    9 ~ 13 日 = 23.38
    10 ~ 14 日 = 23.15
    11 ~ 15 日 = 22.50
    12 ~ 16 日 = 21.65
    13 ~ 17 日 = 20.95
    14 ~ 18 日 = 20.28
    15 ~ 19 日 = 19.38

16 ~ 20 日 = 19.05
17 ~ 21 日 = 18.93 ← 买入信号（第 21 天价格 > 移动平均值）
18 ~ 22 日 = 19.28
19 ~ 23 日 = 19.93
20 ~ 24 日 = 21.05
21 ~ 25 日 = 22.05
22 ~ 26 日 = 23.18
23 ~ 27 日 = 24.13
24 ~ 28 日 = 25.13
25 ~ 29 日 = 26.00
26 ~ 30 日 = 26.80
27 ~ 31 日 = 27.45
28 ~ 32 日 = 27.80
29 ~ 33 日 = 27.90 ← 卖出信号（第 33 天价格 < 移动平均值）
30 ~ 34 日 = 28.20
31 ~ 35 日 = 28.45
32 ~ 36 日 = 28.65
33 ~ 37 日 = 29.05
34 ~ 38 日 = 29.25
35 ~ 39 日 = 29.00
36 ~ 40 日 = 28.75

19. 这种模式表现涨跌幅度很小。尽管指数上升，然而下跌的股票数多于上涨的股票数，这表明指数的上升"缺乏基本面支持"。

20.

交易日	上涨（百万）	下跌（百万）	净上涨（百万）	累计宽度（百万）
1	906	704	202	202
2	653	986	-333	-131
3	721	789	-68	-199
4	503	968	-465	-664
5	497	1 095	-598	-1 262
6	970	702	268	-994
7	1 002	609	393	-601
8	903	722	181	-420
9	850	748	102	-318
10	766	766	0	-318

累计宽度为负，这是熊市信号。然而，累计幅度的绝对值在减小，这表明市场趋于回暖，或许熊市最坏的时候已经过去了。

21. $\text{Trin} = \dfrac{\text{下跌股票的成交量}/\text{下跌的股票量}}{\text{上升股票的成交量}/\text{上升的股票量}} = \dfrac{240/704}{330/906} = 0.936$

这表明市场正处于微弱的牛市状态，因为平均上涨股票交易量只是稍大于平均下跌股票交易量。

22. 信心指数 = 高评级公司债券的收益率/中评级公司债券的收益率。

今年：信心指数 = 8%/10.5% = 0.762；
去年：信心指数 = 8.5%/10% = 0.850。
因此，信心指数逐年下降。

23. 为了建立标准普尔 500 指数的 26 周移动平均线，首先要将周收益率转化成周指数值，并将样本期间第 1 周前一周指数值设为 100。

a. 下图总结了 26 周移动平均线的数据。该图还显示了标准普尔 500 指数的值。

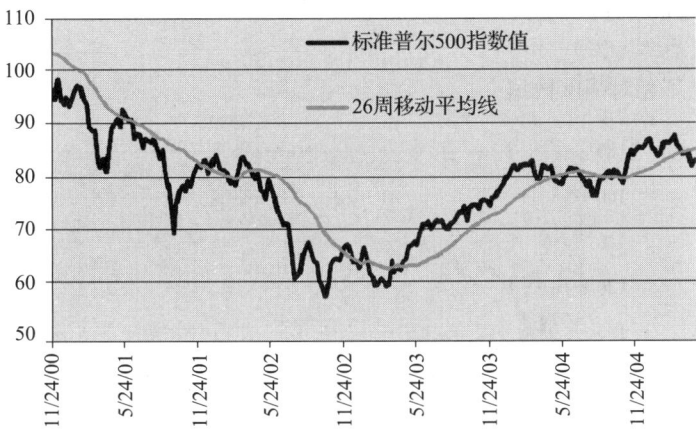

b. 标准普尔 500 指数从下向上突破移动平均线 14 次，如下表所示。突破随后几周标准普尔 500 指数的表现，有 7 次是上升的，有 7 次是下降的。

突破日期	后续几周标准普尔 500 指数变化方向	突破日期	后续几周标准普尔 500 指数变化方向
05/18/01	下降	03/21/03	下降
06/08/01	下降	04/17/03	增长
12/07/01	下降	06/10/04	下降
12/21/01	增长	09/03/04	增长
03/01/02	增长	10/01/04	下降
11/22/02	增长	10/29/04	增长
01/03/03	增长	04/08/05	下降

c. 标准普尔 500 指数从上向下突破移动平均线 14 次，如下表所示。突破随后几周标准普尔 500 指数的表现，有 9 次是上升的，有 5 次是下降的。

突破日期	后续几周标准普尔 500 指数变化方向	突破日期	后续几周标准普尔 500 指数变化方向
06/01/01	增长	03/28/03	增长
06/15/01	增长	04/30/04	下降
12/14/01	增长	07/02/04	下降
02/08/02	增长	09/24/04	增长
04/05/02	下降	10/15/04	下降
12/13/02	增长	03/24/05	增长
01/24/03	下降	04/15/05	增长

d. 当标准普尔 500 指数从下向上突破移动平均线时，被认为是牛市的信号。然而，在本题中，当出现一个这样的信号后，该指数有可能会上升也可能下降。当标准普尔 500 指数从上向下突破移动平均线时，被认为是熊市的信号。然而，在本题中，当出现这样的信号后，该指数实际上却更有可能上升而不是下降。

24. 为了建立相对强度指标，首先要将富达银行基金和标准普尔 500 指数的周收益率转化为周指数值，将样本期间第 1 周前一周指数设为 100。第 1 个图显示了转化后的富达银行基金和标准普尔 500 周指数以及相对强度指标（×100）。第 2 个图表示了以 5 周为一个区间的相对强度变动率（%）。

a. 下图总结了相对强度数据。

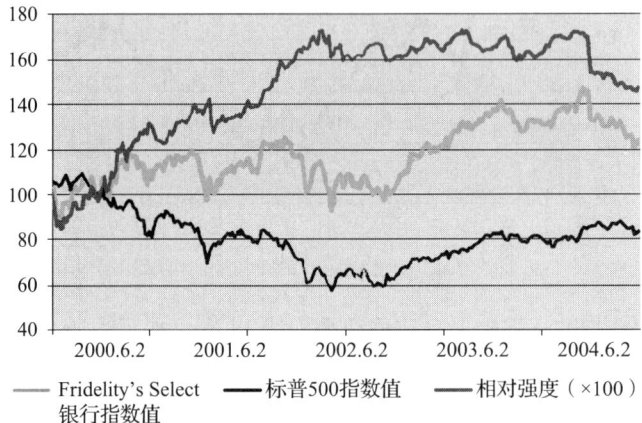

b. 以 5 周为一个区间，相对强度上升超过 5% 有 29 次，如图表所示。在每次上升之后接下来的几周里，富达银行基金表现差于标准普尔 500 指数 18 次，好于标准普尔 500 指数 11 次。

突破日期	后续几周银行基金表现	突破日期	后续几周银行基金表现
07/21/00	优于	03/09/01	优于
08/04/00	优于	03/16/01	差于
08/11/00	差于	03/30/01	差于
08/18/00	优于	06/22/01	差于
09/22/00	优于	08/17/01	差于
09/29/00	差于	03/15/02	优于
10/06/00	差于	03/22/02	差于
12/01/00	差于	03/28/02	优于
12/22/00	差于	04/05/02	优于
12/29/00	优于	04/12/02	差于
01/05/01	差于	04/26/02	优于
01/12/01	差于	05/03/02	差于
02/16/01	差于	05/10/02	差于
02/23/01	优于	06/28/02	差于
03/02/01	差于		

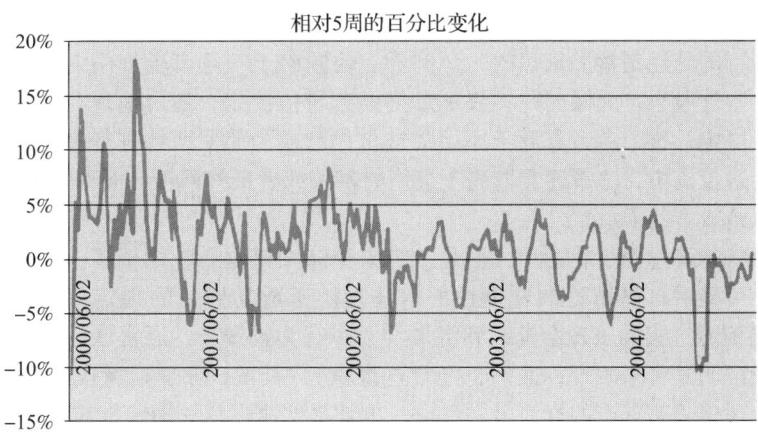

c. 以 5 周为一个区间，相对强度指标下降超过 5% 有 15 次，如上图和下表所示。在每次上升之后接下来的几周里，富达银行基金表现差于标准普尔 500 指数有 6 次，好于标准普尔 500 指数有 9 次。

突破日期	后续几周银行基金表现	突破日期	后续几周银行基金表现
07/07/00	差于	04/16/04	差于
07/14/00	优于	04/23/04	优于
05/04/01	差于	12/03/04	优于
05/11/01	优于	12/10/04	差于
10/12/01	优于	12/17/04	优于
11/02/01	优于	12/23/04	差于
10/04/02	优于	12/31/04	差于
10/11/02	优于		

d. 相对强度指标上升被认为是牛市信号（如 b 所示）。然而，在本题中，出现这样的信号后，富达银行基金的表现差于标准普尔 500 指数的可能性更大。相对强度指标下降被认为是熊市信号（如 c 所示）。然而，实际上在本题中，出现这样的信号后，富达银行基金的表现更有可能好于标准普尔 500 指数。

25. 对于分散不足的基金来说，封闭式基金的价格偏离资产净值的程度较高，更难进行套利。

三、CFA 考题

1. a. 第 3 条很好地阐述了心理账户。桑普森要求通过利息收入及现金股利满足他的收入需要就是心理账户的一个例子。心理账户是说，投资者将一种基金分隔成不同的心理账户（例如股利和资本利得）并保持心理账户的独立性，不合并不同账户的收入；将一个账户的损失与另一个账户的损失单独处理。心理账户导致了投资者对红利的偏好胜过资本收益，而忽略了整体收益。

   b. 第 6 条是过度自信（控制错觉）的最好说明。桑普森希望选择和他的总体战略不一致的投资，这表明了他的过度自信。过于自信的人往往表现出寻求风险的行为。人们对自己得出的结论的有效程度的信任远胜于他们实际成功率所能衡量的结论有效程度。过度自信的原因包括控制错觉、自我美化倾向、对预测的精确度不敏感以及误解冒险机会。

   c. 第 5 条是参照依赖的最好说明。桑普森希望保留表现不佳的投资，以及想用成功的投资快速获利的理念都表现出了参照依赖。参照依赖认为投资者的决定严格取决于决策者的参考点。在本题假设条件下，参考点是购买时的原始价格，二选一的决策不是由最终收益评判，而是根据相对于这个参考点的盈亏来判断。因此，通过改变参考点可以很容易地改变偏好。

2. a. 弗罗斯特的陈述是参照依赖的一个例子。他倾向于一旦市场价格上升到原来的成本位置就卖掉国外股票，此倾向并不仅由最终财产价值决定，还由他现在所处的位置，即他的参考点决定。这个参考点低于原始买进价，已成为弗罗斯特进行决策的关键因素。在标准的金融投资中，决策通常取决于最终财富值或者最终回报，而不是相对于某个参考点，比如原始成本的损益。

   b. 弗罗斯特的陈述至少在两个方面是一个易受认知错觉影响的例子：首先，他表现出过度自信，可能对自己结论的合理性的信任远胜于成功概率的判定——他过于自信，认为XYZ国证券过去的表现会延续到将来（一个行为投资者，通常认为证券走势的5年记录能充分证明其将来表现，他们也经常这样做）；其次，弗罗斯特仅选择投资于XYZ国证券，表现出隔离资产的行为金融现象，也就是他通过孤立地预期盈亏来评定XYZ国证券的价值。比起成功概率和标准金融投资准则得出的结论，个人投资者往往对于自己结论的正确性更加信任，尤其是涉及时间范围时。

   在标准金融中，投资者明确知道XYZ国证券相对于其他市场的5年收益几乎不能为其未来走势提供什么有用的信息。标准金融投资者不会被"小数定律"愚弄。在标准金融中，投资者是根据组合来评估收益，即将所持有的XYZ国证券和其他证券一起评估。评估在XYZ国投资和评估其他所有投资一样，应该考虑这些投资对整个资产组合的风险-收益特点的预期贡献。

   c. 弗罗斯特的陈述是心理账户的一个例子。心理账户认为，投资者将资金分隔成不同的心理账户（比如安全与投机），保持心理账户之间的独立性，并将收益也分开，一个账户的损失和另一个账户的损失也独立处理。心理账户的一种表现形式，即弗罗斯特表现出的，是构建一个金字塔形的资产组合，一层又一层，其中退休账户表示不同于投机性基金的一层。每一层对应不同的目标和风险态度。相对于投机性基金账户，他不愿退休账户承受更多风险：退休账户里的资金是其保护向下风险的保险层，用于避免将来一贫如洗；而投机性基金账户内的资金则代表了获得向上潜力的层，用于把握成为富翁的机会。

   在标准金融中，投资或投资分类决策更多考虑整个资产组合的风险和收益特性，而不是任何个别账户的预期盈亏。决策应该考虑所有资产组合背景下的最终收益，而不是考虑单个"安全"或"投机"账户。标准金融投资者努力寻求整个组合的均值-方差结构的最大化，并在构建组合时考虑了资产间的协方差。标准金融投资者对整个资产组合抱有一致的风险态度。

3. a. 认知错觉：麦克林认为他自己是不动产市场的专家，并且能够对不动产市场动向做出准确预测，仅仅因为他已经研究过互联网上的房屋市场数据。他或许可以获得大量的不动产市场相关信息，但是他可能并不懂得如何分析这些信息，也没有能力将这些信息应用于投资中。

   过度自信：过度自信使其错误地估计了所获得的信息的准确性以及自身对信息的分析能力。麦克林在没有试图证实它也没有咨询其他信息来源的情况下，自认为他从互联网上搜集的数据是准确无误的。此外他还认为自己具有对这些信息进行评估和分析的技能，然而，题目中并没有暗示他具备这种能力的信息。

   b. 参考点（框定偏差）：麦克林为他持有的债券头寸设定的参考点就是这些债券的买入价，因为他不会以低于买入的价格出售这些债券。将参考点固定下来，然后等待证券价格上升到这个参考点以上再卖出的行为使麦克林不能从风险-收益的角度来分析他持有的资产组合头寸。

   c. 熟悉度：麦克林是在对公司熟悉的基础上来评估自己持有的公司股票价值的，而不是基于合理的投资和资产组合原理。正是由于对自己公司熟悉，公司雇员可能产生一种扭曲的观念，即"好公司"就是好的投资选择。非理性的投资者认为投资于自己熟悉的公司能够产生更高的投资收益并且相较于投资于不熟悉的公司有更低的风险。

代表性：麦克林混淆了他的公司（很可能是个不错的公司）和公司股票（不一定适合于他持有的投资组合）以及公司的未来发展。这会导致公司雇员在他们的投资组合中持有自己公司股票的权重过高，进而降低资产组合的分散化效果。

4. a. 该投资者的第1条陈述符合行为金融学中预测错误/过度自信的概念。皮特里股票为投资者带来了自信和满足，这是由于投资者购买股票并在近期从中获得了报酬和收益。然而，考虑到她的投资组合的需求和过去两年的样本太小，投资者对股票表现得过于自信了。

b. 投资者的第2条陈述符合行为金融学中心理账户的概念。投资者将她的投资组合中的资金分配到两个"账户"：一个是皮特里股票带来的收益，另一个是其余的投资组合的收益。至于总基金的分配，她保持着一组独立的心理账户。投资者所说的"特殊用途"应该放在消费需求的大环境中来理解，并且应该考虑整个投资组合的风险–收益状况。

5. （1）过度自信（预测错误和控制错觉）：皮尔斯为赡养父母的投资策略是建立在她对经济前景乐观预测的基础上。过度自信这种认知错误在这里以两种形式表现出来：预测错误和控制错觉。皮尔斯似乎对那些预测的有效性比通过对过去预测准确性进行调整的预测更有信心。分析师们共同一致的预测已经被广泛地证明是错误的。皮尔斯看上去也非常确信普格岛近年来经济表现是未来表现一个很好的指示器。行为投资者经常认为近期表现能够为预测未来表现提供充分依据。

标准金融投资者明白，一般人们对于他们的预测结论的有效性的信心比经过证实的预测的成功率还高。校准模式（比较信心与预测能力）表明成功的概率要显著低于人们报告的信心水平。此外，标准金融投资者懂得近期表现只为未来表现提供了很少的信息，他们不会被"小数定律"所蒙蔽。

（2）损失厌恶（风险偏好）：皮尔斯决定卖出核心债券基金，尽管它目前收益和前景都比较好，这表现出皮尔斯是风险厌恶的。相对于一个可能有较大收益同时存在较小损失的可能性的选择，她偏向于一个固定的收益。尽管未来收益不确定，皮尔斯还是持有了高收益率债券，这表现了皮尔斯的风险偏好倾向。相较于一个确定的损失，她偏向于有很小可能性获利同时也有可能带来更大损失的选择。当损失的可能性较大时，人们的行为倾向于表现为风险偏好而非风险厌恶。大量的证据表明，考虑收益时，人们表现出风险厌恶，考虑损失时，人们表现出风险偏好，而且对风险的态度随着他们的特定目标和所处的环境而不尽相同。

标准金融投资者一致地厌恶风险，并且对确定收益的偏好强于对具有同样数额期望收益的赌博。这样的投资者对损失和收益的偏好是对称的，并且她们对价格变化的敏感性与某一确定价格参考点无关。

（3）参照依赖：皮尔斯计划一旦她持有的小公司基金价值回升到其初始成本时就出售的想法是参照依赖的一个例子。她的售出决策是建立在现期价值与初始成本比较的基础上的，初始成本就是她的参考点。她的决定没有对最终期望价值进行任何分析也没有考虑到售出行为对整个资产组合的影响。初始成本这个参考点已经成了皮尔斯决策中一个至关重要却不适宜的因素。

标准金融学认为，评估投资选择的价值时应根据最终财富价值或者最终收益确定，而不是根据相对于某一参考点（比如初始成本）的收益或损失来确定。标准金融投资者还会考虑整个资产组合的风险–收益状况，而不只是某一项投资或资产种类的预期收益或损失。

第13章

证券收益的实证证据

一、选择题

1. 期望收益-贝塔关系被用于（　　）。
   A. 监管委员会用来推断所监管企业的资本成本
   B. 在法庭裁决时，用它来确定折现率，以评估未来收入的损失
   C. 建议客户将它们作为投资组合的组成部分
   D. 上述说法都正确。
   E. 上述说法都不正确。

2. 著名的（　　）批评认为期望收益-贝塔关系的检验是无效的，资本资产定价模型是不可检验的。
   A. Kim B. 马科维茨 C. 莫迪利亚尼
   D. 罗尔 E. 上述都不正确。

3. 法玛和麦克贝思（1973）发现超额收益率和贝塔之间的关系是（　　）。
   A. 线性
   B. 不存在
   C. 正如基于早期研究做出的预期一样
   D. 法玛和麦克贝思没有进行超额收益和贝塔关系的检验。
   E. 正如基于早期研究所做出的预期一样，是线性的

4. 在陈、罗尔和罗斯的多因素检验实证研究中，在解释股票收益方面有着重要解释力的因素是（　　）。
   A. 通货膨胀率的预期变化
   B. 公司债券的风险溢价
   C. 通货膨胀率的非预期变化
   D. 行业生产
   E. 公司债券的风险溢价、通货膨胀率的非预期变化和行业生产

5. 在陈、罗尔和罗斯的多因素检验实证研究中，在解释股票收益方面解释力较弱的因素是（　　）。
   A. 通货膨胀率的预期变化
   B. 公司债券的风险溢价
   C. 通货膨胀率的非预期变化
   D. 行业生产
   E. 上述都有很强的解释力。

6. 林特纳（1965）、米勒和斯科尔斯（1972）对证券市场线的早期估计结果表明股票收益和无风险利率之间的差异与非系统风险（　　）。
   A. 正相关 B. 负相关 C. 不相关
   D. 以非线性的方式相关 E. 上述说法都不正确。

7. 布莱克、杰森和斯科尔斯在1972年的实证研究中发现，估计的证券市场线的斜率（　　）预计的资本资产定价模型的斜率。
   A. 大于 B. 等于 C. 小于
   D. 两倍于 E. 回答这个问题需要更多的信息。

8. 布莱克、杰森和斯科尔斯在1972年的实证研究中发现，估计的证券市场线的斜率（   ）预计的资本资产定价模型的斜率。
   A. 平坦于   B. 等于   C. 陡峭于
   D. 是一半于   E. 上述说法都不正确。

9. 在市场有效时，如果专业化管理的资产组合的表现持续优于风险调整基础上的市场代理变量，可以得出结论（   ）。
   A. 资本资产定价模型是无效的
   B. 代理变量是不足的
   C. 资本资产定价模型是无效的，代理变量是不足的
   D. 资本资产定价模型是有效的，代理变量是足够的
   E. 上述说法都不正确。

10. 考虑到林特纳（1965）、米勒和斯科尔斯（1972）的早期研究结果，可以得到一个结论（   ）。
    A. 高贝塔值的股票表现通常优于资本资产定价模型的预测
    B. 低贝塔值的股票表现通常优于资本资产定价模型的预测
    C. 贝塔和资本资产定价模型的预测没有关系
    D. 高贝塔值和低贝塔值的股票表现通常都优于资本资产定价模型的预测
    E. 上述说法都不正确。

11. 在开发多因素模型检验过程中，陈、罗尔和罗斯假设（   ）作为系统因素的可能变量。
    A. 行业生产的月度增长率
    B. 非预期通货膨胀
    C. 预期通货膨胀
    D. 行业生产的月度增长率和非预期通货膨胀
    E. 行业生产的月度增长率、非预期通货膨胀和预期通货膨胀

12. 康德尔和斯坦博扩展了罗尔批评，他们认为有些检验拒绝了平均收益与贝塔之间的正相关关系，（   ）。
    A. 说明了检验中市场代理变量的非有效性
    B. 说明了平均收益和贝塔之间不是线性关系
    C. 说明了平均收益和贝塔之间是负相关
    D. 说明了需要有一个更好的途径来解释证券收益
    E. 上述说法都不正确。

13. 法玛和弗伦奇的研究表明资本资产定价模型是无效的，这会导致下列哪些反应？（   ）
    A. 测试程序中应该更好地使用计量经济学。
    B. 估计的资产贝塔值需要被改进。
    C. 资本资产定价模型的理论渊源和研究结果相抵触，需要重新考虑。
    D. 单一指数模型需要考虑非交易资产和资产贝塔的周期变化。
    E. 上述说法都正确。

14. 考虑回归方程：$r_{it} - r_{ft} = a_i + b_i(r_{mt} - r_{ft}) + e_{it}$，这里，$r_{it}$ = 股票 i 在样本期间 t 月的收益率，r_{ft} = 每月的无风险利率，r_{mt} = 样本期间 t 月的市场组合的收益率。这个回归方程使用了（   ）。
    A. 证券特征线   B. 基准误差   C. 资本市场线

D. 上述说法都正确。　　E. 上述说法都不正确。

15. 考虑回归方程：$r_i - r_f = g_0 + g_1 b_1 + g_2 s^2(e_i) + e_{ii}$，这里，$r_i - r_f =$ 股票 i 的月收益率与每月无风险利率之差，$b_i =$ 股票 i 的贝塔值，$s^2(e_i) =$ 衡量股票 i 的非系统方差。如果 CAPM 是有效的，估计这个回归方程，你预计 g_0 的系数是（　　）。

    A. 0
    B. 1
    C. 等于无风险收益率
    D. 等于市场投资组合的月度收益率与无风险利率之差
    E. 上述说法都不正确。

16. 考虑回归方程：$r_i - r_f = g_0 + g_1 b_1 + g_2 s^2(e_i) + e_{ii}$，这里，$r_i - r_f =$ 股票 i 的月收益率与每月无风险利率之差，$b_i =$ 股票 i 的贝塔值，$s^2(e_i) =$ 衡量股票 i 的非系统方差。如果 CAPM 是有效的，估计这个回归方程，你预计 g_1 的系数是（　　）。

    A. 0
    B. 1
    C. 等于无风险收益率
    D. 等于市场投资组合的月收益率与无风险利率之差
    E. 等于市场投资组合的平均月收益率

17. 考虑回归方程：$r_i - r_f = g_0 + g_1 b_1 + g_2 s^2(e_i) + e_{ii}$，这里，$r_i - r_f =$ 股票 i 的月收益率与每月无风险利率之差，$b_i =$ 股票 i 的贝塔值，$s^2(e_i) =$ 衡量股票 i 的非系统方差。如果 CAPM 是有效的，估计这个回归方程，你预计 g_2 的系数是（　　）。

    A. 0
    B. 1
    C. 等于无风险收益率
    D. 等于市场投资组合的月度收益率与无风险利率之差
    E. 上述说法都不正确。

18. 考虑回归方程：$r_i - r_f = g_0 + g_1 b_1 + e_{ii}$，这里，$r_i - r_f =$ 股票 i 的月收益率与每月无风险利率之差，$b_i =$ 股票 i 的贝塔值，这个回归方程被用来估计（　　）。

    A. 基准误差
    B. 证券市场线
    C. 资本市场线
    D. 基准误差和证券市场线
    E. 基准误差、证券市场线和资本市场线

19. 早期的 CAPM 检验涉及（　　）。

    A. 建立样本数据　　B. 估计证券特征线　　C. 估计证券市场线
    D. 上述说法都正确。　　E. 上述说法都不正确。

20. 股权溢价之谜可能受到生存偏差的影响，这是因为（　　）。

    A. 覆盖的时间周期不够长
    B. 使用的指数不恰当
    C. 不存在适用于整个研究期间的指数
    D. 使用了美国及其他国家的数据
    E. 只使用了美国的数据

二、课后习题

1. 如果你在研究中发现，当对资本资产定价模型进行横截面回归时，法玛-弗伦奇三因素模型中因子载荷的系数能显著预测平均收益因素（除了消费贝塔），如何解释这种现象？
2. 在网上搜索近期股市的波动图表，你能从这些历史数据中判断出有关消费增长的一些历史信息吗？

下表列出了9种股票和市场指数的年超额收益率。

年	市场指数	股票超额收益率								
		A	B	C	D	E	F	G	H	I
1	29.65	33.88	-25.20	36.48	42.89	-39.89	39.67	74.57	40.22	90.19
2	-11.91	-49.87	24.70	-25.11	-54.39	44.92	-54.33	-79.76	-71.58	-26.64
3	14.73	65.14	-25.04	18.91	-39.86	-3.91	-5.69	26.73	14.49	18.14
4	27.68	14.46	-38.64	-23.31	-0.72	-3.21	92.39	-3.82	13.74	0.09
5	5.18	15.67	61.93	63.95	-32.82	44.26	-42.96	101.67	24.24	8.98
6	25.97	-32.17	44.94	-19.56	69.42	90.43	76.72	1.72	77.22	72.38
7	10.64	-31.55	-74.65	50.18	74.52	15.38	21.95	-43.95	-13.40	28.95
8	1.02	-23.79	47.02	-42.28	28.61	-17.64	28.83	98.01	28.12	39.41
9	18.82	-4.59	28.69	-0.54	2.32	42.36	18.93	-2.45	37.65	94.67
10	23.92	-8.03	48.61	23.65	26.26	-3.65	23.31	15.36	80.59	52.51
11	-41.61	78.22	-85.02	-0.79	-68.70	-85.71	-45.64	2.27	-72.47	-80.26
12	-6.64	4.75	42.95	-48.60	26.27	13.24	-34.34	-54.47	-1.50	-24.46

3. 对上表数据进行一阶回归并列表显示统计结果。
4. 对证券市场线进行二阶回归时，其检验假设是什么？
5. 将资产的平均超额收益率对其贝塔值进行二阶回归，检验证券市场线。
6. 总结你的检验结果，并将其与文中报告的结果相比较。
7. 将9种股票分成3个资产组合，使组合的贝塔值尽可能分散。对组合进行相同的检验并解释检验结果有何不同。
8. 试说明如何将罗尔批评应用于第3~7题中。
9. 在平均收益率-标准差的图形中，描出资本市场线、9种股票和3个资产组合，比较3个资产组合和市场指数的均值-方差有效性，比较结果支持CAPM模型吗？
10. 按照陈、罗尔和罗斯的方法对上述数据进行一阶回归，并列表显示相关的统计结果（**提示**：在一张标准化电子表格上使用多元回归，用两因素估计12种股票的贝塔值）。
11. 对两因素证券市场线进行二阶回归时，其假设检验是什么？
12. 数据结果是否说明了一个两因素经济体？
13. 你能找出第2个因素的因素资产组合吗？
14. 如果你有自己的私人业务，占到你现有财富的一半。根据你在本章所学到的，你如何构造你的金融资产组合？

三、CFA考题

1. 试找出对资本资产定价模型中使用的贝塔值的三种批判并简述之。

2. 理查德·罗尔在一篇关于用 CAPM 模型来评估资产组合表现的文章中指出，如果存在基准误差，就不能评价资产组合的管理能力。
   a. 简述对资产组合的表现进行评价的过程，注意强调所用的基准。
   b. 解释罗尔提出的基准误差的含义，并描述基准所存在的特有问题。
   c. 画图说明一个用"基准"证券市场线来测度显示优良的投资，当使用"真实"证券市场线来测度时就可能变成低劣的。
   d. 假如你被告知某资产组合投资经理的表现要好于道琼斯工业平均指数、标准普尔 500 指数以及纽约证券交易所综合指数，试说明这种一致信息是否会使你对该资产组合投资经理的真实能力更有信心？
   e. 即使考虑罗尔提出的基准误差可能带来的问题，一些人仍认为这并不能说明 CAPM 模型无效，而只能说是在应用该理论时存在着测度标准方面的错误。另一些人则认为由于基准错误的存在，整个方法都应该被取缔。选择其中的一个观点并证明。
3. 特许金融分析师巴特·甘贝尔是资产管理经理，最近他与他未来的客户简·布莱克进行会面。布莱克使用道琼斯工业平均指数作为市场的替代变量，研究她投资组合的证券市场线之后，说她资产组合的表现不错。甘贝尔用资本资产定价模型作为分析工具，发现布莱克的资产组合位于证券市场线下方，于是认为布莱克的资产组合表面上表现良好是因为使用了错误的市场代理变量，而不是因为较强的投资管理能力。分析不适合的市场代理变量对贝塔和证券市场线斜率的影响，并通过该分析为甘贝尔的观点辩护。

参考答案

一、选择题

| 1. D | 2. D | 3. E | 4. E | 5. A | 6. A | 7. C | 8. A | 9. C | 10. B |
| 11. E | 12. A | 13. E | 14. A | 15. A | 16. D | 17. A | 18. B | 19. D | 20. E |

二、课后习题

1. 即使单因素 CCAPM（以消费跟踪组合作为指数）优于 CAPM，消费组合仍然可能无法捕获到被法玛－弗伦奇三因素模型中的因子 SMB 和 HML 所捕获的大小和成长特性。因此，相比于单独的消费模型，含有消费的法玛－弗伦奇模型更好地解释了收益。
2. 消费和财富应该呈正相关，因此，市场波动和消费波动也应该呈正相关。市场波动高时，消费波动高。"传统的"CAPM 研究的重点是证券收益与市场投资组合收益之间的协方差，而基于消费的资本资产定价模型则侧重于研究证券收益与一个跟踪消费增长的投资组合收益之间的协方差。然而，在某种程度上，财富和消费相关，CAPM 模型的两种形式可能代表实际收益的合理模式。

   为了更加正式地说明这一点，假设 CAPM 和 CCAPM 基本上是正确的。根据传统的 CAPM，风险的市场价格等于预期超额市场收益除以超额收益的方差。根据 CCAPM，风险价格等于预期超额市场收益除以 R_M 和 g 的协方差，其中 g 是消费增长率。此协方差等于 R_M 和 g 的相关系数乘以 R_M 和 g 的标准差的乘积。结合这两个模型，R_M 和 g 的相关系数等于 R_M 的标准差除以 g 的标准差。因此，如果 R_M 和 g 之间的相关性是相对稳定的，那么市场波动性的增加将伴随着消费增长的波动性增加。
3. 利用 Excel 的回归功能计算所给出的数据，得到一阶（SCL）的估计结果为：

股票	A	B	C	D	E	F	G	H	I
R^2	0.06	0.06	0.06	0.37	0.17	0.59	0.06	0.67	0.70
观测值	12	12	12	12	12	12	12	12	12
α	9.00	-0.63	-0.64	-5.05	0.73	-4.53	5.94	-2.41	5.92
β	-0.47	0.59	0.42	1.38	0.90	1.78	0.66	1.91	2.08
$t-\alpha$	0.73	-0.04	-0.06	-0.41	0.05	-0.45	0.33	-0.27	0.64
$t-\beta$	-0.81	0.78	0.78	2.42	1.42	3.83	0.78	4.51	4.81

4. SML 二阶回归的检验假设为：①截距为0；②斜率等于指数组合的平均收益。

5. 根据一阶回归估计的二阶回归数据为：

	平均超额收益	Beta		平均超额收益	Beta
A	5.18	-0.47	F	9.90	1.78
B	4.19	0.59	G	11.32	0.66
C	2.75	0.42	H	13.11	1.91
D	6.15	1.38	I	22.83	2.08
E	8.05	0.90	M	8.12	

二阶回归结果为：

回归统计量	
多重 R	0.7074
R^2	0.5004
调整 R^2	0.4291
标准误差	4.6234
观测值	9

	相关系数	标准误差	$\beta=0$ 时 t 统计量	$\beta=8.12$ 时 t 统计量
截距	3.92	2.54	1.54	
斜率	5.21	1.97	2.65	-1.48

6. 与文中报告的结果相比，截距太大（每年3.92%，而不是0），并且斜率太小（5.12%，而不是预计的样本平均风险溢价 $r_M - r_f = 8.12\%$）。截距并不显著大于0（t 统计量小于2），并且斜率也没有和理论值显著不同（此假设的 t 统计量为 -1.48）。统计上的不显著可能是由样本太小造成的。

7. 根据 SCL 估计的贝塔值将证券分为3个资产组合，一阶输入数据为：

年份	ABC	DEG	FHI
1	15.05	25.86	56.69
2	-16.76	-29.74	-50.85
3	19.67	-5.68	8.98
4	-15.83	-2.58	35.41
5	47.18	37.70	-3.25
6	-2.26	53.86	75.44
7	-18.67	15.32	12.50
8	-6.35	36.33	32.12
9	7.85	14.08	50.42
10	21.41	12.66	52.14
11	-2.53	-50.71	-66.12
12	-0.30	-4.99	-20.10
均值	4.04	8.51	15.28
标准差	19.30	29.47	43.96

得出一阶（SCL）估计为：

	ABC	DEG	FHI
R^2	0.04	0.48	0.82
观测值	12	12	12
α	2.58	0.54	-0.34
β	0.18	0.98	1.92
$t-\alpha$	0.42	0.08	-0.06
$t-\beta$	0.62	3.02	6.83

从资产组合 DEG 和 FHI 有较高的 R^2 可知，将资产组合进行分类提高了 SCL 的估计结果。这意味着贝塔（斜率）的测度更为精确，减少了测度误差的问题，但代价是做二阶回归时观测值减少了。

二阶回归输入数据如右表所示。

	平均超额收益	贝塔
ABC	4.04	0.18
DEH	8.51	0.98
FGI	15.28	1.92
M	8.12	

二阶回归估计如下：

回归统计量	
多重 R	0.997 5
R^2	0.994 9
调整 R^2	0.989 9
标准误差	0.569 3
观测值	3

	相关系数	标准误差	$\beta=0$ 时 t 统计量	$\beta=8.12$ 时 t 统计量
截距	2.62	0.58	4.55	
斜率	6.47	0.46	14.03	-3.58

尽管截距减小斜率增大，但是现在截距显著为正，并且斜率显著小于理论值，超过了标准误差的 3 倍。

8. 罗尔批评认为，问题在于市场指数，它不是二阶回归应该与之保持一致的理论组合。因此，即使关于真实（未知）指数的相关性有效，也无法找出它们。如果市场组合的替代不是有效的，二阶回归将只能对资产定价模型做出一个十分有限的检验，二阶回归将没有意义。

9.

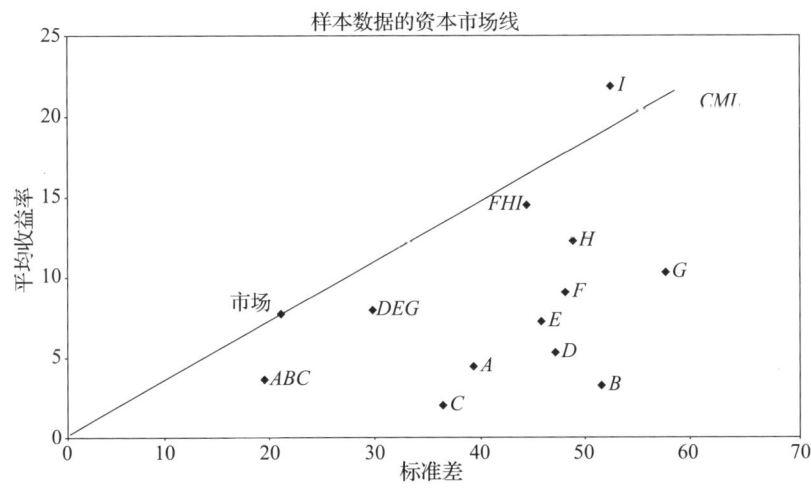

除了股票 I 有较大的正向变动外，CML 表明指数要优于所有其他的证券，且 3 种组合又优于所有个股。即使是使用极短的样本期间，分散化的效果仍然显而易见。

如果，除了第 3~9 题中考虑的市场因素之外，再加入另外一个因素，该因素在第 1~12 年的值如下表所示。

年	因素值的变化率（%）	年	因素值的变化率（%）
1	-9.84	7	-3.52
2	6.46	8	8.43
3	16.12	9	8.23
4	-16.51	10	7.06
5	17.82	11	-15.74
6	-13.31	12	2.03

10. 一阶（SCL）回归结果总结如下：

	A	B	C	D	E	F	G	H	I
R^2	0.07	0.36	0.11	0.44	0.24	0.84	0.12	0.68	0.71
观测值	12	12	12	12	12	12	12	12	12
截距	9.19	-1.89	-1.00	-4.48	0.17	-3.47	5.32	-2.64	5.66
βM	-0.47	0.58	0.41	1.39	0.89	1.79	0.65	1.91	2.08
βF	-0.35	2.33	0.67	-1.05	1.03	-1.95	1.15	0.43	0.48
$t-\beta M$	0.71	-0.13	-0.08	-0.37	0.01	-0.52	0.29	-0.28	0.59
$t-\beta F$	-0.77	0.87	0.75	2.46	1.40	5.80	0.75	4.35	4.65

11. 两因素 SML 二阶回归的假设检验为：①截距为零；②市场指数斜率等于市场指数平均收益；③因素的斜率等于该因素的平均收益率。

12. 二阶回归输入数据为：

	平均超额收益	βM	βF
A	5.18	-0.47	-0.35
B	4.19	0.58	2.33
C	2.75	0.41	0.67
D	6.15	1.39	-1.05
E	8.05	0.89	1.03
F	9.90	1.79	-1.95
G	11.32	0.65	1.15
H	13.11	1.91	0.43
I	22.83	2.08	0.48
M	8.12		
F	0.60		

二阶回归结果为：

回归统计量	
多重 R	0.7234
R^2	0.5233
调整 R^2	0.3644
标准误	4.8786
观测值	9

	相关系数	标准误差	$\beta=0$ 时 t 统计量	$\beta=8.12$ 时 t 统计量	相关系数
截距	3.35	2.88	1.16		
贝塔 M	5.53	2.16	2.56	-1.20	
贝塔 F	0.80	1.42	0.56		0.14

这些结果比单因素检验稍好些，即截距更小，同时 M 的斜率也更大些。既然加入的因素不带来大的风险溢价（平均额外收益低于1%），它对平均收益的影响很小，因而就不能期望检验结果得到很大的改善。数据没有否决第2种因素，因为斜率已很接近平均额外收益，所以差别低于一个标准误。然而，受样本容量的限制，该检验的有效性显然很小。

13. 当利用实际因素时，隐含地假设投资者能够复制它，也就是说，他们能投资于一组和这个因素完全相关的资产组合。当这不可能实现时，则不能期望 CAPM 方程式（二阶回归）会成立。投资者能利用复制的资产组合，令该资产组合与该因素的相关性最大化。所以，对于替代资产组合，CAPM 方程式成立。

利用9只股票的协方差矩阵和 Excel 处理器，得到一组关于因素 F 的替代资产组合，命名为 PF。为保持比率，要求9只股票权重范围限制在 [-1, 1]，并且均值等于因素均值的0.6%。替代组合的权重和期间收益为：

因素 F 的替代组合（PF）

	通常股票的权重		PF 持有期益
A	-0.14	1	-33.51
B	1.00	2	62.78
C	0.95	3	9.87
D	-0.35	4	-153.56
E	0.16	5	200.76
F	-1.00	6	-36.62
G	0.13	7	-74.34
H	0.19	8	-10.84
I	0.06	9	28.11
		10	59.51
		11	-59.15
		12	14.22
		均值	0.60

这个替代组合（PF）与实际因素的 R^2 为 0.8。

下一步对用 PF 代替 P 的两因素模型进行一阶回归：

	A	B	C	D	E	F	G	H	I
R^2	0.08	0.55	0.20	0.43	0.33	0.88	0.16	0.71	0.72
观测值	12	12	12	12	12	12	12	12	12
截距	9.28	-2.53	-1.35	-4.45	-0.23	-3.20	4.99	-2.92	5.54
βM	-0.50	0.80	0.49	1.32	1.00	1.64	0.76	1.97	2.12
βF	-0.06	0.42	0.16	-0.13	0.21	-0.29	0.21	0.11	0.08
t-截距	0.72	-0.21	-0.12	-0.36	-0.02	-0.55	0.27	-0.33	0.58
$t - \beta M$	-0.83	1.43	0.94	2.29	1.66	6.00	0.90	4.67	4.77
$t - \beta F$	-0.44	3.16	1.25	-0.97	1.47	-4.52	1.03	1.13	0.78

注意，9 只股票的 M 和 PF 的贝塔不同于用实际的替代组合进行一阶回归的贝塔。对替代的两因素模型进行一阶回归得到：

	平均超额收益	贝塔 M	贝塔 PF
A	5.18	-0.50	-0.06
B	4.19	0.80	0.42
C	2.75	0.49	0.16
D	6.15	1.32	-0.13
E	8.05	1.00	0.21
F	9.90	1.64	-0.29
G	11.32	0.76	0.21
H	13.11	1.97	0.11
I	22.83	2.12	0.08
M	8.12		
PF	0.6		

进行二阶回归得到：

回归统计量	
多重 R	0.71
R^2	0.51
调整 R^2	0.35
标准误	4.95
观测值	9

	相关系数	标准误差	$\beta=0$ 时 t 统计量	$\beta=8.12$ 时 t 统计量	相关系数
截距	3.50	2.99	1.17		
贝塔 M	5.39	2.18	2.48	-1.25	
贝塔 F	0.26	8.36	0.03		-0.04

从表中可以清楚地看到结果和用实际因素计算出来的很相似，但稍微差一点，因为其截距更大而斜率系数更小。而且要注意，这里采用的是样本内检验，而不是用未来收益来检验，这样的结果比样本外检验更能令人接受。

14. 假定劳动价值也将纳入私人业务收益率的计算中。每年至少一次的私人业务委托估值可能有一定的意义。业务价值（包括在计算时从业务中抽取的净现金）的百分比变化产生的数据序列将使得你得到一个私人业务收益率和其他资产收益率的相关性的合理估计。然后，投资者应该搜索与其投资组合相关性最低的行业，并识别这些行业的交易型基金（ETF）。之后资产配置将包括他的业务、市场组合 ETF 和低相关性（对冲）的行业 ETF。要评估这样的以合理的比例投资到市场和对冲行业之后组成的新组合的标准差，先确定投资者想处于即将产生的 CAL 的位置。如果他想保持整个组合有较低的风险，则可以将新组合与无风险资产混合，并且以一种高效的方式降低市场和对冲行业的组合权重。

三、CFA 考题

1. i. 由于实际市场组合无法观测到，贝塔值是通过用市场指数代替实际市场组合而得到的。
   ii. 资本资产定价模型的实证检测显示，平均收益与利用理论预期的贝塔值不相关。实际的证券市场线也比理论的证券市场线要平。

ⅲ. 证券收益的多因素模型表明，贝塔是风险的一维度量，它可能不能把握股票组合的真实风险。

2. a. 资产组合评价的基本程序是：在相同的风险条件下，用证券市场线 SML 比较无管理的资产组合的收益和有管理的资产组合的期望收益，即期望收益计算如下：

$$E(r_P) = r_f + \beta_P [E(r_M) - r_f]$$

其中，r_f 是无风险利率，$E(r_M)$ 是无管理资产组合（或市场组合）的期望收益率，β_P 是有管理资产组合的 β 系数（或系统风险）。业绩表现的基准是无管理资产组合。这类无管理资产组合的典型代表是某些综合性股市指数，如标准普尔 500 指数。

b. 当评价过程中使用的无管理资产组合不是最优的时候，可能会发生基准误差。也就是说，被用作基准的市场指数（如标准普尔 500）并不在管理者预期的均值-方差有效边界上。

c. 图形应该包括根据实际收益得到的效率边界以及事前的预期。由实际收益得到的资本市场线 CML 和证券市场线 SML 与资本资产定价模型 CAPM 的预期不相符，然而假设线与资本资产定价模型 CAPM 相一致。

d. 这个问题的答案取决于个人的先验信仰。假设一直追踪记录，一个不可知论观察者可能认为历史数据支持优良投资声明，而其他投资者可能有一个较强的先验观点，既然如此多的管理者企图超过被动投资组合，那么仅有一小部分人能产生令人信服的追踪记录。

e. 问题的实质是 CAPM 是否可以检验。问题在于即使基准资产组合仅有一点点无效，它也可能使得任何有关收益-贝塔关系的检验完全无效。罗尔的观点认为，对 CAPM 是否成立的最好检验就是看能否战胜被动投资策略。

3. 选择了不合适的市场代理变量的影响是：布莱克的投资组合的贝塔值相对于根据真实市场组合计算的贝塔值很可能偏低，这是因为道琼斯工业平均指数以及其他市场分析工具的分散化程度较低，因此在用资本资产定价模型时得到了比真实市场组合更高的方差。结果由于使用了偏大的方差而使贝塔值被低估。这一结果可由下式给出：

$$\beta_{\text{组合}} = \frac{\text{Cov}(r_{\text{组合}}, r_{\text{市场代理变量}})}{\sigma^2_{\text{市场代理变量}}}$$

不合适地选用市场代理变量可能导致证券市场线的斜率相对于真实市场组合被低估。这是由于真实市场组合比道琼斯工业平均指数和其他类似的替代变量更有效（相同的风险有更高的收益）。因此，基于替代变量的 SML 将提供较低的单位风险报酬。

第 14 章

债券的价格与收益

一、选择题

1. 债券的当期收益率等于（　　）。
   A. 年利息除以当期市场价格 B. 到期收益率 C. 年利息除以面值
   D. 内部收益率 E. 上述说法都不正确。

2. 息票债券的票面利息是7%，交易价格是975.00美元，当期收益率是（　　）%。
   A. 7.00 B. 6.53 C. 7.24
   D. 8.53 E. 7.18

3. 息票债券按年付息，面值是1 000美元，期限是4年，票面利率是10%，到期收益率是12%，这种债券的当期收益率是（　　）。
   A. 10.65% B. 10.45% C. 10.95%
   D. 10.52% E. 上述说法都不正确。

4. 下列4项投资中，（　　）被认为是最安全的。
   A. 商业票据 B. 公司债券 C. 美国机构债券
   D. 长期国债 E. 短期国债

5. 为了在债券评级机构获得较高评级，公司应该具有（　　）。
   A. 较低的利息保障倍数
   B. 较低的资产负债比率
   C. 较高的速动比率
   D. 较低的资产负债比率和较高的速动比率
   E. 较低的利息保障倍数和较高的速动比率

6. 债券评级机构对一个公司的评级较低，这个公司可能有（　　）。
   A. 较低的利息保障倍数
   B. 较低的资产负债比率
   C. 较低的速动比率
   D. 较低的资产负债比率和较低的速动比率
   E. 较低的利息保障倍数和较低的速动比率

7. 发行时，息票债券通常是以（　　）的价格销售。
   A. 高于面值 B. 低于面值 C. 面值或接近面值
   D. 与面值无关 E. 上述说法都不正确。

8. 应计利息（　　）。
   A. 是金融媒体的债券报价
   B. 必须由债券购买者支付给债券出售者
   C. 是债券期限内由于出售债券不便而必须支付给经纪人的费用
   D. 是金融媒体的债券报价，必须由债券购买者支付给债券出售者
   E. 是金融媒体的债券报价，也是债券期限内由于出售债券不便而必须支付给经纪人的费用

9. 债券购买者支付的全价等于（　　）。
   A. 报价加上应计利息 B. 报价减去应计利息 C. 买价加上应计利息
   D. 买价减去应计利息 E. 买价

10. 票面利率8%的美国中期国债在5月30日和11月30日付息，在8月15日清偿。面值

100 000美元的中期国债的应计利息是（　　）美元。

A. 491.80　　　　　　B. 800.00　　　　　　C. 983.61

D. 1 661.20　　　　　E. 上述说法都不正确。

11. 《华尔街日报》上公布的息票债券的卖价是面值1 000美元的108%，如果票面利息是9%，一个月前支付了最后一期利息，债券的全价是（　　）美元。

A. 1 087.50　　　　　B. 1 110.10　　　　　C. 1 150.00

D. 1 160.25　　　　　E. 上述说法都不正确。

12. 《华尔街日报》上公布的息票债券的卖价是面值1 000美元的113%，如果票面利息是12%，两个月前支付了最后一期利息，债券的全价是（　　）美元。

A. 1 100　　　　　　B. 1 110　　　　　　C. 1 150

D. 1 160　　　　　　E. 上述说法都不正确。

13. 穆迪对福特汽车公司债券评级是"B"，"B"级意味着（　　）。

A. 债券被保险

B. 债券是垃圾债券

C. 债券是高收益率债券

D. 债券被保险，且债券是垃圾债券

E. 债券是垃圾债券，也被称作高收益债券

14. 债券市场（　　）。

A. 可能很脆弱

B. 主要包括场外交易市场的交易商在网上进行债券交易

C. 包括了在任何给定一天的所有投资者

D. 可能很脆弱，主要包括场外交易市场的交易商在网上进行债券交易

E. 主要包括场外交易市场的交易商在网上进行债券交易，包括了在任何给定一天的所有投资者

15. 其他条件不变时，债券的价格和收益率（　　）。

A. 正相关　　　　　　B. 负相关　　　　　　C. 有时正相关，有时负相关

D. 不相关　　　　　　E. 不是绝对相关

16. 如果投资者现在购买债券并持有至到期，（　　）可以衡量投资者的平均收益率。

A. 当期收益率　　　　B. 股利收益率　　　　C. 市盈率

D. 到期收益率　　　　E. 折现率

17. （　　）是每份可转换债券可以转换的股票数量。

A. 转换比例　　　　　　　　　　　　　　　B. 流动比率

C. 市盈率　　　　　　　　　　　　　　　　D. 转股溢价

18. 息票债券是（　　）的债券。

A. 定期支付利息（通常是每6个月）

B. 不是定期支付利息，而是于到期日一次付清款项

C. 可以转换为特定数量的发行公司普通股

D. 通常以面值出售

E. 上述说法都不正确。

19. （　　）债券是债券持有人在到期日之前有权以特定的价格将债券变现。

A. 可赎回　　　　　　B. 息票　　　　　　　C. 可回卖

D. 国库券　　　　　　　E. 零息票

20. 可赎回债券（　　）。
    A. 当利率显著下降时被赎回
    B. 随着时间推移，赎回价格下降
    C. 当利率显著上升时被赎回
    D. 当利率显著下降时被赎回，而且随着时间推移，赎回价格下降
    E. 当利率显著上升时被赎回，而且随着时间推移，赎回价格下降

21. 1年期国债的收益率是5.7%，5年期国债的收益率是6.2%。福特汽车公司发行的5年期债券的收益率是7.5%，壳牌石油公司发行的1年期债券的收益率是6.5%。壳牌公司和福特公司发行的债券的违约风险溢价分别是（　　）。
    A. 1.0%和1.2%　　　　B. 0.7%和1.5%　　　　C. 1.2%和1.0%
    D. 0.8%和1.3%　　　　E. 都不正确。

二、课后习题

1. 定义下列类型的债券。
    a. 巨灾债券　　　　　b. 欧洲债券　　　　　c. 零息票债券
    d. 武士债券　　　　　e. 垃圾债券　　　　　f. 可转换债券
    g. 分期还本债券　　　h. 设备契约债券　　　i. 最初发行的折扣债券
    j. 指数化债券　　　　k. 可赎回债券　　　　l. 可卖回债券

2. 两种债券有相同的期限和票面利率，一只价格为105美元，可赎回；另一只价格为110美元，不可赎回。问哪一只债券到期收益率更高？为什么？

3. （无违约风险的）零息票债券的承诺到期收益率和已实现的复合到期收益率永远相等。为什么？

4. 为什么债券价格下降而利率升高？难道债权人不喜欢高利率吗？

5. 一只债券的年票面利率是4.8%，卖价为970美元，债券的当期收益率是多少？

6. 哪只债券有较高的实际年利率？
    a. 面值为100 000美元，售价为97 645美元的3个月短期国库券。
    b. 以面值出售，半年付息一次，票面利率为10%的债券。

7. 按面值出售，票面利率为8%，半年付息一次的长期国债，如果一年付息一次，而且仍按面值出售，则票面利率应为多少？（**提示**：实际年收益率为多少？）

8. 假设一只债券的票面利率为10%，到期收益率为8%。如果到期收益率保持稳定，那么在一年内，债券的价格是会升高、降低还是不变？为什么？

9. 假设一只债券，票面利率为8%、剩余期限为3年、每年付息一次，卖价为953.10美元。接下来的3年的利率确定是：$r_1=8\%$，$r_2=10\%$，$r_3=12\%$。计算到期收益率和实现的复合收益率。

10. 假设投资者有一年的投资期限，试图在3种债券之间进行选择。3种债券都有相同的违约风险，剩余期限都是10年。第1种是零息票债券，到期支付1 000美元；第2种是票面利率为8%，每年支付80美元利息的债券；第3种是票面利率为10%，每年支付100美元利息的债券。
    a. 如果3种债券都是8%的到期收益率，它们的价格分别是多少？

b. 如果投资者预期在下年初到期收益率为8%，则那时的价格各为多少？每只债券税前持有期收益率是多少？如果投资者的税收等级为：普通收入税率30%，资本利得税率为20%，则每一种债券的税后收益率各为多少？

c. 假设投资者预计下年初每种债券的到期收益率为7%，重新回答问题b。

11. 1只20年期面值为1000美元的债券，每半年付息一次，票面利率为8%，如果债券价格如下，则其等价年收益率和实际到期收益率为_____美元。

a. 950　　　　　　　b. 1 000　　　　　　　c. 1 050

12. 使用相同的数据，只是假定每半年付息改为每年付息，重新回答第11题，并回答为什么这种情况获得的收益率低。

13. 右表为面值1 000美元的零息票债券，填写右表。

14. 一只债券，年票面利率为10%，半年付息一次，市场利率为每半年4%，债券剩余期限为3年。

价格 （美元）	期限 （年）	债券等价到期收益率 （%）
400	20	—
500	20	—
500	10	—
—	10	10
—	10	8
400	—	8

a. 计算目前的债券价格，及下一次付息后距现在6个月的债券价格。

b. 该债券（6个月中）的总回报率是多少？

15. 票面利率为7%，每年付息两次（1月15日和7月15日付息），1月30日《华尔街日报》刊登了此债券的卖方报价是100.125。则此债券的全价是多少？付息周期为182天。

16. 一只债券的当期收益是9%，到期收益率是10%。问此债券的售价是以高于还是低于面值出售？并说明理由。

17. 上题中的债券的票面利率是高于还是低于9%？

18. 根据教材表14-1，计算通胀保值债券在第2年和第3年的名义及实际收益率。

19. 一种新发行的20年期的零息票债券，到期收益率为8%，面值为1 000美元，计算存续期的第1年、第2年与最后一年的利息收入。

20. 一种新发行的10期债券，票面利率为4%，每年付息一次，公开发售价格为800美元，投资者下一年的应税收入是多少？此债券在年末不出售，并按照初始发行折价债券对待。

21. 一个30年期，票面利率为8%，半年付息一次的债券5年后可按照1 000美元的价格赎回。此债券现在以7%的到期收益率出售（每半年3.5%）。

a. 赎回收益率是多少？

b. 如果赎回价格仅为1 050美元，则赎回收益率是多少？

c. 如果赎回价格仍为1 100美元，但是债券可以在2年后而不是5年后赎回，则赎回收益率是多少？

22. 一个有严重财务危机的企业发行的10年期债券，票面利率为14%，售价为900欧元，此企业正在与债权人协商，债权人有望同意企业的利息支付减至原合同金额的一半。这样企业可以降低利息支付。问此债券规定的和预期的到期收益率各是多少？此债券每年付息一次。

23. 一只两年期债券，面值为1 000美元，每年的利息支付为100美元，售价为1 000美元。债券的到期收益率是多少？在明年的1年期利率分别为a. 8%；b. 10%；c. 12%三种情况下，实现的复合收益率将分别是多少？

24. 假定今天是4月15日，现有一票面利率为10%的债券，每半年分别在1月15日和7月15日各付息一次。《华尔街日报》上面的卖方报价101.25。如果投资者今天从交易商处购得此种股票，购买价格将是多少？

25. 假定两公司发行债券的特征如右表所示，且以面值发行。

    不考虑信用水平，找出4个能说明ABC债券的低票面利率的原因，并说明理由。

	ABC 债券	XYZ 债券
发行量	12亿美元	1.5亿美元
期限	10年①	20年
票面利率	9%	10%
抵押品	一级担保	普通债券
赎回条款	不可赎回	10年后可赎回
赎回价格	无	110
偿债基金	无	5年后开始

注：①债券持有人可自行选择另外延长10年有效期。

26. 一位投资者相信某债券的信用风险可能暂时有所提高。下面哪一条是利用这一点最容易获得现金的方法？
    a. 购买信用违约互换
    b. 卖出信用违约互换
    c. 卖空债券

27. 以下哪一点最准确地描述了信用违约互换的性质？
    a. 当信用风险上升，互换溢价上升
    b. 当信用和利率风险上升，互换溢价上升
    c. 当信用风险上升，互换溢价上升，但是当利率风险上升，互换溢价下降

28. 对债券到期收益率的影响最有可能来源于：
    a. 发行公司的获利额对利息的倍数比率上升
    b. 发行公司的负债与股东权益比率上升
    c. 发行公司的流动比率上升

29. 一家大公司5年前同时发行了固定利率和浮动利率的两种商业票据，其数据如下。

	票面利率为9%的票据	浮动利率票据
发行量	2.5亿美元	2.8亿美元
初始期限	20年	10年
现价（面值的%）	93	98
当期票面利率	9%	8%
票面利率调整	固定利率	每年调整
票面利率调整规则	—	一年期国库券利率上浮2%
赎回条款	发行后10年	发行后10年
赎回价格	106	102.5
偿债基金	无	无
到期收益率	9.9%	—
发行后价格变化范围	85~112美元	97~102美元

   a. 为什么票面利率为9%的商业票据的价格波动幅度大于浮动利率的商业票据？
   b. 解释浮动利率商业票据为什么不按面值出售？
   c. 对投资者而言，为什么说赎回价格对浮动利率商业票据并不重要？
   d. 对于固定利率商业票据而言，提前赎回的可能性是高还是低？
   e. 如果公司发行期限15年的固定利率商业票据，以面值发行，则票面利率是多少？
   f. 对于浮动利率商业票据而言，为什么用一种确定的方法计算到期收益率是不合适的？

30. Masters公司发行两种20年期债券，赎回价格均为1 050美元。第1种债券的票面利率是4%，

以较大的折扣出售，售价580美元。第2种债券按照面值平价出售，票面利率为8.75%。

    a. 平价债券的到期收益率是多少？为什么会高于折价债券？

    b. 如果预期利率在此后的两年中大幅度下跌，投资者会选择哪种债券？

    c. 为什么折价债券提供了某种意义上的"隐形赎回保护"？

31. 一只新发行债券每年付息一次，票面利率为5%，期限为20年，到期收益率为9%。

    a. 一个一年期的投资，如果债券在年底时以到期收益率为7%的价格出售，则持有期收益率是多少？

    b. 如果债券在一年后出售，利息收入的税率是40%，资本利得税率是30%，那投资人应缴税多少？债券享有原始发行折价税收政策。

    c. 债券的税后持有期收益是多少？

    d. 持有期为2年，计算实现的复合收益率（税前）。假设：①2年后卖出债券；②第2年年末债券的收益率为7%；③利息可以以3%的利率再投资1年。

    e. 用b中的税率计算两年后税后实现的复合收益率，记得考虑原始发行折价税收规定。

三、CFA考题

1. Leaf Products 计划发行一只10年期的固定收益证券，可能包含偿债基金条款和赎回保护或者重新注资。

    a. 描述偿债基金条款。

    b. 解释偿债基金对以下两方面的影响：

       ⅰ. 该证券的预期平均期限。

       ⅱ. 该证券在存续期内总的面值和利息收益。

    c. 从投资者的角度，解释偿债基金存在的合理性。

2. Zello 公司的债券，面值为1 000美元，以960美元出售，5年后到期，年票面利率为7%，半年付息一次。

    a. 计算：

（1）当期收益率。

（2）到期收益率（四舍五入到最小整百分数，如3%、4%、5%等）。

（3）持有期为3年，再投资收益率为6%，投资者实现的复合收益率为多少？第3年年末，还差2年到期，7%的利息支付的债券将以7%的收益率出售。

    b. 指出以下每种固定收益率测度指标的主要缺陷：

（1）当期收益率。

（2）到期收益率。

（3）实现的复合收益率。

3. 2012年5月30日，Janice Kerr 正在考察新发行的AAA级公司的10年期债券，具体情况如下：

债券情况	票面利率	价格	赎回条款	赎回价格
Sentinal 2022年5月30日到期	6.00%	100	不可赎回	无
Colina 2022年5月30日到期	6.20%	100	当前可赎回	102

    a. 假设市场利率下降100个基点（即1%），比较该利率下降对每一债券价格的影响。

    b. 如果 Kerr 选择债券 Colina 而不是 Sentinal，预期利率是上升还是下降的？

c. 如果利率波动加剧，那么对每种债券的价格将产生什么影响？
4. 一可转换债券的特性如右表所示。
   试计算该债券的转换溢价。

票面利率	5.25%
期限	2030 年 6 月 15 日
债券市场价格	77.50 美元
普通股股价	28 美元
年股利	1.2 美元
转换率	20.83 股

5. a. 试说明在发行一只债券时，附加提前赎回条款对债券的收益率会产生什么影响。
   b. 试说明在发行一种债券时，附加提前赎回条款对债券的预期期限会有什么影响。
   c. 试说明一个资产组合中若包含可赎回债券，会有何利弊。
6. a. 要使付息债券能够提供给投资者的收益率等于购买时的到期收益率，则：
   （1）该债券不得以高于面值的价格提前赎回。
   （2）该债券的存续期内，所有偿债基金的款项必须立即及时地支付。
   （3）在债券持有直至到期期间，再投资利率等于债券的到期收益率。
   （4）以上均是。
   b. 具有赎回特征的债券：
   （1）很有吸引力，因为可以立即得到本金加上溢价，从而获得高收益。
   （2）当利率较高时更倾向于执行赎回条款，因为可以节省更多的利息支出。
   （3）相对于不可赎回的类似债券而言，通常有一个更高的收益率。
   （4）以上均不对。
   c. 下面哪一种情况债券以折价方式卖出：
   （1）票面利率大于当期收益率，也大于到期收益率。
   （2）票面利率、当期收益率和到期收益率相等。
   （3）票面利率小于当期收益率，也小于到期收益率。
   （4）票面利率小于当期收益率，但大于到期收益率。
   d. 考虑一个 5 年期债券，票面利率为 10%，目前的到期收益率为 8%，如果利率保持不变，一年后此债券的价格会：
   （1）更高。（2）更低。（3）不变。（4）等于面值。

参考答案

一、选择题

1. A 2. E 3. A 4. E 5. D 6. E 7. C 8. B 9. A 10. D
11. A 12. C 13. E 14. D 15. B 16. D 17. A 18. A 19. C 20. D
21. D

二、课后习题

1. a. 巨灾债券：一种允许发行人将"巨灾风险"从公司转移到资本市场的债券。这些债券的投资者将因承担风险而获得更高息票的补偿。当发生灾难时，债券持有者将放弃全部或部分投资。"灾难"的定义是由保险损失总额或标准（如飓风时的风速或地震时的里氏级）来确定的。
   b. 欧洲债券：一种以货币计价的债券，通常计价的货币是发行方的，但是在其他国家市场上销售。

c. 零息票债券：不支付利息的债券。投资者于到期日获得面值，但在那之前，不会收到任何利息支付。这些债券以低于面值的价格发行，投资者的收益是发行价及支付到期面值之间的差额。
d. 武士债券：在日本销售的非日本人发行的以日元计价的债券。
e. 垃圾债券：由于高的违约风险而造成低信用评级的债券，也被称为高收益债券。
f. 可转换债券：一种允许债券持有者将债券转换为发行公司特定数量的普通股的债券。
g. 分期还本债券：一种发行的有错列的到期日的债券。随着债券依次成熟，公司偿还本金的负担被时间分散开。
h. 设备契约债券：一种以公司拥有的设备作为抵押品的抵押债券。对于此债券，如果公司违约，债券持有者将收到该设备。
i. 最初发行的折扣债券：对面值以一定水平贴现来发行的债券。
j. 指数化债券：指支付款项与总类价格指数或某一特定商品的价格相关联的债券。
k. 可赎回债券：一种允许发行者在到期日之前以特定的赎回价来回购债券的债券。
l. 可卖回债券：一种允许债券持有人在到期日前以指定的看跌期权价格将债券卖回给公司的债券。

2. 价格为 105 美元的可赎回债券应以较低的价格售出，因为赎回条款对公司而言更有价值。因此，它的到期收益率应该更高。

3. 零息票债券对再投资不提供利息。因此，投资者从债券中获得的款项与息票再投资（如果支付给他们）利率是独立的。因此，再投资利率的不确定性为零。

4. 息票债券的利息支付和本金偿还不会受到市场利率变化的影响。因此，如果市场利率增加，对于给定的债券固定利息和本金支付的偿还，二级市场上的债券投资者不愿支付与市场利率下降时相同的价格，折现率（即市场利率）的增加，降低了未来现金流的现值。

5. 年票面利率为 4.80%，即每年支付的票息为 48 美元。
   当期收益率为：$48/970 = 4.95\%$。

6. a. 3 个月国库券的实际年利率：
   $$\left(\frac{100\,000}{97\,645}\right)^4 - 1 = 1.024\,12^4 - 1 = 0.100 = 10.0\%$$
   b. 每半年支付 5% 的息票债券的实际年利率：$(1.05)^2 - 1 = 0.102\,5$ 或 10.25%。
   因此，息票债券有更高的实际年利率。

7. 每半年付息一次的息票债券的实际年收益率是 8.16%。如果每年付息一次的息票债券按面值出售，则它们也必须提供相同的收益率，因此，要求年票面利率为 8.16%。

8. 债券价格将降低。随着时间推移，虽然现在债券价格高于面值，但将会逐渐接近其面值。

9. 到期收益率：用财务计算器，输入下列数据，可得出到期收益率：
   $$n = 3;\ PV = -953.10;\ FV = 1\,000;\ PMT = 80$$
   结果为：$YTM = 9.88\%$。
   实现的复合收益率：首先，求出再投资的息票和本金的终值 FV：
   $$FV = (80 \times 1.10 \times 1.12) + (80 \times 1.12) + 1\,080 = 1\,268.16(美元)$$
   然后，求出使得购买价格的终值等于 1 268.16 美元的利率 $y_{实现}$：
   $$953.10 \times (1 + y_{实现})^3 = 1\,268.16$$
   解得 $y_{实现} = 9.99\%$ 或约等于 10%。

10.

	零息债券	8%债券	10%债券
a. 当前价格（美元）	463.19	1 000.00	1 134.20
b.			
一年后价格（美元）	500.25	1 000.00	1 124.94
价格增长（美元）	37.06	0.00	-9.26
息票收入（美元）	0.00	80.00	100.00
税前收入（美元）	37.06	80.00	90.74
税前收益率（%）	8.00	8.00	8.00
税① （美元）	11.12	24.00	28.15
税后收入（美元）	25.94	56.00	62.59
税后收益率（%）	5.60	5.60	5.52
c			
1年后价格（美元）	543.93	1 065.15	1 195.46
价格增长（美元）	80.74	65.15	61.26
息票收入（美元）	0.00	80.00	100.00
税前收入（美元）	80.74	145.15	161.26
税前收益率（%）	17.43	14.52	14.22
税②	19.86	37.03	42.25
税后收益（美元）	60.88	108.12	119.01
税后收益率（%）	13.14	10.81	10.49

①在计算税时，假定10%息票债券平价发行，并将年底出售时债券价格的下跌视为资本损失，因此不能抵消经常利益。

②在计算零息债券的税时，37.06美元是被视为经常利益而征税（见b），价格上涨的其余部分则被视为资本利得而征税。

11. a. 用财务计算器，输入下列数据：

$$n=40;\ FV=1\,000;\ PV=-950;\ PMT=40$$

由此可计算出每半年付息的债券到期收益率是4.26%。这意味着债券等价到期收益率为 $4.26\% \times 2 = 8.52\%$。

有效年到期收益率 $=(1.042\,6)^2 - 1 = 0.087\,0 = 8.70\%$。

b. 因为债券按面值出售，每半年付息的债券的到期收益率与半年的息票率相同，都是4%。债券等价到期收益率是8%。

有效年到期收益率 $=(1.04)^2 - 1 = 0.081\,6 = 8.16\%$。

c. 其他输入数据不变，但令 $PV = -1\,050$，可求出债券等价到期收益率为7.52%，或每半年3.76%。

有效年到期收益率 $=(1.037\,6)^2 - 1 = 0.076\,6 = 7.66\%$。

12. 因为现在债券是每年付一次息，而不是每半年付一次，债券等价年收益率和有效年到期收益率相等。（在财务计算器上，$n=20$；$FV=1\,000$；$PV=-$价格，$PMT=80$。）

3种债券的收益率为：

债券价格（美元）	债券等价收益率=有效年收益率（%）
950	8.53
1 000	8.00
1 050	7.51

本题中计算的收益率比半年支付一次息票情况下计算的收益率要低。在其他条件相同

的情况下，每年付一次息使得债券对投资者的吸引力下降，因为获得票息前的时间更长。如果在每年付一次息的情况下债券的价格仍然维持不变，则债券的到期收益率将下降。

13.

价格（美元）	期限（年）	债券等价到期收益率（%）
400.00	20.00	4.688
500.00	20.00	3.526
500.00	10.00	7.177
385.54	10.00	10.000
463.19	10.00	8.000
400.00	11.91	8.000

14. a. 债券每6个月支付50美元。

现价 = $[50 \times$ 年金因子$(4\%,6)] + [1\,000 \times$ 现值因子$(4\%,6)] = 1\,052.42$（美元）

如果市场利率仍保持每半年4%不变，则6个月之后的价格为：

$[50 \times$ 年金因子$(4\%,5)] + [1\,000 \times$ 现值因子$(4\%,5)] = 1\,044.52$（美元）

b. 回报率 = $\dfrac{50 + (1\,044.52 - 1\,052.42)}{1\,052.42} = \dfrac{50 - 7.90}{1\,052.42} = 4.0\%$

15. 债券报价1 000.250美元。然而，距最近一次付息日（半年一次）已过了15天，因此，累计利息 = $35 \times (15/182) = 2.885$ 美元。结算价格为报价加上累计利息，等于1004.14美元。

16. 如果到期收益率高于当期收益率，则随着到期日的接近，债券价格会上涨。因此，债券必须以低于面值的价格发行。

17. 票面利率低于9%。如果票息除以价格等于9%，且价格低于面值，则票息除以面值就会小于9%。

18.

时间	上一年的通货膨胀率	面值（美元）	息票支付	本金偿还
0		1 000.00		
1	2%	1 020.00	40.80	0.00
2	3%	1 050.60	42.02	0.00
3	1%	1 061.11	42.44	1 061.11

债券每年的名义收益率和实际收益率计算如下：

$$名义收益率 = \dfrac{利率 + 价格增值}{初始价格}$$

$$实际收益率 = \dfrac{1 + 名义收益率}{1 + 通货膨胀率} - 1$$

（%）

	第2年	第3年
名义收益率	$\dfrac{42.02 + 30.60}{1\,020} = 0.071\,196 = 7.119\,6\%$	$\dfrac{42.44 + 10.51}{1\,050.60} = 0.050\,400 = 5.04\%$
实际收益率	$\dfrac{1.071\,196}{1.03} - 1 = 0.040 = 4.0\%$	$\dfrac{1.050\,400}{1.01} - 1 = 0.040 = 4.0\%$

19. 如下表所示：

年	剩余期限 T（年）	固定收益值 $1\,000/(1.08)^T$ （美元）	应计利息 （固定收益增长）（美元）
0（现在）	20	214.55	
1	19	231.71	17.16
2	18	250.25	18.54
19	1	925.93	
20	0	1 000.00	74.07

20. 债券发行价为 800 美元。因此，它的到期收益率为 6.824 5%。用固定收益方法，可以算出它在 1 年后（距到期 9 年）的价格为（以不变收益率计算）814.60 美元，增加了 14.60 美元。总的应税收入为：40 + 14.60 = 54.60 美元。

21. a. 债券以每半年 3.5% 的到期收益率出售，售价为 1124.72 美元。[n = 60；i = 3.5；FV = 1 000；PMT = 40]

    因此，赎回收益率为每半年 3.368%，即每年 6.736%。[n = 10 个半年期；PV = −1124.72；FV = 1 100；PMT = 40]

    b. 如果赎回价格为 1 050 美元，设 FV = 1 050，重复 a 的计算步骤，可求得每半年的赎回收益率为 2.976%，即每年 5.952%。因此，赎回价格越低，赎回收益率越低。

    c. 赎回收益率为每半年 3.031%，即每年 6.062%。[n = 4；PV = −1124.72；FV = 1 100；PMT = 40]

22. 以承诺支付为基础，到期收益率等于 16.075%。[n = 10；PV = −900；FV = 1 000；PMT = 140]

    以预期的每年 70 美元的息票支付为基础，预期的到期收益率为 8.526%。

23. 债券按面值出售。它的到期收益率等于票面利率，即 10%。如果第 1 年的息票以 r 的利率再投资，则在第 2 年年末的总收入为：$[100 \times (1 + r)] + 1\,100$。因此，实现的复合到期收益率是 r 的函数，如下表所示：

r	总收入（美元）	实现到期收益率 = $\sqrt{\text{实际收入}/100} - 1$
8%	1 208	$\sqrt{1\,208/1\,000} - 1 = 0.099\,1 = 9.91\%$
10%	1 210	$\sqrt{1\,210/1\,000} - 1 = 0.100\,0 = 10.00\%$
12%	1 212	$\sqrt{1\,212/1\,000} - 1 = 0.100\,9 = 10.09\%$

24. 4 月 15 日是半年付息期的中期。因此，结算价格应该高出规定的卖方价格，高出的幅度应为半年息票利息的一半。卖方报价为面值的 101.125%，因此，结算价格为：
$$1\,011.25 + (1/2 \times 50) = 1\,036.25（美元）$$

25. ABC 债券的票面利率和到期收益率较低，这是因为如下因素使得 ABC 债券更有吸引力。
    (1) ABC 债券的发行量更大，因而具有更好的流动性。
    (2) 如果 10 年后的利率低于今天的利率，那么将债券期限从 10 年延长至 20 年的选择权是有价值的。相反，如果利率上升，投资者可以将债券出售以重新投资于具有更高收益率的债券。
    (3) 在陷入困境时，ABC 债券有优先偿债权。它的抵押品是以不动产为担保的一级担保。
    (4) XYZ 债券的可赎回特性使得 ABC 债券相对而言更具有吸引力，因为 ABC 债券不能从投资者手中赎回。

（5）XYZ债券有偿债基金，要求XYZ每年赎回一部分证券。因为大部分偿债基金会给企业一种以较低的面值或市场价值赎回一部分债券的权利，偿债基金对于债券持有者而言是不利的。

26. a。如果投资者认为公司的信贷前景在短期内会变糟糕，并希望利用这一点，投资者应该购买信用违约互换。虽然短期的债券销售可以完成同样的目标，但是互换市场的流动性往往比相应现金市场上的大得多。投资者可以挑选一个到期日与预期信用风险的期限类似的互换。通过购买这一互换，当债券信用风险增加时，投资者将获得补偿。

27. a。当信用风险上升时，信用违约互换的价值将增加，因为它们提供的保护将更有价值。但是信用违约互换并不对利率风险提供保护。

28. b。
    a. 发行公司的获利额对利息的倍数比率上升会降低公司的违约风险→增加了债券的价格→因此降低了到期收益率。
    b. 发行公司的负债与股东权益比率上升增加了公司的违约风险→降低了债券的价格→因此增加了到期收益率。
    c. 发行公司的流动比率上升增加了短期内的流动性→意味着公司的违约风险下降→增加了债券的价格→因此降低了到期收益率。

29. a. 浮动利率票据支付的息票额会根据市场水平调整。因此，它不会在市场收益率剧烈变动的情况下发生剧烈的价格变动。固定利率的票据则有较大的价格变动范围。
    b. 由于下列原因，浮动利率票据不可以按面值出售。
       （ⅰ）1年期国库券和其他同期限的货币市场工具之间的收益率的价差可能比发行该债券时更大（或更小）。
       （ⅱ）企业的信用等级相对于没有信用风险的国债可能会有所降低（或提高）。因此，2%的溢价补偿将不足以保持债券按面值发行。
       （ⅲ）息票增长有滞后，通常为每年一次。在利率变动期间，即使是短时间的滞后也会反映在债券的价格上。
    c. 赎回的风险是很小的。因为债券几乎不会以高于面值的价格出售（如果其票面利率是可调整的），所以它几乎不可能被赎回。
    d. 固定利率票据仅按赎回价格的88%出售，使得到期收益率要高于票面利率。当期的赎回风险相当低，因为只有在收益率大幅度降低的情况下，企业才会执行其赎回债券的期权。
    e. 票面利率为9%的票据现在距离到期日仅剩15年，以9.9%的到期收益率出售。这是15年期的债券平价发行所要求的票面利率。
    f. 因为浮动利率商业票据以可变利率支付来到期支付，因此比起其他债券，它的有效期限更接近于下一个息票调整发放日。因此，到期收益因为浮动利率事实上无法计算，在评价收益时，再息票日收益更有意义。

30. a. 平价出售的债券到期收益率等于息票率，即8.75%。在其他条件相同的情况下，息票率为4%的债券会更具吸引力，因为它的息票率远低于市场当期收益率，且价格远远低于回购价格。因此，如果收益率下降，债券的资本收益不会被回购价格所限制；相反，8.75%的息票率能使债券价格最高增加到1050美元，资本收益最大只有0.5%。8.75%息票债券的劣势在于容易被回购，因为其承诺到期收益率较高。
    b. 如果一个投资者预期收益率会大幅下跌，则4%的债券就会提供较高的预期收益。

c. 在收益率的任何下降都不足以使企业考虑赎回债券的情况下,折价债券提供了隐性赎回保护。在这种意义下,赎回机制几乎毫无作用。

31. a. 初始价格 $P_0 = 705.46$ 美元 $[n=20;\text{PMT}=50;\text{FV}=1\,000;i=8]$;
    第 2 年价格 $P_1 = 793.29$ 美元 $[n=19;\text{PMT}=50;\text{FV}=1\,000;i=7]$;
    持有期收益率 $= \dfrac{50+(793.29-705.46)}{705.46} = 0.195\,4 = 19.54\%$

    b. 利用 OID 税收法则,按固定收益方法,原 8% 收益率的折价债券的成本和所得收益因为每年支付一次而减少。
    固定收益价格:(将这些与实际价格比较来计算资本利得)
    $P_0 = 705.46$ 美元;
    $P_1 = 711.89$ 美元,解得第 1 年的隐性利息 $= 6.43$ 美元;
    $P_2 = 718.84$ 美元,解得第 2 年的隐性利息 $= 6.95$ 美元。
    第 1 年的显性税收加上隐性利息 $= 0.40 \times (50+6.43) = 22.57$ 美元;
    第 1 年的资本利得 $= 7\%$ 到期收益率实际价格 - 固定收益率价格 $= 793.29 - 711.89 = 81.40$ 美元;
    $$\text{资本利得税} = 0.30 \times 81.40 = 24.42(\text{美元})$$
    $$\text{总税收} = 22.57 + 24.42 = 46.99(\text{美元})$$

    c. 税后持有期收益率 $= \dfrac{50+(793.29-705.46)-46.99}{705.46} = 0.128\,8 = 12.88\%$

    d. 两年后债券价值等于 798.82 美元 $[n=18;i=7\%]$;
    票息的再投资收入为 $50 \times 1.03 + 50 = 101.50$ 美元;
    2 年后总资金为 $798.82 + 101.50 = 900.32$ 美元。
    因此,705.46 美元的投资额在 2 年后增加至 900.32 美元:
    $705.46 \times (1+r)^2 = 900.32$
    解得 $r = 0.129\,7 = 12.97\%$。

    e. 第 1 年票息: 50 美元;
    减去 40% 息票税: -20 美元;
    减去利息所得税 (0.40×6.43): -2.57 美元;
    第 1 年净现金流: 27.43 美元。
    第 1 年现金流的税后再投资利率为 $3\% \times (1-0.40) = 1.8\%$;
    第 2 年年末,此项投资将增长到 $27.43 \times 1.018 = 27.92$ 美元。
    在第 2 年售出该债券,售价为: 798.82 美元 $[n=18;i=7\%]$;
    减去第 2 年的利息所得税: -2.78 美元 $[=0.40 \times 6.95]$;
    加第 2 年所获税后息票收入: 30.00 美元 $[=50 \times (1-0.40)]$;
    减去资本利得税: 23.99 美元 $[=0.30 \times (798.82-718.84)]$;
    加第 1 年所有息票(再投资)的现金流: 27.92 美元;
    总计: 829.97 美元。
    故两年后税后实现的复合收益率由下式算出: $705.46 \times (1+r)^2 = 829.97$;
    解得 $r = 0.084\,7 = 8.47\%$。

三、CFA 考题

1. a. 偿债基金条款可以对债券进行提前强制赎回。该条款可以规定在一定时间内赎回债券的数量或比例。偿债基金可以在一证券的有效期内赎回全部或部分证券。
- b. i. 与没有偿债基金的债券相比较，偿债基金缩短了整个发行债券的平均有效期，因为其中的一部分债券在规定的到期日之前已经被赎回了。
  - ii. 公司在发行证券的整个有效期内支付本金总额相同，尽管支付时间会受到时机选择的影响。如果提前赎回本金，与本金有关的总的利息支付将减少。
- c. 从投资者的角度看，要求建立偿债基金的主要原因在于减少信用风险。有序地赎回到期债券可以减少违约风险。

2. a. （1）当前收益率 = 票息/价格 = 70/960 = 7.29%。
   （2）到期收益率为每半年 3.993% 或每年 7.986% 的债券等价收益率。
   在财务计算器上，输入：n = 10；PV = -960；FV = 1 000；PMT = 35，计算利率。
   （3）实现的复合收益率为 4.166%（半年），或每年 8.332% 的债券等价收益率。要求出该值，首先计算票息和本金再投资的终值（FV）。有 6 笔支付，每次 35 美元，每半年再投资的利率为 3%。在财务计算器上输入：PV = 0；PMT = 35；n = 6；i = 3%，算得 FV = 226.39 美元。

   因为票面利率预计等于到期收益率，债券在 3 年后将按面值 1 000 美元售出。因此，3 年总的收益为 226.39 + 1 000 = 1 226.39 美元。求出使得购买价格的终值为 1 226.39 美元的已实现复合收益率 $y_{实现}$：

   $$960 \times (1 + y_{实现})^6 = 1\,226.39$$

   解得 $y_{实现}$ = 4.166%（每半年）。

   b. 每种度量方法的缺点如下：
   （1）当前收益率并不能计算以非面值买入的债券资本利得或损失。它也不能计算票息的再投资收入。
   （2）到期收益率假定债券会持到期，而所有的息票都可以按等于到期收益率的利率重新再投资。
   （3）实现的复合收益率会受到再投资利率预期、持有期限以及在投资者持有期末时债券收益率的影响。

3. a. 每种债券的期限都是 10 年，假设息票每半年支付一次。由于这两种债券按面值出售，因此每种债券的当前收益率等于票面利率。如果收益率下降 1%～5%（每半年收益率为 2.5%），Sentinal 债券价值将增加至 107.79 美元 [n = 20；i = 2.5%；FV = 100；PMT = 3]。

   Colina 债券价格将上升，但也只上升到赎回价格 102 美元。预期支付的现值大于 102 美元，但是赎回价格对实际债券价格设定了一个上限。

   b. 如果预期利率下降，Sentinal 债券将更具有吸引力，因为它不受赎回的约束，它的潜在资本利得将更大。

   如果预期利率上升，Colina 债券是一个更好的投资。它较高的息票率（这可视为因债券的可赎回特征而对投资者做出的补偿）将带来比 Sentinal 更高的收益率。

   c. 利率波动的加剧将增加公司赎回 Colina 债券的期权的价值。如果利率下降，公司可以赎回债券，这将会给可能的资本利得加一个上限。因此，波动性越大将使得发行者赎回债券的期权更有价值。这将使得债券对投资者的吸引力变小。

4. 市场转换价值 = 转换为股票的价值 = 20.83 × 28 = 583.24 美元；
   转换溢价 = 债券价格 - 市场转换价值 = 775.00 - 583.24 = 191.76 美元。

5. a. 赎回使企业有可能在利率显著下降时赎回债券，为了补偿投资者，赎回条款要求企业提供更高的债券息票率（或更高的承诺到期收益率）。投资者只有在价格能够反映出债券被赎回的可能性时，才愿意把这项期权交给发行者。只有这个价格具有更高的承诺收益率，他们才愿意购买。

b. 赎回条款缩短了债券的预期期限。如果利率显著下降，则赎回的可能性增加，投资者将不会等到到期日，在赎回日就视其到期并结清；反过来，如果利率上升，债券则将在到期日结清。这种不对称表明债券的预期期限比固定期限要短。

c. 赎回债券的优点是，债券发行时提供更高的息票率（和更高的承诺收益率）。如果债券没有被赎回，在相同的发行日期均按票面价格出售，可赎回债券比起不可赎回债券，投资者能够赚取更高的实际复利收益率。赎回债券的弊端是赎回风险：如果利率下降，债券被赎回，则投资者获得赎回价，但还得将所得再投资，其利率将低于债券初始发行时的到期收益率。这种情况下，企业节省的利率支付部分恰恰就是投资者的损失部分。

6. a. （3）。如果债券以与到期收益率相等的利率再投资，则到期收益率就将等于在整个存续期内所实现的收益率。因为如果债券以高于到期收益率的利率再投资，实现的复合收益率也将超过到期收益率。如果再投资利率低于到期收益率，则实现的复合收益率也会降低。

b. （3）可赎回债券的到期收益率必须要补偿投资者承担的赎回风险。
（1）是错误的，因为尽管可赎回债券的所有者在赎回时将获得本金加上一笔溢价，但他可进行再投资的利率降低了。较低的利率将使得赎回债券的发行者获利，而对债券持有者显然是不利的。
（2）是错误的，因为债券在利率低时更倾向于被赎回。只要利率下降，对于发行者就会有利息的节省。

c. （3）。

d. （1）。根据债券投资收益率的计算公式 $R = [M(1 + r \times N) - P]/(P \times n)$ 可得，债券价格 P 的计算公式为 $P = M(1 + r \times N)/(1 + R \times n)$，其中 M 和 N 是常数。票面利率10%和到期收益率8%不变，一年后偿还期限 n 由5变为4，即偿还期限缩短，在其他条件不变的情况下，债券的价格将增高。

第 15 章

利率的期限结构

一、选择题

1. 利率的期限结构是（　　）。
   A. 所有证券利率之间的关系
   B. 一种证券的利率与期限之间的关系
   C. 一种债券的收益率与违约率之间的关系
   D. 上述说法都正确。
   E. 上述说法都不正确。

2. 本息剥离国库券是（　　）。
   A. 由财政部发行的期限很长的债券
   B. 风险极高的债券
   C. 将整体国库券按本金和票面利息现金流分别出售
   D. 国库券按揭付款
   E. 将整体国库券按本金和票面利息现金流分别出售，并且国库券按揭付款

3. 国库券的价值应该（　　）。
   A. 等于本息剥离国库券的价值之和
   B. 小于本息剥离国库券的价值之和
   C. 大于本息剥离国库券的价值之和
   D. 大于或小于本息剥离国库券的价值之和
   E. 上述说法都不正确。

4. 如果国库券的价值高于它各个部分（STRIPPED 现金流）价值之和，你应该（　　）。
   A. 购买剥离的现金流并进行债券重组以获利
   B. 不能通过购买剥离的现金流并进行债券重组获利
   C. 通过购买债券建立本息剥离来获利
   D. 不能通过购买剥离的现金流并进行债券重组获利，但可以通过购买债券建立本息剥离来获利
   E. 上述说法都不正确。

5. 如果国库券的价值低于它各个部分（STRIPPED 现金流）价值之和，你应该（　　）。
   A. 购买剥离的现金流并进行债券重组以获利
   B. 不能通过购买剥离的现金流并进行债券重组获利
   C. 通过购买债券建立本息剥离来获利
   D. 不能通过购买剥离的现金流并进行债券重组获利，但可以通过购买债券建立本息剥离来获利
   E. 上述说法都不正确。

6. 如果国库券的价值低于它各个部分（STRIPPED 现金流）价值之和，（　　）。
   A. 可能出现套利机会
   B. 套利机会可能不会出现
   C. FED 将调整利率
   D. 套利机会可能不会出现，FED 将调整利率
   E. 上述说法都不正确。

7. 如果国库券的价值高于它各个部分（STRIPPED 现金流）价值之和，（   ）。
   A. 可能出现套利机会
   B. 套利机会可能不会出现
   C. FED 将调整利率
   D. 套利机会可能不会出现，FED 将调整利率
   E. 上述说法都不正确。

8. 如果违反了（   ），就为债券剥离和债券重组提供了（   ）机会。
   A. 一价定律；套利
   B. 限制性契约；套利
   C. 一价定律；巨大损失
   D. 限制性契约；巨大损失
   E. 限制性契约；套利和巨大损失

9. 如果（   ），可能出现（   ）。
   A. 没有违反一价定律；套利
   B. 违反一价定律；套利
   C. 没有违反一价定律；无风险的经济利润
   D. 违反一价定律；无风险的经济利润
   E. 违反一价定律；套利和无风险的经济利润

10. 收益率曲线显示在任何时点（   ）。
    A. 债券的收益与久期之间的关系
    B. 债券的票面利率与到期期限之间的关系
    C. 债券的收益与到期期限之间的关系
    D. 上述说法都正确。
    E. 上述说法都不正确。

11. 一个倒置的收益率曲线表明（   ）。
    A. 长期债券利率小于短期债券利率
    B. 长期债券利率大于短期债券利率
    C. 长期债券利率等于短期债券利率
    D. 中期债券利率大于长期和短期债券利率
    E. 上述说法都不正确。

12. 向下倾斜的收益率曲线是一个（   ）的收益率曲线。
    A. 正常   B. 峰状   C. 倒置
    D. 平缓   E. 上述说法都不正确。

13. 按照期望假说，一个向上倾斜的收益率曲线表明（   ）。
    A. 利率预计在未来保持稳定
    B. 利率预计在未来下降
    C. 利率预计在未来上升
    D. 利率预计在未来先下降后上升
    E. 利率预计在未来先上升后下降

14. 下列哪项不能解释利率期限结构？（   ）
    A. 期望假说理论。   B. 流动性偏好理论。   C. 本金安全理论。

D. 现代投资组合理论。　　E. 期望假说理论和流动性偏好理论。

15. 利率期限结构的期望假说理论表明（　　）。
    A. 远期利率是由投资者未来利率的期望值决定的
    B. 远期利率高于预计未来利率
    C. 长期和短期债券的收益率是由债券的供求决定的
    D. 上述说法都正确。
    E. 上述说法都不正确。
    假设投资者预计 4 年的利率如右表所示。

年	远期利率（%）
0	（现在）5
1	7
2	9
3	10

16. 面值为 1 000 美元，3 年期的零息票债券的价格是多少？（　　）
    A. 868.83 美元。　　B. 816.58 美元。　　C. 772.18 美元。
    D. 765.55 美元。　　E. 上述说法都不正确。

17. 假设你购买一个 4 年期的零息票债券，如果隐含的远期利率保持不变，你第 1 年投资的预期收益率是多少？（债券面值 = 1 000 美元）（　　）
    A. 5%。　　B. 7%。　　C. 9%。
    D. 10%。　　E. 上述都不正确。

18. 两年期，票面利率 10%，按年付息的债券的价格是多少？（面值 = 1 000 美元）（　　）
    A. 1 092 美元。　　B. 1 054 美元。　　C. 1 000 美元。
    D. 1 073 美元。　　E. 上述说法都不正确。

19. 3 年期零息票债券的到期收益率是多少？（　　）
    A. 7.00%。　　B. 9.00%。　　C. 6.99%。
    D. 7.49%。　　E. 上述说法都不正确。

20. 向上倾斜的收益率曲线（　　）。
    A. 可能暗示着预期利率会上升
    B. 可能包含了流动性风险
    C. 可能反映了流动性溢价与预期利率的混杂
    D. 上述说法都正确。
    E. 上述说法都不正确。

二、课后习题

1. 远期利率与未来短期利率的市场预期之间的关系是什么？解释利率期限结构的预期和流动性偏好理论。
2. 根据预期假说，如果收益率曲线是向上倾斜的，市场预计短期利率必然会上升。这句话是对、错还是不确定？为什么？
3. 根据流动性偏好理论，如果预期通货膨胀在以后几年将会下降，长期利率将高于短期利率。这句话是对、错还是不确定？为什么？
4. 如果流动性偏好假设是真的，当一段时期内的利率保持稳定，期限结构曲线的形状将是怎样的？
    a. 向上倾斜　　　　b. 向下倾斜　　　　c. 持平
5. 根据纯预期理论，下面有关远期利率的哪一项是正确的？

a. 仅代表预期的未来短期利率。
b. 对市场预期的无偏估计。
c. 总是夸大未来短期利率。

6. 假设纯预期利率是正确的,向上倾斜的收益率曲线表示:
a. 利率在未来会上升。
b. 长期债券比短期债券风险大。
c. 利率在未来预期会下降。

7. 右表列出了不同期限的零息债券价格。计算每种债券的到期收益率并推导远期利率。

8. 假定预期假说是正确的,计算第 7 题中 4 年期债券随时间推移的预期价格路径,每年债券的收益率是多少?证明期望收益等于各年的远期利率。

期限	债券价格(美元)
1	943.40
2	898.47
3	847.62
4	792.16

9. 考虑下列面值为 1 000 美元的零息债券:

债券名称	期限	到期收益率(%)
A	1	5
B	2	6
C	3	6.5
D	4	7

根据期望假说,预计从现在开始 3 年后的 1 年期利率是多少?

10. 当前零息债券的期限结构如下面的左表所示。
明年这个时候,你预期它将如下面的右表所示。

期限	到期收益率(%)	期限	到期收益率(%)
1	4	1	5
2	5	2	6
3	6	3	7

a. 你预期下一年 3 年期的零息债券的收益率是多少?
b. 根据预期理论,下一年市场预期的 1 年期和 2 年期零息债券的到期收益率是多少?市场预期的 3 年期债券收益率是高于还是低于你的预期?

11. 当前,1 年期零息债券的到期收益率为 7%,2 年期零息债券的到期收益率为 8%。政府计划发行 2 年期债券,每年付息,票面利率为 9%。债券面值为 100 美元。
a. 该债券售价多少?
b. 该债券的到期收益率是多少?
c. 如果收益率曲线的预期理论是正确的,则市场预期明年该债券的售价为多少?
d. 如果你认为流动性偏好理论是正确的,且流动性溢价为 1%,重新计算 c。

12. 下面列出了期限不同的零息债券价格。

期限	1 000 美元面值的债券价格(零息债券)
1	943.40
2	873.52
3	816.37

a. 面值 1 000 美元的债券，票面利率为 8.5%，每年付息，3 年后到期，该债券的到期收益率是多少？

b. 如果第 1 年年底收益率曲线在 8% 处变成水平的，则持有该附息债券 1 年的持有期收益率是多少？

13. 零息债券的价格反映的远期利率如右表所示。

    除零息债券外，投资者还可以购买一种每年付息 60 美元的 3 年期债券，面值为 1 000 美元。

年份	远期利率（%）
1	5
2	7
3	8

a. 该付息债券的价格是多少？

b. 该付息债券的到期收益率是多少？

c. 根据预期假说，该付息债券的预期可实现的复合收益率是多少？

d. 如果你预测一年后收益率曲线将在 7% 处变成水平状，请预测持有该付息债券 1 年的期望收益率是多少？

14. 观察下列期限结构：

	实际年到期收益率（%）		实际年到期收益率（%）
1 年期零息债券	6.1	3 年期零息债券	6.3
2 年期零息债券	6.2	4 年期零息债券	6.4

a. 如果你相信明年的期限结构与现在相同，那么，1 年期零息债券和 4 年期零息债券哪个预期 1 年期收益率更高？

b. 如果你相信期望假说，又会如何？

15. 1 年期零息债券的到期收益率为 5%，2 年期的是 6%。票面利率是 12%（每年付息）的 2 年期付息债券的到期收益率是 5.8%。对投资银行而言存在什么套利机会？该套利行为的利润是多少？

16. 假设面值 100 美元的 1 年期零息债券现在售价为 94.34 美元，而 2 年期的零息债券的售价为 84.99 美元。你正在考虑购买 2 年期的每年付息债券，面值 100 美元，年票面利率为 12%。

a. 2 年期零息债券的到期收益率是多少？2 年期付息债券呢？

b. 第 2 年的远期利率是多少？

c. 如果期望假说可接受，第 1 年年底付息债券的期望价格是多少？付息债券第 1 年的预期持有期收益率是多少？

d. 如果你接受流动性偏好假说，期望收益率是更高还是更低？

17. 无违约风险的零息债券当前收益率曲线如右表所示。

期限（年）	到期收益率（%）
1	10
2	11
3	12

a. 隐含的 1 年期远期利率是多少？

b. 假定期限结构的纯预期假说是正确的。如果市场预期准确，明年的纯收益曲线（即 1 年期与 2 年期零息债券的到期收益率）是多少？

c. 如果你现在购买 2 年期零息债券，明年的总期望收益率是多少？如果你购买的是 3 年期零息债券呢？（**提示**：计算当期价格和预期未来价格。）不考虑税收。

d. 票面利率为12%且每年付息的3年期债券的当前价格应为多少？如果你以此价格买入，明年的总期望收益率是多少（利息加价格变动）？不考虑税收。

18. 假设不同期限的零息债券的价格如下表所示。债券面值为1 000美元。

期限（年）	价格（美元）	期限（年）	价格（美元）
1	925.93	4	715.00
2	853.39	5	650.00
3	782.92		

a. 计算每年的远期利率。
b. 怎样构建一个第3年开始执行的1年期远期贷款？证实贷款利率等于远期利率。
c. 若远期贷款从第4年开始执行，再次回答b中的问题。

19. 继续利用上题中的数据。假设你想构建一个3年后开始执行的2年期远期贷款。

a. 假设你于今日买入一份3年期零息债券。你需要卖出多少5年期零息债券才能使你的初始现金流为零？
b. 这一策略中每年的现金流是多少？
c. 对这笔3年后执行的2年期远期贷款，实际的2年期利率是多少？
d. 证实2年期贷款的实际利率是 $(1+f_4) \times (1+f_5) - 1$。这样，可以说明该2年期贷款利率就是这两年的远期利率。或者，证明实际的2年期远期利率等于 $(1+y_5)^5 / (1+y_3)^3 - 1$。

三、CFA考题

1. 根据预期和流动性偏好理论，简要说明为什么不同到期日的债券收益率不同。简述当收益率曲线向上倾斜和向下倾斜时每种假说的含义。
2. 以下关于利率期限结构的说法哪个是正确的？
   a. 预期假说表明，如果预期未来短期利率高于当期短期利率，则收益率曲线趋于平坦。
   b. 预期假说认为长期利率等于预期短期利率。
   c. 流动性溢价理论指出，其他都相等时，期限越长，收益率越低。
   d. 流动性偏好理论认为，债权人倾向于购买收益率曲线短期部分的证券。
3. 下表是零息国债的到期收益率：

期限（年）	到期收益率（%）	期限（年）	到期收益率（%）
1	3.50	4	5.50
2	4.50	5	6.00
3	5.00	10	6.60

a. 计算第3年的1年期远期利率。
b. 说明在什么条件下计算出的远期利率是该年度1年期即期利率的无偏估计。
c. 假设数月之前，该年的1年期远期利率明显高于现在的远期利率。什么因素可以解释远期利率的下降趋势？

4. 6个月期限的国库券即期利率为4%，1年期的即期利率为5%。从现在起6个月后的隐含6个月远期利率是多少？

5. 下表列出了同一公司发行的两种每年付息债券的特性，它们具有相同的优先偿债权和即期利率，债券价格均与即期利率无关。利用表中信息，推荐购买债券A还是债券B。

债券特征

	债券 A	债券 B
利息	每年支付	每年支付
期限	3 年	3 年
票面利率	10%	6%
到期收益率	10.65%	10.75%
价格	98.40	88.34

即期利率

期限（年）	即期利率（零息债券,%）
1	5
2	8
3	11

6. 凯普尔是一个固定收益组合投资经理，与一些大的机构客户合作。范赫森是明星医院养老金计划的顾问。两人一起讨论基金约 1 亿美元国债的管理。目前美国国债收益率曲线如下表所示。范赫森认为："考虑到 2 年期和 10 年期的国债收益率差别很大，那么在 10 年投资期内，买入 10 年期国债将会比买入 2 年期国债并在每次到期后再买入 2 年期国债的策略获得更高的回报。"

期限（年）	收益率（%）	期限（年）	收益率（%）
1	2.00	6	4.15
2	2.90	7	4.30
3	3.50	8	4.45
4	3.80	9	4.60
5	4.00	10	4.70

a. 根据纯预期假说，说明范赫森的结论是否正确。

b. 范赫森与凯普尔讨论利率期限结构的另一种理论，并向她提供了如下关于美国国债市场的信息：

期限（年）	2	3	4	5	6	7	8	9	10
流动性溢价	0.55	0.55	0.65	0.75	0.90	1.10	1.20	1.50	1.60

利用此附加信息和流动性偏好理论，判断收益率曲线斜率对未来预期短期利率的变化方向意味着什么。

7. 超级信托公司的资产组合经理正在构建一个固定收益资产组合来满足一位客户的目标。该经理将美国付息国债和零息的美国国债进行比较，发现零息的美国国债的收益率具有明显优势：

期限	美国附息国债	零息的美国国债
3	5.50	5.80
7	6.75	7.25
10	7.25	7.60
30	7.75	8.20

简述为什么零息的美国国债比同期限的付息国债收益率高？

8. 美国国债收益率曲线的形状反映了两次美联储下调联邦基金利率的预期。当前的短期利率是 5%，第 1 次预期 6 个月后大约降低 50 个基点，第 2 次预期 1 年后大约降低 50 个基点。当前美国国债期限溢价在未来 3 年中为每年 10 个基点（只考虑 3 年的情况）。

然而，市场也认为 2.5 年后，美联储会改变降息的做法，转而将联邦基金利率提高 100 个基点。你预期未来在 3 年中流动性溢价为每年 10 个基点（只考虑 3 年内情况）。

但是，市场同时认为 2.5 年后，美联储会对联邦基金利率上调 100 个基点，扭转之前的下调。你预期在今后 3 年中，每年有 10 个基点的期限溢价（只考虑 3 年内情况）。

描述或画出 3 年内国债收益率曲线的形状。你是根据哪种期限结构理论推断出你所描绘的美国国债收益率曲线的形状的？

9. 美国财政部持有大量养老金资产组合。你决定分析美国国债的收益率曲线。

a. 根据下表数据，计算 5 年期即期利率与远期利率，假定按照复利计算，写明计算过程。

美国中期国债收益率曲线数据

期限（年）	票面到期收益率（%）	计算出的即期利率	计算出的远期利率（%）
1	5.00	5.00	5.00
2	5.20	5.21	5.42
3	6.00	6.05	7.75
4	7.00	7.16	10.56
5	7.00	?	?

b. 解释下列 3 个概念：短期利率、即期利率、远期利率。说明这 3 个概念之间的关系。

c. 你正考虑购买期限 4 年的零息美国中期国债。根据以上收益率曲线，计算该债券的预期到期收益率和价格，并写明计算过程。

10. 右表列出了 5 种美国国债的即期利率。假设所有债券每年付息。

a. 为 3 年后执行的延期贷款计算其隐含的 2 年期远期利率。

b. 利用表中数据计算 5 年期每年付息债券的价格，票面利率为 9%。

即期利率

期限（年）	即期利率（%）
1	13.00
2	12.00
3	11.00
4	10.00
5	9.00

参考答案

一、选择题

| 1. B | 2. C | 3. A | 4. D | 5. D | 6. A | 7. A | 8. A | 9. E | 10. C |
| 11. A | 12. A | 13. C | 14. D | 15. A | 16. B | 17. A | 18. D | 19. C | 20. D |

二、课后习题

1. 一般情况下，远期利率可以看作未来短期利率的市场预期加上一个潜在的风险溢价的总和。根据利率期限结构的预期理论，流动性溢价是零，因此，远期利率等于未来短期利率的市场预期。因此，未来短期利率的市场预期（即远期利率）可以由收益率曲线推导，并且较长的期限不提供风险溢价。

另一方面，流动性偏好理论确定了流动性溢价是正的，从而使得远期利率高于未来短期利率的市场预期，这可能导致即使在市场没有预期到利率上升时，期限结构也呈一个上升的趋势。流动性偏好理论的假设是：在金融市场中，短期投资者占主导地位，只有在得到溢价补偿时他们才愿意投资于长期证券。
2. 正确。根据预期假说,债券价格中不包含风险溢价。长期收益率高于短期收益率的唯一原因是对未来短期利率的更高的预期。
3. 不确定。低通货预期将导致低名义利率。然而,如果流动性溢价足够大,尽管人们抱有短期利率下降的预期,长期收益率也可能超过短期收益率。
4. a。流动性理论认为,投资者对所承担的利率风险要求溢价补偿。同时,随着期限的延长,投资者要求期限溢价。将此溢价加入一条平缓的曲线会得到向上倾斜的收益率曲线。
5. 纯预期理论,也称为无偏期望理论,认为远期利率仅为预期未来即期利率的函数。在纯预期理论下,收益率曲线向上(向下)倾斜,意味着短期利率预计将上涨(下跌)。收益率曲线平坦,意味着市场预期短期利率将保持不变。
6. a。收益率曲线向上倾斜是由于短期利率低于长期利率。因为市场利率由供给和需求决定,它表明投资者(需求方)预计未来利率会高于近期利率。
7.

期限	价格(美元)	到期收益率(%)	远期利率(%)
1	943.40	6.00	
2	898.47	5.50	$(1.055^2/1.06) - 1 = 5.0$
3	847.62	5.67	$(1.0567^3/1.055^2) - 1 = 6.0$
4	792.16	6.00	$(1.06^4/1.0567^3) - 1 = 7.0$

8. 4年期零息债券的预期价格路径如下表所示。(利用这一年收益率曲线上的远期利率,按适当顺序对面值进行了折现。)

年初	预期价格(美元)	预期收益率(%)
1	792.16	$(839.69/792.16) - 1 = 6.00$
2	$\dfrac{1\,000}{1.05 \times 1.06 \times 1.07} = 839.69$	$(881.68/839.69) - 1 = 5.00$
3	$\dfrac{1\,000}{1.06 \times 1.07} = 881.68$	$(934.58/881.68) - 1 = 6.00$
4	$\dfrac{1\,000}{1.07} = 934.58$	$(1\,000.00/934.58) - 1 = 7.00$

9. 如果期望假说成立,则远期利率等于短期利率,并且3年后1年期利率为:
$$\frac{(1.07)^4}{(1.065)^3} - 1 = 0.0851 = 8.51\%$$

10. a. 一个面值为100美元的3年期零息债券,现在以6%的收益率卖出,价格为$100/1.06^3 = 83.96$美元。

    第2年,债券还有两年到期,因此收益率为6%(从第2年的预期收益率曲线可以看出)。价格为89.00美元,得出持有期收益率为6%。

    b. 基于当前的收益率曲线的远期利率如下表:

年份	远期利率(%)
2	$(1.05^2/1.04) - 1 = 6.01$
3	$(1.06^3/1.05^2) - 1 = 8.03$

根据上表的远期利率，第 2 年的收益率曲线预测如下：

到期日	到期收益率（%）
1	6.01
2	$(1.0601 \times 1.0803)^{1/2} - 1 = 7.02$

市场对该 2 年期债券的预期到期收益率高于预期。因此，市场预测的价格较低，收益率较高。

11. a. $P = \dfrac{9}{1.07} + \dfrac{109}{1.08^2} = 101.86$（美元）

   b. 到期收益率 y 满足如下方程：
   $$\dfrac{9}{1+y} + \dfrac{109}{(1+y)^2} = 101.86（美元）$$
   （利用金融计算器，输入数据 n = 2，FV = 100，PMT = 9，PV = −101.86，求 i）
   求得：到期收益率 = 7.958%。

   c. 根据零息债券收益率曲线，推出第 2 年的远期利率 f_2 满足如下方程：
   $$1 + f_2 = \dfrac{(1.08)^2}{1.07} = 1.0901$$
   求得：$f_2 = 9.01\%$。
   因此根据第 2 年的预期利率 $f_2 = 9.01\%$，可得出预期债券价格为：
   $$P = \dfrac{109}{1.0901} = 99.99（美元）$$

   d. 如果流动性溢价为 1%，则预期利率为：
   $$E(r_2) = f_2 - 流动性溢价 = 9.01\% - 1.00\% = 8.01\%$$
   预期债券价格为：109/1.0801 = 100.92 美元。

12. a. 当前债券价格为：
   $$(85 \times 0.94340) + (85 \times 0.87352) + (1085 \times 0.81637) = 1040.20（美元）$$
   这意味着到期收益率为 6.97%，可由下式得到：
   $$[85 \times 年金因子(6.97\%,3)] + [1000 \times 现值因子(6.97\%,3)] = 1040.20（美元）$$

   b. 如果第 1 年年底 $y = 8\%$，则债券价格为：
   $$[85 \times 年金因子(8\%,2)] + [1000 \times 现值因子(8\%,2)] = 1008.92（美元）$$
   持有期收益率为：
   $$[85 + (1008.92 - 1040.20)]/1040.20 = 0.0516 = 5.16\%$$

13.

年份	远期利率（%）	期末收到 1 美元的现值（美元）
1	5	$1/1.05 = 0.9524$
2	7	$1/(1.05 \times 1.07) = 0.8901$
3	8	$1/(1.05 \times 1.07 \times 1.08) = 0.8241$

   a. 价格 = $(60 \times 0.9524) + (60 \times 0.8901) + (1060 \times 0.8241) = 984.14$（美元）

   b. 通过求解下式，可得到期收益率 y：
   $$984.10 = [60 \times 年金因子(y,3)] + [1000 \times 现值因子(y,3)]$$
   利用金融计算器可得 $y = 6.60\%$。

c.

时期	期末收到的支付（美元）	增长因子	未来价值（美元）
1	60.00	1.07×1.08	69.34
2	60.00	1.08	64.80
3	1 060.00	1.00	1 060.00
			1 194.14

$$984.10 \times (1 + y_{实现})^3 = 1\,194.14(美元)$$

$$1 + y_{实现} = \left(\frac{1\,194.14}{984.10}\right)^{1/3} = 1.066\,6 \Rightarrow y_{实现} = 6.66\%$$

d. 第 2 年，债券价格为：

$$[60 \times 年金因子(7\%,2)] + [1\,000 \times 现值因子(7\%,2)] = 981.92(美元)$$

因此，资本损失为：984.10 − 981.92 = 2.18 美元。

$$持有期收益率为：\frac{60 + (-2.18)}{984.10} = 0.058\,8 = 5.88\%$$

14. a. 1 年期零息债券的收益率为 6.1%。

4 年期零息债券现在的价格为：

$$1\,000/1.064^4 = 780.25(美元)$$

第 2 年，如果收益率曲线不变，现在的 4 年期零息债券还有 3 年到期，到期收益率为 6.30%，因此价格为：

$$1\,000/1.063^3 = 832.53(美元)$$

故 1 年期收益率为 6.7%。

因此，在这种情况下，较长期限的债券会提供较高的预期收益率，因为其到期收益率在持有期内会递减。

b. 如果相信期望假说，将预期下一年的收益率曲线和这一年的不相同。现在曲线向上倾斜是短期利率上升的证明；曲线向下倾斜，则意味着 4 年期债券持有期收益率的减少。根据期望假说，所有的债券有相同的期望持有期收益率。因此，将预期 4 年期债券的持有期收益率（HPR）为 6.1%，与 1 年期债券一样。

15. 基于到期收益率，付息债券的价格为：

$$[120 \times 年金因子(5.8\%,2)] + [1\,000 \times 现值因子(5.8\%,2)] = 1113.99(美元)$$

如果剥离息票并以零息票的形式单独出售，然后，基于期限为 1 年和 2 年的零息票的到期收益率，息票单独出售的价格为：

$$\frac{120}{1.05} + \frac{1\,120}{1.06^2} = 1\,111.08(美元)$$

套利策略是：买入 1 年期面值为 120 美元和 2 年期面值为 1120 美元的零息债券，同时卖出付息债券。每只债券的利润为 2.91 美元。

16. a. 1 年期零息债券的到期收益率为：

$$94.34 = 100/(1 + y_1)$$

解得 $y_1 = 0.06 = 6\%$。

2 年期零息债券收益率为：

$$84.99 = 100/(1 + y_2)^2$$

解得 $y_2 = 0.084\,72 = 8.472\%$。

付息债券的价格为:$12/1.06 + 112/(1.08472)^2 = 106.51$ 美元。

因此其到期收益率为 8.333%(用财务计算器,输入 n = 2;PV = -106.51;FV = 100;PMT = 12)。

b. $f_2 = \dfrac{(1+y_2)^2}{1+y_1} - 1 = \dfrac{(1.08472)^2}{1.06} - 1 = 0.1100 = 11.00\%$

c. 预期价格 = 112/1.11 = 100.90 美元。(注意第 2 年,付息债券还有一笔利息未付。)

$$预期持有期收益率 = \dfrac{12 + (100.90 - 106.51)}{106.51} = 0.0600 = 6.00\%$$

该持有期收益率等于 1 年期零息债券的收益率。

d. 如果存在流动性溢价,则 $E(r_2) < f_2$;

$$E(P) = \dfrac{112}{1+E(r_2)} > 100.90$$

$$E(HPR) > 6\%$$

17. a. 从下表中可得出远期利率:

期限	到期收益率	远期利率	价格(美元)
1 年	10%		1 000/1.10 = 909.09
2 年	11%	$(1.11^2/1.10) - 1 = 12.01\%$	$1\,000/1.11^2 = 811.62$
3 年	12%	$(1.12^3/1.11^2) - 1 = 14.03\%$	$1\,000/1.12^3 = 711.78$

b. 利用 a 得到的远期利率折现零息债券面值可得到下一年的价格和收益率:

期限	价格(美元)	到期收益率(%)
1 年	1 000/1.1201 = 892.78	12.01
2 年	1 000/(1.1201 × 1.1403) = 782.93	13.02

根据期望假说,今年向上倾斜的收益率曲线表明,第 2 年的收益率曲线将有一个向上的移动。

c. 第 2 年,2 年期零息变为 1 年期零息,因此出售的价格为:

$$1\,000/1.1201 = 892.78(美元)$$

同样,3 年期零息变为 2 年期零息,出售价格为 782.93 美元。

预期总收益率为:

$$2 \text{ 年期债券}:892.78/811.62 - 1 = 10.00\%$$
$$3 \text{ 年期债券}:782.93/711.78 - 1 = 10.00\%$$

d. 债券现价应该等于每次支付的金额乘以相应的现值因子。可以用 a 中计算得到的零息债券的价格来计算债券现值:

$$现价 = (120 \times 0.90909) + (120 \times 0.81162) + (1\,120 \times 0.71178)$$
$$= 109.0908 + 97.3944 + 797.1936 = 1\,003.68(美元)$$

同样,1 年后预期债券价格可以用零息债券的预期价格计算:

$$1 \text{ 年后预期价格} = (120 \times 0.89278) + (1\,120 \times 0.78293)$$
$$= 107.1336 + 876.8816 = 984.02(美元)$$

总期望收益率为:

$$\dfrac{12 + (984.02 - 1\,003.68)}{1\,003.68} = 0.1000 = 10.00\%$$

18. a.

期限（年）	价格（美元）	到期收益率（%）	远期收益率（%）
1	925.93	8.00	
2	853.39	8.25	8.50
3	782.92	8.50	9.00
4	15.00	8.75	9.50
5	650.00	9.00	10.00

b. 对于现在发行的 3 年期零息债券来说，可以用发行收入购买 782.92/715.00 = 1.095 只 4 年期债券。因此，现金流状况如下：

时间	现金流（美元）	
0	0	
3	-1 000	在 0 时刻发行的 3 年期零息债券到期，发行人支付的面值为 1 000 美元
4	+1 095	在 0 时刻买入的 4 年期零息债券到期，收到面值支付

这是一种从时刻 3 开始的 1 年期合成贷款，合成贷款率为 9.5%，准确地说应是第 4 年的远期利率。

c. 对于现在发行的 4 年期零息债券来说，可以用发行收入购买 715.00/650.00 = 1.1 只 5 年期债券。因此，现金流状况如下：

时间	现金流（美元）	
0	0	
4	-1 000	在 0 时刻发行的 4 年期零息债券到期，发行人支付的面值为 1 000 美元
5	+1 100	在 0 时刻买入的 5 年期零息债券到期，收到面值支付

这是一种从时刻 4 开始的 1 年期合成贷款，合成贷款率为 10%，准确地说应是第 5 年的远期利率。

19. a. 今日买入一份 3 年期零息债券，需要发行：782.95/650.00 = 1.204 5 只 5 年期零息债券，才能使初始现金流为 0。

b. 现金流如下：

时间	现金流（美元）	
0	0	
3	+1 000.00	在 0 时刻买入的 3 年期零息债券到期，收到支付面值为 1 000 美元
5	1 204.50	在 0 时刻发行的 5 年期零息债券到期，发行人支付面值

这是一种从时刻 3 开始的 2 年期合成贷款。

c. 2 年期远期贷款的实际利率为：
$$1\,204.50/1\,000 - 1 = 20.45\%$$

d. 第 4 年和第 5 年 1 年期远期利率分别为 9.5% 和 10%。注意：
$$1.095 \times 1.10 = 1.204\,5 = 1 + （3\text{ 年后远期贷款的 }2\text{ 年远期利率}）$$

5 年到期收益率为 9.0%，3 年到期收益率为 8.5%。因此另一种求解从时刻 3 开始的贷款的 2 年期远期利率的方法为：

$$f_3(2) = \frac{(1+y_5)^5}{(1+y_3)^3} - 1 = \frac{1.09^5}{1.085^3} - 1 = 0.204\,6 = 20.46\%$$

（注：因为前面 YTM 计算的舍入误差，与这里的结果有一点细微出入。）

三、CFA 考题

1. 预期假说：长期债券的收益率是现在短期利率和预期未来短期利率的几何平均值，对向上倾斜的收益率曲线的解释是，未来的短期利率会高于当前的短期利率。而向下倾斜的收益率曲线则表明预期未来短期利率要低于当前的短期利率。因此，如果对于未来短期利率的预期不同于当前的短期利率，则不同期限的债券就会有不同的收益率。

   流动性偏好假说：长期债券的收益率高于多期短期债券的预期收益，以补偿持有长期债券的投资者承担的利率风险。因此即便预期的未来短期利率等于当前的短期利率，具有不同到期日的债券仍然可以有不同的收益率。只要流动性溢价足够高，向上倾斜的收益率曲线仍然能够与短期利率的下降预期保持一致。但是，如果收益率曲线是向下倾斜的，而流动性溢价又假定为正值，则可以得出结论：未来的短期利率预计要比当前的短期利率低。

2. d。预期假说认为，远期利率等于市场整体对未来短期利率的预期。流动性偏好理论认为，短期投资者偏好短期债券，长期投资者偏好长期债券，如果要投资于不偏好的债券，两类投资者都要求有溢价。而市场由短期投资者控制，所以，一般来说，远期利率超过短期利率的预期，f_2 超过 $E(r_2)$，即流动溢价预期为一正值。

3. a. $(1+y_4)^4 = (1+y_3)^3(1+f_4)$

   $$1.055^4 = 1.05^3(1+f_4)$$
   $$1.2388 = 1.1576(1+f_4)$$
   $$f_4 = 7.01\%$$

   b. 条件隐含在期限结构下的预期理论之中：风险中性者只根据收益率的差异来决定是否在不同期限的债券之间进行转换，这种行为排除了风险的流动性溢价或期限溢价。

   c. 根据预期假说，隐含的较低的远期利率表明对于未来相应时期的即期利率有较低的预期。因为包含在期限结构中的较低的预期未来利率是名义利率，不论是较低的预期未来利率还是较低的预期未来通胀率，都与观测到的（隐含的）远期利率的既定变化相一致。

4. 题中给出的利率是年利率，但利息每半年支付一次。因此，1 年期债券每期的即期利率为 2.5%，6 个月期债券的即期利率是 2%。半年的远期利率 f 可通过求解下列方程得到：

   $$1+f = \frac{1.025^2}{1.02} = 1.030$$

   这意味着远期利率为每半年 3.0%，或每年 6%。

5. 每笔债券利息支付的现值都可以通过将每笔现金流用即期利率曲线上相应的即期利率折现求出。

   债券 A：现值 $= 10/1.05 + 10/1.08^2 + 10/1.11^3 = 98.53$（美元）

   债券 B：现值 $= 6/1.05 + 6/1.08^2 + 106/1.11^3 = 88.36$（美元）

   债券 A 的售价比它支付额的现值少 0.13 美元（即面值的 0.13%）。债券 B 的售价比它支付额的现值少 0.02 美元。债券 A 的定价看起来更有吸引力一些。

6. a. 根据纯预期假说，范赫森的结论不正确。该理论认为，无论投资策略的期限如何，债券的期望收益率都是一样的。

   b. 根据流动性偏好理论，收益率曲线的形状表明短期利率在未来预计会上升。流动性偏好理论认为远期利率等于将来的利率的期望值加上流动性溢价，流动性溢价随着期限增加而上升。给定收益率曲线的形状和流动性风险溢价，收益率曲线减去相应的流动性溢价后仍有正的斜率（至少在到期前 8 年间）：

$$2.90\% - 0.55\% = 2.35\%$$
$$3.50\% - 0.55\% = 2.95\%$$
$$3.80\% - 0.65\% = 3.15\%$$
$$4.00\% - 0.75\% = 3.25\%$$
$$4.15\% - 0.90\% = 3.25\%$$
$$4.30\% - 1.10\% = 3.20\%$$
$$4.45\% - 1.20\% = 3.25\%$$
$$4.60\% - 1.50\% = 3.10\%$$
$$4.70\% - 1.60\% = 3.10\%$$

7. 息票债券可以看作被剥离的零息债券组合：每一息票可以看作一个独立存在的零息票债券。因此，息票债券的收益率反映每一息票到期支付的收益率。当收益曲线向上倾斜时，相同期限的息票债券具有比零息票债券更低的收益率，因为息票债券的到期收益率反映了前期支付的票息的收益率。

8. 下表显示了基于联邦基金利率降低的预期计算得出的预期短期利率、期限溢价（每 12 个月增加 0.01%）、远期利率（预期利率和期限溢价之和）和 YTM（远期利率的几何平均）。

（%）

时间 （月）	预期短期利率	期限溢价	远期利率 （年）	远期利率 （半年）	到期收益率 （半年）
0	5.00	0.00	5.00	2.500	2.500
6	4.50	0.05	4.55	2.275	2.387
12	4.00	0.10	4.10	2.050	2.275
18	4.00	0.15	4.15	2.075	2.225
24	4.00	0.20	4.20	2.100	2.200
30	5.00	0.25	5.25	2.625	2.271
36	5.00	0.30	5.30	2.650	2.334

这个分析是基于期限结构的流动性偏好理论，该理论认为，任何期限的远期利率是预期未来短期利率与流动溢价之和。

9. a. 5 年即期利率为：

$$1\,000 = 66.67 + 63.24 + 58.69 + 53.08 + \frac{1\,070}{(1 + y_5)^5}$$

$$758.32 = \frac{1\,070}{(1 + y_5)^5}$$

$$(1 + y_5)^5 = \frac{1\,070}{758.32}$$

$$y_5 = \sqrt[5]{1.411} - 1 = 7.13\%$$

5 年远期利率为：$\frac{(1.071\,3)^5}{(1.071\,6)^4} - 1 = 1.070\,1 - 1 = 7.01\%$

b. 到期收益率是使一组现金流的现值等于其当前价格的单一折现率，它是内部收益率。既定期间内的即期利率是在该时期末到期的零息票债券的到期收益率。即期利率是每期的折现率，被用于折现息票债券的每期现金流，以计算当前价值。即期利率是最适合对不同期限现金流进行折现的利率。

远期利率是连接两个即期利率的隐含利率。远期利率和即期利率直接相关，因此也与到期收益率相关。有些人认为（如预期假说）远期利率是未来利率的市场期望，一个远期利率表现为连接两个即期利率的盈亏平衡利率。要注意远期利率连接即期利率而不是到期收益率。

到期收益率对于某个特定到期日不是唯一的，换言之，两个具有相同到期日但不同息票率的债券将有不同的到期收益率，但是某个日期的即期利率和远期利率是唯一的。

c. 4年期即期利率为7.16%，因此，7.16%是美国零息国债的理论到期收益率。零息国债的价格等于4年后1 000美元收入按7.16%折现的现值：

$$PV = \frac{1\,000}{(1.071\,6)^4} = 758.35(美元)$$

10. a. 3年后执行的延期贷款隐含的2年期远期利率为：

$$f_3(2) = \left[\frac{(1+y_5)^5}{(1+y_3)^3}\right]^{1/2} - 1 = \left[\frac{1.09^5}{1.11^3}\right]^{1/2} - 1 = 0.060\,7 = 6.07\%$$

b. 假定票面价值为1 000美元，债券价格为：

$$P = \frac{90}{(1+y_1)^1} + \frac{90}{(1+y_2)^2} + \frac{90}{(1+y_3)^3} + \frac{90}{(1+y_4)^4} + \frac{1\,090}{(1+y_5)^5}$$

$$= \frac{90}{(1.13)^1} + \frac{90}{(1.12)^2} + \frac{90}{(1.11)^3} + \frac{90}{(1.10)^4} + \frac{1\,090}{(1.09)^5} = 987.10(美元)$$

第16章

债券资产组合管理

一、选择题

1. 债券久期是债券（　　）的函数。
   A. 票面利率　　　　　　　B. 到期收益率　　　　　　C. 到期期限
   D. 上述说法都正确。　　　E. 上述说法都不正确。

2. 其他条件不变，债券久期与债券的（　　）正相关。
   A. 到期期限　　　　　　　B. 票面利率　　　　　　　C. 到期收益率
   D. 上述说法都正确。　　　E. 上述说法都不正确。

3. 其他条件不变，债券久期与债券的（　　）负相关。
   A. 到期期限　　　　　　　B. 票面利率　　　　　　　C. 到期收益率
   D. 票面利率和到期收益率　E. 上述说法都不正确。

4. 其他因素保持不变，当债券（　　）时，息票债券的利率风险提高。
   A. 到期期限缩短　　　　　B. 票面利率提高　　　　　C. 到期收益率降低
   D. 当期收益率提高　　　　E. 上述说法都不正确。

5. 其他因素保持不变，当债券（　　）时，息票债券的利率风险提高。
   A. 到期期限增加　　　　　B. 票面利率提高　　　　　C. 到期收益率提高
   D. 上述说法都正确。　　　E. 上述说法都不正确。

6. 实际中人们使用的修正久期 = 麦考利久期（　　）。
   A. ×利率变化　　　　　　B. ×（1 + 债券到期收益率）　C. ÷（1 – 债券到期收益率）
   D. ÷（1 + 债券到期收益率）E. 上述说法都不正确。

7. 给定了到期时间，当折现率（　　）时，零息票债券的久期增加。
   A. 提高　　　　　　　　　B. 降低　　　　　　　　　C. 等于无风险利率
   D. 债券久期独立于折现率。E. 上述说法都不正确。

8. 债券的利率风险是（　　）。
   A. 债券发行人可能破产的风险
   B. 由于利率变动导致的债券收益率不确定性上升的风险
   C. 由于债券特有因素导致的非系统风险
   D. 债券发行人可能破产的风险和由于利率变动导致的债券收益率不确定性上升的风险
   E. 上述说法都正确。

9. 下列两种债券中哪个价格对利率变动更具有敏感性？（　　）
   1）面值债券 X，5 年期，10% 的票面利率。
   2）零息票债券 Y，5 年期，10% 的到期收益率。
   A. 债券 X，由于它的到期收益率更高。
   B. 债券 X，由于它的到期期限更长。
   C. 债券 Y，由于它有更长的久期。
   D. 两种债券的敏感性相同，因为它们的到期收益率相同。
   E. 上述说法都不正确。

10. 保持其他因素不变，下列哪种债券价格波动最小？（　　）
    A. 5 年期，票面利率 0%。　B. 5 年期，票面利率 12%。　C. 5 年期，票面利率 14%。
    D. 5 年期，票面利率 10%。　E. 不能从上述信息中得出结果。

11. 下列哪种说法不正确？（　　）
    A. 保持其他条件不变，债券久期随着期限的增加而增加。
    B. 给定了期限，零息票债券的久期随着到期收益率的降低而降低。
    C. 给定了期限和到期收益率，当票面利率降低时，债券久期增加。
    D. 相对于衡量价格对期限的敏感性，久期能够更好地衡量价格对利率变动的敏感性。
    E. 上述说法都正确。

12. 下列哪种说法是正确的？（　　）
    A. 保持其他条件不变，债券久期随着期限的减少而减少。
    B. 给定了期限，零息票债券的久期随着到期收益率的增加而增加。
    C. 给定了期限和到期收益率，当票面利率降低时，债券久期增加。
    D. 相对于衡量价格对期限的敏感性，久期能够更好地衡量价格对利率变动的敏感性。
    E. 给定了期限和到期收益率，当票面利率降低时，债券久期增加；相对于衡量价格对期限的敏感性，久期能够更好地衡量价格对利率变动的敏感性。

13. 5 年期零息票债券的久期（　　）。
    A. 小于 5 年
    B. 大于 5 年
    C. 等于 5 年
    D. 等于 5 年期、票面利率 10% 的债券
    E. 上述说法都不正确。

14. 免疫的基本目标是（　　）。
    A. 消除违约风险
    B. 产生零利率风险
    C. 抵消价格和再投资风险
    D. 消除违约风险，产生零利率风险
    E. 产生零利率风险，抵消价格和再投资风险

15. 面值债券的票面利率是 8%，剩余期限是 6 年，久期是（　　）。
    A. 5 年　　　　　　　　B. 5.4 年　　　　　　　C. 4.17 年
    D. 4.31 年　　　　　　E. 上述说法都不正确。

16. 永续债券的收益率是 8%，久期是（　　）。
    A. 13.50 年　　　　　　B. 12.11 年　　　　　　C. 6.66 年
    D. 不能确定　　　　　　E. 上述说法都不正确。

17. 7 年期的面值债券，票面利率 9%，修正久期是（　　）。
    A. 7 年　　　　　　　　B. 5.49 年　　　　　　　C. 5.03 年
    D. 4.87 年　　　　　　E. 上述说法都不正确。

18. 面值债券 XYZ 的修正久期是 6 年，下列关于债券的说法哪项是正确的？（　　）
    A. 如果市场收益率上升 1%，债券价格下降 60 美元。
    B. 如果市场收益率上升 1%，债券价格上升 50 美元。
    C. 如果市场收益率上升 1%，债券价格下降 50 美元。
    D. 如果市场收益率上升 1%，债券价格上升 60 美元。
    E. 上述说法都不正确。

19. 下列哪种债券具有最长的久期？（   ）
    A. 8年期，票面利率0%。　　B. 8年期，票面利率5%。　　C. 10年期，票面利率5%。
    D. 10年期，票面利率0%。　　E. 不能从上述信息中得出答案。
20. 当市场收益率下降50个基本点时，下列哪种面值债券的价格变动23美元？（票面利息12%）（   ）
    A. 债券久期是6年。　　B. 债券久期是5年。　　C. 债券久期是2.7年。
    D. 债券久期是5.15年。　　E. 上述说法都不正确。

二、课后习题

1. 长期债券的价格较短期债券波动更大。但是，短期债券的到期收益率比长期债券波动大。如何解释这两种现象？
2. 一种无限期的年金，其久期会短至10年或是20年吗？
3. 9年期债券，收益率为10%，久期是7.194年。如果市场收益率变动50个基点，债券价格变动百分比是多少？
4. 某债券的剩余期限是3年，到期收益率为6%，每年付息一次，票面利率是6%，其久期是多少？如果到期收益率变为10%，久期又是多少？
5. 如果第4题中的利息每半年支付一次，债券的久期是多少？
6. 2008年金融危机期间，AAA级债券和国债之间的历史利差大幅度扩大。如果你相信利差将会回归到历史正常水平，你将会采取什么行动？这是哪种形式的债券互换？
7. 你预测利率即将下跌。哪种债券将会为你带来最高的资本利得？（   ）
    a. 低票面利率，长期限。　　　　　　b. 高票面利率，短期限。
    c. 高票面利率，长期限。　　　　　　d. 零息，长期限。
8. 给下列两组债券的久期或有效久期排序。
    a. 债券A的票面利率为6%，20年期，以面值出售。债券B票面利率是6%，20年期，以低于面值的价格出售。
    b. 债券A是20年期的票面利率为6%的不可赎回付息债券，以面值出售。债券B是20年期的票面利率为7%的可赎回付息债券，以面值出售。
9. 一家保险公司必须在1年内向客户支付1 000万美元，并在5年内支付400万美元。收益率曲线在10%时是平的。
    a. 如果公司想通过单一的一种零息债券来充分融资以免疫对该客户的债务，则它购买的债券的期限应为多久？
    b. 该零息债券的面值和市场价值各是多少？
10. 长期国债当前出售的到期收益率接近6%。你预计利率会下降。市场上的其他人认为在未来一年内利率会保持不变。假定你是正确的，对以下每种情况，选择能带来较高持有期收益的债券。简述理由。
    a. ⅰ. Baa级债券，票面利率为6%，到期期限20年。
       ⅱ. Aaa级债券，票面利率为6%，到期期限20年。
    b. ⅰ. A级债券，票面利率3%，剩余期限20年，105时可赎回。
       ⅱ. A级债券，票面利率6%，剩余期限20年，105时可赎回。
    c. ⅰ. 票面利率为4%的不可赎回国债，20年期限，到期收益率为6%。

ii. 票面利率为7%的不可赎回国债，20年期限，到期收益率为6%。

11. 当前，期限结构如下：1年期债券收益率为7%，2年期债券收益率为8%，3年期债券和更长期限债券的收益率都是9%。你正在1年期、2年期和3年期债券中做选择，所有债券均是每年一次支付8%的利息。如果你确信年底时收益率曲线会在9%处持平，你将购买哪种债券？

12. 在未来两年年底，你要支付10 000美元的学费，且债券当期的收益率为8%。
    a. 你的债务的现值和久期各是多少？
    b. 什么样期限的零息债券可以使你的债务免疫？
    c. 假设你购买一种零息债券，其价值和久期与你的债务相同。现在假设利率立即上升至9%。你的净头寸将会发生什么变化？换句话说，你的学费债务和债券价值之间的差异会有什么变化？如果利率降低7%，又会如何？

13. 养老金向受益人支付终身年金。如果一家公司永久地参与这项业务，养老金债务则类似于终身年金。因此假定，你来管理这一年金，每年向受益人支付2亿美元，永不终止。所有债券的到期收益率都是16%。
    a. 如果5年期票面利率为12%（每年支付）的债券的久期是4年，而且20年期且票面利率为6%（每年支付）的债券久期是11年。要使你的债务完全融资并免疫，则每种债券持有量为多少？（以市价计算。）
    b. 你持有的20年期附息债券的面值是多少？

14. 你正在管理100万美元的资产组合。你的目标久期是10年，你可以从以下两种债券中选择：5年期的零息债券和终身年金，当期收益率都均为5%。
    a. 在你的资产组合中，你将持有两种债券各多少？
    b. 如果你现在的目标久期是9年，明年持有比例会发生什么变化？

15. 我的养老基金计划将在10年期间每年支付我10 000美元。第一笔支付将在5年后。养老基金想将其头寸免疫。
    a. 养老基金对于我的债务的久期是多少？当期利率为每年10%。
    b. 如果养老基金计划使用5年和20年零息债券来构建免疫头寸，每只债券要投入多少资金？每只零息债券的面值是多少？

16. 30年期的债券，每年支付一次，票面利率为12%，久期是11.54年，凸性为192.4。该债券在8%的到期收益率水平出售。如果债券的到期收益率下跌至7%或上涨至9%，使用财务计算器或电子数据表计算债券价格。按照新的收益率，根据久期法则和凸性久期法则，债券价格是多少？每种方法的误差百分比是多少？对于这两种方法的准确性，你有何结论？

17. 特许金融分析师梅耶斯是一个大型养老金的固定收益投资经理。投资委员会的成员斯派西对学习固定收益组合管理非常感兴趣。斯派西向梅耶斯提出了几个问题。尤其是斯派西非常想知道固定收益投资经理如何配置投资组合，以从对未来利率的预期中获利。

    梅耶斯使用一只固定利率债券和票据向斯派西说明固定收益交易策略。两只债券都是半年的付息期。除非特别说明，所有的利率变化都是同步的。两种证券的特征如下表所示。他还考虑一只9年期的浮动利率债券，每半年支付一次浮动利率，当前的收益率是5%。

	固定利率债券	固定利率票据		固定利率债券	固定利率票据
价格	107.18	100.00	到期期数	18	8
到期收益率	5.00%	5.00%	修正久期	6.984 8	3.585 1

斯派西问梅耶斯当预期利率上升时，固定收益投资经理如何进行资产配置。以下哪种是最合适的策略？

a. 降低组合的久期。　　b. 买入固定利率债券。　　c. 拉长组合的久期。

18. 斯派西让梅耶斯（见上题）从利率变化中确定价格变化量。为了说明，梅耶斯计算了表中固定利率票据的价值变化。特别地，他假定利率水平上升了100个基点。运用上表中的信息，预计固定利率票据的价格变化多少？

19. 某30年期限的债券，票面利率为7%，每年付息一次。今天的出售价格为867.42美元。某20年期限的债券，票面利率是6.5%，也是每年付息一次。今天的出售价格是879.50美元。债券市场分析师预测5年后，25年期债券将以到期收益率8%的价格出售，而且15年期债券将以到期收益率7.5%的价格出售。因为收益率曲线向上倾斜，分析师认为利息将投资于利率为6%的短期证券。5年后哪一种债券可以提供较高的期望收益率？

20. a. 如果年利率上升至12%，运用数据表计算教材表16-3中两只债券的久期。为什么付息债券的久期下降而零息债券的久期不变？（**提示**：考察F栏中计算的权重发生了什么变化。）

　　b. 如果票面利率是12%而不是8%，且半年的利率还是5%，使用同样的电子数据表计算付息债券的久期。解释为什么久期比教材表16-3中的久期低（再次查看F栏）。

21. a. 构建一张电子数据表计算5年期，票面利率8%，每年支付一次，初始到期收益率为10%的债券的凸性。

　　b. 5年期零息债券的凸性是多少？

22. 某零息债券的期限是12.75年，在到期收益率8%的水平出售（有效年收益率），凸性为150.3，修正久期为11.81年。30年期，票面利率为6%，每年付息一次的付息债券同样在到期收益率为8%的水平卖出，与零息债券的久期相同——11.79年，但是凸性显著高于零息债券，为231.2。

　　a. 假设两种债券的到期收益率都上升至9%。每种债券资本损失的百分比是多少？根据久期凸性法则预测出来的资本损失百分比是多少？

　　b. 重复问题a，但此次假设到期收益率下降至7%。

　　c. 比较两种场景下两只债券的表现：一种是利率上升，一种是利率下降。根据不同投资表现，解释久期的吸引力。

　　d. 根据你对问题c的回答，如同此例，如果两种债券的收益率等量上升或下降，你认为有可能使两种久期相同而凸性不同的债券在初始时以同样的到期收益率来定价吗？在这种情况下，有人愿意购买较小凸性的债券吗？

23. 新发行的10年期债券，票面利率为7%（每年付息一次），债券以面值出售。

　　a. 债券的久期和凸性是多少？计算凸性。

　　b. 假设到期收益率即刻从7%上涨至8%（期限仍然是10年），计算债券的实际价格。

　　c. 根据教材式（16-3）得到的价格是多少？公式的误差百分比有多大？

　　d. 根据教材式（16-5）得到的价格是多少？公式的误差百分比有多大？

三、CFA考题

1. a. 解释债券发行增加赎回特征对卖出收益的影响。

　　b. 解释债券发行增加赎回特征对有效债券久期和凸性的影响。

2. a. 票面利率为6%的附息债券，每年付息一次，修正久期是10年，以800美元的价格出售，并且以8%的到期收益率定价。如果到期收益率上升至9%，运用久期概念预测价格的变化是多少？

b. 票面利率为6%的附息债券，每半年付息一次，凸性为120，以面值的80%出售，并且以8%的到期收益率定价。如果到期收益率上升至9.5%，价格变动的百分比中凸性贡献有多大？

c. 票面利率为8%的附息债券，每年付息一次，到期收益率10%，麦考利久期是9年。债券的修正久期是多少？

d. 当利率下降，溢价发行的30年期债券的久期：（　　　）。
　　ⅰ. 上升　　　　　　　　　ⅱ. 下降
　　ⅲ. 持平　　　　　　　　　ⅳ. 先上升，再下降

e. 如果债券投资经理将一只债券互换成另一只具有相同期限、相同票面利率和信用等级但是到期收益率更高的债券，这种互换称为：（　　　）。
　　ⅰ. 替代互换　　　　　　　ⅱ. 利率预期互换
　　ⅲ. 税收互换　　　　　　　ⅳ. 市场间价差互换

f. 以下哪种债券的久期最长？（　　　）。
　　ⅰ. 期限8年，6%票面利率　　ⅱ. 期限8年，11%票面利率
　　ⅲ. 期限15年，6%票面利率　ⅳ. 期限15年，11%票面利率

3. 一只新发行的债券，具有以下特征：

票面利率	到期收益率	期限	麦考利久期
8%	8%	15年	10年

a. 运用上面的信息计算修正久期。

b. 解释在计算债券价格对利率变动敏感性时，为什么修正久期比期限更好。

c. 识别修正久期的变化方向，如果：
　　ⅰ. 债券的票面利率是4%，而不是8%。
　　ⅱ. 债券的期限是7年，而不是15年。

d. 定义凸性，并说明修正久期和凸性如何在给定的利率变化时，大致估计债券价格变化百分比。

4. Zello公司面值1 000美元的债券以960美元的价格出售，5年后到期，每半年付息一次，票面利率7%。

a. 计算以下的收益率：
　　ⅰ. 当期收益率。
　　ⅱ. 到期收益率（近似等于整数百分比，如3%、4%、5%等）。
　　ⅲ. 水平收益率（也称为总复合回报率）：该投资者持有期为3年，并且在此期间的再投资收益率为6%。3年年末票面利率为7%，剩余期限为2年的该债券以7%的收益率出售。

b. 描述下列固定收益收益率指标的一个主要缺点：
　　ⅰ. 当期利率。
　　ⅱ. 到期收益率。
　　ⅲ. 水平收益率（总复合回报率）。

5. 凯普尔向范赫森在下表中对明星医院养老金持有的债券投资组合进行了详细描述。组合中所有的证券都是不可赎回的美国国债。

面值（美元）	国债	市场价值（美元）	现价	上涨100基点	下跌100基点	有效久期
48 000 000	2.375%，2011年到期	48 667 680	101.391	99.245	103.595	2.15
50 000 000	4.75%，2036年到期	50 000 000	100.000	86.372	116.887	—
98 000 000	全部债券组合	98 667 680	—	—	—	—

  a. 计算以下的有效久期：
   ⅰ. 利率为4.75%的美国国债，2036年到期。
   ⅱ. 总债券投资组合。
  b. 范赫森对凯普尔说："如果你改变债券资产组合的期限结构使得组合的久期为5.25，那么组合的价格敏感度将会与单一的久期为5.25年的不可赎回国债相同。"在什么情况下，范赫森的说法是正确的？
6. 固定收益投资经理的一个共同目标是通过公司债券获得比具有可比久期的政府证券更高的增量收益。一些公司债券投资组合经理采取的做法是识别并购买那些与可比久期政府债券之间有巨大初始利差的公司债券。HFS固定收益经理艾默斯认为要想获得最大化增量收益，则需要一种更严格的方法。

  下表显示了在某特定日期，市场中一组公司/政府利差关系的数据：

债券评级	初始与政府债券利差	预期水平利差	初始久期	1年后预期久期
Aaa	31bp	31bp	4年	3.1年
Aa	40bp	50bp	4年	3.1年

  注：1bp代表1个基点，或者0.01%。

  a. 为获得最大增量收益，以1年为投资周期，推荐购买Aaa还是Aa债券？
  b. 艾默斯的选择不仅仅依赖于初始利差关系。他的分析框架考虑了一系列影响增量收益的其他关键变量，包括赎回条款和利率的潜在变化。除以上提到的变量，描述艾默斯在分析中需要考虑的其他变量，并解释这些变量在实现增量收益方面，与最初的利差关系有何不同。
7. 瓦尔正在考虑购买下表中所列两种债券中的一种。瓦尔意识到他的决定主要取决于有效久期，并且他相信在未来6个月所有期限债券的利率都将下降50个基点。

特征	CIC	PTR	特征	CIC	PTR
市场价格	101.75	101.75	利息支付	半年	半年
到期日期	2022年6月1日	2022年6月1日	有效久期	7.35	5.40
赎回日期	不可赎回	2017年6月1日	到期收益率	5.02%	6.10%
年票面利率	5.25%	6.35%	信用评级	A	A

  a. 如果利率在未来6个月下降50个基点，根据有效久期计算CIC和PTR价格变化百分比。
  b. 如果在6个月末CIC实际的债券价格是105.55美元，PTR的实际债券价格是104.15美元，计算每种债券的6个月水平收益（以百分比形式）。
  c. 瓦尔对这样的事实感到很奇怪。尽管利率下降了50个基点，CIC实际的价格变化比根据有效久期预测的价格变化要大，而PTR的实际价格变化比根据有效久期预测的价格变化要小。解释为什么CIC实际价格的变化较大，而PTR实际价格的变化较小。
8. 你是养老基金的债券投资组合经理。基金政策允许管理债券资产组合使用积极策略。看来经济周期正进入成熟期，通货膨胀率预计会增加。为了抑制经济扩张，中央银行政策在收紧。阐述在以下每种情况下，你会选择两种债券的哪一种。简要证明你的答案。

a. ⅰ. 加拿大政府债券（加元支付），2017年到期，票面利率4%，价格为98.75，到期收益率4.5%。

ⅱ. 加拿大政府债券（加元支付），2027年到期，票面利率4%，价格为91.75，到期收益率5.19%。

b. ⅰ. 得克萨斯电力和照明公司债券，2022年到期，票面利率5.5%，AAA级，价格为90，到期收益率7.02%。

ⅱ. 亚利桑那公共服务公司债券，2022年到期，票面利率5.45%，A-级，价格85，到期收益率8.05%。

c. ⅰ. 联邦爱迪生公司债券，2021年到期，票面利率2.75%，Baa级，价格81，到期收益率7.2%。

ⅱ. 联邦爱迪生公司债券，2021年到期，票面利率9.375%，Baa级，价格114.40，到期收益率7.2%。

d. ⅰ. 壳牌石油公司偿债基金，2027年到期，票面利率6.5%，AAA级（偿债基金以面值于2013年9月开始），价格89，到期收益率7.1%。

ⅱ. 兰伯特公司偿债基金，2027年到期，票面利率6.875%，AAA级（偿债基金以面值于2020年4月开始），价格89，到期收益率7.1%。

e. ⅰ. 蒙特利尔银行（加元支付）5%利率的存款单，2015年到期，AAA级，价格100，到期收益率5%。

ⅱ. 蒙特利尔银行（加元支付）浮动利率票据，2017年到期，AAA级。当前票面利率是3.7%，价格为100（利息每半年根据加拿大政府3个月短期国债利率加0.5%进行调整）。

9. 一名公司投资委员会的成员对固定收益投资组合非常感兴趣。他想知道固定收益投资经理怎样处置头寸，根据影响利率的三个因素将其预期资本化。这三个因素是：
a. 利率水平变化。
b. 不同类型债券的利差变化。
c. 某一特定工具的利差变化。

为每个因素制定一个固定收益投资组合策略，这个策略可以利用投资经理对这些因素的预期，并用公式表示和详细说明。（注意：至少3个策略，为以上所列每个因素制定一个策略。）

10. 哈罗德是负责1亿美元养老金的投资官。资产组合中的固定收益投资部分采用积极管理策略，并且投资于美国股票的大部分基金采取的是指数化投资，由韦伯街顾问公司管理。哈罗德对丁韦伯街顾问公司的股票指数策略的投资结果印象深刻，并在考虑要求韦伯街顾问公司对一部分积极管理的固定收益资产进行指数化管理。
a. 描述与积极债务管理相比，指数化债券管理的优势和劣势。
b. 韦伯街顾问公司管理指数化的债券组合。讨论如何通过分层取样（或分格）法，构建指数化的债券资产组合。
c. 描述分格法跟踪误差的主要来源。

11. 米尔是固定收益投资组合经理。注意到当前的收益率曲线是平的，她考虑购买票面利率为7%、10年期、无期权的、以面值新发行的公司债券。该债券特征如右表所示。

	收益率变化	
	升10个基点	降10个基点
价格	99.29	100.71
凸性测度	35.00	
凸性调整	0.0035	

a. 计算债券的修正久期。

b. 米尔同时也在考虑购买另一支票面利率为 7.25%、12 年期限、无期权、新发行的公司债券（见右表）。她想评估这只债券在收益率曲线即刻向下平行移动 200 个基点时的价格敏感度。基于以下数据，在这种收益率曲线情形下，价格如何变化？

初始发行价格	面值，收益率为 7.25%
修正久期（原始价格时）	7.90
凸性测度	41.55
凸性调整（收益率变化 200 个基点）	1.66

c. 米尔要求她的助手分析几只可赎回债券，假定收益率曲线预期向下平行移动。米尔的助手认为，如果利率下行到一定程度，可赎回债券的凸性会转为负的。助手的想法正确吗？

12. 克莱默，一位萨维斯塔的固定收益投资经理，正在考虑购买萨维斯塔政府债券。克莱默决定评估两种投资萨维斯塔政府债券的策略。下表给出了两种策略的细节。

投资策略（数量为投资的市场价值）

策略	5 年期限（修正久期=4.83）	15 年期限（修正久期=14.35）	25 年期限（修正久期=23.81）
I	500 万美元	0	500 万美元
II	0	1 000 万美元	0

右表包含了实施两种策略的假设。

在选择任一种债券投资策略之前，克莱默想知道如果在他投资之后利率立即发生了变化，那么债券价值将会如何变化。利率变化的细节见下表。针对下表中利率立刻发生的变化，计算每种策略下债券市场价值变化的百分比。

投资策略假设

债券的市场价值	1 000 万美元
债券期限	5 年、25 年或者 15 年
债券票面利率	0.00%（零息债券）
目标修正久期	15 年

投资后利率的即刻变化

期限	利率变化
5 年	降 75 个基点
15 年	升 25 个基点
25 年	升 50 个基点

13. 作为分析蒙蒂塞洛公司发行的债券分析的一部分，你被要求评估其发行的两只债券，如下表所示。

	债券 A（可赎回）	债券 B（不可赎回）		债券 A（可赎回）	债券 B（不可赎回）
期限	2020	2020	赎回日期	2014	—
票面利率	11.50%	7.25%	赎回价格	105	—
当期价格	125.75	100.00	赎回收益率	5.10%	—
到期收益率	7.70%	7.25%	赎回修正久期	3.10	—
到期修正久期	6.20	6.80			

a. 利用上表提供的久期和收益率信息，比较两只债券在以下两种情景下价格和收益率情况。
  i. 经济强劲反弹，通货膨胀预期上升。
  ii. 经济衰退，通货膨胀预期下降。

b. 利用表中的信息，计算到期收益率下降 75 个基点时，债券 B 的价格变化。

c. 描述严格按照赎回或者期限分析债券 A 的缺陷。

参考答案

一、选择题

1. D   2. A   3. D   4. C   5. A   6. D   7. D   8. B   9. C   10. C
11. B   12. E   13. C   14. E   15. D   16. A   17. C   18. A   19. D   20. D

二、课后习题

1. 虽然短期利率比长期利率波动性更大，但长期债券较长的久期使其价格和收益率波动较大。较长的久期放大了价格对利率变化的敏感性。

2. 久期可以看作付给终身年金持有者的现金流的到期日的加权平均，每个现金流的权重为该现金流现值除以总现金流现值。未来现金流的现值近似为零（即权重变得非常小），因此未来现金流几乎无影响，并最终对平均权重也毫无贡献。

3. 债券价格变动的百分比是：

$$-\frac{D}{1+y} \times \Delta y = -\frac{7.194}{1.10} \times 0.005 = -0.0327 = -3.27\%$$

即债券价格下降了 3.27%。

4. a. 到期收益率为 6% 时：

(1) 距支付日的时间（年）	(2) 现金流（美元）	(3) 现金流现值（折现率为6%）	(4) 权重	(5) (1)×(4)
1	60.00	56.60	0.0566	0.0566
2	60.00	53.40	0.0534	0.1068
3	1 060.00	890.00	0.8900	2.6700
总和		1 000.00	1.0000	2.8334

久期为 2.833 年。

b. 到期收益率为 10% 时：

(1) 距支付日的时间（年）	(2) 现金流（美元）	(3) 现金流现值（折现率为6%）	(4) 权重	(5) (1)×(4)
1	60.00	54.55	0.0606	0.0606
2	60.00	49.59	0.0551	0.1102
3	1 060.00	796.39	0.8844	2.6532
总计		900.53	1.0000	2.8240

久期为 2.824 年，比到期收益率为 6% 时的久期短。

5. 对于每半年付息一次的票面利率为 6% 的平价债券来说，其相关参数为：息票率 = 每半年 3%，$y=3\%$，$T=6$ 个半年期。

(1) 距支付日的时间（年）	(2) 现金流（美元）	(3) 现金流现值（折现率为6%）	(4) 权重	(5) (1)×(4)
1	3.00	2.913	0.029 13	0.029 13
2	3.00	2.828	0.028 28	0.056 56

（续）

(1) 距支付日的时间（年）	(2) 现金流（美元）	(3) 现金流现值（折现率为6%）	(4) 权重	(5) (1)×(4)
3	3.00	2.745	0.027 45	0.082 36
4	3.00	2.665	0.026 65	0.106 62
5	3.00	2.588	0.025 88	0.129 39
6	103.00	86.261	0.862 61	5.175 65
总计		100.000	1.000 00	5.579 71

债券的久期为5.579 7个半年，即2.789 9年。

如果债券到期收益为10%，半年收益为5%，半年息票率为3%

(1) 距支付日的时间（年）	(2) 现金流（美元）	(3) 现金流现值（折现率为6%）	(4) 权重	(5) (1)×(4)
1	3.00	2.857	0.031 80	0.031 80
2	3.00	2.721	0.030 29	0.060 57
3	3.00	2.592	0.028 84	0.086 53
4	3.00	2.468	0.027 47	0.109 88
5	3.00	2.351	0.026 16	0.130 81
6	103.00	76.860	0.855 44	5.132 65
总计		89.849	1.000 00	5.552 23

久期为5.552 2个半年，即2.776 1年。

6. 如果AAA级债券和国债之间的当前利差比其历史利差要大，并且有望收窄，则应从国债转向投资AAA级债券。随着价差缩小，AAA级债券的表现将优于国债。这是跨市价差互换的一个例子。

7. d。

8. a. 债券B的到期收益率比债券A的要高，这是因为其票息支付及到期日与债券A相同，但它的价格较低（也许收益率较高是因为信用风险的差异）。因此，债券B的久期必须更短。

   b. 债券A具有较低的收益率和较低的息票率，这两个因素导致了债券A比债券B有更长的久期。又因为债券A不能被赎回，所以它的到期日至少和债券B的一样长，这通常会增加它的久期。

9. a.

(1) 距支付日的时间（年）	(2) 现金流（百万美元）	(3) 现金流现值（百万美元，折现率为6%）	(4) 权重	(5) (1)×(4)
1	10	9.09	0.785 7	0.785 7
5	4	2.48	0.214 3	1.071 5
总计		11.57	1.000 0	1.857 2

久期为1.857 2年，等于零息债券的期限。

   b. 零息债券的市价必须为1 157万美元，和债务的市价相等。因此，面值为：$11.57 \times (1.10)^{1.857\,2} = 13.81$（百万美元）。

10. 在每种情况中，为从下降的利率中获利，应选择久期较长的债券。

    a. ii。Aaa级债券的到期收益率较低，因此有更长的久期。

    b. i。较低息票率债券有更长的久期和更强的实际赎回保护。

c. ⅰ。较低息票率债券有更长的久期。
11. 下表显示了 3 种债券的持有期收益率：

期限	1 年	2 年	3 年
年初到期收益率（%）	7.00	8.00	9.00
年初价格（美元）	1 009.35	1 000.00	974.69
年末价格（到期收益率 9%）（美元）	1 000.00	990.83	982.41
资本利得（美元）	-9.35	-9.17	7.72
票息（美元）	80.00	80.00	80.00
1 年总收益（美元）	70.65	70.83	87.72
1 年总收益率（%）	7.00	7.08	9.00

应该购买 3 年期债券，因为它在下一年提供了 9% 的持有期收益率，比其他债券的收益高。

12. a. 债务现值 = 10 000 × 年金因子（8%，2）= 17 832.65（美元）

(1) 距支付日的时间（年）	(2) 现金流（美元）	(3) 现金流现值（美元，折现率为 8%）	(4) 权重	(5) (1)×(4)
1	10 000.00	9 259.259	0.519 23	0.519 23
2	10 000.00	8 573.388	0.480 77	0.961 54
总计		17 832.647	1.000 00	1.480 77

久期为 1.480 8 年。

b. 期限 1.480 8 年的零息债券可以免疫债务。由于零息债券的现值为 17 832.65 美元，则面值（未来赎回价格）为：

$$17\,832.65 \times 1.08^{1.480\,8} = 19\,985.26(\text{美元})$$

c. 如果利率上升到 9%，则零息债券价值将会减少到：

$$19\,985.26/1.09^{1.480\,8} = 17\,590.92(\text{美元})$$

学费债务的现值将会减少到 17 591.11 美元，净头寸价值将减少 0.19 美元。

如果利率减少到 7%，则零息债券价值将会减少到：

$$19\,985.26/1.07^{1.480\,8} = 18\,079.99(\text{美元})$$

学费债务的现值将会减少到 18 080.18 美元，净头寸价值将减少 0.19 美元。

净头寸变化的原因是随着利率变化，学费支付流的久期也会变化。

13. a. 债务的现值 = 200/0.16 = 1 250（百万美元）。

债务的久期 = 1.16/0.16 = 7.25（年）。

令 w 为 5 年期债券的权重（久期为 4 年）。则：

$$w \times 4 + (1-w) \times 11 = 7.25$$

解得 w = 0.535 7。

因此，5 年期债券的持有量为：0.535 7 × 1 250 = 670（百万美元）；20 年期债券的持有量为：0.464 3 × 1 250 = 580（百万美元）。

b. 20 年期债券的价格为：

$$60 \times \text{年金因子}(16\%,20) + 1\,000 \times \text{现值因子}(16\%,20) = 407.12(\text{美元})$$

因此，债券售价为面值的 0.407 1 倍，且市场价值 = 面值 × 0.407 1，即 580（百万美元） = 面值 × 0.407 1，故面值为 1.425 亿美元。

另一种解法为，每种面值 1 000 美元的债券售价为 407.12 美元。如果总的市值为

580(百万美元),则需要购买接近 14 250 份债券,总面值为 1.425 亿美元。

14. a. 终身年金的久期为:$1.05/0.05 = 21$(年)。

   令 w 为零息债券的权重。则:
   $$w \times 5 + (1-w) \times 21 = 10, \quad 即 \ w = 11/16 = 0.687\ 5$$

   因此,资产组合权重如下:11/16 投资于零息债券,5/16 投资于终身年金。

   b. 第 2 年,零息债券的久期为 4 年,终身年金的久期为 21 年。为了达到 9 年久期的目标,即为现在债务的久期,再次求解 w:
   $$(w \times 4) + (1-w) \times 21 = 9$$

   解得 $w = 0.705\ 9$。

   故资产组合中投资于零息债券的比例增加到 12/17,终身年金的比例减少到 5/17。

15. a. 如果 1 年后开始支付,年金久期为:

(1) 距支付日的时间(年)	(2) 现金流(美元)	(3) 现金流现值 (折现率为10%)(美元)	(4) 权重	(5) (1)×(4)
1	10 000	9 090.909	0.147 95	0.147 95
2	10 000	8 264.463	0.134 50	0.269 00
3	10 000	7 513.148	0.122 27	0.366 82
4	10 000	6 830.135	0.111 16	0.444 63
5	10 000	6 209.213	0.101 05	0.505 26
6	10 000	5 644.739	0.091 87	0.551 19
7	10 000	5 131.581	0.083 51	0.584 60
8	10 000	4 665.074	0.075 92	0.607 38
9	10 000	4 240.976	0.069 02	0.621 18
10	10 000	3 855.433	0.062 75	0.627 45
总计		61 445.671	1.000 00	4.725 46

久期为 4.725 5 年。因为支付是在 5 年后开始,而不是 1 年后,故在久期上加 4 年,即久期为 8.725 5 年。

b. 递延年金的现值为:
$$\frac{10\ 000 \times 年金因子(10\%, 10)}{1.10^4} = 41\ 968(美元)$$

令 w 为投资于 5 年期零息债券的权重。则:
$$w \times 5 + (1-w) \times 20 = 8.725\ 5$$

解得 $w = 0.751\ 6$。

投资于 5 年期零息债券的资金为:$0.751\ 6 \times 41\ 968 = 31\ 543$(美元)。

投资于 20 年期零息债券的资金为:$0.248\ 4 \times 41\ 968 = 10\ 423$(美元)。

这是每种投资的现值或市值。面值等于相应投资的未来价值。故 5 年期零息债券的面值为:$31\ 543 \times (1.10)^5 = 50\ 801$ 美元。因此,可以购买在 50 和 51 之间的面值为 1 000 美元的零息债券。

同样地,20 年期零息债券的面值为:$10\ 425 \times (1.10)^{20} = 70\ 123$(美元)。

16. 利用财务计算器,可知债券的实际价格是到期收益率的函数(见右表):

到期收益率	价格(美元)
7%	1 620.45
8%	1 450.31
9%	1 308.21

根据久期法则,假定到期收益率下降到 7%:

$$预计价格变化 = \left(-\frac{D}{1+y}\right) \times \Delta y \times P_0$$

$$= \left(-\frac{11.54}{1.08}\right) \times (-0.01) \times 1\,450.31 = 155.06(美元)$$

因此,预计价格为:$1\,450.31 + 155.06 = 1\,605.37$(美元)。

到期收益率为7%时的实际价格为 1 620.45 美元。

$$因此误差百分比 = \frac{1\,605.37 - 1\,620.45}{1\,620.45} = -0.93\%$$

根据久期法则,假定到期收益率升到9%:

$$预计价格变化 = \left(-\frac{D}{1+y}\right) \times \Delta y \times P_0 = \left(-\frac{11.54}{1.08}\right) \times 0.01 \times 1\,450.31$$
$$= -155.06(美元)$$

因此,预计新的价格为:$1\,450.31 - 155.06 = 1\,295.25$(美元)。

到期收益率为9%时的实际价格为 1 308.21 美元。

$$因此,误差百分比 = \frac{1\,295.25 - 1\,308.21}{1\,308.21} = -0.009\,9 = -0.99\%$$

根据凸性久期法则,假定到期收益率降到7%:

$$预计价格变化 = \left\{\left[\left(-\frac{D}{1+y}\right) \times \Delta y\right] + [0.5 \times 凸性 \times (\Delta y)^2]\right\} \times P_0 = 168.99(美元)$$

因此,预计新的价格为:$1\,450.31 + 168.99 = 1\,619.30$(美元)。

到期收益率为7%时的实际价格为 1 620.45 美元。因此,

$$误差百分比 = \frac{1\,619.30 - 1\,620.45}{1\,620.45} = -0.07\%$$

根据凸性久期法则,假定到期收益率升到9%:

$$预计价格变化 = \left\{\left[\left(-\frac{D}{1+y}\right) \times \Delta y\right] + [0.5 \times 凸性 \times (\Delta y)^2]\right\} \times P_0 = -141.11(美元)$$

因此,预计新的价格为:$1\,450.31 - 141.11 = 1\,309.20$(美元)。

到期收益率为9%时的实际价格为 1 308.21 美元。因此,

$$误差百分比 = \frac{1\,309.20 - 1\,308.21}{1\,308.21} = 0.08\%$$

结论:凸性久期法则提供了更精确的真实价格变化的近似值。在此题中,根据凸性久期法则计算的价格变化的误差百分比小于根据久期法则计算的误差百分比。

17. a。降低组合的久期会使得资产组合的价值对利率变化不那么敏感。所以如果利率上升,组合的价值将不会下降那么多。

18. 预计价格变化 $= \left\{\left[\left(-\frac{D}{1+y}\right) \times \Delta y\right] + [0.5 \times 凸性 \times (\Delta y)^2]\right\} \times P_0 = -3.59$(美元)

即下降了3.59美元。

19. 5年后,30年期债券的期限下降至25年,预期收益率为8%。因此,该债券的预期价格为893.25美元(用财务计算器,输入以下数据 n=25,i=8,FV=1 000,PMT=70)。

利率为6%时,5年的息票支付累计为394.60美元。因此,总的收入为394.60 + 893.25 = 1 287.85美元。5年的收益率为(1 287.85/867.42)-1 = 0.484 7。5年总收益率为48.47%,即年收益率为8.22%。

5年后,20年期的债券的到期期限降为15年,预期收益率为7.5%。因此,该债券的预期价格为911.73美元(用财务计算器,输入以下数据 n=15,i=7.5,FV=1 000,PMT=65)。

利率为6%时，5年的息票支付累计为366.41美元。因此，总的收入为366.41 + 911.73 = 1 278.14美元。因此，5年的收益率为（1 278.14/879.50）- 1 = 0.453 3。5年总收益率为45.33%，即年收益率为7.76%。30年期债券提供了更高的期望收益率。

20. a. 计算的过程和结果如下表所示：

	周期	到支付时的期限（年）	现金流（美元）	现金流现值（折现率为6%/期）（美元）	权重	时间×权重
A. 8%息票率债券	1	0.5	40	37.736	0.040 5	0.020 3
	2	1.0	40	35.600	0.038 3	0.038 3
	3	1.5	40	33.585	0.036 1	0.054 1
	4	2.0	1 040	823.777	0.885 1	1.770 2
总计：				930.698	1.000 0	1.882 9
B. 零息债券	1	0.5	0	0.000	0.000 0	0.000 0
	2	1.0	0	0.000	0.000 0	0.000 0
	3	1.5	0	0.000	0.000 0	0.000 0
	4	2.0	1 000	792.094	1.000 0	2.000 0
总计：				792.094	1.000 0	2.000 0

对于付息债券来说，上表中最后一笔支付的权重小于它在教材表16-3中的权重，因为此时的折现率更高，前三笔支付的权重更大。因此，债券的久期下降。相反，零息债券在到期时的一次性支付上有固定的权重1。

b. 计算的过程和结果如下表所示：

	周期	到支付时的期限（年）	现金流（美元）	现金流现值（折现率为6%/期）（美元）	权重	时间×权重
A. 8%息票率债券	1	0.5	60	57.143	0.055 2	0.027 6
	2	1.0	60	54.422	0.052 6	0.052 6
	3	1.5	60	51.830	0.050 1	0.075 1
	4	2.0	1 060	872.065	0.842 2	1.684 4
总计：				1 035.460	1.000 0	1.839 6

由于息票支付在上表中更大，早期支付的利息的权重比教材表16-3中的高，故久期下降。

21. a. 附息债券的凸性计算如下：

	时间（t）	现金流（美元）	现金流现值（美元）	$t + t^2$	$(t+t^2) \times$现金流现值
息票 = 80	1	80	72.727	2	145.455
到期收益率 = 0.10	2	80	66.116	6	396.694
到期日 = 5	3	80	60.105	12	721.262
价格 = 924.184	4	80	54.641	20	1 092.822
	5	1 080	670.595	30	20 117.851
价格：			924.184		
总和：					22 474.083

$$凸性 = 总和 / [价格 \times (1+y)^2] = 20.097$$

b.

	时间（t）	现金流 （美元）	现金流现值 （美元）	$t+t^2$	$(t+t^2) \times$ 现金流现值
息票 = 0	1	0	0.00	2	0.000
到期收益率 = 0.10	2	0	0.000	6	0.000
到期日 = 5	3	0	0.000	12	0.000
价格 = 620.921	4	0	0.000	20	0.000
	5	1 000	620.921	30	18 627.640
价格：			620.921		
总和：					18 627.640

凸性 = 总和/$[$价格$\times(1+y)^2]$ = 24.793

22. a. 零息债券（面值 1 000 美元）按 8% 的到期收益率出售，其价格为 374.84 美元，而付息债券价格为 774.84 美元。

到期收益率等于 9% 时，零息债券的价格为 333.28 美元，而付息债券的实际价格为 691.79 美元。

$$\text{零息债券：实际损失百分比} = \frac{333.28 - 374.84}{374.84} = -0.110\,9 = 11.09\%$$

由凸性久期法则预测的百分比损失为：

预测的损失百分比 = $(-11.81) \times 0.01 + 0.5 \times 150.3 \times 0.01^2 = -11.06\%$，即 11.06% 的损失。

$$\text{付息债券：实际损失百分比} = \frac{691.79 - 774.84}{774.84} = -0.107\,2 = -10.72\%$$

由凸性久期法则预测的百分比损失为：

预测的损失百分比 = $(-11.79) \times 0.01 + 0.5 \times 231.2 \times 0.01^2 = -0.106\,3$，即 10.63% 的损失。

b. 假定到期收益率下降到 7%。零息债券的价格上升到 422.04 美元，而付息债券的价格上升到 875.91 美元。

$$\text{零息债券：实际损失百分比} = \frac{422.04 - 374.84}{374.84} = 0.125\,9 = 12.59\%$$

由凸性久期法则预测的损失百分比：

预测的损失百分比 = $(-11.81) \times (-0.01) + 0.5 \times 150.3 \times 0.012 = 0.125\,6$，即 12.56% 的收益。

$$\text{付息债券：实际损失百分比} = \frac{875.91 - 774.84}{774.84} = 0.130\,4 = 13.04\%$$

由凸性久期法则预测的损失百分比：

预测的损失百分比 = $(-11.79) \times (-0.01) + 0.5 \times 231.2 \times 0.012 = 0.129\,5$，即 12.95% 的收益。

c. 不论利率上升还是下跌，6% 的付息债券凸性较高，其表现都优于零息债券。这可视为根据凸性久期法则得到的一般性定理：由于利率变动导致的久期对两种债券的影响是相同的（因为久期几乎相等），但是凸性的影响通常是正的，总是使凸性较高的债券受益。因此，如果债券的收益率总是等量变化，正如此题中所假设的，具有较高凸性的债券总是优于有相同久期和初始到期收益率但凸性较低的债券。

d. 这种情况不会持久。没有人愿意购买凸性较低的债券，如果它一直不如另一种债券，它的价格将会降低，到期收益率会上升。因此，凸性较低的债券将会以较高的初始到期收益率卖出，而较高的收益率将会补偿较低的凸性值。如果利率只略微变动，具有高收益率-低凸性的债券就会表现更好。如果利率变化很大，具有低收益率-高凸性的债券就会表现更好。

23. a. 由下表可知，债券的凸性为64.933。现金流按7%的折现率折现。（由于债券息票率为7%，且按面值出售，它的到期收益率为7%。）

    凸性等于最后一列的总和（7 434.175）除以：$[P \times (1+y)^2] = 100 \times (1.07)^2 = 114.49$。

时间	现金流	现金流现值	$t^2 + t$	$(t^2 + t) \times$ 现金流现值
1	7	6.542	2	13.084
2	7	6.114	6	36.684
3	7	5.714	12	68.569
4	7	5.340	20	106.805
5	7	4.991	30	149.727
6	7	4.664	42	195.905
7	7	4.359	56	244.118
8	7	4.074	72	293.333
9	7	3.808	90	342.678
10	107	54.393	110	5 983.271
总计：		100.000		7 434.175
凸性：				64.933

债券的久期为：

(1) 距支付的时间（年）	(2) 现金流量	(3) 现金流现值（折现率=7%）	(4) 权重	(5) (1)×(4)
1	7	6.542	0.065 42	0.065 42
2	7	6.114	0.061 14	0.122 28
3	7	5.714	0.057 14	0.171 42
4	7	5.340	0.053 40	0.213 61
5	7	4.991	0.049 91	0.249 55
6	7	4.664	0.046 64	0.279 86
7	7	4.359	0.043 59	0.305 15
8	7	4.074	0.040 74	0.325 93
9	7	3.808	0.038 08	0.342 68
10	107	54.393	0.543 93	5.439 34
总计		100.000	1.000 00	7.515 23

$D = 7.515$（年）。

b. 如果到期收益率增加至8%，债券价格会降到面值的93.29%，即下降了6.71%。

c. 根据久期法则，价格变化百分比为：

$$\left(-\frac{D}{1.07}\right) \times 0.01 = \left(-\frac{7.515}{1.07}\right) \times 0.01 = -0.070\ 2 = -7.02\%$$

这夸大了实际价格降低的百分比，夸大幅度为0.31%。

根据久期法则预测的价格比面值低7.02%，或者为面值的92.98%。

d. 根据凸性久期法则，价格变化百分比为：

$$\left[\left(-\frac{7.515}{1.07}\right) \times 0.01\right] + \left(0.5 \times 64.933 \times 0.01^2\right) = -0.067\ 0 = -6.70\%$$

误差百分比为 0.01%，显著地小于根据久期法则计算出的误差百分比。

根据凸性久期法则计算的预计价格比面值低 6.70%，或者为面值的 93.30%。

三、CFA 考题

1. a. 赎回特征给发行人提供了一个有价值的期权，因为即使剩余支付的现值比赎回价格高，发行人也可以按既定的赎回价格将债券赎回。投资者因此会要求一个较高的收益率作为该特性的补偿，而发行人也愿意支付这一补偿。

   b. 赎回特征将会减小债券的久期（利率的敏感性）和凸性。如果利率下降，则可赎回债券价格的上升不会高于不可赎回债券。此外，描述普通债券价格变化的特征的曲率也会因赎回特征而减小。在利率下跌时价格 – 收益率曲线（见教材图 16 – 6）会变平坦，赎回债券的选择则变得更有吸引力。事实上，在利率较低时，债券会表现出"负凸性"。

2. a. 债券价格减少了 80 美元，计算如下：$10 \times 0.01 \times 800 = 80.00$（美元）。

   b. $1/2 \times 120 \times (0.015)^2 = 1.35\%$。

   c. $9/1.10 = 8.18$。

   d. i。

   e. i。

   f. iii。久期与到期时间成正比，与息票率成反比。

3. a. 修正久期 $= \dfrac{D}{1 + YTM} = \dfrac{10}{1.08} = 9.26$（年）

   b. 对于无附带期权的息票债券来说，修正久期是一个更好地衡量债券利率变化敏感性的方法。因为到期期限仅仅考虑了最终现金流，而修正久期考虑了其他因素，比如息票支付的规模、时间以及利率水平（到期收益率）。与到期期限不同，修正久期表明了对于到期收益率的一定变化债券价格的大致百分比变化。

   c. i. 修正久期随着息票的下降而延长。

   ⅱ. 修正久期随到期期限缩短而缩短。

   d. 凸性测度债券的价格 – 收益率曲线的曲率。这一曲率表明描述债券价格变动的久期法则（仅以最初的收益率曲线的斜率为基础）仅是近似值。增加债券凸性这个度量，提高了近似值的准确性。凸性由下面方程中的最后一项来衡量：

   $$\frac{\Delta P}{P} = (-D^* \times \Delta y) + \left[\frac{1}{2} \times 凸性 \times (\Delta y)^2 \right]$$

4. a. i. 当前收益率 = 息票/价格 = 70/960 = 7.29%。

   ⅱ. 到期收益率 = 3.993%/半年，或 7.986%/年。（财务计算器：n = 10，PV = – 960，FV = 1 000，PMT = 35，计算利率。）

   ⅲ. 水平收益率或总复合回报率是 4.166%/半年，或 8.332%/年。为了得到这个值，首先找出再投资的息票和本金的终值。共有 6 次支付，每次支付 35 美元，再投资的利率为 3%/半年。使用财务计算器，输入：PV = 0，PMT = 35，n = 6，i = 3%，得到终值 = 226.39 美元。

   3 年后，债券将以面值 1 000 美元出售，因为预期到期收益率等于息票率，因此，3 年总收益为 1 226.39 美元。

   再找出使得购买价格的终值为 1 226.39 美元的利率（$y_{实现}$）：

   $$960 \times (1 + y_{实现})^6 = 1\,226.39$$

解得 $y_{实现}$ =4.166%/半年。

b. 每种方法的缺点：

　　i. 当前收益率既没有考虑到按市价而不是面值买进时发生的资本收益或损失，也没有考虑息票支付后的再投资收益。

　　ii. 到期收益率认为债券均被持有到期，并且所有的息票收入都可以按照与到期收益率相等的利率再投资。

　　iii. 水平收益受预期的再投资利率、持有期限和投资者持有期末债券的收益率的影响。

　　　　应当注意的是，这种对水平收益的批判不太公平；到期收益率也可以在不用对未来收益率和再投资利率进行精确的假设下计算，如果以到期收益率作为期望收益率的衡量标准，那么债券所隐含的假设其价值等于当前的到期收益率。

5. a. i. 利率为4.75%的国债的有效久期为：

$$-\frac{\Delta P/P}{\Delta r} = \frac{(116.887 - 86.372)/100}{0.02} = 15.2575$$

　　ii. 资产组合的久期是资产组合中单个债券的久期的加权平均：

$$组合久期 = w_1 D_1 + w_2 D_2 + w_3 D_3 + \cdots + w_k D_k$$

其中，w_i = 债券 i 市值/组合的市值；D_i = 债券 i 的久期；k = 组合中的债券数。

债券组合的有效久期计算如下：

$$[(48\,667\,680/98\,667\,680) \times 2.15] + [(50\,000\,000/98\,667\,680) \times 15.26] = 8.79$$

b. 如果资产组合的收益率只是发生了一个很小的并且同步的变动，则范赫森的说法是正确的。只有当收益率变动很小时，久期才能作为债券价格变化的一个线性的估计。当收益率变动很大时，就需要引入凸性来近似估计那些不能由久期解释的价格变动。此外，投资组合久期还假设所有债券的收益率变化相同的基点数（同步变动），所以收益率的任何非同步变动都会导致资产组合价格敏感性与具有相同久期的单个债券价格敏感性的差异。

6. a. Aa 债券的初始到期收益率较高（40bp 和 31bp 的利差），但它与政府债券的预期水平利差更大，这将降低收益率。Aaa 债券利差预期较平稳，计算相对收益如下：

$$高于国债的增量收益 = 增量收益差 - (利差变化 \times 久期)$$

Aaa 债券：31bp - (0 × 3.1 年) = 31bp；
Aa 债券：40bp - (10bp × 3.1 年) = 9bp。

因此，应当选择 Aaa 债券。

b. 需考虑的其他变量如下。

①发行人信用的潜在变化。如果债券的信用级别变化，它和国库券的利差也将发生变化。

②一个既定级别证券的相对利差的变化。如果整个证券市场的质量利差因为要求风险溢价的变化而变化，即使个别债券的信用级别不会发生改变，债券的利差也将变化。

③到期期限的影响。当债券即将到期时，信用质量对收益差的影响也会变化。这将不同程度地影响到不同初始信用风险级别的债券的收益。

7. a. 价格变化百分比 = (-有效久期) × 到期收益率变化(%)。

CIC：(-7.35) × (-0.50%) = 3.675%；
PTR：(-5.40) × (-0.50%) = 2.700%。

b. 因为需要计算的是只有一个息票期的水平收益率，所以没有再投资收入。

$$水平收益率 = \frac{息票支付 + 年末价格 - 初始价格}{初始价格}$$

$$\text{CIC:}(-7.35)\times(-0.50\%)=3.675\%$$
$$\text{PTR:}(-5.40)\times(-0.50\%)=2.700\%$$

  c. 注意 CIC 是不可赎回的,但 PTR 可赎回。因此,CIC 有正的凸性,而 PTR 有负的凸性。由此可以得出,CIC 债券对久期近似值的凸性调整值为正,而 PTR 债券的凸性调整值为负。

8. 经济周期处于通货膨胀率上升的阶段,利率将会上升。因此,投资者将力图缩短资产组合的久期。

 a. 选择到期期限较短(2014 年)的债券。

 b. 亚利桑那债券的久期较短。亚利桑那债券的票息略低,但是它的收益率较高。

 c. 选择息票率为 9.375% 的债券。到期期限相等,但它的息票要高得多,因而久期更短。

 d. 如果更早开始的偿债基金的赎回效应超出了稍低的息票率的效应,则壳牌公司债券的久期就要短些。

 e. 浮动利率票据的久期约等于其调整期,即仅 6 个月,因此,选择浮动利率票据。

9. a. 一个预计利率水平将发生变化的经理应该进行利率预期互换,如果预期利率下滑,则延长久期;如果预期利率上升,则缩短久期。

 b. 部门间的利差变化会导致市场间利差互换。经理将买进那些相对其他部门期望收益将下滑的部门的债券,而卖空期望收益率将上涨的部门的债券。

 c. 某一特定投资工具的利差变化会导致替代互换。如果证券的期望收益率相对于其他类似的债券会上升,就卖出该证券;如果证券的期望收益率相对于其他类似的债券会下滑,则买进该证券。

10. a. **指数化债券策略的优势。**

  ①从历史上看,多数积极型经理在大多数时期的表现差于基准指数;在既定的风险水平下,指数化能降低运作不佳的可能性。

  ②指数组合的管理顾问费用明显低于积极资产组合。积极的管理者征收的费用大体上是 15~50 个基本点,而指数组合的费用为 1~20 个基本点(其中费用最高的指数为增强型指数),指数化资产组合的其他非顾问费用(如监管费用)也要低些。

  ③指数组合不依赖于顾问的期望,因此其表现劣于市场的风险较低。

  ④计划的发起者对指数化组合更具控制力,因为单个的管理者无法随意偏离基准指数组合的参数。一些计划发起者甚至决定利用内部员工管理指数资产组合。

  ⑤指数化策略实际上是"买入市场"。如果市场是有效的,指数化策略将减少非系统的可分散化风险,在既定的风险水平下产生最大的收益。

  指数化债券策略的弊端。

  ①指数化组合的收益可能会与债券指数一致,但这并不一定是最佳的表现。在某些时期,很多积极管理者的表现在同样的风险水平下能胜过指数化策略。

  ②债券指数和组合的选择可能和委托人的目标和债务流要求相悖。

  ③债券的指数化可能限制了基金参与其他部门或其他能增加收益的机会。

 b. 分层抽样法或分格法是将指数细分为格的方法,每一小格代表一不同特征的指数。通常分格法综合利用(但不仅限于)久期、息票、到期期限、市场部门、信用等级、回购和偿债基金特征。指数管理者选择一种或多种债券来代表此格,每一小格所持有的债券的整体市场权重,取决于目标指数的特征组合。

 c. 跟踪误差被定义为一个指数资产组合的表现和基准指数间的差异。当投资金额相对较小，而要复制的格数很大时，分格法就会产生明显的跟踪误差，因为需要购买大量的零碎股以比较精确地代表所需的单元，零碎股的购买价格比整数股要高。另一方面，如果减少格数以减少需购买的零碎股，将潜在地增加追踪误差，因为这与目标不匹配。

11. a. 对于无期权的债券来说，有效久期和修正久期近似相等。用所给数据，久期计算如下：

$$-\frac{\Delta P/P}{\Delta r} = \frac{(100.71 - 99.29)/100}{0.002} = 7.100$$

b. 债券的价格变化总百分比计算如下：
由久期法则计算的价格变化百分比 = $-7.90 \times (-0.02) \times 100 = 15.80\%$；
凸性调整 = 1.66%；
总的预计价格变化百分比 = $15.80\% + 1.66\% = 17.46\%$。

c. 助手的想法不正确。因为修正凸性没有考虑到有嵌入期权的债券的现金流会随着到期收益率的变化而变化。当收益率下降到可赎回债券息票利率以下时，修正凸性仍然为正，就像不含期权的债权一样。然而，有效凸性考虑到了含有嵌入期权的债权的现金流将随到期收益率变化而变化。当收益率下降到息票利率以下，债券被发行人赎回的可能性增大，有效凸性也变为负值。

12. $\Delta P/P = -D^* \times \Delta y$

策略 I：

5 年期：$\Delta P/P = -4.83 \times (-0.75\%) = 3.6225\%$；
25 年期：$\Delta P/P = -23.81 \times 0.50\% = -11.9050\%$；
$\Delta P/P = (0.5 \times 3.6225\%) + 0.5 \times (-11.9050\%) = -4.1413\%$。

策略 II：

15 年期：$\Delta P/P = -14.35 \times 0.25\% = -3.5875\%$。

13. a. i. 强劲的经济复苏伴随着上升的通胀预期，利率和债券收益率将上升，债券价格将下降。可赎回债券被赎回的可能性也将下降，其表现将更加趋近不可赎回债券。在利率较高的情况下，久期稍短的可回购债券将表现得更好。

ii. 经济衰退伴随着下降的通胀预期，利率和债券收益率将下滑。可赎回债券很可能被赎回。可赎回债券久期的相关计算需要用到赎回时的修正久期。久期更短表明其价格增值是有限的。相反，不可赎回债券将有同样的修正久期，因此价格增值更大。

b. 预期价格变化 = 修正久期 × YTM 的变化 = $(-6.80) \times (-0.75\%) = 5.1\%$
所以，价格将从当前的 100 美元增至大约 105.10 美元。

c. 对于债券 A，因为可赎回，其期限和债券现金流具有很大的不确定性。如果忽略掉其赎回特征，打算持有至到期，则所有收益率和久期的计算将被扭曲：久期过长，收益率过高。但是如果将债券超出赎回价的溢价看作赎回的基础，那么久期将过短，收益率也将过低。最有效的方法是利用期权定价方法。将可赎回债券分为两个独立的证券：一个不可赎回的债券和一个期权：

可赎回债券价格 = 不可赎回债券的期权 − 期权价格

由于看涨期权的价值总是正的，可赎回债券的价格总是低于不可赎回证券的价格。

第17章

宏观经济分析与行业分析

一、选择题

1. 对公司由上至下的分析必须从（　　）入手。
   A. 公司相对价值　　　　B. 公司绝对价值　　　　C. 国内经济
   D. 全球经济　　　　　　E. 行业概况

2. 高度周期性行业的例子是（　　）。
   A. 汽车行业　　　　　　B. 烟草行业　　　　　　C. 食品行业
   D. 汽车行业和烟草行业　E. 烟草行业和食品行业

3. 需求经济学关注的是（　　）。
   A. 政府开支和税收水平
   B. 货币政策
   C. 财政政策
   D. 政府开支、税收水平和货币政策
   E. 政府开支、税收水平、货币政策和财政政策

4. 使用最为广泛的货币市场工具（　　）。
   A. 改变折现率　　　　　B. 改变准备金要求　　　C. 公开市场操作
   D. 改变边际税率　　　　E. 上述说法都不正确。

5. 真实汇率或者风险调整汇率是（　　）。
   A. 贸易平衡　　　　　　B. 预算赤字　　　　　　C. 购买力比率
   D. 对美国经济不重要　　E. 上述说法不正确。

6. 标准普尔500指数的正常市盈率是（　　）。
   A. 2～10　　　　　　　B. 5～15　　　　　　　C. 小于8
   D. 12～25　　　　　　 E. 大于20

7. 货币政策是由（　　）决定的。
   A. 政府预算　　　　　　B. 总统职权　　　　　　C. 联邦储备系统管理委员会
   D. 国会行动　　　　　　E. 上述说法都不正确。

8. 谷底（trough）是（　　）。
   A. 经济周期扩张期结束，收缩期开始的转折点
   B. 经济周期衰退期结束，扩张期开始的转折点
   C. 萧条期持续超过3年
   D. 只是农民喂猪的工具，与投资期限无关
   E. 上述说法都不正确。

9. 高峰（peak）是（　　）。
   A. 经济周期扩张期结束，收缩期开始的转折点
   B. 经济周期衰退期结束，扩张期开始的转折点
   C. 萧条期持续超过3年
   D. 只是一个地理特征，与投资期限无关
   E. 上述说法都不正确。

10. 如果经济增长，高经营杠杆公司（　　）。
    A. 比低经营杠杆公司利润增加得更多

B. 与低经营杠杆公司利润增长相同
C. 比低经营杠杆公司利润增长得更少
D. 利润不变
E. 上述说法都不正确。

11. 如果经济衰退，高经营杠杆的公司（　　）。
    A. 比低经营杠杆公司利润减少得更多
    B. 与低经营杠杆公司利润减少相同
    C. 比低经营杠杆公司利润减少得更少
    D. 利润不变
    E. 上述说法都不正确。

12. 工业生产是指（　　）。
    A. 经济中个人可支配收入的数量
    B. 政府支出与政府收入之差
    C. 经济中制造业的总产值
    D. 经济中商品和服务的总产值
    E. 上述说法都不正确。

13. GDP 是指（　　）。
    A. 经济中个人可支配收入的数量
    B. 政府支出与政府收入之差
    C. 经济中制造业的总产值
    D. 经济中商品和服务的总产值
    E. 上述说法都不正确。

14. GDP 的快速增长意味着经济（　　），公司（　　）机会增加销售。
    A. 停滞；有较小的　　　　B. 停滞；有充足的　　　　C. 扩张；有较小的
    D. 扩张；有充足的　　　　E. 平稳；没有

15. GDP 下降意味着经济（　　），公司（　　）机会增加销售。
    A. 停滞；有较小的　　　　B. 停滞；有充足的　　　　C. 扩张；有较小的
    D. 扩张；有充足的　　　　E. 平稳；没有

16. 平均失业持续时间和劳务的消费者价格指数变化是（　　）。
    A. 先行经济指标　　　　　B. 同步经济指标　　　　　C. 滞后经济指标
    D. 综合经济指标　　　　　E. 上述说法都不正确。

17. 某行业的公司对经济周期很敏感，它的股票贝塔（　　）。
    A. 大于 1　　　　　　　　B. 等于 1　　　　　　　　C. 大于 0，小于 1
    D. 小于等于 0　　　　　　E. 贝塔与行业周期敏感系数无关

18. 如果经济将进入衰退期，投资于（　　）行业仍具有吸引力。
    A. 汽车　　　　　　　　　B. 医疗服务　　　　　　　C. 建筑
    D. 汽车和建筑　　　　　　E. 医疗服务和建筑

19. 股票价格指数和非防御性资本品的新订单是（　　）。
    A. 先行经济指标　　　　　B. 同步经济指标　　　　　C. 滞后经济指标
    D. 无用的经济指标　　　　E. 上述说法都不正确。

20. 一家公司位于行业生命周期的创业阶段，很可能有（　　）。

A. 高市场占有率
B. 高风险
C. 较高的发展速度
D. 高市场占有率和较高的发展速度
E. 高风险和较高的发展速度

二、课后习题

1. 经济急剧衰退时，应该采取什么样的货币政策和财政政策？
2. 如果你比其他投资者更相信美元会大幅贬值，那么你对美国汽车产业有何投资建议？
3. 选择一个行业，列举其未来3年业绩的影响因素并预测其未来业绩。
4. 证券评估中"自下而上"和"自上而下"方法的差异是什么？"自上而下"方法的优势在哪里？
5. 公司的哪些特征会使其对经济周期更敏感？
6. 与其他投资者不同，你认为美联储将实施宽松的货币政策。那么你对下列行业有何投资建议？
   a. 金矿开采。 b. 建筑业。
7. 在供给方经济学家看来，所得税税率降低将会对价格产生怎样的长期影响？
8. 下列哪些政策与垂直倾斜的收入曲线相一致？（   ）
   a. 宽松的货币政策和宽松的财政政策。
   b. 宽松的货币政策和紧缩的财政政策。
   c. 紧缩的财政政策和宽松的货币政策。
9. 在供给方经济学家看来，下列哪项政策不是能够促进经济长期增长的政府性结构政策？（   ）
   a. 再分配的税收体系。 b. 促进竞争。 c. 政府对经济干涉最小化。
10. 有两家电话生产厂商。一家使用高度自动化的机器生产，另一家人工生产，当生产需求增加时，需要支付加班费。
    a. 在经济萧条和经济繁荣的时候，哪家公司的利润较高？
    b. 哪家公司的 β 值更高？
11. 下表是4种行业以及对宏观经济的4种预测。将行业与最佳情景相配对。

行业	经济预测
a. 房屋建造	（ⅰ）严重经济衰退：通货膨胀减少，利率下降，国内生产总值减少
b. 健康保健	（ⅱ）经济过热：国内生产总值迅速上升，通货膨胀和利率上升
c. 采金	（ⅲ）健康扩张：国内生产总值增加，温和的通货膨胀，低失业率
d. 钢铁生产	（ⅳ）滞胀：国内生产总值减少，高通货膨胀

12. 你会将下列产业放在产业生命周期的哪个阶段？（注：本题的答案较为灵活。）（   ）
    a. 油井设备。 b. 计算机硬件。 c. 计算机软件。
    d. 基因工程。 e. 铁路建设。
13. 从下列每对公司中选择你认为对经济周期比较敏感的公司。（   ）
    a. 大众汽车和大众制药。
    b. 友谊航空公司和幸福照相机生产商。

14. 为什么消费者期望指数是有用的先行宏观经济指标?
15. 为什么每单位产出的劳动成本指数是有用的滞后宏观经济指标?
16. 大众除草剂公司以其获得专利的除草产品控制着化学除草市场。但是,该专利将要到期。你预期该行业将会发生什么变化?尤其是大众除草剂公司所生产的产品价格、销售量和期望利润,及其竞争对手的期望利润将会发生什么变化?你认为该市场处于行业生命周期的什么阶段?
17. 你计划建立的公司第 1 年的收入是 120 000 美元,固定成本是 30 000 美元,可变成本是收入的 1/3。

    a. 公司的期望利润是多少?
    b. 基于固定成本和期望利润,经营杠杆系数是多少?
    c. 如果销售额比预期低 10%,利润下降多少?
    d. 证明利润下降百分比等于经营杠杆系数乘以销售额下降 10%。
    e. 根据经营杠杆系数,公司最初预测的销售额下降多少时利润将变为负数?该点的保本销售额是多少?
    f. 为了证明你的 e 题的答案是正确的,计算保本销售额的利润。

根据下面的案例回答第 18~21 题。

IAAI 是一家咨询公司,主要为基金、捐赠、养老基金和保险公司等各种机构提供建议,也为部分大额投资的个人投资者提供建议。IAAI 在宣传中承诺将致力于搜集大量信息以预测长期趋势,然后使用普遍接受的投资模型确定这些趋势将如何影响不同投资的业绩。IAAI 研究部成员得出了一些重要的近期宏观经济趋势。例如,他们发现工作岗位和消费者信心都明显增加,他们预期这种趋势将会持续几年。IAAI 研究部考虑的其他国内先行经济指标包括工业产量、制造业平均每周工作时间、标准普尔 500 指数、M2 货币供给以及消费者预期指数。

IAAI 的投资顾问希望根据对就业岗位和消费者信心的预期为客户提供建议。他们运用一套将工作岗位、消费者信心与通货膨胀、利率结合起来的理论,将通货膨胀和利率的预期动向融合到所建立的模型中,用来解释资产定价。他们的主要工作是预测工作岗位和消费者信心趋势将如何影响债券价格,以及这些趋势将如何影响股票价格。

IAAI 研发部的成员也注意到在过去几年中,股价开始上涨,且他们在预测总体经济形势时已运用了这一信息。研究者认为上行趋势的股票市场本身就是一个积极的经济指标。但是,他们对引起这种情况的原因未达成一致。

18. 根据 IAAI 研究成员的预期,岗位数量和消费者信心将呈上升趋势,这两个因素中哪一个因素的上升趋势会对股票价格产生积极影响?
19. 股价作为一种有用的领先经济指标,下列哪项可以准确解释这一现象?(   )

    a. 股价预测未来利率,反映其他指标的趋势。
    b. 无法预测未来利率,与其他领先经济指标无关;股价作为领先经济指标的有用性是一个谜。
    c. 仅仅反映了其他领先经济指标的趋势,本身没有预测能力。

20. 下列 IAAI 研究部列示的国内指标中,哪些作为领先指标是最不合适的?(   )

    a. 工业产量。
    b. 制造业平均每周的工作时间。
    c. M2 货币供给。

21. IAAI 在计算和预测过程中主要使用了历史数据。下列有关 IAAI 的行为中,哪些是最准确

的?(　　)
a. 信用风险溢价对 IAAI 有用,因为它们基于正确的市场预期。
b. 时机不好时,IAAI 应该使用最近股票收益的动态平均,因为这会导致较高的预期股票风险溢价。
c. 应该使用较长的时间窗口,这样制度改变就会成为影响预期的因素。

根据下列案例回答第 22~25 题。

史密斯女士是一位二级特许金融分析师候选人,最近受雇成为爱尔兰银行的一名分析师。她的第一项任务是接受法国酿酒厂的雇用以助其考察竞争战略。

史密斯的报告涵盖了法国白酒业的四家酿酒厂,酿酒厂的特征列示在下表中。在史密斯报告的正文中,她阐述了法国白酒业的竞争结构,并且发现在过去 5 年,法国白酒业没有迎合消费者已经变化了的口味,白酒行业的利润率持续下降,行业的代表性企业也从 10 家下降到 4 家。这说明为了生存,法国白酒企业必须进行合并。

法国四大主要酿酒厂的特征

	South Winery	North Winery	East Winery	West Winery
创建日期	1750	1903	1812	1947
一般竞争策略	?	成本领先	成本领先	成本领先
主要消费者市场(80%集中于)	法国	法国	英国	美国
产地	法国	法国	法国	法国

史密斯的报告说明消费者的议价能力比行业的议价能力高。她在"购买方议价能力"标题下用五点来支持这一结论。

- 许多消费者在用餐和社交时,喝的啤酒比白酒多。
- 随着网上销售的增加,消费者更容易获取白酒的相关信息,以及其他消费者的想法,从而辨别哪些生产商的价格更佳。
- 法国白酒企业在不断合并,5 年前存在 10 家代表企业,现在只剩 4 家。
- 法国白酒业 65% 以上的业务与饭店购买有关。饭店通常会成批购买,一次性购买四五箱白酒。
- 在法国,能够种植葡萄进行白酒生产的肥沃土地非常稀有。

完成了报告的草稿后,史密斯将其交给老板范德莱森评价。范德莱森告诉她,他自己也是一名白酒鉴定家,经常从 South Winery 那里购买白酒。史密斯对范德莱森说:"在报告中,我将 South Winery 作为一家进退两难型的公司。它既想成为成本领先者,销售价格比其他公司更低,又想与其他竞争者产生差异,将白酒装在脖颈弯曲的瓶子中,但这增加了成本。最后导致 South Winery 的利润率不断降低。"范德莱森回答道:"我在白酒大会见过 South Winery 的管理层成员几次。我认为如果它分成几个不同的经营单元,就可以同时实现成本领先和差异化战略。"史密斯决定在发表报告的最终稿件之前,对一般竞争战略做更多研究,以改变范德莱森的想法。

22. 如果法国国内货币相对于英国货币大幅升值,那么对 East Winery 的竞争性地位将产生什么影响?
a. 使其在英国市场竞争力减弱。
b. 没有影响,因为 East Winery 的主要市场是英国而不是法国。
c. 使公司在英国的竞争力更强。

23. 在史密斯的观点中，哪一点支持了消费者有比其他行业更强的议价能力的结论？
24. 史密斯在她的报告中提出，West Winery 可能会使根据消费者看重的白酒特性差异化。下面哪种特性是 West Winery 进行产品差异化时最需要关注的问题？（　　）
    a. 产品运输方式。　　　　b. 产品价格。　　　　c. 关注 30~45 岁的消费人群。
25. 史密斯知道公司的战略计划是一般战略的核心。在对研究资料和文件进行编写的基础上，史密斯总结了关于 North Winery 的三项发现以及它的战略计划过程：
    a. North Winery 的价格和成本预测代表法国白酒行业的未来结构变化。
    b. North Winery 将每个业务单元区分为建设、持有或者收获中的一种。
    c. North Winery 将市场份额作为竞争地位的主要测度方法。
    以上哪种发现最不支持 North Winery 的战略计划过程遵循一般竞争战略的结论？

三、CFA 考题

1. 简单讨论一下美联储在实行扩张性货币政策时，会分别使用下列货币工具采取什么措施？
   a. 准备金要求。　　　　　b. 公开市场业务。　　　　c. 折现率。
2. 已经实施了非预期扩张性货币政策，指出这一政策对下列四个可变因素的作用。
   a. 通货膨胀率。　　　　　　　　　　b. 实际产量和就业。
   c. 实际利率。　　　　　　　　　　　d. 名义利率。
3. Universal Auto 是一家大型跨国企业，总部在美国。出于部分报告的需要，公司从事两种业务：汽车生产和信息处理服务。

   汽车业务是到目前为止 Universal Auto 较大的一项业务。它包括大多数美国国内客车的生产，也包括在美国小型卡车的生产，以及在其他国家客车的生产。Universal Auto 的这部分业务过去几年中运作结构不是很好，2013 年达到亏损。尽管公司没有报告美国国内客车业务的运作结果，但这正是导致汽车业绩较差的主要原因。

   Idata 是 Universal Auto 的信息处理服务业务部分，于 15 年前成立。这项业务在国内增长稳定处于强势地位，没有并购事项发生。

   CFA 候选人亚当斯为 Universal Auto 准备了一项调查报告，报告称："我们假设 Universal Auto 将于 2014 年大幅增加美国客车的价格，根据这项假设我们预计利润将增加数十亿美元。"
   a. 描述行业生命周期的四个阶段。
   b. 辨别 Universal Auto 的两项主要业务（汽车和信息处理）位于哪个阶段。
   c. 讨论产品定价在两项业务中如何不同，基于每项所处的生命周期的阶段。
4. 亚当斯的调查报告（见问题 3）接下来是："经济复苏正在进行中，期望利润增长应该会使 Universal Auto 的股票价格上升。我们强烈建议买入。"
   a. 讨论投资择时的生命周期法。你的回答应该描述在典型商业周期的不同时段该如何操作股票和债券。
   b. 假设亚当斯的断言是正确的（经济已经在复苏过程中），基于市场择时的生命周期，该评论对购买 Universal Auto 这只周期性股票的实时性在哪里？
5. Ludlow 在准备美国电动牙刷制造业的报告，搜集的信息见下面两张表。Ludlow 在报告中总结说，电动牙刷也正处于行业生命周期的成熟阶段。
   a. 从下表中选择和论证三种要素支持 Ludlow 的观点。

电动牙刷行业指数和主要股票市场指数

	2007	2008	2009	2010	2011	2012
股权回报						
电动牙刷行业指数	12.5%	12.0%	15.4%	19.6%	21.6%	21.6%
市场指数	10.2	12.4	14.6	19.9	20.4	21.2
平均市盈率						
电动牙刷行业指数	28.5×	23.2×	19.6×	18.7×	18.5×	16.2×
市场指数	10.2	12.4	14.6	19.9	18.1	19.1
派息率						
电动牙刷行业指数	8.8%	8.0%	12.1%	12.1%	14.3%	17.1%
市场指数	39.2	40.1	38.6	43.7	41.8	39.1
平均股息收益率						
电动牙刷行业指数	0.3%	0.3%	0.6%	0.7%	0.8%	1.0%
市场指数	3.8	3.2	2.6	2.2	2.3	2.1

b. 从下表中选择和论证三种要素反驳 Ludlow 的观点。

电动牙刷制造行业特征

- **行业销售增长**。最近每年的行业销售额增长率为 15%~20%，预期接下来的三年每年的增长率为 10%~15%
- **非美国市场**。有些美国制造商想要进入快速增长的非美国市场，这些市场还没有开发
- **函购销售量**。一些制造商直接通过函购方式向顾客销售电动牙刷从而开创了一个新的用户群。该行业细分市场的销售额每年增长了 40%
- **美国市场渗透**。制造商在价格的基础上激烈竞争，行业内的价格战很常见
- **利基市场**。有些制造商能够在美国基于公司名誉、质量和服务开发新的未开发的利基市场
- **行业兼并**。最近几家制造商合并，预期该行业兼并将会增加
- **新进入者**。新制造商继续进入市场

6. 作为一名证券分析师，你被要求重新评价一家股权集中度很高的 WAH 公司的价值，该报告由 RRG 提供。你要对评价给出自己的看法，并且通过分析评价的每一部分支持你的观点。WAH 的唯一业务是汽车零部件零售。RRG 所做的报告"汽车零部件零售业分析"完全基于下表中的数据和接下来的信息。

- WAH 和它的主要竞争者在 2012 年年底各经营 150 多家店。
- 每家公司在汽车零部件行业经营店铺的数量为 5.3 个。
- 零售店销售的汽车零部件的主要顾客群是旧汽车的新主人。这些人出于经济考虑自己做汽车维护。

a. RRG 的一个结论是汽车零部件零售业整体处于行业生命周期成熟阶段。讨论下表中支持这一结论的三组相关数据。

b. 另一个 RRG 结论是 WAH 和它的主要竞争者都处于生命周期的兼并阶段。
ⅰ. 引用下表中的三组数据来支持这一结论。
ⅱ. 解释一下行业总体处于成熟阶段时，WAH 和它的主要竞争者如何处于兼并阶段。

挑选出来的汽车零部件行业零售数据 (%)

	2013	2012	2011	2010	2009	2008	2007	2006	2005	2004
18~29 岁人口（比例变化）	-1.8	-2.0	-2.1	-1.4	-0.8	-0.9	-1.1	-0.9	-0.7	-0.3
收入大于 35 000 美元的家庭的数量（比例变化）	6.0	4.0	8.0	4.5	2.7	3.1	1.6	3.6	4.2	2.2

	2013	2012	2011	2010	2009	2008	2007	2006	2005	2004
收入小于 35 000 美元的家庭的数量（比例变化）	3.0	-1.0	4.9	2.3	-1.4	2.5	1.4	-1.3	0.6	0.1
汽车使用年限在 5~15 年之间的数量（比例变化）	0.9	-1.3	-6.0	1.9	3.3	2.4	-2.3	-2.2	-8.0	1.6
汽车贩卖修理用零件的市场产业零售额（比例变化）	5.7	1.9	3.1	3.7	4.3	2.6	1.3	0.2	3.7	2.4
消费者在汽车零件和消费者支出（比例变化）	2.4	1.8	2.1	6.5	3.6	9.2	1.3	6.2	6.7	6.5
店面达到 100 家及以上的汽车零部件零售公司的销售增长	17.0	16.0	16.5	14.0	15.5	16.8	12.0	15.7	19.0	16.0
店面达到 100 家及以上的汽车零部件零售公司的市场份额	19.0	18.5	18.3	18.1	17.0	17.2	17.0	16.9	15.0	14.0
店面达到 100 家及以上的汽车零部件零售公司的平均经营利润率	12.0	11.8	11.2	11.5	10.6	10.6	10.0	10.4	9.8	9.0
所有汽车零部件零售公司的平均经营利润率	5.5	5.7	5.6	5.8	6.0	6.5	7.0	7.2	7.1	7.2

7. a. 如果英镑的汇率价值从 1.75 美元/英镑变动到 1.55 美元/英镑，那么：（ ）。
   ⅰ. 英镑升值，英国人发现美国货物变便宜了
   ⅱ. 英镑升值，英国人发现美国货物变贵了
   ⅲ. 英镑贬值，英国人发现美国货物变贵了
   ⅳ. 英镑贬值，英国人发现美国货物变便宜了
   b. 下列哪些变化可能影响利率？（ ）
   ⅰ. 通货膨胀预期。　　　ⅱ. 联邦赤字规模。　　　ⅲ. 货币供给。
   c. 根据财政政策的供给方观点，如果总体税收收入的影响相同，减少边际税率与增加个人豁免额这两种减税方式有差别吗？（ ）
   ⅰ. 没有，两种削减税收的方法对总体供给的影响相同。
   ⅱ. 没有，两种情况下，人们都会增加收入，预期未来税收增加，因此会抵消目前较低的税收的刺激影响。
   ⅲ. 有，边际税率较低本身会增加刺激，获得边际收入，因此会刺激总体供给。
   ⅳ. 有，如果边际税率下降，利率会上升，但是如果个人豁免额上升，利率往往会下降。

参考答案

一、选择题

1. D　2. A　3. E　4. C　5. C　6. D　7. C　8. B　9. A　10. A
11. A　12. C　13. D　14. D　15. A　16. C　17. A　18. B　19. A　20. E

二、课后习题

1. 降低利率即放松货币政策将有助于刺激投资和对耐用消费品的支出。扩张性财政政策即降低税收、增加政府支出和福利转移支付将直接刺激总需求。
2. 美元的急剧贬值会使进口汽车变得更昂贵，美国的汽车对外国的消费者则变得更便宜了。

这将使得美国的汽车行业获益。
3. 答案不唯一。
4. 证券评估"自上而下"的方法开始于全球和国内的经济分析。在给定宏观经济的预期表现的情况下，遵循"自上而下"方法的分析家将会试图寻找一个可能表现良好的行业或部门。最后，分析会集中于行业或部门内可能表现良好的特定企业。"自下而上"的方法通常强调个别公司股票的基本面分析，它主要是基于这样一种信念，即无论行业或宏观经济的前景好坏，被低估的股票都将表现良好。

"自上而下"方法的主要优势是它提供了一种在每一水平下，将经济和金融变量的影响纳入到公司股票分析中的结构性方法。特定行业的前景高度依赖于宏观经济变量。同样，个别公司的股票表现可能受该公司经营的行业前景的影响很大。

5. 对经济周期有较大敏感性的公司一般属于生产耐用消费品或资本货物的行业。耐用品（如汽车、大家电）的消费者更倾向于在经济扩张时购买这些东西，而在经济衰退时往往会推迟购买。公司的资本货物（如购买生产产品的设备）的购买在经济衰退时会降低，因为在经济衰退时对公司最终产品的需求会下降。

6. a. 金矿开采：传统上认为黄金可以对冲通胀风险。扩张性的货币政策将导致通胀，因而可能增加金矿股票的价值。

    b. 建筑业：扩张性货币政策将导致利率降低，从而刺激住房需求，建筑业会因此受益。

7. 供给经济学家相信，所得税税率的降低会使工人们在当前或稍低一点的工资下更乐意努力工作。这样的效应会减轻通货膨胀率的成本压力。

8. a. 当财政政策和货币政策都是宽松的时候，收入曲线会大幅度向上倾斜（即短期利率会低于长期利率），并且经济在未来可能会扩张。

9. a. 当财富通过政府的税收政策重新分配时，将会产生经济的无效率。税收政策应该尽可能地提高经济增长。

10. a. 自动化生产线有较高的固定成本和较低的可变（劳动）成本。因此，这家企业在经济繁荣时有更好的表现，在经济衰退时有更糟的表现。例如，在经济繁荣时期销售增多时，成本的增速低于收益的增速。

    b. 因为自动化企业的收益对经济周期更敏感，因此它有更高的 β 值。

11. a. 房屋建造（周期性行业但对利率敏感）：（Ⅲ）健康扩张；

    b. 健康保健（非周期性行业）：（Ⅰ）严重经济衰退；

    c. 采金（反周期性）：（Ⅳ）滞胀；

    d. 钢铁生产（周期性行业）：（Ⅱ）经济过热。

12. a. 油井设备：相对衰退（环境压力，容易开发的新油田也在减少）；

    b. 计算机硬件：成长阶段；

    c. 计算机软件：成长阶段；

    d. 基因工程：创业阶段；

    e. 铁路建设：衰退阶段。

13. a. 大众汽车。医药购买的可选择性比汽车更低。

    b. 友谊航空公司。旅游支出比拍照对经济周期更敏感。

14. 消费者期望指数是一个极为有用的先导性经济指标，因为如果消费者对于未来很乐观，他们就会更愿意进行消费，尤其是对耐用品的消费，从而增加总需求，刺激经济。

15. 每单位的劳动成本是一个有用的滞后指标，因为工资只有在经济已经完全进入扩张期之后才会有所上升。在扩张初期，经济十分萧条，产出可以在雇主不需要提高投入品的价格或者无须提高工人工资的情况下增长。等到工资由于对劳动力的高需求而上升时，繁荣期早已进行了相当长一段时间了。

16. 大众除草剂公司专利权的即将到期意味着它很快就会面临来自其竞争对手的激烈的竞争。可以预期到价格和边际利润都会下降，随着价格的下降，整个行业的销售额会有一定的上升。行业很可能进入成长期，这一时期生产商不得在价格方面展开激烈竞争。

17. a. 期望利润 = 收入 − 固定成本 − 可变成本 = 120 000 − 30 000 − (1/3) × 120 000 = 50 000（美元）。
    b. 经营杠杆系数 = 1 + 固定成本/利润 = 1 + 30 000/50 000 = 1.6
    c. 如果销售额只有 108 000 美元，利润将下降到：
    $$108\,000 - 30\,000 - (1/3) \times 108\,000 = 42\,000(美元)$$
    将比预期值下降 16%。
    d. 利润下降 16% 等于 DOL 乘以销售收入下降的 10%。
    e. 如果收益变成负的，利润下降比例将超过 100%。利润下降 100%，销售收入将下降：
    $$100\%/DOL = 100\%/1.60 = 62.5\%$$
    因此，收入只是初始预期的 37.5%。在这一水平上，销售收入只有 0.375 × 120 000 = 45 000（美元）。
    f. 如果收入为 45 000 美元，利润将为：45 000 − 30 000 − (1/3) × 45 000 = 0（美元）。

18. 股票价格与岗位数量或工作时间正相关，因为每多赚取一美元就意味着支出将更高。信心程度高会对支出和股票价格有积极影响。

19. a。股票价格是领先指标之一。一个可能的解释是，股票价格预测未来利率、公司盈利及股息。另一个可能的解释是，股票价格会对其他领先经济指标的变化做出反应，比如货币供给的变化或者长期和短期利率之间的利差变化。

20. a。工业产量是一个同步指标；其他的都为领先指标。

21. b。如果使用历史数据，则可得到收益的几何和算术平均值。几何平均值偏向于从多时段的角度来看长期趋势。股权风险溢价的另一种方法是利用近期过往市场回报的移动平均。这表明当时机不好时会有一个低预期股票风险溢价，这与投资者预期相违背。当使用历史数据时，在长期和短期的时间跨度之间有一个权衡。短期跨度有利于减少政权变动的影响。长期跨度则提供了更好的敏感性低的统计数据。

22. a。外汇汇率可以显著地影响某一行业的竞争力和盈利能力。对一个很大部分商品都通过出口销售的行业，货币升值通常是坏消息，因为这将使得该行业在国外的竞争力减弱。在这里，法国货币升值使得法国进口商品在英国更加昂贵。

23. 购买方力量的决定因素包括买方集中度、买方数量、买方信息、可用的替代品、转换成本、品牌形象和产品差异。观点 1 指出的是可用的替代品，观点 2 指出的是买方信息，观点 4 指出的是买方数量和买方集中度，观点 3 指出在行业内的竞争者数量，观点 5 指出有新进入者，这都是对事实的陈述，并不能支持消费者有较强议价能力的结论。

24. a。产品的差异化可能基于产品本身、运输方式或市场营销方法。

25. 一个在战略计划过程中不遵循一般竞争战略的企业通常会犯一个或多个以下的错误。
    （1）战略计划是一个不相关行为的集合，无法形成可持续的竞争优势。
    （2）价格和成本预测是基于目前的市场状况得出的，并没有考虑到行业结构将影响到未来行业的长期盈利。
    （3）将业务单位进行分类，如建设、持有和收获；但并没有意识到这些都不是业务策略，

(4) 公司关注的是衡量竞争地位的市场份额，但未能认识到市场份额是结果，而不是可持续竞争地位的原因。

史密斯的总结 2 和 3 描述了其中两个错误，因此不支持 North Winery 的战略计划过程遵循一般竞争战略的结论。

三、CFA 考题

1. a. 较低的准备金要求会使银行贷出大部分的存款，从而增加货币供给。
   b. 美联储将买入国库券，从而增加货币供给。
   c. 贴现率将降低，允许银行以更低的利率借入额外资金。

2. a. 扩张的货币政策可能会过度刺激经济，或者因为货币增多而促使物价上涨，导致通货膨胀。
   b. 在扩张政策下，实际产出和就业至少在短期内会增加。
   c. 实际利率至少在短期内会下降，因为经济中的资金供给增加了。
   d. 名义利率可能上升也可能下降。一方面，实际利率可能下降（参见 c），但是通货膨胀溢价可能上升（参见 a）。名义利率是这两个因素共同作用的结果。

3. a. 行业的生命周期是指大多数行业将经历不同的增长阶段。尽管很难明确地指出一个阶段在什么时候结束，另一个阶段在什么时候开始，但行业从一个阶段转换到另一个阶段时，增长率、竞争环境、边际利润和定价策略都会有相应的调整。

   创业阶段的特点是对巨大的潜在市场的预期，以及对潜在利润的乐观估计。但是，在这个阶段失败的概率通常也比较高。第二阶段通常称为稳定增长期或成长期，增长率很高，且加速增长，市场不断扩大，单位成本下降，质量得到改进。在这一阶段，行业领导者开始出现。第三阶段通常称为缓慢增长期或成熟期，其特点是由于市场成熟和或其他产品参与竞争而导致增长逐渐减慢。最后，行业达到相对衰退期，在这一时期销售额增长缓慢甚至下降。

   产品的定价、获利能力和行业的竞争结构，在各个阶段有很大区别。例如，在第一阶段，通常是高价格、高成本（研究开发、市场营销等）以及（暂时的）垄断性市场结构。在第二阶段（稳定增长期），新的进入者开始出现，成本由于学习曲线而急剧降低。但是通常价格并不急速下降，因而使得利润率上升。在第二阶段（缓慢增长期），增长开始放慢，因为产品或服务开始饱和，而利润则因为价格的极大削减而受到侵蚀。在最后一个阶段，行业的累计生产力很高，以至于生产成本停止下降，利润微薄（假定竞争存在），行业的命运取决于替代性产品（服务）的存在以及替代需求的程度。

   b. 美国的客车行业可能已经进入了行业生命周期的最后阶段，因为常规的增长率相当低。相反地，信息处理行业无疑正处于行业的早期。根据其增长率是否加速判断，它要么处于第二阶段，要么处于第三阶段。

   c. 汽车：在生命周期的最后阶段，需求倾向于对价格敏感。因此，Universal 公司不可能在提高价格的同时保证销售量不受影响。而且，由于行业的成熟，竞争者之间的成本结构可能是相似的，任何削价行为都会立即被模仿。因此，Universal 汽车业务可以被认为是：产品的价格由市场决定，公司是价格的接受者。

   Idata：由于 Idata 处于行业生命周期的早期，它对定价具有更大的灵活性。需求的增长要快于供给，而且，由于行业领导者的存在或其行为，Idata 可以将价格定得很高，以最大化当前的利润并为产品开发创造现金，或者定价很低以争取市场份额。

4. a. 用行业周期方法来进行投资择时的基本前提是，股票价格预期到了行业周期的波动。例如，有证据表明股票价格的波动通常比经济提前 6 个月。事实上，股票价格是经济的一个先导性指标。

   在用行业周期方法的过程中，投资方式大致如下：在预期到行业周期的顶端就要来临时，购买的股票应该是不易受衰退影响的股票。当预期到一个下降趋势即将来临时，持有的股票应该减少，将卖出所得投资于固定收益证券。一旦衰退到一定程度，利率下跌，债券价格就将上升。当预期到衰退即将结束，则应将债券投资得到的利润取出转而投资于股票，尤其是具有高贝塔值的周期性行业的股票。

   通常来说，异常收益只有在资产配置的转换时机要优于其他投资者时才能实现。在拐点之后才转换是不能获得异常收益的。

   b. 根据行业周期方法来进行投资择时，投资于类似客车公司的周期性股票的理想的时间是在衰退结束前。如果复苏已经在进行了，亚当斯的建议就太迟了。股票市场通常会预期到经济周期的变化。因此，如果复苏已经在开始，Universal Auto 的股价应该早已反映了对经济变动的预期。

5. a. 支持 Ludlow 的观点的因素如下。
   ①全行业的股权回报率趋于稳定，这表明该行业可能正接近生命周期的后期阶段。
   ②平均市盈率下降，这表明投资者越来越不看好增长前景。
   ③派息率增加，这表明公司找不到再投资盈利的机会。行业中可能没有增长的机会了。
   ④行业股息收益率在增加，即使市场股息收益率在下降。

   b. 反驳 Ludlow 的观点的因素如下。
   ①行业的增长率仍然预计是在 10%～15%，比成熟行业的实际增长率要高。
   ②非美国市场仍然未开发，一些公司现在正进入这些市场。
   ③函购销售量以每年 40% 增长。
   ④利基市场不断在发展。
   ⑤新的制造商不断进入市场。

6. a. 表中支持"汽车配件零售业作为一个整体处在行业生命周期的成熟阶段"的结论的相关数据如下。
   ①本行业的主要消费者 18～29 岁的人口正在下降。
   ②收入低于 35 000 美元的家庭（另一个重要的消费群）数目没有扩大。
   ③使用 5～15 年的汽车数量（一个重要的最终市场）仅以一个很低的比率增长（实际上有些年是降低的），因此零部件的潜在需求没有增长。
   ④汽车售后服务行业零售额几年来增长缓慢。
   ⑤消费者用于汽车零部件和配件的支出几年来增长缓慢。
   ⑥所有零配件公司的平均营业利润率已经在逐步减少。

   b. i. 支持"WAH 公司和其主要竞争者正处于生命周期的兼并阶段"的结论的相关数据如下。
      ①有 100 家以上零配件商店的公司的销售额正在快速并以增加的速度增长。
      ②有 100 家以上零配件商店的公司的市场份额正在增加，但仍然低于 20%，还有很大的增长空间。

③有100家以上零配件商店的公司的平均营业利润比较高并在增长。

ii. 因为行业分割（即大部分市场份额被大量只有较少商店的公司获得），零配件行业正在经历市场创新和整合阶段。行业正朝着"类别杀手"的形式变化，少部分主要公司通过扩张销售网控制了大部分市场份额。有证据表明，新的"行业中的行业"正在以"类别杀手"型、大型连锁商店公司的形式出现。虽然整个行业实际上已进入生命周期的成熟期，但这个行业中的子行业正处在其兼并阶段（即高增长率，同时具有较高的营业利润率，并且出现了市场领头者）。

7. a. iii
   b. 以上所有。
   c. iii

第18章

权益估值模型

一、选择题

1. （　　）等于公司普通股的总市场价值除以公司资产扣除负债后的重置成本。
   A. 每股账面价值　　　　　B. 每股清算价值　　　　　C. 每股市场价值
   D. 托宾Q　　　　　　　　E. 上述说法都不正确。

2. 其他条件不变，高市盈率意味着公司将（　　）。
   A. 快速增长
   B. 与其他公司平均增长水平相同
   C. 增长较慢
   D. 不增长
   E. 上述说法都不正确。

3. （　　）等于普通股的股东权益除以发行在外的普通股股数。
   A. 每股账面价值　　　　　B. 每股清算价值　　　　　C. 每股市场价值
   D. 托宾Q　　　　　　　　E. 上述说法都不正确。

4. （　　）是运用现有相关信息和公司未来盈利能力来评估公司公平市场价值。
   A. 信贷分析　　　　　　　B. 基本面分析　　　　　　C. 系统分析
   D. 技术分析　　　　　　　E. 专家分析

5. （　　）被定义为股票能为投资者带来现金回报的现值。
   A. 股利支付率　　　　　　B. 内在价值　　　　　　　C. 市场资本化率
   D. 盈余再投资率　　　　　E. 上述说法都不正确。

6. （　　）是指公司破产后，变卖资产、清偿负债以后余下的可向股东分配的每一普通股享有的价值。
   A. 每股账面价值　　　　　B. 每股清算价值　　　　　C. 每股市场价值
   D. 托宾Q　　　　　　　　E. 上述说法都不正确。

7. 自从1955年，债券收益率和股票收益率（　　）。
   A. 相同　　　　　　　　　　　　　　　　　　　　　B. 负相关
   C. 正相关　　　　　　　　　　　　　　　　　　　　D. 不相关

8. 从历史上看，（　　）。
   A. 高通货膨胀时，市盈率较高
   B. 高通货膨胀时，市盈率较低
   C. 市盈率与通货膨胀率无关，但与其他宏观经济变量有关
   D. 与包括通货膨胀率在内的其他宏观经济变量无关
   E. 上述说法都不正确。

9. （　　）是市场对一个股票必要收益率所达成的共识。
   A. 股利支付率　　　　　　B. 内在价值　　　　　　　C. 市场资本化率
   D. 盈余再投资率　　　　　E. 上述说法都不正确。

10. （　　）是公司盈利用于再投资的函数。
    A. 股利支付率
    B. 收益留存率
    C. 盈余再投资率

D. 股利支付率和盈余再投资率
E. 收益留存率和盈余再投资率

11. 戈登模型（　　）。
    A. 是一个不断增长的永续年金计算公式的概括
    B. 只有当 g 小于 k 时才有效
    C. 只有当 k 小于 g 时才有效
    D. 是一个不断增长的永续年金计算公式的概括，只有当 g 小于 k 时才有效
    E. 是一个不断增长的永续年金计算公式的概括，只有当 k 小于 g 时才有效

12. 股票 X 和 Y 的期望收益率是 13%，下一年股票 X 预计支付股利 3 美元，股票 Y 预计支付股利 4 美元，两种股票的预计股利增长率都是 7%，股票 X 的内在价值（　　）。
    A. 大于股票 Y 的内在价值
    B. 等于股票 Y 的内在价值
    C. 小于股票 Y 的内在价值
    D. 可能大于或等于股票 Y 的内在价值
    E. 上述说法都不正确。

13. 如果预计盈余再投资的净资产收益率等于 k，多阶段固定增长的股利贴现模型简化为（　　）。
    A. V_0 = 预计年每股股利/k　　B. V_0 = 预计年每股收益率/k　　C. V_0 = 国债年收益率/k
    D. V_0 = 市场年收益率/k　　E. 上述说法都不正确。

14. Low Tech 公司的预计净资产收益率为 10%，如果公司的股利支付率是 40%，股利增长率是（　　）。
    A. 6.0%
    B. 4.8%
    C. 7.2%
    D. 3.0%
    E. 上述说法都不正确。

15. 次年的优先股股利是 2.75 美元，预期股利不会增长，你对这种股票的必要报酬率是 10%，使用固定增长模型（DDM）计算出的股票内在价值是（　　）美元。
    A. 0.275
    B. 27.50
    C. 31.82
    D. 56.25
    E. 上述说法都不正确。

16. 你正在考虑购买一种普通股，预计持有 1 年，预计股利收益 1.25 美元，最后以 32 美元的价格卖出。如果你想取得 10% 的收益率，现在购买股票的最高价格是（　　）美元。
    A. 30.23
    B. 24.11
    C. 26.52
    D. 27.50
    E. 上述说法都不正确。

用以下信息回答第 17~18 题。

Paper Express 公司在资产负债表中列示的资产是 8 500 万美元，负债是 4 000 万美元，普通股权益是 4 500 万美元。发行在外的普通股数量是 1 400 000 股，资产的重置成本是 11 500 万美元，每股市场价格是 90 美元。

17. Paper Express 公司的每股账面价值是多少？（　　）
    A. 1.68 美元。
    B. 2.60 美元。
    C. 32.14 美元。
    D. 60.71 美元。
    E. 上述说法都不正确。

18. Paper Express 公司的每股市场价值是多少？（　　）
    A. 1.68 美元。
    B. 2.60 美元。
    C. 32.14 美元。
    D. 60.71 美元。
    E. 上述说法都不正确。

19. 预测股票市场整体价值的最常用方法是（　　）。
    A. 股利乘数
    B. 总资产收益率
    C. 历史上的账面价值与市场价值之比
    D. 收益倍数法
    E. 托宾 Q
20. 高科技芯片公司预计下年的每股收益率是 2.50 美元，预计净资产收益率是 12.5%，股票合理的必要报酬率是 11%。如果公司盈余再投资率是 70%，股利增长率是（　　）。
    A. 5.00%　　　　　　　　B. 6.25%　　　　　　　　C. 6.60%
    D. 7.50%　　　　　　　　E. 8.75%

二、课后习题

1. 在什么情形下你会选择股利贴现模型而非自由现金流模型对公司进行估值？
2. 在什么情形下使用多阶段股利贴现模型比固定增长模型更好？
3. 若一家公司的价值被低估了（即内在价值＞股票价格），那么其市场资本化率与期望收益率之间的关系是什么？
4. Deployment Specialist 公司现在每年的股利为每股 1.00 美元，预期两年内将增长 20%，然后将以 4% 的增长率增长。若 Deployment Specialist 的必要收益率为 8.5%，那么其股票的内在价值是多少？
5. Jand 公司目前支付了每股 1.22 美元的股利，且预期无限期内将以 5% 的速度增长。若根据固定增长股利贴现模型计算的股票当前价值为每股 32.03 美元，那么必要收益率是多少？
6. 一家公司目前支付了每股 1.00 美元的股利，且预期无限期内将以 5% 的速度增长。若股票的当前价值为每股 35 美元，那么根据固定增长股利贴现模型计算的投资必要收益率是多少？
7. Tri-coat Paints 的当前市价是每股 41 美元，每股收益为 3.64 美元，若必要收益率为 9%，那么增长机会价值的现值是多少？
8. a. 计算机类股票目前的期望收益率为 16%。MBI 是一家大型计算机公司，年末将支付每股 2 美元的股利。若其股票的当期市价为每股 50 美元，那么市场对 MBI 股利增长率的预期是多少？
   b. 若 MBI 的股利增长率下降到 5%，那么 MBI 的股价将如何变化？公司的市盈率将如何变化（定性的）？
9. a. MF 公司的 ROE 为 16%，再投资率为 50%，若预期未来一年的每股收益为 2 美元，那么股价将为多少？市场资本化率为 12%。
   b. 你预期 3 年后 MF 的股价将为多少？
10. 市场认为 Analog Electronic 公司的 $ROE=9\%$，β 值为 1.25，公司计划在无限期内保持 2/3 的再投资率，今年的每股收益为 3 美元，刚刚派发了年度股利。预期未来一年的市场收益率是 14%，国库券当前提供的收益率是 6%。
    a. 计算 Analog Electronic 公司的股价。
    b. 计算市盈率。
    c. 计算增长机会价值。
    d. 假设根据你的调研，你相信 Analog Electronic 公司随时有可能把再投资率降低至 1/3，计算股票的内在价值。假设市场仍未意识到这一决策，分析为什么 V_0 与 P_0 不再相等？是 V_0 大还是 P_0 大？

11. 预期 FI 公司的每股股利无限期内将以 5% 的增长率增长。
    a. 若今年的年末股利为每股 8 美元，市场资本化率为 10%，那么根据股利贴现模型计算的当前股价应为多少？
    b. 若预期每股收益为 12 美元，那么暗含未来投资机会的 ROE 是多少？
    c. 市场需为每股增长机会支付多少美元（即未来投资的 ROE 超过市场资本化率时）？

12. Nogro 公司的当前股价为每股 10 美元，预期未来一年的每股收益为 2 美元，公司的股利支付率为 50%，剩下的盈利将被再投资于年收益率为 20% 的项目中，预期这种情形将无限期地持续下去。
    a. 假设股票的当前市场价格等于根据固定增长模型计算的内在价值，那么 Nogro 的投资者要求的必要收益率是多少？
    b. 此时的内在价值比所有盈利都作为股利派发时的内在价值高多少？
    c. 若 Nogro 将把股利支付率降低至 25%，股价将如何变化？若 Nogro 不派发股利，股价又将如何变化？

13. 无风险收益率为 8%，预期市场投资组合的收益率为 15%，Xyrong 公司股票的风险系数为 1.2。Xyrong 公司的股利支付率为 40%，最近公布的每股收益为 10 美元。刚刚派发了股利，且预期每年都将派发。预期 Xyrong 所有再投资 ROE 将永远为 20%。
    a. Xyrong 股票的内在价值是多少？
    b. 若股票的当前市价为每股 100 美元，预期股票的市场价格从现在起一年后将等于其内在价值，那么你预期持有 Xyrong 股票一年的收益率为多少？

14. DEQS 公司目前不派发现金股利，且预期未来 5 年内都不会派发，其最近的每股收益为 10 美元，全部用于再投资。预期未来 5 年里的年 ROE 等于 20%，且在这 5 年内全部盈利也都将用于再投资。从第 6 年开始，预期公司的 ROE 将下降至 15%，公司将把盈利的 40% 作为股利发放，这种状态将一直持续下去。DEQS 公司的市场资本化率为 15%。
    a. 你估计 DEQS 股票的每股内在价值是多少？
    b. 假设当期的股价等于内在价值，你预期明年的股价将如何变化？后年的股价又将如何变化？
    c. 若从第 6 年开始，DEQS 公司的股利支付率仅为 20%，你估计 DEQS 股票的内在价值将如何变化？

15. 使用教材表 18-3（可在 www.mhhe.com/bkm 上获得）中的三阶段增长模型，重新计算下列每一种情形下本田公司股票的内在价值。每种情形相互独立。
    a. 固定增长阶段的 ROE 等于 10%。
    b. 本田公司的实际 β 值为 1.0。
    c. 市场风险溢价为 8.5%。

16. 使用教材表 18-5（可在 www.mhhe.com/bkm 上获得）中的自由现金流模型，重新计算下列每一种情形下本田公司股票的内在价值。每种情形相互独立。
    a. 自 2013 年起本田公司的市盈率将为 16。
    b. 本田公司的无杠杆风险系数为 0.8。
    c. 市场风险溢价为 9%。

17. Duo Growth 公司刚支付了每股 1 美元的股利，预期未来 3 年内的股利年增长率为 25%，之后将下降到 5%，并将一直持续下去。你认为合适的市场资本化率为 20%。
a. 你估计股票的内在价值是多少？
b. 若股票的市场价格等于内在价值，那么预期股利收益率为多少？
c. 你预期现在起一年后股价将如何变化？资本利得率与你预期的股利收益率和市场资本化率一致吗？

18. GG 公司目前不派发现金股利，且预期未来 4 年内都不会派发，其最近的每股收益为 5 美元，全部用于再投资。预期未来 4 年里的年 ROE 等于 20%，且在这 5 年内全部盈利也将用于再投资。从第 5 年开始，预期公司的 ROE 将下降至 15%，GG 公司的市场资本化率为 15%。
a. 你估计 GG 股票的每股内在价值是多少？
b. 假设当期的股价等于内在价值，你预期明年的股价将如何变化？

19. MoMi 公司去年经营活动产生的息税前现金流为 200 万美元，预期今后将以 5% 的增长率持续增长下去。为了实现这一目标，公司每年必须将税前现金流的 20% 用于投资，公司税率为 35%。去年的折旧为 20 万美元，并预期将与经营现金流保持相同的增长率。无杠杆现金流的合理资本化率为 12%，公司目前的负债为 400 万美元。使用自由现金流模型估计公司的权益价值。

20. Chiptech 是一家知名的计算机芯片公司，拥有几种盈利产品和正在研发的产品。去年的每股收益为 1 美元，刚刚派发了每股 0.50 美元的股利。投资者相信公司将维持 50% 的股利支付率，ROE 等于 20%，市场预期这种状态将无限期持续下去。
a. Chiptech 公司股票的市场价格是多少？计算机芯片行业的必要收益率是 15%，公司刚刚支付了股利（即下一次发放股利将发生在一年后，$t=1$）。
b. 假设你发现 Chiptech 的竞争者刚刚研发出一种新型芯片，这将使 Chiptech 公司目前的技术优势不复存在。新型芯片将在两年后上市，为了维持竞争力，Chiptech 不得不降价，ROE 将降至 15%，而且由于产品需求的减少，公司将把再投资率降至 0.40，再投资率的降低将从第 2 年开始，即 $t=2$ 时。第 2 年的年末股利（$t=2$ 时支付）支付率为 60%。你预计 Chiptech 公司股票的内在价值是多少？（提示：仔细列出 Chiptech 公司未来 3 年内每年的盈利和股利，特别注意 $t=2$ 时股利支付率的变化。）
c. 市场中其他人都没有意识到对 Chiptech 的市场威胁，事实上，你相信直至第 2 年年末竞争公司公布其新产品为止，不会有其他人意识到 Chiptech 公司竞争地位的改变。第 1 年（即 $t=0$ 到 $t=1$ 之间）Chiptech 公司股票的收益率将是多少？第 2 年（即 $t=1$ 到 $t=2$ 之间）、第 3 年（即 $t=2$ 到 $t=3$ 之间）呢？（提示：注意市场意识到新竞争状况的时间，可以列出各期的股利和股价。）

三、CFA 考题

1. Litchfield Chemical 公司的一位董事认为股利贴现模型证明了股利越高股价就越高。
   a. 以固定增长的股利贴现模型作为参考基础，评价这位董事的观点。
   b. 说明股利支付率的增加将对下列项目产生何种影响（其他条件不变）：
      i. 可持续增长率。
      ii. 账面价值的增长。
2. 海伦是一位特许金融分析师，她被要求使用股利贴现模型对 Sundanci 公司进行估值，海伦预期 Sundanci 公司的收益和股利未来两年将增长 32%，然后按 13% 的固定增长率增长。使用两阶段股利贴现模型和下面两张表中的数据计算当前 Sundanci 公司股票的每股价值。

Sundanci 公司 2010 和 2011 财务年度（以 5 月 31 日为最后一天）的财务报表
（除每股收益和每股股利外，单位为百万美元）

利润表信息	2010	2011	资产负债表信息	2010	2011
收入	474	598	目前资产	201	326
折旧	20	23	财产、厂房和设备净额	474	489
其他运营成本	368	460	资产总额	675	815
税前利润	86	115	目前负债	57	141
所得税	26	35	长期债券	0	0
净利润	60	80	负债总额	57	141
股利	18	24	所有者权益	618	674
每股收益	0.714	0.952	负债与权益总额	675	815
每股股利	0.214	0.286	资本化支出	34	38
发行在外的普通股（100 万股）	84.0	84.0			

部分财务信息	
权益必要报酬率	14%
行业增长率	13%
行业市盈率	26

3. Naylor 是一位特许金融分析师，她被要求使用股东自由现金流（FCFE）模型对 Sundanci 公司的股票进行估值，Naylor 预期 Sundanci 公司的 FCFE 未来两年将增长 27%，然后按 13% 的固定增长率增长。预期资本化支出、折旧和营运资本与 FCFE 的增长率相同。

    a. 使用第 2 题表中的数据，计算 2011 年的每股 FCFE。
    b. 根据两阶段 FCFE 模型，计算目前 Sundanci 公司股票的每股价值。
    c. ⅰ. 通过运用两阶段 FCFE 模型，说明两阶段 DDM 模型的局限性。
       ⅱ. 不运用两阶段 FCFE 模型，说明两阶段 DDM 模型的局限性。

4. Johnson 是一位特许金融分析师，他被要求使用固定增长的市盈率模型对 Sundanci 公司进行估值，Johnson 假定 Sundanci 公司的收益和股利将按 13% 的固定增长率增长。

    a. 根据 Johnson 对 Sundanci 公司的假设和第 2 题中的数据计算市盈率。
    b. 根据固定增长模型的相关内容，判断下列每一项目如何影响市盈率。
       - Sundanci 公司股票的风险系数 β。
       - 估计的收益和股利增长率。
       - 市场风险溢价。

5. Dynamic Communication 是一家拥有多家电子事业部的美国工业公司，该公司刚刚公布了 2013 年的年报。下面两表是对 Dynamic 公司 2012 年和 2013 年财务报表的总结。第 3 张表是 2009～2011 年的部分财务报表数据。

    a. Dynamic 的部分股东表达了对过去 4 年股利零增长的关心，他们希望知道关于公司增长情况的相关信息。计算 2010 年和 2013 年的可持续增长率。你的计算应使用年初资产负债表数据。
    b. 说明收益留存率和财务杠杆的变化是如何影响 Dynamic 的可持续增长率（2010 年与 2013 年相比）的。（注意：你的计算应使用年初资产负债表数据。）

Dynamic Communication 公司的资产负债表 （单位：百万美元）

	2013 年	2012 年
现金和现金等价物	149	83
应收账款	295	265
存货	275	285
流动资产总额	719	633
固定资产总额	9 350	8 900
累计折旧	(6 160)	(5 677)
固定资产净额	3 190	3 223
资产总额	3 909	3 856
应付账款	228	220
应付票据	0	0
应计税费	0	0
流动负债总额	228	220
长期负债	1 650	1 800
普通股	50	50
资本公积	0	0
留存收益	1 981	1 786
股东权益总额	2 031	1 836
负债和权益总额	3 909	3 856

Dynamic Communication 公司的利润表
（除每股收益和每股股利外，单位为百万美元）

	2013 年	2012 年
总收入	3 425	3 300
经营成本和费用	2 379	2 319
息税折旧摊销前利润	1 046	981
折旧和摊销	483	454
经营利润	563	527
利息费用	104	107
税前利润	459	420
税收（40%）	184	168
净利润	275	252
股利	80	80
留存收益变动	195	172
每股收益	2.75	2.52
每股股利	0.80	0.80
发行在外的股份数（100 万股）	100	100

Dynamic Communication 公司财务报表的部分数据
（除每股股利外，单位为百万美元）

	2011 年	2010 年	2009 年
总收入	3 175	3 075	3 000
经营利润	495	448	433
利息费用	104	101	99
净利润	235	208	200
每股股利	0.80	0.80	0.80
资产总额	3 625	3 414	3 230
长期负债	1 750	1 700	1 650
股东权益总额	1 664	1 509	1 380
发行在外的股份数（100 万股）	100	100	100

6. Brandreth 是一位专注于电子行业的分析师,正在编写一份关于 Dynamic Communication 公司的调研报告。一位同事建议 Brandreth 使用固定增长的股利贴现模型来根据 Dynamic 的目前普通股股价来估计 Dynamic 的股利增长率。Brandreth 认为 Dynamic 的权益必要报酬率为 8%。
   a. 假设公司的当前股价为每股 58.49 美元,等于内在价值,那么 2013 年 12 月的可持续股利增长率是多少?使用固定增长的股利贴现模型。
   b. Dynamic 的管理层向 Brandreth 及其他分析师表示公司不会改变当前的股利政策,那么使用固定增长的股利贴现模型对 Dynamic 的普通股估值合适吗?根据固定增长的股利贴现模型的假设证明你的观点。
7. Peninsular 研究机构正在进行一项覆盖成熟制造行业的调查。特许金融分析师琼斯是这家研究机构的主席,他收集了下列基础的行业和市场数据来进行分析:

行业收益留存率的预测值	40%	政府债券收益率	6%
行业权益收益率的预测值	25%	权益风险溢价	5%
行业风险系数	1.2		

   a. 根据这些基础数据计算行业的市盈率(P_0/E_1)。
   b. 琼斯想知道为什么不同国家间的行业市盈率不同,他为此收集了经济和市场数据(见右表)。
   分析上述每一个基本因素将导致国家 A 的市盈率高还是国家 B 的市盈率高。

基本因素	国家 A	国家 B
实际 GDP 的预期增长率	5%	2%
政府债券收益率	10%	6%
权益风险溢价	5%	4%

8. Ludlow 所在的公司要求所有分析师采用两阶段股利贴现模型和资本资产定价模型对股票进行估值。Ludlow 刚对 QuickBrush 公司进行了估值,估值结果是每股 63 美元。她现在要对 SmileWhite 公司进行估值。

	QuickBrush	SmileWhite
风险系数 β	1.35	1.15
市场价格	$45.00	$30.00
内在价值	$63.00	?

注:无风险利率为 4.50%;预期市场收益率为 14.50%。

   a. 根据右表中的信息计算 SmileWhite 公司必要收益率。
   b. Ludlow 估计 SmileWhite 公司的每股收益和股利的增长情况如下:

前三年	12%
此后	9%

   根据两阶段股利贴现模型和上表中的数据估计 SmileWhite 公司股票的内在价值。上一年的每股股利是 1.72 美元。
   c. 通过将 QuickBrush 和 SmileWhite 两家公司股票的内在价值与市场价格进行比较,你建议应购买哪一家公司的股票?
   d. 与固定增长的股利贴现模型相比,说出两阶段股利贴现模型的一个优点。说出所有股利贴现模型共有的一个缺点。
9. Rio National 公司是一家美国公司,它是其所在行业中最大的竞争者。下面的表是该公司的财务报表和相关信息。

Rio National 公司年末资产负债表 (单位:百万美元)

	2013 年	2012 年
现金	13.00	5.87
应收账款	30.00	27.00

（续）

	2013年	2012年
存货	209.06	189.06
流动资产总额	252.06	221.93
固定资产总额	474.47	409.47
累计折旧	-154.17	-90.00
固定资产净额	320.30	319.47
资产总额	572.36	541.40
应收账款	25.05	26.05
应收票据	0.00	0.00
一年内到期的长期负债	0.00	0.00
流动负债	25.05	26.05
长期负债	240.00	245.00
负债总额	265.05	271.05
普通股	160.00	150.00
留存收益	147.31	120.35
所有者权益总额	307.31	270.35
负债与所有者权益总额	572.36	541.40

Rio National 公司 2013 年的利润表 （单位：百万美元）

收入	300.80	折旧和摊销	-71.17
经营费用总额	-173.74	息税前利润	59.89
经营利润	127.06	利息	-16.80
销售利得	4.00	所得税	-12.93
息税折旧摊销前利润	131.06	净利润	30.16

Rio National 公司 2013 年的补充信息

A. Rio National 公司 2013 年的资本化支出为 7 500 万美元
B. 年末以 700 万美元出售了一台设备，出售时该设备的账面价值为 300 万美元，最初购买价格为 1 000 万美元
C. 产期负债的减少表示计划外的本金偿还；2013 年没有新增借款
D. 2013 年 1 月 1 日公司收到发行普通股的现金，共 400 000 股，每股 25 美元
E. 一项新的评估认为公司持有的投资性土地的市场价值增加了 200 万美元，在 2013 年的利润表中并没有确认这一事项

Rio National 公司 2013 年的普通股数据

股利支付（百万美元）	3.20	每股收益（美元）	1.89
2013 年加权平均发行在外的股份数	16 000 000	风险系数 β	1.80
每股股利（美元）	0.20		

2013 年 12 月 31 日的行业和市场数据

无风险利率	4.00%	行业市盈率的中值	19.90
市场指数的期望收益率	9.00%	预期行业收益的增长率	12.00%

一位大型共同基金的投资组合经理对基金分析师 Katrina Shaar 说："我们正在考虑购买 Rio National 公司的股票，因此我想让你分析一下该公司的价值。根据该公司过去的表现，你可以假设公司的增长率与行业增长率相同。"

a. 利用戈登固定增长模型和资本增长定价模型，计算 2013 年 12 月 31 日 Rio National 公司股票的内在价值。
b. 使用 2013 年年初的资产负债表数据，计算 Rio National 公司在 2013 年 12 月 31 日的可持

续增长率。

10. 对 Rio National 公司的股票估值时，Katrina Shaar 在考虑是使用经营活动现金流（CFO）还是使用股东自由现金流（FCFE）。

   a. 说出将经营活动现金流转换为股东自由现金流时，Shaar 需要做的两点调整。

   b. Katrina Shaar 决定计算 Rio National 公司 2013 年的 FCFE，首先需要计算净利润。根据"Rio National 公司 2013 年的补充信息"，判断为了得出 FCFE，是否需要调整净利润。若需要，应调整多少？

   c. 计算 Rio National 公司 2013 年的 FCFE。

11. KatrinaShaar 略微调整了对 Rio National 公司收益增长率的估计，且她希望根据调整的增长率，利用标准化（潜在的）每股收益将 Rio National 公司权益的当前价值与行业价值加以比较。右表是关于 Rio National 公司与其所在行业的部分信息。

   根据标准化（潜在的）每股收益，在市盈率-增长比率（PEG）的基础上，Rio National 公司的权益价值与行业相比是被高估还是低估了？假设 Rio National 的风险与行业风险相近？

Rio National 公司与其所在行业的部分信息	
Rio National 公司	
盈利增长率的估计值	11.00%
当前股价（美元）	25.00
2011 年的标准化（潜在的）每股收益（美元）	1.71
2011 年加权平均发行在外的股份数	16 000 000
行业	
盈利增长率的估计值	12.00%
市盈率的中值	19.90

参考答案

一、选择题

| 1. D | 2. A | 3. A | 4. B | 5. B | 6. B | 7. C | 8. B | 9. C | 10. E |
| 11. D | 12. C | 13. B | 14. A | 15. B | 16. A | 17. C | 18. E | 19. D | 20. E |

二、课后习题

1. 理论上，股利贴现模型可以用来评估目前不支付股息的快速成长型公司的股票价值。在这种情况下，需要对未来的股利进行预测。然而，实际上，对未来支付的股利的估值是非常不准确的，这表明股利贴现模型不适合用来对这类公司进行估值，自由现金流模型可能更适合一些。对股利支付相对稳定的成熟公司，人们会更倾向于选择股利贴现模型进行估值。

2. 对于一个有暂时的高增长率的公司来说，用多阶段股利贴现模型进行估值是非常重要的。这些公司往往处于其生命周期的早期阶段，此时它们有无数再投资的机会，从而导致了相对快速的增长和相对较低的股息（或者，在很多情况下，没有股息）。当这些企业成熟时，具有吸引力的投资机会将大量减少，从而使得增长率变慢。

3. 股票的内在价值是个人投资者对股票真实价值的评估。市场资本化率是对股票的要求回报率的市场共识。如果股票的内在价值等于它的价格，则市场资本化率等于期望收益率。另一方面，如果个人投资者相信股票是被低估了（即内在价值＞股票价格），则投资者的期望收益率高于市场资本化率。

4. 首先估计未来两年的股利和终值。当前价值等于现金流以 8.5% 贴现的现值的总和。

5. $k = \dfrac{1.22 \times 1.05}{32.03} + 0.05 = 9\%$，故必要收益率为 9%。

6. 固定增长的股利贴现模型在 $(t+1)$ 期支付的股利将为 1.05。必要收益率计算如下：
$$35 = 1.05/(k - 0.05), \quad k = 8\%$$

7. $PVGO = 41 - \dfrac{3.64}{0.09} = 0.56$（美元）

   故增长机会价值的现值是 0.56 美元。

8. a. $k = \dfrac{D_1}{P_0} + g \quad 0.16 = \dfrac{2}{50} + g \quad g = 12\%$

   b. $P_0 = \dfrac{D_1}{k - g} = \dfrac{2}{0.16 - 0.05} = 18.18$

   由于对股利的悲观预期，股价会下跌。但是，对当前的年收益的预期不会发生变化。因此，P/E 比率会下降。较低的 P/E 比率表明对公司增长前景的乐观预期减少。

9. a. $g = ROE \times b = 16\% \times 0.5 = 8\%$；
   $$D_1 = 2 \times (1 - b) = 2 \times (1 - 0.5) = 1（美元）$$
   $$P_0 = \dfrac{D_1}{k - g} = \dfrac{1}{0.12 - 0.08} = 25.00（美元）$$

   b. $P_3 = P_0(1+g)^3 = 25 \times (1.08)^3 = 31.49$（美元）。

10. a. $k = r_f + \beta \times [E(r_m) - r_f] = 6\% + 1.25 \times (14\% - 6\%) = 16\%$

    $g = \dfrac{2}{3} \times 9\% = 6\%$

    $D_1 = E_0 \times (1 + g) \times (1 - b) = 3 \times (1.06) \times \dfrac{1}{3} = 1.06$（美元）

    $P_0 = \dfrac{D_1}{k - g} = \dfrac{1.06}{0.16 - 0.06} = 10.60$（美元）

    b. $P_0/E_1 = 10.60/3.18 = 3.33$；
    $P_0/E_0 = 10.60/3.00 = 3.53$。

    c. $PVGO = P_0 - \dfrac{E_1}{k} = 10.60 - \dfrac{3.18}{0.16} = -9.275$（美元）

    低 P/E 比率和负 PVGO 是因为 ROE（9%）低于市场资本化率（16%）。

    d. 现在，将 b 改为 1/3，g 改为 $1/3 \times 9\% = 3\%$，D_1 改为 $E_0 \times 1.03 \times (2/3) = 2.06$ 美元，则 $V_0 = 2.06/(0.16 - 0.03) = 15.85$ 美元。

    V_0 增加是因为企业支付了更多的股利，而不是以较低的 ROE 进行再投资。这一信息不为市场其他人所知。

11. a. $P_0 = \dfrac{D_1}{k - g} = \dfrac{8}{0.10 - 0.05} = 160$（美元）

    b. 股利支付率为 8/12 = 2/3，因此，再投资率为 $b = 1/3$。暗含未来投资机会的 ROE 通过下列方程求出：$g = b \times ROE$，其中 $g = 5\%$，$b = 1/3$，从而 $ROE = 15\%$。

    c. 假设 $ROE = k$，则价格等于：$P_0 = \dfrac{E_1}{k} = \dfrac{12}{0.10} = 120$（美元）

    因此，市场为增长机会支付每股 40 $(= 160 - 120)$ 美元。

12. a. $k = D_1/P_0 + g$；
    $D_1 = 0.5 \times 2 = 1$（美元）；
    $g = b \times ROE = 0.5 \times 0.20 = 0.10$；

因此，$k = (1/10) + 0.10 = 0.20 = 20\%$。

b. 由于 $k = ROE$，未来投资机会的 NPV 等于零：
$$PVGO = P_0 - \frac{E_1}{k} = 10 - 10 = 0$$

c. 由于 $k = ROE$，减少股息和投资于额外收益均不会影响股票价格。

13. a. $k = r_f + \beta[E(r_M) - r_f] = 8\% + 1.2 \times (15\% - 8\%) = 16.4\%$
$$g = b \times ROE = 0.6 \times 20\% = 12\%$$
$$V_0 = \frac{D_0(1 + g)}{k - g} = \frac{4 \times 1.12}{0.164 - 0.12} = 101.82(美元)$$

b. $P_1 = V_1 = V_0(1 + g) = 101.82 \times 1.12 = 114.04(美元)$
$$E(r) = \frac{D_1 + P_1 - P_0}{P_0} = \frac{4.48 + 114.04 - 100}{100} = 0.1852,\quad 即\ 18.52\%$$

14. a. DEQS 股票每股内在价值的计算如下：

时间：	0	1	5	6
E_t	10.000	12.000	24.883	27.123
D_t	0.000	0.000	0.000	10.849
b	1.00	1.00	1.00	0.60
g	20.0%	20.0%	20.0%	9.0%

$$V_5 = \frac{D_6}{k - g} = \frac{10.85}{0.15 - 0.09} = 180.82 \Rightarrow V_0 = \frac{V_5}{(1 + k)^5} = \frac{180.82}{1.15^5} = 89.90(美元)$$

b. 价格应该每年上涨 15%，直到第 6 年：因为没有股利，总收益就等于资本利得。

c. 因为 $ROE = k$，股利支付率对股票的内在价值没有影响。

15. a. 计算结果如下表所示：

Inputs			Year	Dividend	Div growth	erm value	nvestor CF
beta	0.95		2012	0.78			0.78
mkt_prem	0.08		2013	0.85			0.85
rf	0.02		2014	0.93			0.93
k_equity	0.0960		2015	1.00			1.00
plowback	0.75		2016	1.09	0.0863		1.09
roe	0.09		2017	1.18	0.0845		1.18
term_gwt	0.068		2018	1.28	0.0826		1.28
			2019	1.38	0.0807		1.38
			2020	1.49	0.0788		1.49
			2021	1.60	0.0769		1.60
Value line			2022	1.72	0.0750		1.72
forecasts of			2023	1.85	0.0732		1.85
annual dividends			2024	1.98	0.0713		1.98
			2025	2.12	0.0694		2.12
			2026	2.26	0.0675		2.26
Transitional period			2017	2.41	0.0675	90.33	92.75
with slowing dividend							
growth							31.21	= PV of CF
		Beginning of constant		E17 * (1 + F17)/(B5 – F17)			
		growth period					NPV(B5, H2:H17)

b. c. 使用 Excel 电子表格，可知本田公司的股票内在价值分别是 29.71 美元和 17.39 美元。
16. 利用教材表 18-2 的数据，计算结果如下：

	内在价值 FCFF	内在价值 FCFE	每股内在价值 FCFF	每股内在价值 FCFE
a.	100 000	75 128	38.89	41.74
b.	109 422	81 795	44.12	45.44
c.	89 693	66 014	33.16	36.67

17.

时间：	0	1	2	3
D_t	1.000 0	1.250 0	1.562 5	1.953
g	25.0%	25.0%	25.0%	5.0%

a. 第 3 年年末支付的股利是以固定的增长比率 5% 无限增长的股利流的第 1 笔付款。因此，在第 2 年年末使用固定股利增长模型，将前两年的股利现值与第 2 年年末的股价现值相加，就可以算出内在价值。

两年后预期价格：$P_2 = D_3/(k-g) = 1.953\,125/(0.20-0.05) = 13.02$（美元）。

预期价格的现值为：$13.02/1.20^2 = 9.04$（美元）。

第 1 年和第 2 年的预期股利的现值为：$\dfrac{1.25}{1.20} + \dfrac{1.562\,5}{1.20^2} = 2.13$（美元）

因此，当前价格为 $9.04 + 2.13 = 11.17$（美元）。

b. 预期股利收益率 $= D_1/P_0 = 1.25/11.17 = 0.112$，11.2%。

c. 一年后预期价格是 P_2 加 D_2 的现值：
$$P_1 = (D_2 + P_2)/1.20 = (1.562\,5 + 13.02)/1.20 = 12.15\,(\text{美元})$$

隐含的资本利得率为 $(P_1 - P_0)/P_0 = (12.15 - 11.17)/11.17 = 0.088$，8.8%。

隐含的资本利得率和预期股利收益率之和为市场资本率，这与股利贴现模型一致。

18.

时间：	0	1	4	5
E_t	5.000	6.000	10.368	10.368
D_t	0.000	0.000	0.000	10.368

因为在之后的 4 年里股利 $=0$，所以 $b=1.0$（100% 的再投资率）。

a. $P_4 = \dfrac{D_5}{k} = \dfrac{10.368}{0.15} = 69.12$（美元），$V_0 = \dfrac{P_4}{(1+k)^4} = \dfrac{69.12}{1.15^4} = 39.52$（美元）

b. 价格在第 2 年以 15% 的比率上升，因此 HPR 将等于 k。

19. 税前营运现金流（去年税前营运现金流 × 1.05）：2 100 000 美元

折旧：（去年折旧 × 1.05）：210 000 美元

应税收入：1 890 000 美元

税（35%）：661 500 美元

税后未调整收入：1 228 500 美元

税后营运现金流（税后未调整收入 + 折旧）：1 438 500 美元

新投资（营运现金流的 20%）：420 000 美元

自由现金流（税后营运现金流 + 新投资）：1 018 500 美元

企业总价值为：$V_0 = \dfrac{C_1}{k-g} = \dfrac{1\,018\,500}{0.12-0.05} = 14\,550\,000$（美元）

因为债务是 400 万美元，股权价值为 10 550 000 美元。

20. a. $g = ROE \times b = 20\% \times 0.5 = 10\%$；

$$P_0 = \frac{D_1}{k-g} = \frac{D_0(1+g)}{k-g} = \frac{0.50 \times 1.10}{0.15 - 0.10} = 11(美元)$$

b. 公司股票的内在价值计算如下：

时间	EPS（美元）	股利（美元）	评论
0	1.000 0	0.500 0	
1	1.100 0	0.550 0	$g = 10\%$，再投资率 = 0.50
2	1.210 0	0.726 0	根据去年的利润再投资率和 ROE，每股盈利增长了 10%，今年的利润再投资率下降到了 0.4，派息率等于 0.6
3	1.282 6	0.769 6	每股盈利以 6% 的速率增长，派息率为 0.60

$$t = 2\ 时，\quad P_2 = \frac{D_3}{k-g} = \frac{0.7696}{0.15 - 0.06} = 8.551(美元)$$

$$t = 0\ 时，\quad V_0 = \frac{0.55}{1.15} + \frac{0.726 + 8.551}{(1.15)^2} = 7.493(美元)$$

c. $P_0 = 11$ 美元，$P_1 = P_0(1+g) = 12.10$ 美元。
（由于市场没有意识到竞争局面的变化，它认为股票的价格应每年以 10% 增长。）

当市场变得意识到竞争局面改变后，$P_2 = 8.551$ 美元。

在没有特别信息的"正常期间"，股票收益率 = $k = 15\%$。当特别信息产生时，所有的异常收益都会积累在此期间，因为这里预期市场是有效的。

年份	收益率
1	$\dfrac{(12.10 - 11) + 0.55}{11} = 0.150$，15.0%
2	$\dfrac{(8.551 - 12.10) + 0.726}{12.10} = -0.233$，-23.3%
3	$\dfrac{(9.064 - 8.551) + 0.7696}{8.551} = 0.150$，15.0%

三、CFA 考题

1. a. 该董事的观点是错误的。在固定股利贴现模型中（即 $P_0 = D_1/(k-g)$），在股利增长率等其他条件都不变的情况下，当股利较高时，价格也会较高。但是其他条件不是不变的，如果公司提高了股利支付率，增长率 g 就会下跌，股票价格不一定会上升。事实上，如果 $ROE > k$，价格反而会下降。

   b. i. 股利支付率的提高将降低可持续增长率，因为用于公司再投资的资金减少了。当再投资率下降时，可持续增长率（即 ROE × 再投资比例）也将下降。

   ii. 股利支付率的增加会降低账面价值的增长率，原因也是一样的——用于公司再投资的资金减少了。

2. 使用两阶段股利贴现模型，每股股票的当前价格计算如下：

$$V_0 = \frac{D_1}{(1+k)^1} + \frac{D_2}{(1+k)^2} + \frac{\frac{D_3}{(k-g)}}{(1+k)^2} = \frac{0.377\ 0}{1.14^1} + \frac{0.497\ 6}{1.14^2} + \frac{\frac{0.562\ 3}{(0.14 - 0.13)}}{1.14^2} = 43.98(美元)$$

其中

$$E_0 = 0.952$$
$$D_0 = 0.286$$

$$E_1 = E_0(1.32)^1 = 0.952 \times 1.32 = 1.2566$$
$$D_1 = E_1 \times 0.30 = 1.2566 \times 0.30 = 0.3770$$
$$E_2 = E_0(1.32)^2 = 0.952 \times (1.32)^2 = 1.6588$$
$$D_2 = E_2 \times 0.30 = 1.6588 \times 0.30 = 0.4976$$
$$E_3 = E_0 \times (1.32)^2 \times 1.13 = 0.952 \times (1.32)^2 \times 1.13 = 1.8744$$
$$D_3 = E_3 \times 0.30 = 1.8743 \times 0.30 = 0.5623$$

3. a. 股东自由现金流（FCFE）被定义为在满足所有金融债务（包括债务支付）和扣除资本支出及营运资金需求后所剩余的现金流量。FCFE 是衡量公司能付得起多少股息的一种方法，但在某一年可能会多于或少于实际支付的金额。

   Sundanci 在 2011 年的 FCFE 计算如下：

   FCFE = 净利润 + 折旧 − 资本化支出 − 净营运资本的增加
   $$= 80 + 23 - 38 - 41 = 24(百万美元)$$

   每股 FCFE = FCFE/发行在外的普通股数量 = 24/84 = 0.286(美元)

   按照这一派息比率，Sundanci 的每股 FCFE 等于每股股息。

   b. FCFE 模型需要高增长年份的 FCFE 的预期加上稳定增长的第 1 年的预期，以便于对基于永续年金增长的 2013 年的终值进行估计。由于 FCFE 的各组成部分将以同样的比率增长，可以通过以同一比率预计自由现金流来得到股票价值（或者，可以预测每年自由现金流的各个组成部分并将其加总后得到）。

   下表显示了估算当前每股价值的过程：

FCFE 基本假定 发行在外的普通股：84 百万美元，$k=14\%$					
		2011 年实际值	2012 预计值	2013 预计值	2014 预计值
增长率（g）	总计	每股	27%	27%	13%
税后利润	80	0.952	1.2090	1.5355	1.7351
加：折旧费	23	0.274	0.348 0	0.441 9	0.499 4
减：资本支出	38	0.452	0.574 0	0.729 0	0.823 8
减：净运营资本增加	41	0.488	0.619 8	0.787 1	0.889 4
等于：FCFE	24	0.286	0.363 2	0.461 3	0.521 3
终值				52.130 0①	
股权现金流量总额			0.363 2	52.591 3②	
贴现值			0.318 6‡	40.467 3③	
每股的当前价格				40.785 9④	

①预计 2013 年终值 = 预计 2011 年的 FCFE/$(r-g)$。
②预计 2013 年总股权现金流 = 预计 2010 年 FCFE + 预计 2010 年终值。
③使用 $k=14\%$ 获得贴现值。
④当前每股价值 = 预计 2012 年和 2013 年总 FCFE 的贴现之和。

   c. i. 股利贴现模型采用了严格的股权现金流定义，即普通股的预期股利。实际上，考虑到极端情况，股利贴现模型不能用于对不支付股利的股票的估值。股权自由现金流模型扩大了现金流的定义，包括了扣除所有金融债务和投资需求后的剩余现金流。因此，股权自由现金流模型明确地认识到了公司的投资、融资和股利政策。以公司控制权的改变为例，考虑到股利政策变化的可能性，股权自由现金流模型是一个更好的估价模型。股利贴现模型容易低估低市盈率、高股利收益率的股票，相反，高估高市盈率、低红利收益率的股票。它被认为是一个保守的模型，因为在市场价格相对于基础面上升时，它能发现的价格被低估的股票往往较少。股利贴现模型没有考虑相对于保留利润所获得的资本利得，高股利存在的潜在税收不利。

ii. 这两个两阶段估价模型都考虑了两个显著不同的增长阶段，一个是有限期的、具有超常增长率的初始阶段，另一个是预期能无限持续的稳定增长阶段。两个模型对于增长率的假设都存在局限。第一，很难定义超常增长时期的长度。例如，高增长的时期越长将导致估价越高，人们很容易假定一个不实际的过长的超常增长期限。第二，假设企业从一个很高的增长突然向更低的、稳定的增长转换是不现实的。转变更多的是一个长期、逐步的过程。即使假定所有的总期限是不变的（即无限的），从高增长向固定增长转变的时点也是一个影响估值的相当关键性的因素。第三，价值对固定增长假设很敏感，对固定增长比率的估计稍微偏高或者偏低，都会导致估值的很大误差。两个模型同时还有一些其他的局限性，诸如不能正确地预计要求收益率，不能处理由于高和/或易变的债务比例所导致的扭曲问题，以及不能准确估计不产生任何现金流的资产价值等问题。

4. a. 稳定增长公司市盈率（P/E）的公式为：股利支付率除以必要回报率和股利增长率的差。如果 P/E 是基于第 0 年的盈利计算的，则派息比率以增长率增加；如果是基于 1 年的盈利计算的，分子为派息比率。

   基于第 0 年盈利的 P/E：
   $$P/E = [派息比率 \times (1 + g)]/(k - g) = (0.30 \times 1.13)/(0.14 - 0.13) = 33.9$$
   基于第 1 年盈利的 P/E：
   $$P/E = 派息比率/(k - g) = 0.30/(0.14 - 0.13) = 30.0$$

   b. P/E 比率是风险的一个递减函数，当风险增加时，P/E 比率下降。Sundanci 股票的风险增加将会降低 P/E 比率。

   P/E 比率是公司增长率的一个递增函数，预期增长率越高，P/E 比率越高。如果分析师增加了增长率的预期，Sundanci 将要求更高的 P/E 比率。

   P/E 比率是市场风险溢价的一个递减函数。市场风险溢价的增加将增加必要收益率，降低相对于股票盈利的股票价格。较高的市场风险溢价将会降低 Sundanci 的 P/E 比率。

5. a. 可持续增长率 = 再投资率 × 资本收益率 = $b \times ROE$

   其中 $$b = \frac{净收入 - 每股股息 \times 发行在外的股份数}{净收入}$$

   ROE = 净收入 / 年初股权价值

   2007 年：
   $b = [208 - (0.80 \times 100)]/208 = 0.6154$；
   $ROE = 208/1\,380 = 0.1507$；
   可持续增长率 $= 0.6154 \times 0.1507 = 9.3\%$。

   2010 年：
   $b = [275 - (0.80 \times 100)]/275 = 0.7091$；
   $ROE = 275/1\,836 = 0.1498$；
   可持续增长率 $= 0.7091 \times 0.1498 = 10.6\%$。

   b. （1）留存比率的增加提高了可持续增长率。

   $$留存比率 = \frac{净收入 - 每股股息 \times 发行在外的股份数}{净收入}$$

留存比率从2007年的0.6154增加到2010年的0.7091。留存比率的增加直接提高了可持续增长率，因为留存比率是可持续增长率的两个决定因素之一。

(2) 财务杠杆的下降减少了可持续增长率。

$$财务杠杆 = 总资产 / 年初股权价值$$

财务杠杆从2007年年初的2.34(=3 230/1 380)下降到了2010年年初的2.10(=3 856/1 836)。

财务杠杆的下降直接降低了ROE(因此也降低了可持续增长率)，因为财务杠杆是ROE(ROE是可持续增长率的两个决定因素之一)的决定因素之一。

6. a. 戈登模型的公式为：

$$V_0 = \frac{D_0 \times (1+g)}{k-g}$$

其中，D_0 为估值时支付的股息；g 为股息的年增长率；k 为权益必要报酬率。

在上面的式子中，用普通股的市场价格 P_0 代替 V_0，g 变为市场隐含的股息增长率：

$$P_0 = [D_0 \times (1+g)]/(k-g)$$

替代后，得到：$58.49 = [0.80 \times (1+g)]/(0.08-g)$，解得 $g = 6.54\%$。

b. 使用戈登增长模型对Dynamic的普通股估值是不合适的，原因如下。

(1) 戈登增长模型假定了一组关于股息、盈利以及股票价值的增长率的关系。具体来说，该模型假设股息、盈利以及股票价值将以相同的恒定利率增长。由公司管理层的股利政策，即使在公司收益增加的情况下，也保持股利数量不变，这将降低Dynamic公司的派息比率，所以公司的股利政策同Gordon增长模型的假设发生了冲突，再用Gordon增长模型对Dynamic公司股票进行估值是不适宜的。

(2) 在给定Dynamic当前股利政策的情形下，使用戈登增长模型违反了模型适用性的一般条件，即公司的股利政策应与公司的盈利能力有可理解的、一致的关系。

7. a. 行业估计市盈率可以用如下模型计算：$P_0/E_1 = $派息比率$/(k-g)$ 然而，由于 k 和 g 没有明确给出，它们必须用下面的公式计算：

$$g_{ind} = ROE \times 留存比率 = 0.25 \times 0.40 = 0.10$$
$$k_{ind} = 政府债券收益率 + (行业贝塔 \times 权益风险溢价)$$
$$= 0.06 + (1.2 \times 0.05) = 0.12$$

因此，$P_0/E_1 = 0.60/(0.12-0.10) = 30.0$

b. i. 实际GDP的预期增长率将导致国家A的市盈率更高。较高的GDP预期增长意味着较高的盈利增长和较高的P/E。

ii. 政府债券收益率使得国家B的市盈率较高。较低的政府债券收益率意味着较低的无风险利率和较高的P/E。

iii. 权益风险溢价将使得国家B的市盈率较高。较低的权益风险溢价意味着较低的必要收益率和较高的P/E。

8. a. $k = r_f + \beta(k_M - r_f) = 4.5\% + 1.15 \times (14.5\% - 4.5\%) = 16\%$

b.

年份	股利（美元）	年份	股利（美元）
2009	1.72	2012	$1.72 \times 1.12^3 = 2.42$
2010	$1.72 \times 1.12 = 1.93$	2013	$1.72 \times 1.12^3 \times 1.09 = 2.63$
2011	$1.72 \times 1.12^2 = 2.16$		

2010~2012 年间的股利支付现值如右表所示。

$$2012 \text{ 年年末价格} = \frac{D_{2013}}{k-g} = \frac{2.63}{0.16-0.09}$$

$$= 37.57(\text{美元})$$

$$2009 \text{ 年该股票价格现值} = \frac{37.57}{1.16^3}$$

$$= 24.07(\text{美元})$$

年份	股利现值（美元）
2010	$1.93/1.16^1 = 1.66$
2011	$2.16/1.16^2 = 1.61$
2012	$2.42/1.16^3 = \underline{1.55}$
	总计 = 4.82

股票内在价值 = 4.82 + 24.07 = 28.89（美元）

c. 题中数据表明，QuickBrush 的市场价格远低于其内在价值。而上述计算表明，SmileWhite 的市场价格略高于其内在价值。基于以上分析，QuickBrush 提供了可观的异常收益潜力，而 SmileWhite 提供了略低于市场的风险调整后回报。

d. 两阶段模型相对固定增长股利贴现模型的优势。

(1) 两阶段模型可以对公司未来的两个截然不同的时期进行单独估值。两阶段模型考虑了生命周期的影响，还可以避免初期增长率高于折现率所带来的问题。

(2) 两阶段股利贴现模型允许初始阶段的增长率高于持续增长率，它允许分析师利用其对企业增长率何时会从偏离趋势转换到一个可持续的水平的预期。

所有股利贴现模型的一个缺点是，它们对输入值非常敏感，k 或 g 的微小变化可能造成内在价值的估计值发生较大的变化。这些输入值是难以衡量的。

9. a. 使用戈登增长模型和资本资产定价模型得到每股 Rio National 股票的价值为 22.40 美元，如下所述。

用资本资产定价模型计算必要收益率：

$$k = r_f + \beta \times (k_M - r_f) = 4\% + 1.8 \times (9\% - 4\%) = 13\%$$

用戈登增长模型计算股票价值：

$$P_0 = \frac{D_0 \times (1+g)}{k-g} = \frac{0.20 \times (1+0.12)}{0.13-0.12} = 22.40(\text{美元})$$

b. RioNationa 的可持续增长率为 9.97%，计算如下：

$$g = b \times ROE = \text{留存比率} \times ROE = (1 - \text{派息率}) \times ROE$$

$$= (1 - \text{股息}/\text{净收入}) \times \text{净收入}/\text{期初权益} = (1 - 3.2/30.16) \times 30.16/270.35$$

$$= 0.0997，即 9.97\%$$

10. a. 为得到股东自由现金流（FCFE），Shaar 需要对经营活动现金流（CFO）做出以下两种调整。

   i. 将投资从固定资本中减去：CFO 不考虑长期投资活动，特别是厂房和设备。股东没有与这些必要支出相对应的现金流，因此应从 CFO 减去，从而获得 FCFE。

   ii. 加入净借款：CFO 不考虑由贷款人（例如债券持有者）向公司提供的资本金额。股东可以获得与这些新的借款和净债务支付相对应的现金流，因此应加入到 CFO 中以获得 FCFE。

b. 信息 1：Rio National 在今年有 7 500 万美元的资本化支出。

调整：-7 500 万美元。

这 7 500 万美元资本化支出不再与股东有关，应该从经营现金流中扣除。

信息 2：年末以 700 万美元出售了一台设备。出售时该设备的账面价值为 300 万美元，最初购买价格为 1 000 万美元。对 Rio National 来说，设备出售是不寻常的。

调整：+300万美元。

在计算股东自由现金流时，应只考虑固定资本投资有关的现金流。出售设备产生的700万美元现金流是股东现在可以得到的，应该归入净收入，而出售设备时获得的超过账面价值的收益（400万美元）已经被包括在净收入中。因为总的销售收入是现金而不仅仅是收益，所以这300万美元必须归入净收入。因此，调整计算为：

得到的700万美元现金 - 记录在净收益里面的400万美元 = 得到的额外的300万现金增加到净收益中，以得到FCFE。

信息3：长期负债的减少表示计划外的本金偿还；该年没有新增的借款。

调整：-500万美元

股东不能获得计划外的债务偿还现金流（-500万美元），应该从净收入中减去以确定FCFE。

信息4：2013年1月1日，公司收到发行普通股的现金，共400000股，每股25美元。

不需要调整。

公司和股东之间的转移支付不影响FCFE。因此，在计算FCFE时，发行新股不需要调整净收入。

信息5：一项新的评估认为公司持有的投资性土地的市场价值增加了200万美元，在2013年的利润表中并没有确认这一事项。

不需要调整。

土地市场价值的增加并没有产生任何现金流，也没有反映净收入。因此，计算FCFE不需要调整净收入。

c. 股东自由现金流的计算如下：

$$FCFE = NI + NCC - FCINV - WCINV + 净借款$$

其中，NCC为非现金费用；FCINV为固定资本投资；WCINV为营运资本投资。

	百万美元	解释
NI =	30.16	由2013年的利润表得出
NCC =	+67.17	71.17（2013年的利润表的折旧及推销）-4.00①（补充信息2中的销售利润）
FCINV =	-68.00	75.00（补充信息1中的资本化支出）-7.00①（补充信息2中的销售利润）
WCINV =	-24.00	-3.00（应收账款的增加）+ -20.00（公司年末资产负债表存货的增加）+ -1.00（公司年末资产负债表应付账款的减少）
净借款 =	+(-5.00)	-5.00（公司年末资产负债表长期债务的减少）
FCFE =	0.33	

①补充信息2影响了NCC和FCINV。

11. 从PEG来看，Rio National公司的权益相对于行业水平被低估了。Rio National公司的PEG比率为1.33，低于行业1.66的水平。较低的PEG比率意味着更大的吸引力，因为低PEG比率暗含着在现有增长率水平上，购买Rio National公司的价格要低于行业内其他公司。Rio National公司和行业的PEG比率计算如右表所示。

Rio National
当前价格 = 25.00（美元）
标准化每股收益 = 1.71（美元）
市盈率 = 25/1.71 = 14.62
增长率（百分比）= 11
PEG比率 = 14.62/11 = 1.33
行业：
市盈率 = 19.90
增长率（百分比）= 12
PEG比率 = 19.90/12 = 1.66

第19章 财务报表分析

一、选择题

1. 一个公司的速动比率高于行业平均水平，这意味着（　　）。
   A. 这个公司的市盈率高于同行业其他公司
   B. 在短期内，这个公司可能比同行业其他公司更能避免破产风险
   C. 这个公司的盈利能力可能不如同行业其他公司
   D. 这个公司的市盈率高于同行业其他公司；在短期内，这个公司可能比同行业其他公司更能避免破产风险
   E. 在短期内，这个公司可能比同行业其他公司更能避免破产风险；这个公司的盈利能力可能不如同行业其他公司

2. 一个公司的速动比率低于行业平均水平，这意味着（　　）。
   A. 这个公司的市盈率低于同行业其他公司
   B. 在短期内，这个公司比同行业其他公司更有可能避免破产风险
   C. 这个公司的盈利能力可能高于同行业其他公司
   D. 这个公司的市盈率低于同行业其他公司；在短期内，这个公司可能比同行业其他公司更能避免破产风险
   E. 在短期内，这个公司可能比同行业其他公司更易遭受破产风险；这个公司的盈利能力可能高于同行业其他公司

3. （　　）反映了公司某一特定时期的财务状况。
   A. 资产负债表   B. 利润表   C. 现金流量表
   D. 上述所有报表都   E. 上述报表都不能

4. （　　）反映了公司经营活动、投资活动和融资活动所产生的现金流量。
   A. 资产负债表   B. 利润表   C. 现金流量表
   D. 审计师的财务状况表   E. 上述报表都不能

5. 一个公司的资产周转率高于行业平均水平，这意味着（　　）。
   A. 公司的市盈率高于行业平均水平
   B. 在短期内，该公司比同行业其他公司更有可能避免破产风险
   C. 这个公司的盈利能力可能高于同行业其他公司
   D. 该公司可能比同行业其他公司能够更有效地利用资产
   E. 该公司可能比同行业其他公司在新固定资产上投资更多

6. 一个公司的资产周转率低于行业平均水平，这意味着（　　）。
   A. 公司的市盈率低于行业平均水平
   B. 在短期内，该公司比同行业其他公司更易遭受破产风险
   C. 这个公司的盈利能力可能高于同行业其他公司
   D. 该公司不能像同行业其他公司那样有效地利用资产
   E. 该公司可能比同行业其他公司在新固定资产上投资更多

7. 如果你想要计算经济利益，在存货计价时（　　）。
   A. 先进先出法好于后进先出法
   B. 后进先出法好于先进先出法
   C. 先进先出法与后进先出法一样好

D. 先进先出法与后进先出法一样差
E. 上述说法都不正确。

8. （　　）是一段时间（比如说一年）内公司盈利的总和。
   A. 资产负债表　　　　　　B. 利润表　　　　　　C. 现金流量表
   D. 审计报告　　　　　　　E. 上述报表都不是

9. 有着30多年管理投资基金经验的本杰明·格雷厄姆使用的选择公司股票的方法是购买那些低于营运资本成本的股票。使用这种策略获得的年平均收益率约为（　　）。
   A. 5%　　　　　　　　　B. 10%　　　　　　　C. 15%
   D. 20%　　　　　　　　　E. 上述说法都不正确。

10. Speidell 和 Bavishi（1992）的研究表明，在一个共同的会计基础下，当外国公司的会计报表重列时（　　）。
    A. 原始市盈率和重列后的市盈率相同
    B. 原始市盈率和重列后的市盈率差异相当大
    C. 大多数差异可以由税收差异来解释
    D. 大多数公司在商誉处理上是一致的
    E. 上述说法都不正确。

11. 如果债务的利率高于资产收益率（ROA），一个公司在资本结构中增加债务使用量会（　　）。
    A. 增加净资产收益率
    B. 不改变净资产收益率
    C. 降低净资产收益率
    D. 以不能确定的方式改变净资产收益率
    E. 上述说法都不正确。

12. 如果债务的利率低于资产收益率（ROA），一个公司在资本结构中增加债务使用量会（　　）。
    A. 增加净资产收益率　　　B. 不改变净资产收益率　　　C. 降低净资产收益率
    D. 以不能确定的方式改变净资产收益率　　　E. 上述说法都不正确。

13. 一个公司的市净率等于行业平均值，净资产收益率（ROE）小于行业平均值，这就意味着（　　）。
    A. 该公司的市盈率高于同行业其他公司
    B. 在短期内，该公司比同行业其他公司更可能避免破产风险
    C. 该公司的盈利能力可能高于同行业其他公司
    D. 该公司可能比同行业其他公司能够更有效地利用资产
    E. 上述说法都不正确。

14. 在通货膨胀期间，相对于重置成本，会计折旧被（　　），真实的经济收益（　　）。
    A. 高估；高估　　　　　　B. 高估；低估　　　　　C. 低估；高估
    D. 低估；低估　　　　　　E. 正确估计；正确估计

15. 一个公司的税率为正，资产收益率（ROA）为正，债务的利率等于ROA，那么，ROA将（　　）。
    A. 高于ROE　　　　　　　B. 等于ROE　　　　　　C. 小于ROE
    D. 大于0，但不能确定ROA与ROE的关系　　　　　E. 在任何情况下都是负的

16. 一个公司的市盈率是 12，ROE 是 13%，市净率是（   ）。
    A. 0.64   B. 0.92   C. 1.08
    D. 1.56   E. 上述说法都不正确。

17. 一个公司的（净利润/税前利润）= 0.625，杠杆比率是 1.2，（税前利润/EBIT）= 0.9，ROE 是 17.82%，流动比率是 8，销售收益率是 8%，公司的资产周转率是（   ）。
    A. 0.3   B. 1.3   C. 2.3
    D. 3.3   E. 上述说法都不正确。

18. 一个公司的 ROA 是 14%，（负债/权益）= 0.8，税率是 35%，债务的利息率是 10%，公司的 ROE 是（   ）。
    A. 11.18%   B. 8.97%   C. 11.54%
    D. 12.62%   E. 上述说法都不正确。

19. 一个公司的 ROE 是 -2%，（负债/权益）= 1.0，税率是 0%，债务的利率是 10%，公司的 ROA 是（   ）。
    A. 2%   B. 4%   C. 6%
    D. 8%   E. 上述说法都不正确。

20. 衡量资产使用效率的指标是（   ）。
    A. 销售收入除以营运资本   B. 总资产收益率   C. 权益资产收益率
    D. 营业利润除以销售收入   E. 上述说法都不正确。

二、课后习题

1. 国际财务报告准则与美国一般公认会计原则的主要区别是什么？两者的优缺点分别是什么？
2. 若市场是有效的，那么公司进行盈余管理还有意义吗？另一方面，若公司进行盈余管理，那么管理层对有效市场的观点是如何的呢？
3. 穆迪和标准普尔等评级机构最感兴趣的财务比率是什么？股票市场分析师在决定是否购买某一股票以使投资组合更加多样化时，他最感兴趣的比率是什么？
4. Crusty Pie 公司是一家专门从事苹果贸易的公司，其销售收益率高于行业平均值但是总资产收益率与行业平均值相同，如何解释这一现象？
5. ABC 公司的销售收益率低于行业平均值，但是总资产收益率高于行业平均值，这说明它的资产周转情况如何？
6. 公司 A 和公司 B 的总资产收益率相同，但公司 A 的净资产收益率更高。如何解释这一现象？
7. 使用杜邦体系和右表的数据计算净资产收益率。
8. 最近 Galaxy 公司将坏账费用从销售收入的 2% 降到了 1%，从而大大减少了计提的坏账准备。不考虑所得税，这一情况给营业利润和经营活动产生的现金流带来的即时影响是什么？

杠杆比率（资产/权益）	2.2
总资产周转率	2.0
净利润率	5.5%
股息支付率	31.8%

根据下列材料回答第 9~11 题。

Hatfield 是一家美国的大型制造公司，年销售额超过 3 亿美元。Hatfield 公司由于违规甚至是违法编制财务报表正接受美国证券交易委员会的调查。为进一步评估情况，美国证券交易委员会已派出一支专家队伍前去 Hatfield 公司位于费城的总部对该公司进行全面审计。

在调查过程中，美国证券交易委员会派出的专家队伍发现了 Hatfield 公司的一些特殊情况。
- 公司管理层最近一直在与当地的工会组织谈判，且该公司 40% 的全职员工为工会成员，工会代表要求增加工资和养老金福利，但管理层坚持当前不可能满足这一要求，因为公司的盈利能力一直在下降，而且现金流也非常紧张。工会代表指控管理层为了不在谈判中处于被动曾操纵财务报表。
- 公司过去几年取得的新设备在账面上均被确认为经营租赁，但之前取得的类似资产几乎一直被确认为融资租赁，同行业其他公司的财务报表表明此类设备应被确认为融资租赁。美国证券交易委员会要求管理层解释为何公司的做法与"正常"会计实务不同。
- 与销售增长率相比，Hatfield 公司的账面存货在过去几年一直在稳定增长，管理层的解释是生产方法的改进使生产效率提高，从而增加了总产量。美国证券交易委员会正在寻找 Hatfield 公司操纵存货的证据。

美国证券交易委员会派出的专家队伍并不是为了寻找舞弊的证据，而是为了寻找公司为了误导股东和其他利益相关方而违反会计准则的证据。乍看 Hatfield 公司的财务报表并不能发现收益低质量的原因。

9. 工会代表认为 Hatfield 公司的管理层试图通过低估净利润来避免在谈判中做出妥协，管理层的下列哪种行为最可能造成收益低质量？
   a. 延长应折旧资产的寿命以降低折旧费用。
   b. 对公司养老金义务进行估值时使用较低的贴现率。
   c. 交货时而非收到货款时确认收入。

10. Hatfield 公司最近把所有租赁的新设备均确认为经营租赁，这与之前将其确认为融资租赁的做法有很大不同，在融资租赁中应付租赁款的现值应被确认为一项负债。Hatfield 公司更换会计方法的动机是什么？Hatfield 公司试图：
    a. 改善杠杆比率，降低杠杆。
    b. 减少销货成本，增强盈利能力。
    c. 与同行业其他公司相比增加营业利润。

11. 美国证券交易委员会派出的专家队伍正在调查 Hatfield 公司销量增长存货却在增加的原因，确定 Hatfield 公司操纵财务指标的一种方法是调查：
    a. 存货周转率的下降。
    b. 应收账款的增长速度高于销售收入。
    c. 延期确认费用。

12. 某公司的净资产收益率为 3%，债务权益比率为 0.5，税率为 35%，债务利率为 6%，那么该公司的总资产收益率是多少？

13. 某公司的税收负担比率为 0.75，杠杆比率为 1.25，利息负担比率为 0.6，销售收益率为 10%，该公司每 1 美元资产可以创造 2.40 美元的销售收入，那么该公司的净资产收益率是多少？

14. 根据右表中关于 Rocket Transport 公司的现金流量数据计算该公司的：
    a. 投资活动提供或使用的净现金。
    b. 融资活动提供或使用的净现金。
    c. 年度现金的净增加或减少。

（单位：美元）

现金股利	80 000
购买汽车	33 000
支付债务利息	25 000
销售旧设备	72 000
回购股票	55 000
支付供应商的现金	95 000
向顾客收取的现金	300 000

三、CFA 考题

1. 以下是关于 QuickBrush 公司和 SmileWhite 公司财务报表的信息（见下表）：

	QuickBrush	SmileWhite
商誉	公司将商誉在 20 年内进行摊销	公司将商誉在 5 年内进行摊销
财产、厂房和设备	公司在资产的经济寿命内按直线法计提折旧，建筑物的寿命 5~20 年不等	公司在资产的经济寿命内按加速法计提折旧，建筑物的寿命 5~20 年不等
应收账款	公司按应收账款的 2% 计提坏账准备	公司按应收账款的 5% 计提坏账准备

根据以上信息，哪一家公司的盈余质量更高？

2. 为了估计 MasterToy 公司的可持续增长率，Scott Kelly 正在阅读该公司的财务报表，根据下表中所列示的信息回答问题。

MasterToy 公司 2013 年实际和 2014 年预期的财务报表

（财务年度截至 12 月 31 日；除每股数据外，单位均为百万美元）

	2013	2014	变动（%）
利润表			
收入	4 750	5 140	7.6
销货成本	2 400	2 540	
销售及一般性管理费用	1 400	1 550	
折旧	180	210	
商誉摊销	10	10	
营业利润	760	830	8.4
利息费用	20	25	
税前利润	740	805	
所得税	265	295	
净利润	475	510	
每股收益	1.79	1.96	8.6
发行在外的平均股份数（100 万）	265	260	
资产负债表			
现金	400	400	
应收账款	680	700	
存货	570	600	
财产、厂房和设备净额	800	870	
无形资产	500	530	
资产总计	2 950	3 100	
流动负债	550	600	
长期债务	300	300	
负债总计	850	900	
所有者权益	2 100	2 200	
负债和所有者权益总计	2 950	3 100	
每股账面价值	7.92	8.46	
年度每股股息	0.55	0.60	

a. 识别并计算杜邦公式的组成部分。
b. 根据杜邦公式的组成部分计算 2014 年净资产收益率。
c. 根据净资产收益率和收益再投资率计算 2014 年的可持续增长率。
3. 根据右表中的数据回答下列问题：

（单位：美元）

支付利息的现金	−12
回购普通股	−32
支付供应商的现金	−85
购买土地	−8
销售设备	30
支付股利	−37
支付工资的现金	−35
向顾客收取的现金	260
购买设备	−40

a. 哪些属于经营活动产生的现金流？
b. 根据以上数据，计算投资活动产生的现金流。
c. 根据以上数据，计算筹资活动产生的现金流。
4. Ludlow 刚被聘任为分析师，在了解电动牙刷行业以后，她的第一份报告是关于 QuickBrush 和 SmileWhite 两家公司的，她总结得到的信息如下："QuickBrush 公司的盈利能力高于 SmileWhite 公司，在过去几年里 QuickBrush 公司的销售增长率为 40%，且利润率一直高于 SmileWhite 公司。SmileWhite 公司的销售和利润增长率为 10%，且利润率也较低。我们认为今后 SmileWhite 公司的增长率不可能超过 10%，但 QuickBrush 公司可以长期维持 30% 的增长率。"

a. Ludlow 根据净资产收益率认为 QuickBrush 公司的盈利能力高于 SmileWhite 公司，且 QuickBrush 公司有较高的可持续增长率，使用下面两张表中的信息，评价 Ludlow 的分析和结论。你可以通过分析计算下列项目来支持你的观点：
- 决定 ROE 的五个组成部分。
- 决定可持续增长率的两个比率：ROE 和收益再投资率。

b. 解释为什么 QuickBrush 公司过去两年的净资产收益率一直在下降，但是平均每年的每股收益却保持 40% 的增长率？只使用第 1 张表中提供的数据分析。

QuickBrush 公司的财务报表：年度数据（除每股数据外，单位均为千美元）

	2011 年 12 月	2012 年 12 月	2013 年 12 月	3 年平均
利润表				
收入	3 480	5 400	7 760	
销货成本	2 700	4 270	6 050	
销售及一般性管理费用	500	690	1 000	
折旧及摊销	30	40	50	
营业利润（EBIT）	250	400	660	
利息费用	0	0	0	
税前利润	250	400	660	
所得税	60	110	215	
税后利润	190	290	445	
稀释每股收益	0.60	0.84	1.18	
发行在外的平均股份数（1 000 股）	317	346	376	
财务数据				
销货成本占销售收入的百分比（%）	77.59	79.07	77.96	78.24
销售管理费用占销售收入的百分比（%）	14.37	12.78	12.89	13.16

	2011年12月	2012年12月	2013年12月	3年平均
营业利润率（%）	7.18	7.41	8.51	
税前利润/EBIT（%）	100.00	100.00	100.00	
税率（%）	24.00	27.50	32.58	
资产负债表				
现金和现金等价物	460	50	480	
应收账款	540	720	950	
存货	300	430	590	
财产、厂房和设备净值	760	1 830	3 450	
资产总计	2 060	3 030	5 470	
流动负债	860	1 110	1 750	
负债总计	860	1 110	1 750	
所有者权益	1 200	1 920	3 720	
负债和所有者权益总计	2 060	3 030	5 470	
每股市价	21.00	30.00	45.00	
每股账面价值	3.79	5.55	9.89	
年度每股股息	0.00	0.00	0.00	

SmileWhite公司的财务报表：年度数据（除每股数据外，单位均为千美元）

	2011年12月	2012年12月	2013年12月	3年平均
利润表				
收入	104 000	110 400	119 200	
销货成本	72 800	75 100	79 300	
销售及一般性管理费用	20 300	22 800	23 900	
折旧及摊销	4 200	5 600	8 300	
营业利润（EBIT）	6 700	6 900	7 700	
利息费用	600	350	350	
税前利润	6 100	6 550	7 350	
所得税	2 100	2 200	2 500	
税后利润	4 000	4 350	4 850	
稀释每股收益	2.16	2.35	2.62	
发行在外的平均股份数（1 000股）	1 850	1 850	1 850	
财务数据				
销货成本占销售收入的百分比（%）	70.00	68.00	66.53	68.10
销售管理费用占销售收入的百分比（%）	19.52	20.64	20.05	20.08
营业利润率（%）	6.44	6.25	6.46	
税前利润/EBIT（%）	91.04	94.93	95.45	
税率（%）	34.43	33.59	34.01	
资产负债表				
现金和现金等价物	7 900	3 300	1 700	
应收账款	7 500	8 000	9 000	
存货	6 300	6 300	5 900	
财产、厂房和设备净值	12 000	14 500	17 000	

（续）

	2011年12月	2012年12月	2013年12月	三年平均
资产总计	33 700	32 100	33 600	
流动负债	6 200	7 800	6 600	
长期债务	9 000	4 300	4 300	
负债总计	15 200	12 100	10 900	
所有者权益	18 500	20 000	20 700	
负债和所有者权益总计	33 700	32 100	33 600	
每股市价	23.00	26.00	30.00	
每股账面价值	10.00	10.81	12.27	
年度每股股息	1.42	1.53	1.72	

根据下列材料回答第5~8题。

Eastover公司（简称"EO"）是一家大型的多元化林业公司，约75%的销售收入来自造纸和森林产品，剩余收入来自金融服务和林木产品。该公司拥有560万英亩林地，历史成本非常低。

Mulroney是Centurion投资公司的一名投资咨询分析师，她的任务是对Eastover公司的发展前景进行投资前评估，并将之与Centurion投资公司投资组合中的另一家林业公司，即Southampton公司进行比较。Southampton公司（简称"SHC"）在美国是生产木材制品的主要厂商，其销售收入的89%来自建筑材料（主要是木材和胶合板），剩余收入来自纸浆。Southampton公司拥有140万英亩林地，历史成本也很低，但是不像Eastover公司那样远远低于当前市价。

Mulroney开始通过分析净资产收益率的五个组成部分来比较研究两家公司。在分析过程中，Mulroney把权益定义为所有者权益的总额，包括优先股，而且她所使用的是资产负债表年末数据而非平均数据。

5. a. 根据下面两表中的数据计算2013年Eastover和Southampton两家公司净资产收益率的5个组成部分。并根据这五个部分，计算两家公司2013年的净资产收益率。

Eastover公司（除发行在外的股份数外，单位均为百万美元）

	2009	2010	2011	2012	2013
利润表概要					
销售收入	5 652	6 990	7 863	8 281	7 406
息税前利润（EBIT）	568	901	1 037	708	795
利息费用净额	-147	-188	-186	-194	-195
税前利润	421	713	851	514	600
所得税	-144	-266	-286	-173	-206
税率（%）	34	37	33	34	34
净利润	277	447	565	341	394
优先股股息	-28	-17	-17	-17	0
普通股净利润	249	430	548	324	394
发行在外的普通股股数（100万股）	196	204	204	205	201
资产负债表概要					
流动资产	1 235	1 491	1 702	1 585	1 367
林地资产	649	625	621	612	615
财产、厂房和设备	4 370	4 571	5 056	5 430	5 854

(续)

	2009	2010	2011	2012	2013
其他资产	360	555	473	472	429
资产总计	6 614	7 242	7 852	8 099	8 265
流动负债	1 226	1 186	1 206	1 606	1 816
长期债务	1 120	1 340	1 585	1 346	1 585
递延所得税	1 000	1 000	1 016	1 000	1 000
优先股	364	350	350	400	0
普通股	2 904	3 366	3 695	3 747	3 864
负债和所有者权益总计	6 614	7 242	7 852	8 099	8 265

Southampton 公司（除发行在外的股份数外，单位均为百万美元）

	2009	2010	2011	2012	2013
利润表概要					
销售收入	1 306	1 654	1 799	2 010	1 793
息税前利润（EBIT）	120	230	221	304	145
利息费用净额	−13	−36	−7	−12	−8
税前利润	107	194	214	292	137
所得税	−44	(75)	−79	−99	−46
税率（%）	41	39	37	34	34
净利润	63	119	135	193	91
发行在外的普通股股数（100万股）	38	38	38	38	38
资产负债表概要					
流动资产	487	504	536	654	509
林地资产	512	513	508	513	518
财产、厂房和设备	648	681	718	827	1 037
其他资产	141	151	34	38	40
资产总计	1 788	1 849	1 796	2 032	2 104
流动负债	185	176	162	180	195
长期债务	536	493	370	530	589
递延所得税	123	136	127	146	153
所有者权益	944	1 044	1 137	1 176	1 167
负债和所有者权益总计	1 788	1 849	1 796	2 032	2 104

 b. 根据问题 a 的计算结果，解释两家公司净资产收益率的差异。

 c. 根据 2013 年的数据，计算两家公司的可持续增长率，并说明以这些数据为基础来预测未来增长的合理性。

6. a. Mulroney 想起她在特许金融分析师的学习中曾学过，固定增长股利贴现模型是评估公司普通股价值的方法之一，她收集到了关于 Eastover 和 Southampton 两家公司当前股息和股价的数据，见下表。假设必要回报率（即贴现率）为 11%，预期增长率为 8%，利用固定增长的股利贴现模型计算 Eastover 公司的股票价值，并将其与"当前信息"中 Eastover 公司的股价比较。

Eastover 公司、Southampton 公司与标准普尔 500 指数的价值比较

	2009	2010	2011	2012	2013	2014	5 年平均 （2010~2014 年）
Eastover 公司							
每股收益（美元）	1.27	2.12	2.68	1.56	1.87	0.90	
每股股息（美元）	0.87	0.90	1.15	1.20	1.20	1.20	
每股账面价值（美元）	14.82	16.54	18.14	18.55	19.21	17.21	
股价							
最高价（美元）	28	40	30	33	28	30	
最低价（美元）	20	20	23	25	18	20	
收盘价（美元）	25	26	25	28	22	27	
平均市盈率	18.9	14.2	9.9	18.6	12.3	27.8	
平均市净率	1.6	1.8	1.5	1.6	1.2	1.5	
Southampton 公司							
每股收益（美元）	1.66	3.13	3.55	5.08	2.46	1.75	
每股股息（美元）	0.77	0.79	0.89	0.98	1.04	1.08	
每股账面价值（美元）	24.84	27.47	29.92	30.95	31.54	32.21	
股价							
最高价（美元）	34	40	38	43	45	46	
最低价（美元）	21	22	26	28	20	26	
收盘价（美元）	31	27	28	39	27	44	
平均 P/E	16.6	9.9	9.0	7.0	13.2	20.6	
平均 P/B	1.1	1.1	1.1	1.2	1.0	1.1	
标准普尔 500 指数							
平均 P/E	15.8	16.0	11.1	13.9	15.6	19.2	15.2
平均 P/B	1.8	2.1	1.9	2.2	2.1	2.3	2.1

当前信息

	当前股价 （美元）	当前每股股息 （美元）	预期 2015 年的每股收益 （美元）	当期每股账面价值 （美元）
Eastover 公司	28	1.20	1.60	17.32
Southampton 公司	48	1.08	3.00	32.21
标准普尔 500 指数	1 660	48.00	82.16	639.32

b. Mulroney 的上司指出两阶段股利贴现模型可能更适合 Eastover 和 Southampton 两家公司，Mulroney 相信两家公司在今后 3 年的增长将更加迅速，然后 2017 年将以稍低的增长率稳定下来。她的预测如下表所示。用 11% 作为必要回报率根据两阶段股利贴现模型计算 Eastover 公司的股票价值，并将其与"当前信息"中 Eastover 公司的股价比较。

年末的计划增长率

	未来 3 年（2015~2017 年）	2017 年以后
Eastover 公司	12%	8%
Southampton 公司	13%	7%

c. 讨论固定增长股利贴现模型的优缺点,并简要说明两阶段股利贴现模型如何改进了固定增长模型。

7. 除股利贴现模型方法外,Mulroney 计算两家公司的市盈率和市净率,并将其与标准普尔 500 指数相比较。Mulroney 决定使用 2010~2014 年以及当前的数据分析。

   a. 用第 6 题"价值比较"和"当前信息"两张表中的数据计算两家公司现在的和 5 年(2010~2014 年)平均相对市盈率和相对市净率(即两家公司的比率相对于标准普尔 500 指数的值),并将每家公司的当前相对市盈率与五年平均市盈率做比较,当前相对市净率与五年平均值做比较。

   b. 简要说明相对市盈率与相对市净率在估价上的缺陷。

8. Mulroney 分别使用固定增长股利贴现模型和两阶段股利贴现模型为 Southampton 公司进行了估价,结果如右表所示。

固定增长模型	29 美元
两阶段模型	35.50 美元

   根据所提供的信息和第 5~7 题的答案,选出 Mulroney 会推荐购买的股票(Eastover 公司或 Southampton 公司),并说明原因。

9. 你在查看 Graceland Rock 公司的财务报表时发现,2013~2014 年,该公司的净利润增加了,但经营活动产生的现金流减少了。

   a. 举例说明在什么情况下,Graceland Rock 公司净利润增加的同时经营活动产生的现金流减少。

   b. 为什么说经营活动产生的现金流是衡量"收益品质"的一个良好指标?

10. 某公司的销售净额为 3000 美元,现金费用(包括所得税)为 1400 美元,折旧为 500 美元,若本期的应收账款增加了 400 美元,那么经营活动产生的现金流是多少?

11. 某公司的流动比率为 2.0,假设该公司用现金回购将于一年内到期的应付票据,这会对流动比率和总资产周转率产生什么影响?

12. 尽管 Jones Group 公司的营业利润一直在下降,但其税后净资产收益率却一直保持不变,说明该公司是如何保持税后净资产收益率不变的。

13. 杜邦公式把净资产收益率分解为下列五个组成部分:
    - 营业利润率
    - 总资产周转率
    - 利息负担比率
    - 财务杠杆
    - 所得税税率

    使用下表中的数据:

利润表和资产负债表 (单位:美元)

	2010	2014		2010	2014
利润表数据			税后净利润	19	30
收入	542	979	**资产负债表数据**		
营业利润	38	76	固定资产	41	70
折旧和摊销	3	9	资产总额	245	291
利息费用	3	0	营运资本	123	157
税前利润	32	67	负债总额	16	0
所得税	13	37	所有者权益总额	159	220

a. 计算2010年和2014年以上五个组成部分的值，并根据计算出的结果计算2010年和2014年的净资产收益率。
b. 简要说明2010～2014年总资产周转率和财务杠杆的变化对净资产收益率的影响。

参考答案

一、选择题

| 1. E | 2. E | 3. A | 4. C | 5. B | 6. D | 7. B | 8. B | 9. D | 10. B |
| 11. C | 12. A | 13. A | 14. C | 15. A | 16. D | 17. D | 18. A | 19. B | 20. B |

二、课后习题

1. 国际财务报告准则和美国一般公认会计原则之间的区别主要源于"原则"和"规则"之间的区别。美国一般公认会计原则是以原则为基础的，遵循广泛而详细的财务报表的编制规则；而许多国际标准，如欧盟采用国际财务报告准则，其允许更大的灵活性，只要与一般的准则保持一致。尽管美国一般公认会计原则通常是更详细具体的，美国的企业中仍然存在可比性问题。可比性在国外企业中仍是较大的问题。

2. 如果市场是有效的，那么盈余管理不重要，因为所有的公开信息都已反映在股票价格中。投资者可以通过盈余管理来决定公司的实际盈利能力，进而决定股票的内在价值。然而，如果公司进行盈余管理，那么说明管理者认为金融市场是非有效的。

3. 信用评级机构和股票市场分析师都会对本章所讨论的所有比率（以及许多其他比率和分析形式）或多或少地产生兴趣。由于穆迪和标准普尔评级机构评估债券的违约风险，它们对杠杆比率最感兴趣。股票市场分析师对市盈率最感兴趣。

4. 资产收益率＝销售收益率×总资产周转率
   Crusty Pie公司的销售收益率比行业平均值高，但资产收益率与行业平均值相等，唯一的可能是它的总资产周转率比行业平均水平低。

5. 这说明ABC公司的总资产周转率必定高于行业平均水平。

6. $ROE = (1 - 税率)[ROA + (ROA - 利率)债务权益]$
   $ROE_A > ROE_B$
   A公司与B公司有相同的资产收益率。假定税率相同且资产收益率大于利率，则A公司要么有一个更低的利率，要么有一个更高的负债率。

7. ROE ＝净利润/权益＝净利润/销售收入×销售收入/资产×资产/权益
   ＝净利润率×总资产周转率×杠杆比率
   ＝$5.5\% \times 2.0 \times 2.2 = 24.2\%$

8. (1) 降低坏账费用将会产生更高的经营收入。
   (2) 直到Galaxy公司实际收回了应收账款，降低坏账费用才会对经营现金流有影响。

9. a。公司可以利用GAAP原则来实现特定的目标，且仍然在法律允许范围之内。激进的假定，如延长资产的折旧年限（用来增加收入）将会导致收益质量降低。

10. a。如果使用恰当，通过利用经营租赁来实现表外融资是可以接受的。然而，当公司察觉到其杠杆过高时，会过于积极地使用经营租赁以降低杠杆。通过对业内同行和他们的行为之间的比较，可以发现其会计方法的使用不当。

11. a。操纵财务指标的一个警示信号是存货相对于销售增长的异常增长。通过高估库存以降低商品销售成本,这将导致利润被高估。

12. $ROE = (1-税率)[ROA + (ROA-利率)债务/权益]$
    代入数据:$0.03 = (0.65) \times [ROA + (ROA - 0.06) \times 0.5]$;
    解得:$ROA = 5.08\%$。

13. $ROE = \dfrac{净利润}{权益} = \dfrac{净利润}{税后利润} \times \dfrac{税后利润}{EBIT} \times \dfrac{EBIT}{销售利润} \times \dfrac{销售利润}{资产} \times \dfrac{资产}{权益}$
    $ROE = 0.75 \times 0.6 \times 0.1 \times 2.40 \times 1.25 = 13.5\%$

14.

a. 投资活动的现金流(美元)		
销售旧设备	72 000	
购买汽车	-33 000	
用于投资活动的净现金		39 000
b. 融资活动的现金流(美元)		
回购股票	-55 000	
现金股利	-80 000	
用于融资活动的净现金		-135 000
c. 经营活动的现金流(美元)		
向顾客收取的现金	30 000	
支付给供应商的现金	-95 000	
支付利息的现金	-25 000	
经营活动提供的净现金(美元)		180 000
现金净增长(美元)		84 000

三、CFA 考题

1. SmileWhite 公司收益品质更高,原因如下:
   (1) SmileWhite 公司摊销商誉的时间比 QuickBrush 公司短。SmileWhite 公司的商誉摊销费用更高,因此它的收入更加保守。
   (2) SmileWhite 公司对它的财产、车间和设备采用加速折旧法,这导致对折旧费用的确认时间更早,也意味着它所报告的收入更保守。
   (3) SmileWhite 的坏账准备金在应收账款中的比例更大,它确认的坏账费用比 QuickBrush 公司高。如果两者的账款回收能力相当,那么 SmileWhite 具有更加保守的收入确认政策。

2. a. $ROE = \dfrac{净利润}{权益} = \dfrac{净利润}{销售收入} \times \dfrac{销售收入}{资产} \times \dfrac{资产}{权益}$
   = 净利润率 × 总资产周转率 × 资产与权益的比率

   $\dfrac{净利润}{销售收入} = 475/4\,750 = 0.100$,即 10%

   $\dfrac{销售收入}{资产} = 4\,750/2\,950 = 1.61$

   $\dfrac{资产}{权益} = 2\,950/2\,100 = 1.40$

   b. $ROE = \dfrac{475}{4\,750} \times \dfrac{4\,750}{2\,950} \times \dfrac{2\,950}{2\,100} = 10\% \times 1.61 \times 1.40 = 0.226\,2 = 22.62\%$

   c. $g = ROE \times 盈余再投资率 = 22.62\% \times \dfrac{1.79 - 0.55}{1.79} = 15.67\%$

3. a. 经营活动产生的现金流 = 260 - 85 - 12 - 35 = 128
   b. 投资活动产生的现金流 = - 8 + 30 - 40 = - 18
   c. 融资活动产生的现金流 = - 32 - 37 = - 69
4. a. QuickBrush 的盈利能力高于 SmileWhite。但是这并不能说明 QuickBrush 一定是一个更好的投资。SmileWhite 有更高的 ROE，并且非常平稳，而 QuickBrush 的 ROE 逐渐减小。

组成	定义	QuickBrush	SmileWhite
税收负担 ($1-t$)	净利润/税前利润	67.4%	66.0%
利息负担	税前利润/EBIT	1.000	0.955
销售收益率	EBIT/销售收入	8.5%	6.5%
总资产周转率	销售收入/资产	1.42	3.55
杠杆比率	资产/权益	1.47	1.48
ROE	净利润/权益	12.0%	21.4%

税收负担、利息负担和杠杆比率相似，但销售收益率和总资产周转率完全不同。尽管 SmileWhite 的销售收益率较低，它有一个高得多的总资产周转率。

持续增长率 = ROE × 再投资率

	ROE	再投资率	持续增长率	Ludlow 的估计增长率
QuickBrush	12.0%	1.00	12.0%	30%
SmileWhite	21.4%	0.34	7.3%	10%

Ludlow 过高地估计了两个公司的持续增长率。QuickBrush 几乎没有能力增加它的持续增长——利润再投资率已经为 100% 了。SmileWhite 可以通过增加它的利润再投资率来提升其持续增长率。

   b. QuickBrush 公司最近的 EPS 增长是通过提高每股账面价值的方法实现的，而不是通过使单位股本的利润增加实现的。即使 ROE 下降，一个公司的 EPS 也能够实现增长，正如 QuickBrush 公司那样，QuickBrush 公司的每股账面价值在过去的两年中翻了一倍多。提高每股账面价值可以通过留存收益，或者以超过账面价值的价格发行新股票来实现。QuickBrush 公司将所有的收益都留存，但是流通股数量的显著增加表明它还发行了大量的股票。
5. a. ROE = 利润率 × 利息负担比率 × 资产周转率 × 杠杆比率 × 税收负担比率。
   EO 公司和 SHC 公司 2013 年的 ROE 如下表所示：

利润率 = EBIT/销售收入	SHC：	145/1 793 =	8.1%
	EO：	795/7 406 =	10.7%
利息负担比率 = 税前利润/EBIT	SHC：	137/145 =	0.94
	EO：	600/795 =	0.75
资产周转率 = 销售收入/资产	SHC：	1 793/2 104 =	0.85
	EO：	7 406/8 265 =	0.90
杠杆比率 = 资产/权益	SHC：	2 104/1 167 =	1.80
	EO：	8 265/3 864 =	2.14
税收负担比率 = 净利润/税前利润	SHC：	91/137 =	0.66
	EO：	394/600 =	0.66
ROE	SHC：		7.8%
	EO：		10.2%

b. 两家公司 ROE 组成的差距如下：
利润率：EO 公司更高。
利息负担比率：EO 公司更高，因为它的税前利润占 EBIT 的百分比较低。
总资产周转率：EO 公司在周转资产上更有效率。
杠杆比率：EO 公司有更高的财务杠杆。
税收负担比率：两者没有显著的差别。
ROE：EO 公司更高，这部分是由于更高的利润率和更高的资产周转率——更高的财务杠杆也是一部分原因。

c. 持续增长率 = ROE × 再投资率。
两个公司的持续增长率计算如下：

	ROE	再投资率[①]	可持续增长率
Eastover	10.2%	0.36	3.7%
Southampton	7.8%	0.58	4.5%

[①]再投资率 =（1 - 派息率）。

EO：再投资率 = 1 - 0.64 = 0.36；
SHC：再投资率 = 1 - 0.42 = 0.58。

以这种方式得到的持续增长率，可能无法代表未来的经济增长，因为 2013 年很可能不是"正常"的一年。对于 EO 公司来说，收入尚未恢复到 2010～2011 年的水平。处在资本密集型行业的公司，0.36 的留存收益率似乎偏低。SHC 公司在 2013 年的收入下降超过 50%，其留存收益可能会在未来高于 0.58。因此，基于一年的结果进行预测会存在一定的风险，尤其对于那些属于周期性行业的公司（如生产林木产品的公司）。

6. a. 固定增长股息贴现模型公式如下：

$$P_0 = \frac{D_0(1+g)}{k-g}$$

对于 EO 公司：

$$P_0 = \frac{1.20 \times 1.08}{0.11 - 0.08} = 43.20(美元)$$

以此为基准，与 28 美元的股票现价相比，EO 公司的价值被低估了。

b. 两阶段股息贴现模型公式为：

$$P_0 = \frac{D_1}{(1+k)^1} + \frac{D_2}{(1+k)^2} + \frac{D_3}{(1+k)^3} + \frac{P_3}{(1+k)^3}$$

对于 EO 公司：$g_1 = 0.12$、$g_2 = 0.08$

$D_0 = 1.20(美元)$

$D_1 = D_0(1.12)^1 = 1.34(美元)$

$D_2 = D_0(1.12)^2 = 1.51(美元)$

$D_3 = D_0(1.12)^3 = 1.69(美元)$

$D_4 = D_0(1.12)^3 \times (1.08) = 1.82(美元)$

$P_3 = \frac{D_4}{k - g_2} = \frac{1.82}{0.11 - 0.08} = 60.67(美元)$

$P_0 = \frac{1.34}{(1.11)^1} + \frac{1.51}{(1.11)^2} + \frac{1.69}{(1.11)^3} + \frac{60.67}{(1.11)^3} = 48.03(美元)$

与固定增长模型相比，这种方法表明 EO 公司的价值被低估得更多。

c. 固定增长模型的优点包括：①合理的理论基础；②计算简单；③可估计输入值。

缺点包括：①对增长率的估计值十分敏感；②g 和 k 很难被准确地估计；③只适用于 $g < k$ 的情形；④固定增长是一个不切实际的假设；⑤假设了增长不会慢下来；⑥股息必须保持恒定；⑦不适用于不支付股息的公司。

两阶段模型提供的改进包括：①两阶段模型更加符合实际。它考虑了在第一阶段高、低和零增长，然后在第二阶段固定的长期增长的情形；②当第一阶段的增长率超过必要回报率时，该模型可以用来确定股票的价值。

7. a. 为了判断一只股票是被低估还是被高估，分析师往往计算市盈率（P/ES）和市净率（P/BS），然后将这些比率与市场基准相比较，如标准普尔 500 指数。这些比率的计算公式如下：

$$相对市盈率(P/E) = \frac{指定公司的市盈率}{标准普尔 500 指数的市盈率}$$

$$相对市净率(P/B) = \frac{指定公司的市净率}{标准普尔 500 指数的市净率}$$

使用相对市盈率模型评估 EO 和 SHC，Mulroney 可以计算每只股票的 5 年平均市盈率，并用标准普尔 500 的 5 年平均市盈率来除，得到历史平均相对市盈率。然后 Mulroney 可以比较历史平均相对市盈率和当前相对市盈率（即当前每只股票的市盈率，可以用"当前信息"中的今年每股收益的估计值除以当前市场的市盈率来得到）。

对于市净率模型，Mulroney 要做类似的计算，即用股票的 5 年平均市净率除以标准普尔 500 的 5 年平均市净率，并将结果与当前的市净率（使用当前的账面价值）相比较。结果如下：

市盈率模型评估结果

市盈率模型	EO	SHC	标准普尔 500
5 年平均市盈率	16.56	11.94	15.20
5 年相对市盈率	1.09	0.79	
当前市盈率	17.50	16.00	20.20
当前相对市盈率	0.87	0.79	

市净率模型评估结果

市净率模型	EO	SHC	标准普尔 500
5 年平均市净率	1.52	1.10	2.10
5 年相对市净率	0.72	0.52	
当前市净率	1.62	1.49	2.60
当前相对市净率	0.62	0.57	

显然，EO 公司的股票以低于其过去 5 年的相对市盈率的价格进行交易，而 SHC 正好以过去 5 年的相对市盈率的价格进行交易。至于市净率，EO 公司以低于其历史相对市净率的价格进行交易，而 SHC 以略微高于其过去 5 年相对市净率值的价格进行交易。EO 公司的账面价值被低估，这是因为它的林地的历史成本相当低。即使账面价值被低估，EO 公司还是以低于其 5 年平均相对市净率的价格进行交易，这使得从市净率的角度来看 EO 特别具有吸引力。

b. 相对市盈率模型的缺点包括：①相对市盈率度量的仅仅是一个相对值，而不是绝对值；②对下一年度会计收益的估计可能不等于持续的收益；③会计实践可能没有标准化；④改变会计标准可能使得进行历史比较变得困难。

相对市净率模型的缺点包括：①账面价值可能被低估或高估，尤其对于像 EO 那样，在账面上有低历史成本、高价值资产的公司；②账面价值可能不能代表盈利能力和未来增长潜力；③改变会计标准可能不利于进行历史比较。

8. 下表是 EO、SHC 两公司的估值和 ROE：

	Eastover	Southampton
股份（美元）	28.00	48.00
固定增长模型（美元）	43.20	29.00
两阶段增长模型（美元）	48.03	35.50
当前市盈率	17.50	16.00
当前相对市盈率	0.87	0.79
5 年平均市盈率	16.56	11.94
5 年相对市盈率	1.09	0.79
当前市净率	1.62	1.49
当前相对市净率	0.62	0.57
5 年平均市净率	1.52	1.10
5 年相对市净率	0.72	0.52
当前 ROE	10.2%	7.8%
持续增长率	3.7%	4.5%

按照这两个股利贴现模型，EO 公司的价值似乎都被低估了。基于相对市盈率和相对市净率，EO 的价值似乎也很低。另一方面，按照这两种股利贴现模型和相对市净率模型，SHC 公司的价值似乎被轻微地高估了。基于相对市盈率模型，SHC 公司的估值似乎是合理的。SHC 有一个稍高的可持续增长率，但并不明显，其净资产收益率低于 EO 公司。

EO 公司的当前市盈率是在相对较低的当前利润基础上计算出来的，然而其股票仍然具有吸引力。另外，由于它使用的林木资产的历史成本较低，EO 公司的 P/B 值被高估，这使得 EO 公司从 P/B 值的角度来看更具有吸引力。基于这种分析，Mulroney 应该优先选择 EO 公司，而不是 SHC 公司。

9. a. 即使经营活动现金流减少，净利润也能够增加。当净营运资本增加时就会出现这种情况，比如，应收账款和存货增加，或者是应付账款减少。较低的折旧费也能增加净利润，但会通过对应交税金的影响而使得现金流减少。

b. 经营活动现金流可能是度量公司收益品质的一个好指标，因为它可以显示出公司是否能在不进行新的融资的情况下产生现金流来支付其债务和股利。与净利润相比，现金流受可选择的会计准则的影响更小。

10. 经营现金流 = 销售收入 − 现金费用 − 应收账款的增加值 = 3 000 − 1 400 − 400 = 1 200 美元。

11. 流动资产与流动负债将等量减少，但流动负债减少的比例更大，这是由于初始流动比率大于 1。因此，流动比率增加。总资产减少，于是周转率增加。

12. 考虑到税后净资产收益率的组成，对税后净资产收益率在营业利润下降时仍能保持不变有如下几种可能的解释。

（1）营业利润下降可能被非营业利润的增加而抵消（即终止经营、异常收益、从会计政策变更中获得收益），因为这些都是利润率（净利润/销售收入）的组成部分。

（2）对营业利润下降进行补偿的另一种可能是各种付息债务利率的下降，利率下降能够在保持税前利润稳定的同时减少利息费用支出。

（3）杠杆率可能由于股权的减少而增加：①减计股权投资；②股票回购；③损失；④发行新债。杠杆的增加可以抵消营业利润的下降。

（4）资产周转率的上升也可能弥补营业利润的下降。资产周转率的上升可能是销售收入增长率高于资产增长率的结果，也可能是出售或核销资产的结果。

（5）如果实际税率下降，那么税后利润的增加就能弥补营业利润的下降。税款抵免额的增加、税损结转或者法定税率的降低都可以降低实际税率。

13. a.

	2010	2014
营业利润率 =（营业收入 − 折旧）/销售收入	6.5%	6.8%
总资产周转率 = 销售收入/总资产	2.21	3.36
利息负担比率 =（营业收入 − 折旧 − 利息费用）/（营业收入 − 折旧）	91.4%	100%
财务杠杆 = 总资产/所有者权益	1.54	1.32
所得税税率 = 所得税/税前利润	40.63%	55.22%

用杜邦公式：

$ROE = [1 - 所得税税率] \times 利息负担比率 \times 营业利润率 \times 总资产周转率 \times 财务杠杆$

$ROE(2010) = 0.5937 \times 0.914 \times 0.065 \times 2.21 \times 1.54 = 0.120$，即 12.0%

$ROE(2014) = 0.4478 \times 1.0 \times 0.068 \times 3.36 \times 1.32 = 0.135$，即 13.5%

b. 资产周转率衡量的是公司将资产（流动或固定）水平降到足够低来支持其销售水平的能力。资产周转率随着时间显著增加，因此增加了 ROE。

财务杠杆衡量的是除权益之外的融资量，包括短期和长期债券。财务杠杆随着时间逐渐变小，因此对 ROE 的影响为负。因为资产周转率的上升大大超过财务杠杆的下降，故净效应是 ROE 增加。

第20章 期权市场介绍

一、选择题

1. 看涨期权的购买者为获得期权而支付的价格被称为（　　）。
   A. 行权价格　　　　　　B. 执行价格　　　　　　C. 行使价格
   D. 收购价格　　　　　　E. 期权费

2. 看涨期权的出售者卖出期权而获得的价格被称为（　　）。
   A. 行权价格　　　　　　B. 执行价格　　　　　　C. 行使价格
   D. 收购价格　　　　　　E. 期权费

3. 看跌期权的购买者为获得期权而支付的价格被称为（　　）。
   A. 行权价格　　　　　　B. 执行价格　　　　　　C. 行使价格
   D. 收购价格　　　　　　E. 期权费

4. 看跌期权的出售者卖出期权而获得的价格被称为（　　）。
   A. 期权费　　　　　　　B. 行使价格　　　　　　C. 行权价格
   D. 收购价格　　　　　　E. 执行价格

5. 美式看涨期权允许购买者（　　）。
   A. 在到期日或到期日之前以行权价格出售标的资产
   B. 在到期日或到期日之前以行权价格购买标的资产
   C. 在到期日之前在公开市场上出售期权
   D. 在到期日或到期日之前以行权价格出售标的资产，在到期日之前在公开市场上出售期权
   E. 在到期日或到期日之前以行权价格购买标的资产，在到期日之前在公开市场上出售期权

6. 欧式看涨期权允许购买者（　　）。
   A. 在到期日以行权价格出售标的资产
   B. 在到期日或到期日之前以行权价格购买标的资产
   C. 在到期日之前在公开市场上出售期权
   D. 在到期日以行权价格购买标的资产
   E. 在到期日之前在公开市场上出售期权，在到期日以行权价格购买标的资产

7. 美式看跌期权允许持有者（　　）。
   A. 在到期日或到期日之前以行权价格购买标的资产
   B. 在到期日或到期日之前以行权价格出售标的资产
   C. 从股票价格上升中获取潜在收益
   D. 在到期日或到期日之前以行权价格出售标的资产，并从股票价格上升中获取潜在收益
   E. 在到期日或到期日之前以行权价格购买标的资产，并从股票价格上升中获取潜在收益

8. 欧式看跌期权允许持有者（　　）。
   A. 在到期日或到期日之前以行权价格购买标的资产
   B. 在到期日或到期日之前以行权价格出售标的资产
   C. 从股票价格上升中获取潜在收益
   D. 在到期日以行权价格出售标的资产
   E. 从股票价格上升中获取潜在收益，在到期日以行权价格购买标的资产

9. 股票分拆时的调整（　　）。
   A. 由于股票分拆，持有的期权数量上升，期权行权价格下降

B. 由于股票分拆，持有的期权数量下降，期权行权价格上升
C. 由于股票分拆，持有的期权数量下降，期权行权价格下降
D. 由于股票分拆，持有的期权数量上升，期权行权价格上升
E. 上述说法都不正确。

10. 其他条件相同，（   ）时，看涨期权价值下降。
    A. 5月   B. 低股利政策   C. 高股利政策
    D. 5月，低股利政策   E. 5月，高股利政策

11. 其他条件相同，（   ）时，看涨期权价值增加。
    A. 5月   B. 低股利政策   C. 高股利政策
    D. 5月，低股利政策   E. 5月，高股利政策

12. AT&T每股股票的当期市场价格是50美元，如果看涨期权的行权价格是45美元，那么，看涨期权是（   ）。
    A. 虚值期权
    B. 实值期权
    C. 如果AT&T股票的市场价格是40美元，那么能够以更高的价格出售期权
    D. 虚值期权，相对于AT&T股票的市场价格是40美元时，此时能够以更高的价格出售期权
    E. 实值期权，相对于AT&T股票的市场价格是40美元时，此时能够以更高的价格出售期权

13. CAT股票的当期市场价格是76美元，如果这种股票的看涨期权的行权价格是76美元，看涨期权是（   ）。
    A. 虚值期权   B. 实值期权   C. 平价期权
    D. 虚值期权和平价期权   E. 实值期权和平价期权

14. 如果（   ），这种股票的看跌期权是虚值期权。
    A. 行权价格高于股票价格
    B. 行权价格低于股票价格
    C. 行权价格等于股票价格
    D. 看跌期权的价格高于看涨期权的价格
    E. 看涨期权的价格高于看跌期权的价格

15. 如果（   ），这种股票的看跌期权是实值期权。
    A. 行权价格高于股票价格
    B. 行权价格低于股票价格
    C. 行权价格等于股票价格
    D. 看跌期权的价格高于看涨期权的价格
    E. 看涨期权的价格高于看跌期权的价格

16. 回顾期权的收益（   ）。
    A. 部分取决于期权有效期内标的资产的最大值和最小值
    B. 只取决于期权有效期内标的资产的最小值
    C. 只取决于期权有效期内标的资产的最大值
    D. 可提前知道
    E. 上述说法都不正确。

17. 障碍期权的损益（　　）。
    A. 只取决于期权有效期内标的资产的最小价格
    B. 不仅取决于期权到期时标的资产的价格，还取决于资产价格是否超过了一些障碍
    C. 可提前知道
    D. 只取决于期权有效期内标的资产的最大价格
    E. 上述说法都不正确。
18. 股票看涨期权购买者的最大损失等于（　　）。
    A. 行权价格减去股票价格
    B. 股票价格减去看涨期权的价值
    C. 看涨期权的期权费
    D. 股票价格
    E. 上述说法都不正确。
19. 可转换债券市场价格的下限是（　　）。
    A. 普通债券价值
    B. 歪曲债券价值
    C. 转换价值
    D. 普通债券价值和转换债券价值
    E. 上述说法都不正确。
20. 你出售了一份 JNJ February 股票的看跌期权，期权费是 5 美元，股票价格是 70 美元，忽略交易成本，这个头寸的盈亏平衡价格是（　　）。
    A. 65　　　　　　　　　　B. 75　　　　　　　　　　C. 5
    D. 70　　　　　　　　　　E. 上述说法都不正确。

二、课后习题

1. 我们说期权可以被用来扩大或减少整个资产组合的风险。风险增加和风险减少的例子各有哪些？逐一解释。
2. 一个考虑卖出已有资产组合的看涨期权的投资者，他需要权衡什么？
3. 一个考虑卖出已有资产组合的看跌期权的投资者，他需要权衡什么？
4. 你为什么认为绝大多数交易活跃的期权接近于平值？
5. 根据教材图 20-1，它列出了各种 IBM 期权的价格。根据图中的数据计算投资于 2 月到期的下列期权的收益与利润。假定到期日股票价格为 195 美元。
    a. 看涨期权，$X = 190$ 美元。
    b. 看跌期权，$X = 190$ 美元。
    c. 看涨期权，$X = 195$ 美元。
    d. 看跌期权，$X = 195$ 美元。
    e. 看涨期权，$X = 200$ 美元。
    f. 看跌期权，$X = 200$ 美元。
6. 假设你认为沃尔玛公司的股票在今后 6 个月将大幅升值，股票现在价格为 $S_0 = 100$ 美元，6 个月到期的看涨期权的行权价格为 $X = 100$ 美元，期权价格为 $C = 10$ 美元。用 10 000 美元投资，你可以考虑以下 3 种策略。

a. 投资10 000美元于股票，购买100股。
b. 投资10 000美元于1 000个期权（10份合约）。
c. 用1 000美元购买100个期权（1份合约），用余下的9 000美元投资于货币基金，该基金6个月付息4%（年利率8%）。

对于6个月后所列的4种股票价格，你每种策略的收益率各是多少？把结果总结在下表中，并绘图。

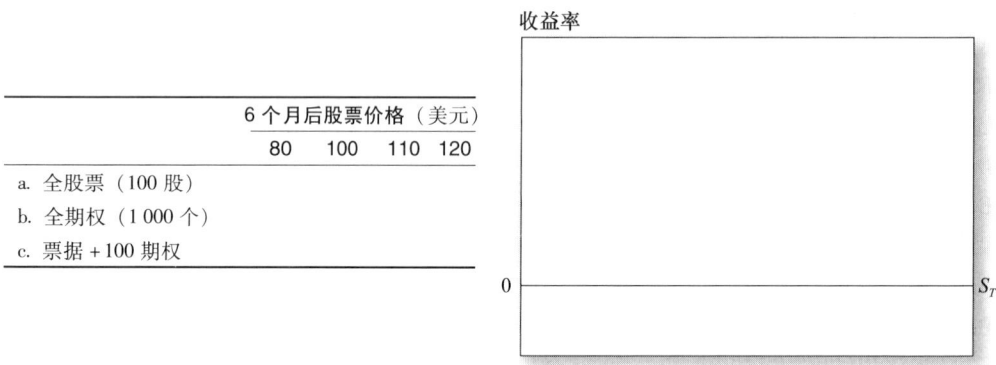

	6个月后股票价格（美元）			
	80	100	110	120
a. 全股票（100股）				
b. 全期权（1 000个）				
c. 票据 + 100期权				

7. PUTT公司的普通股最近一个月来交易价格变动很小，你确信3个月后其价格将远远突破这一个价格范围，但你并不知道它会上涨还是下跌。股票现在的价格为每股100美元，行权价格为100美元的3个月看涨期权价格为10美元。

a. 如果无风险利率为每年10%，行权价格为100美元的PUTT公司股票的3个月看跌期权的价格是多少（股票不分红）？
b. 在对股票价格未来变动预期前提下，你会构建一个什么样的简单的期权策略？价格往什么方向变动多少，你最初的投资才能获得利润？

8. CALL公司的普通股数月来一直在每股50美元左右的狭窄价格区间内进行交易，并且你认为未来3个月内股价仍维持在这个区间内。行权价格为50美元的3个月看跌期权的价格是4美元。

a. 如果无风险利率是每年10%，行权价格为50美元的CALL公司股票的3个月看涨期权价格是多少，该期权是平价的（股票不分红）？
b. 在对股票价格未来变动预期下，该用看跌期权与看涨期权构建什么样的简单的期权策略？你这个策略最多能赚多少钱？在股价往什么方向变动多少，你才会开始出现损失？
c. 你怎么利用一个看跌期权、一个看涨期权和无风险借贷来构造一个头寸，使得到期时其与到期股票的收益结构相同？构建这一头寸的净成本是多少？

9. 你是一个使用期权头寸为你的客户定制风险敞口的资产组合管理人。下面每种情况，给定客户的目标，最佳的策略是什么？
a. 迄今业绩表现：增加16%
客户目标：盈利不少于15%
你的情景：从现在到年底，有大幅盈利或大幅亏损的较大可能
ⅰ. 买入跨式期权
ⅱ. 多头牛市价差套利
ⅲ. 卖出跨式期权

b. 迄今业绩表现：增加 16%

客户目标：盈利不少于 15%

你的情景：从现在到年底，有大幅亏损的可能性

ⅰ. 买入看跌期权

ⅱ. 卖出看涨期权

ⅲ. 买入看涨期权

10. 一个投资者购买股票的价格为 38 美元，购买行权价格为 35 美元的看跌期权的价格为 0.50 美元。投资者卖出行权价格为 40 美元的看涨期权的价格为 0.50 美元。这个头寸的最大利润和损失各是多少？画出这个策略的利润与损失图，把它们当作到期日股票价格的函数。

11. 设想你持有 5000 股股票，现在售价是每股 40 美元。你准备卖出股份，但是出于税收原因更愿意把交易推迟到下一年。如果一直持有股票至 1 月，你将面临年底前股票价格下跌的风险。你决定使用一个双限期权来限制下跌风险，且不用花费大笔额外的现金。行权价格为 35 美元的 1 月看涨期权售价是 2 美元，行权价格为 45 美元的 1 月看跌期权售价是 3 美元。如果最终股票价格为①30 美元、②40 美元和③50 美元，1 月你的资产组合的价值（期权的净收益）各是多少？把以上各种情况下的收益与你简单持有股票时的收益进行对比。

12. 在本题中，我们推导欧式期权的看跌期权与看涨期权平价关系，在到期日前支付股利。为简单起见，假定在期权到期日股票一次性支付股利每股 D 美元。

a. 在期权到期日，股票加看跌期权头寸的价值是多少？

b. 现在考虑一个资产组合，由一个看涨期权、一个零息票债券组成，两者到期日相同，债券面值（$X+D$）。在期权到期日，该组合的价值是多少？你会发现，不管股票价格是多少，这个价值等于股票加看跌期权头寸的价值。

c. 在 a 和 b 两个部分中，建立两种资产组合的成本各是多少？使这两个成本相等，你就可以得到如教材式（20-2）所示的看跌期权与看涨期权的平价关系。

13. a. 蝶式价差套利是按行权价格 X_1 买入一份看涨期权，按行权价格 X_2 卖出两份看涨期权以及按行权价格 X_3 卖出一份看涨期权。X_1 小于 X_2，X_2 小于 X_3，三者成等差。所有看涨期权的到期日相同。画出此策略的收益图。

b. 垂直组合是按行权价格 X_2 买入一份看涨期权，以行权价格 X_1 买入一份看跌期权，X_2 大于 X_1。画出此策略的收益图。

14. 熊市价差套利是按行权价格 X_2 买入一份看涨期权，以行权价格 X_1 卖出一份看涨期权，X_2 大于 X_1。画出此策略的收益图，并与教材图 20-10 相比较。

15. Joseph 是 CSI 公司的经理，他获得了 10 000 股股票作为其退休金的一部分。股票现价是每股 40 美元。Joseph 想在下一年出售股票。但是，1 月他需要将其持有的全部股票售出以支付其新居费用。Joseph 担心继续持有这些股份的价格风险。按现价，他可以获得 400 000 美元。但如果他的股票价值跌至 350 000 美元以下，他就面临无法支付住宅款项的困境。另一方面，如果股票价值上升至 450 000 美元，他就可以在付清房款后仍结余一笔现金。Joseph 考虑以下 3 种投资策略。

a. 策略 A 是按行权价格 45 美元卖出 CSI 公司股票的 1 月看涨期权。这种看涨期权的售价为 3 美元。

b. 策略 B 是按行权价格 35 美元购买 CSI 公司股票的 1 月看跌期权。这种期权的售价也是 3 美元。

c. 策略 C 是构建一个零成本的双限期权组合，即卖出一个 1 月看涨期权并买入一个 1 月看

跌期权。

根据 Joseph 的投资目标，评价以上 3 种策略。各自的利弊是什么？你推荐哪种策略？

16. 运用"Excel 应用"中的"价差套利与跨式期权"的电子数据表（可以从 www.mhhe.com/bkm 下载；链接第 20 章材料）回答以下问题：

    a. 依据"Excel 应用"给出的期权价格，画出行权价格为 130 美元时跨式期权的收益与利润图。

    b. 依据"Excel 应用"给出的期权价格，画出行权价格为 120 美元与 130 美元时牛市价差套利头寸的收益与利润图。

17. 农业价格支持系统保证农场主的产品价格有一个最低保障价格。试将该计划描述为一份期权。标的资产是什么？行权价格是什么？

18. 拥有一家公司的债权如何类似于卖出一份看跌期权？如果是看涨期权呢？

19. 经理补偿金方案规定公司股价超过一定水平之后，股价每上升 1 美元，经理就获得 1 000 美元的奖金。在什么方面，该协定等同于经理人获得看涨期权？

20. 考虑以下期权组合。你卖出行权价格 195 美元的 1 月 IBM 股票看涨期权。你卖出行权价格 190 美元的 1 月 IBM 股票看跌期权。

    a. 画出期权到期时该资产组合的收益与股票价格的函数关系。

    b. 如果期权到期时 IBM 股票价格为 198 美元，该资产组合的利润/损失是多少？如果 IBM 股票价格为 205 美元呢？利用教材图 20-1 中《华尔街日报》上的数据来回答这个问题。

    c. 在哪两个价格上，该资产组合达到盈亏平衡？

    d. 投资者在打何种"赌"？也就是说投资者之所以这样做，是基于他对 IBM 股票价格变动有何种判断？

21. 考虑以下的资产组合。你卖出行权价格为 90 美元的看跌期权，并买入到期日相同、标的股票相同的、行权价格为 95 美元的看跌期权。

    a. 画出期权到期时资产组合的价值。

    b. 在同一图上，画出资产组合的利润。哪一个期权费用更高？

22. 行权价格为 60 美元的 Fincorp 股票看跌期权在 Acme 期权交易所的售价为 2 美元。令人惊奇的是，具有同样到期日的行权价格为 62 美元的 Fincorp 股票看跌期权在 Apex 期权交易所的售价也是 2 美元。如果你计划持有期权头寸至到期，设计一种净投资为零的套利策略来捕捉这种价格异常带来的机会。画出到期时你的头寸的净利润。

23. 假定一个股票价值为 100 美元，预期年底股票分红为每股 2 美元。1 年期平值欧式看跌期权的售价为 7 美元。如果年利率为 5%，那么该股票的 1 年期平值欧式看涨期权的价格必定是多少？

24. 你买入一股股票，并卖出一年期看涨期权，$X = 10$ 美元，买入 1 年期看跌期权，$X = 10$ 美元。建立整个资产组合的净支出为 9.50 美元。无风险利率为多少（股票不分红）？

25. 你按行权价格 $X = 100$ 美元卖出看跌期权，并按行权价格 $X = 110$ 美元买入看跌期权。标的股票和到期日都相同。

    a. 画出此策略的收益图。

    b. 画出此策略的利润图。

    c. 如果标的股票的贝塔值为正，该资产组合的贝塔值是正值还是负值？

26. 乔伊刚刚买入一种股票指数基金，当前售价为每股 1 200 美元。为避免损失，乔伊以 60 美元买入该基金的平值欧式看跌期权，行权价格为 1 200 美元，3 个月到期。萨利是乔伊的财务顾问，指出乔伊花了太多的钱在看跌期权上。他注意到行权价格为 1 170 美元的 3 个月看跌期权售价仅为 45 美元，并建议乔伊使用更便宜的看跌期权。

a. 对 3 个月后不同股票指数基金的价值，画出期权到期时股票加看跌期权头寸的利润图，分析乔伊与萨利的策略。
b. 什么时候萨利的策略更好，什么时候更糟？
c. 哪种策略承担更大的系统性风险？

27. 你卖出一个看涨期权，$X = 50$ 美元并买入一个看涨期权，$X = 60$ 美元。两种期权基于同一股票，且到期日相同。一看涨期权的售价为 3 美元；另一看涨期权的售价为 6 美元。
a. 画出到期时此策略的收益图。
b. 画出此策略的利润图。
c. 此策略的盈亏平衡点是多少？投资者是看涨还是看跌股票？

28. 仅利用看涨期权与股票来设计一个资产组合，到期时该资产组合的价值（收益）如右图。如果现在股票价格为 53 美元，投资者在做何赌注？

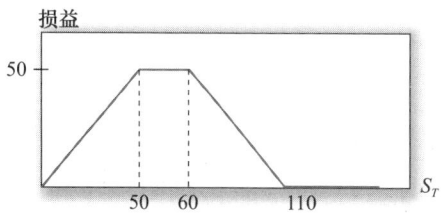

29. 你打算构建一种投资策略。一方面，你认为股票市场的上涨潜力很大，如果上涨，你愿意参与这波上涨。但是，你无法承担大量的股市损失，不愿承担股市崩盘的危险，因为你认为存在崩盘的可能。你的投资顾问建议了一种保护性看跌期权策略：同时买入市场指数基金和该基金的行权价格为 1 120 美元的 3 个月看跌期权。股票指数基金现在售价为 1 350 美元。但是，你的叔叔却建议你购买该指数基金的行权价格为 1 260 美元的 3 个月看涨期权并买入面值为 1 260 美元的 3 个月短期国债。

a. 在同一幅图上，画出每种策略的收益图，把收益当作 3 个月后股票基金价值的函数。（**提示**：将期权视为股票指数基金的"每一股"的期权。每一股股票基金的当前价格是 1 350 美元。）
b. 哪种资产组合需要更大的初始投入？（**提示**：是否一个资产组合的最终收益总是不小于另一种投资组合？）
c. 假定证券的市场价格如右表所示。

列出 3 个月后股票价格 $S_T = 1\,000$、1 260、1 350 和 1 440 美元时，每种资产组合实现的利润。在一张图上画出每种资产组合的利润与 S_T 的关系。

	（单位：美元）
股票基金	1 350
短期国债（面值 1 260 美元）	1 215
看涨期权（执行价格 1 260 美元）	180
看跌期权（执行价格 1 170 美元）	9

d. 哪种资产组合的风险更大？哪种贝塔值更高？
e. 说明为什么 c 中给出的数据不违背看跌期权与看涨期权平价关系。

30. 联邦快递的股票价格为 100 美元/股。一只联邦快递的看涨期权还有 1 个月到期，行权价格为 105 美元，售价为 2 美元，一只行权价格和到期日均相同的看跌期权的售价为 6.94 美元。一只面值为 105 美元，尚有 1 个月到期的无息债券的市价是多少？什么样的无风险报酬率是有效的年回报率？

31. 对于给定的一种股票，证明到期日相同的平值看涨期权的费用要高于平值看跌期权的费用。到期日前，股票不分红。（**提示**：利用看跌期权与看涨期权平价关系。）

三、CFA 考题

1. 特许金融分析师多尼的一位客户认为 TRT 原料公司（目前股价为 58 美元/股）的普通股股价将对涉及该公司的诉讼案的判决做出反应，股价大幅上涨或者大幅下跌。这个客户现在没有 TRT 原料公司的股票，他向多尼咨询，想通过宽跨式期权组合来利用股价大幅波动的机会。宽跨式期权组合就是具有不同行权价格但是到期日相同的一个看跌期权和一个看涨期权。多尼搜集的 TRT 期权价格如右表所示。

项目	看涨期权	看跌期权
价格	5 美元	4 美元
行权价格	60 美元	55 美元
到期日	从现在起 90 天	从现在起 90 天

   a. 多尼应向客户推荐一个多头宽跨式期权还是空头宽跨式期权来实现他的目标？
   b. 计算 a 中选取的策略在到期时的：
      ⅰ. 每股最大可能的损失。
      ⅱ. 每股最大可能的收益。
      ⅲ. 盈亏平衡点时的股票价格。

2. 马丁·布朗正在准备一份区分传统债券与结构性票据的报告。讨论在息票和本金支付方面下面的结构性票据与传统债券有何区别。
   a. 与股票指数挂钩的票据。
   b. 与商品挂钩的熊市债券。

3. 特许金融分析师休尔斯·辛格正在对一可转换债券进行分析。这个债券及其标的普通股的特征如右表所示。

可转换债券特征	
面值	1 000 美元
年息票利率（每年支付）	6.5%
转换比率	22
市场价格	面值的 105%
纯粹价值	面值的 99%
标的股票的特征	
当前股价	每股 40 美元
每年现金股利	每股 1.20 美元

   计算这个债券的：
   a. 转换价值。
   b. 市场转换价格。

4. 特许金融分析师里奇·麦克唐纳通过分析 Ytel 公司的可转换债券与公司的普通股来评估他的投资选择。这两种证券的特征如下。

项目	可转换债券	普通股
面值	1 000 美元	—
息票（每年支付）	4%	—
当前股价	980 美元	35 美元/股
纯粹债券价值	925 美元	—
转换比率	25	—
转换期权	任何时间	—
股利	—	0 美元
1 年后预期的市场价格	1 125 美元	45 美元/股

   a. 基于上述条件计算：
      ⅰ. Ytel 可转换债券的当前市场转换价格。
      ⅱ. Ytel 可转换债券的 1 年期期望收益率。
      ⅲ. Ytel 普通股的 1 年期期望收益率。
         一年后，Ytel 公司普通股股价上涨至每股 51 美元。同时，经过这一年，Ytel 公司同样期限不可转换债券的利率上升了，而信用利差保持不变。

b. 给可转换债券价值的两个组合部分命名。指出在下列情况下每部分的价值应该下降、保持不变还是增加：

ⅰ. Ytel 公司股票价格上升。

ⅱ. 利率上升。

5. a. 考虑一种牛市期权价差套利策略，利用行权价格为 25 美元且价格为 4 美元的看涨期权，以及行权价格为 40 美元且价格为 2.5 美元的看涨期权。如果到期日股票价格上涨至 50 美元，到期日都被选择行权，那么到期日每股的净利润（不考虑交易成本）为：

ⅰ. 8.50 美元。

ⅱ. 13.50 美元。

ⅲ. 16.50 美元。

ⅳ. 23.50 美元。

b. 标的股票为 XYZ 的看跌期权，行权价格为 40 美元，期权价格是每股 2.00 美元，而行权价格为 40 美元的看涨期权的价格为每股 3.50 美元。未抛补看跌期权卖方的每股最大损失和未抛补看涨期权卖方的每股最大收益分别是多少？

（单位：美元）

	看跌期权卖方的每股最大损失	看涨期权卖方的每股最大收益
ⅰ	38.00	3.50
ⅱ	38.00	36.50
ⅲ	40.00	3.50
ⅳ	40.00	40.00

参考答案

一、选择题

| 1. E | 2. E | 3. E | 4. A | 5. E | 6. E | 7. B | 8. D | 9. A | 10. C |
| 11. B | 12. E | 13. C | 14. B | 15. A | 16. A | 17. B | 18. C | 19. D | 20. A |

二、课后习题

1. 期权提供了调整投资组合的风险状况各种可能性。增加风险的一个例子是全部投资于平价期权。期权提供的杠杆使得风险增大，同时获利的可能性也增大。一个降低风险的期权策略是保护性看跌期权策略。在这种策略中，投资者购买一现有股票或股票组合的看跌期权，且该看跌期权的行权价格接近或略低于标的资产的市场价值，则该策略保护了组合的价值，因为股票加看跌期权策略的最小值即为看跌期权的行权价格。

2. 他应该卖出资产组合的看涨期权同时抛补一个看涨期权头寸。如果在行权时，投资组合的价值高于看涨期权的行权价格，抛补看涨期权的卖方将预期此看涨期权被行权，因此看涨期权的卖方必须以行权价格卖出该投资组合。相反，如果投资组合的价值低于行权价格，看涨期权的卖出者将保有投资组合并获得由看涨期权买方支付的期权费。抛补看涨期权的卖方所面临的权衡是得到期权费和放弃对任何可能高于看涨期权行权价格的资本升值的机会。

3. 他应该买入现有投资组合的看跌期权，这是对投资组合价值下降的保护。当价值下降时，看跌期权加股票策略的最小值为看跌期权的行权价格。和购买任何一类保护资产价值的保险一样，投资者需要权衡看跌期权的成本和它对价值下降的保护程度。保护的成本是获得保护性看跌期权的成本，降低了投资组合价值上升所带来的利润。

4. 当行权期权无利可图时，期权是虚值期权。当标的股票的市场价值低于期权的行权价格时，看涨期权是虚值期权。如果股票价格大幅低于行权价格,则该期权被行权的可能性会很低,且股票市场价格的波动对期权价值几乎没有影响。期权价格对股票价格变化的敏感性被称为期权的 δ,这将在第 21 章详细讨论。对于那些处于非虚值状态的期权来说,δ 接近于 0。因此,很少有通过购买或卖出处于非虚值状态的看涨期权来获利或亏损。

当股票的市场价格高于期权的行权价格时,看涨期权称为实值期权。如果股票价格大幅高于行权价格,期权的价格将接近于股价的数量级。此外,由于这样的期权很可能被行权,期权价格对股票价格变化的敏感性接近于 1,这表明股票价格增加 1 美元将导致期权价格增加 1 美元。在此情形下,期权的购买者失去了由接近于实值期权的期权所提供的杠杆利润。因此,对于极度实值期权,投资者不会产生任何兴趣。

5.

(单位:美元)

			成本	收益	利润
a	看涨期权,$X = 190.00$ 美元		6.75	5.00	-1.75
b	看跌期权,$X = 190.00$ 美元		3.00	0.00	-3.00
c	看涨期权,$X = 195.00$ 美元		3.65	0.00	-3.65
d	看跌期权,$X = 195.00$ 美元		5.00	0.00	-5.00
e	看涨期权,$X = 200.00$ 美元		1.61	0.00	-1.61
f	看跌期权,$X = 200.00$ 美元		8.09	5.00	-3.09

6. 以美元收益来表示,基于 10 000 美元的投资

股票价格	从现在起 6 个月后股票价格(美元)			
	80	100	110	120
全部股票(100 股)	8 000	10 000	11 000	12 000
全部期权(1 000 份)	0	0	10 000	20 000
国库券 + 100 期权	9 360	9 360	10 360	11 360

以收益率来表示,基于 10 000 美元的投资

股票价格	从现在起 6 个月后的股票价格(美元)			
	80	100	110	120
全部股票(100 股)	-20%	0%	10%	20%
全部期权(1 000 份)	-100	-100	0	100
国库券 + 100 期权	-6.4	-6.4	3.6	13.6

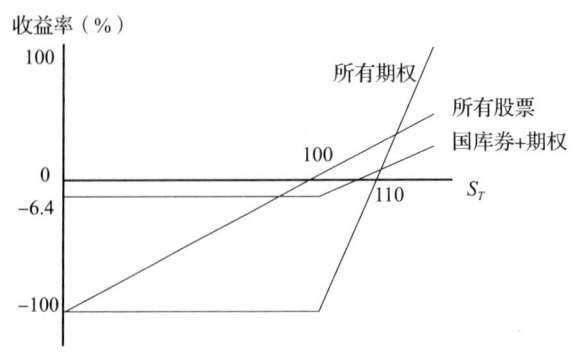

7. a. 根据看跌－看涨期权平价公式：
$$P = C - S_0 + \frac{X}{(1+r_f)^T} = 10 - 100 + \frac{100}{1.1^{25}} = 7.65(美元)$$

b. 买入跨式期权，即买进同一股票的看跌期权和看涨期权。跨式期权的总成本为：10 + 7.65 = 17.65 美元。

8. a. 根据看跌－看涨期权平价公式：
$$C = P + S_0 - X/(1+r)^T = 4 + 50 - 50/(1.10)^{1/4} = 5.18(美元)$$

b. 卖出一跨式组合，即卖出一份看跌期权和一份看涨期权，可得到的期权费为：
$$5.18 + 4 = 9.18(美元)$$

如果股票的最终价格为 50 美元，那么两种期权都将没有价值，并且利润将为 9.18 美元。由于在其他任何股票价格下，投资者将必须为看涨期权或看跌期权付费，所以 9.18 美元是可能获取的最大利润。在利润变为负数以前，股票价格可以在任一方向上变动 9.18 美元。

c. 买入看涨期权，卖出看跌期权，借入 $50/(1.10)^{1/4}$ 美元，收益如下：

头寸	初始现金流	3 个月后现金流	
		$S_T \leq X$	$S_T > X$
看涨期权（多头）	$C = 5.18$	0	$S_T - 50$
看跌期权（空头）	$-P = 4.00$	$-(50 - S_T)$	0
借款头寸	$\frac{50}{1.10^{1/4}} = 48.82$	50	50
总计	$C - P + \frac{50}{1.10^{1/4}} = 50.00$	S_T	S_T

根据看跌－看涨期权平价定理，初始现金流等于股票价格 $S_0 = 50$ 美元。在任一情形下，获得的收益都与购买股票本身相同。

9. a. i. 当价格上升或下降时，买入跨式组合可获得收益；当价格没有变动时，损失是有限的。当价格显著上升或下降时，卖出跨式组合将产生巨大的损失。当价格上升时，牛市价差期权将获得有限的收益。

b. ii. 当股票价格下降时，买入看跌期权会获得收益，且当股票价格上涨时，损失是非常有限的。当股票价格下降时卖出看涨期权也会获得收益，但当股票价格上升时，就会产生损失。当股价下降时其他两个头寸不能保护投资组合。

10. 注意到看跌期权价格等于卖出看涨期权的收益，初始净现金流出 = 38.00 美元。

头寸	$S_T < 35$	$35 \leq S_T \leq 40$	$40 < S_T$
购买股票	S_T	S_T	S_T
卖出看涨期权（40 美元）	0	0	$40 - S_T$
买入看跌期权（35 美元）	$35 - S_T$	0	0
总计	35	S_T	40

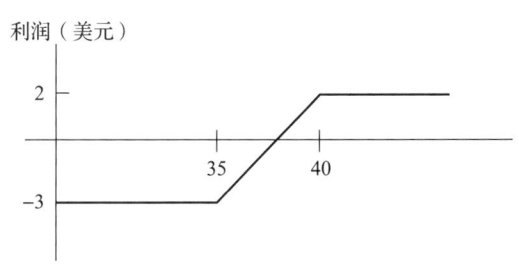

11. 答案不唯一。5 000 美元的初始费用，购买 5 000 的看跌期权，卖出 5 000 的看涨期权：

（单位：美元）

头寸	$S_T=30$	$S_T=40$	$S_T=50$
股票组合	150 000	200 000	250 000
卖出看涨期权（$X=45$ 美元）	0	0	−25 000
购买看跌期权（$X=35$ 美元）	25 000	0	0
初始费用	−5 000	−5 000	−5 000
组合价值	170 000	195 000	220 000

与只持有组合相比：

头寸	$S_T=30$	$S_T=40$	$S_T=50$
股票组合	150 000	200 000	250 000
股票价值	150 000	200 000	250 000

12. a.

结果	$S_T \leq X$	$S_T > X$
股票	$S_T + D$	$S_T + D$
看跌期权	$X - S_T$	0
总计	$X + D$	$S_T + D$

b.

结果	$S_T \leq X$	$S_T > X$
看涨期权	0	$S_T - X$
零息债券	$X + D$	$X + D$
总计	$X + D$	$S_T + D$

不论 S_T 是否大于 X，两种策略的总收益相同。

c. 股票加看跌期权的投资组合的成本为 $S_0 + P$。建立看涨期权加零息债券的组合的成本为：$C + PV(X + D)$。

因此：$S_0 + P = C + PV(X + D)$

与教材式（20-2）相同。

13. a.

头寸	$S_T < X_1$	$X_1 \leq S_T \leq X_2$	$X_2 < S_T \leq X_3$	$X_3 < S_T$
看跌期权头寸（X_1）	0	$S_T - X_1$	$S_T - X_1$	$S_T - X_1$
两份看涨期权空头（X_2）	0	0	$-2(S_T - X_2)$	$-2(S_T - X_2)$
看涨期权多头（X_3）	0	0	0	$S_T - X_3$
总计	0	$S_T - X_1$	$2X_2 - X_1 - S_T$	$(X_2 - X_1) - (X_3 - X_2) = 0$

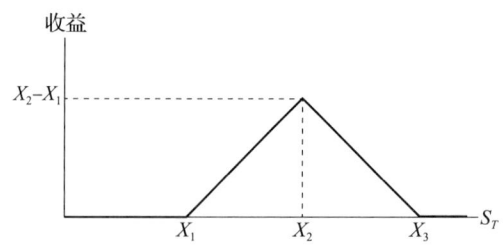

b.

头寸	$S_T < X_1$	$X_1 \leq S_T \leq X_2$	$X_2 < S_T$
看涨期权多头（X_2）	0	0	$S_T - X_2$
看跌期权多头（X_1）	$X_1 - S_T$	0	0
总计	$X_1 - S_T$	0	$S_T - X_2$

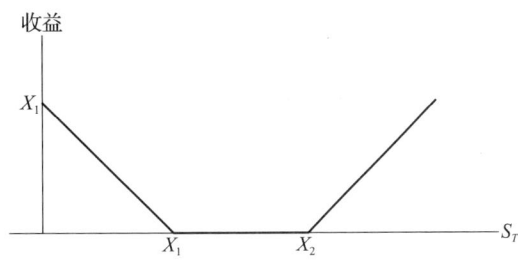

14.

头寸	$S_T < X_1$	$X_1 \leq S_T \leq X_2$	$X_2 < S_T$
看涨期权多头（X_2）	0	0	$S_T - X_2$
看涨期权空头（X_1）	0	$-(S_T - X_1)$	$-(S_T - X_1)$
总计	0	$X_1 - S_T$	$X_1 - X_2$

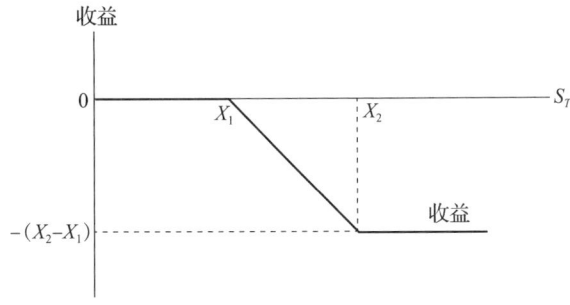

15. a. 通过卖出抛补看涨期权，Joseph 获得 30 000 美元的期权费。如果 1 月份股票价格小于或等于 45 美元，他将拥有股票并获得期权费收入。但他最多有（450 000 + 30 000）美元，因为如果股票价格高于 45 美元，期权的买方将会行权期权。（在此，忽略在这段时间内通过销售期权获得的期权费收入所产生的任何利息收益。）支付结构如右表所示。

股票价格	资产组合价值（美元）
低于 45 美元	10 000 × 股票价格 + 30 000
高于 45 美元	450 000 + 30 000 = 480 000

虽然该策略能提供额外的期权费收入，但是也让 Joseph 遭受了实质性的下行风险。在极端情况下，如果股票价格降至 0，Joseph 将仅仅剩下 30 000 美元。该策略也给终值设置了一个 480 000 美元的上限，但是这足够用来购买房产。

b. 购买行权价为 35 美元的看跌期权，Joseph 为了确保他的头寸的最终价值至少保持一个最低的价值，他将支付 30 000 美元的期权费。其头寸的最低价值为：35 × 10 000 - 30 000 = 320 000 美元。该策略允许 Joseph 得到股票上涨所带来的收益，但是他可能遭受的适度风险性损失等于看跌期权的成本。支付结构如右表所示。

股票价格	资产组合价值（美元）
低于 35 美元	350 000 - 30 000 = 320 000
高于 35 美元	10 000 × 股票价格 - 30 000

c. 双限期权的净成本为 0，资产组合的值如右表所示

股票价格	资产组合价值（美元）
低于 35 美元	350 000
35~45 美元	10 000 × 股票价格
高于 45 美元	450 000

如果股票价格低于或等于 35 美元，双限期权保住了本金 350 000 美元。如果股票价格超过了 45 美元，Joseph 的资产组合值可以达到上限 450 000 美元。股票价格在这两者之间时，它的资产值就为股票价格乘以 10 000。

最好的投资策略是 c。因为它既保住了 350 000 美元，又有机会得到 450 000 美元。而策略 a 可以不考虑，因为它让 Joseph 承受很大的风险。

因此，三个投资策略的选择排序应为：策略 c，策略 b，策略 a。

16. 问题 a 和问题 b 的 Excel 表如下：

					期末股价	跨式期权利润
期初股份	116.5					
期末股份	130					
买进期权					50	42.80
执行看涨期权	价格	收益	利润	回报率	60	32.80
110	22.80	20.00	-2.80	-12.28%	70	22.80
120	16.80	10.00	-6.80	-40.48%	80	12.80
130	13.60	0.00	-13.60	-100.00%	90	2.80
140	10.30	0.00	-10.30	-100.00%	100	-7.20
					110	-17.20
执行看跌期权	价格	收益	利润	回报率	120	-27.20
110	12.60	0.00	-12.60	-100.00%	130	-37.20
120	17.20	0.00	-17.20	-100.00%	140	-27.20
130	23.60	0.00	-23.60	-100.00%	150	-17.20
140	30.50	10.00	-20.50	-67.21%	160	-7.20
					170	2.80
跨式期权	价格	收益	利润	回报率	180	12.80
110	35.40	20.00	-15.40	-43.50%	190	22.80
120	34.00	10.00	-24.00	-70.59%	200	32.80
130	37.20	0.00	-37.20	-100.00%	210	42.80
140	40.80	10.00	-30.80	-75.49%		
卖出期权					期末股价	牛市价差
执行看涨期权	价格	收益	利润	回报率		
110	22.80	-20	2.80	12.28%	50	-3.2
120	16.80	-10	6.80	40.48%	60	-3.2
130	13.60	0	13.60	100.00%	70	-3.2
140	10.30	0	10.30	100.00%	80	-3.2
					90	-3.2
执行看跌期权	价格	收益	利润	回报率	100	-3.2
110	12.60	0	12.60	100.00%	110	-3.2
120	17.20	0	17.20	100.00%	120	-3.2
130	23.60	0	23.60	100.00%	130	6.8
140	30.50	10	40.50	132.79%	140	6.8
					150	6.8
货币价差	价格	收益	利润		160	6.8
牛市价差					170	6.8
买进 120 看涨期权	16.80	10.00	-6.80		180	6.8
卖出 130 看涨期权	13.60	0	13.60		190	6.8
综合利润		10.00	6.80		200	6.8
					210	6.8

利润图如下：

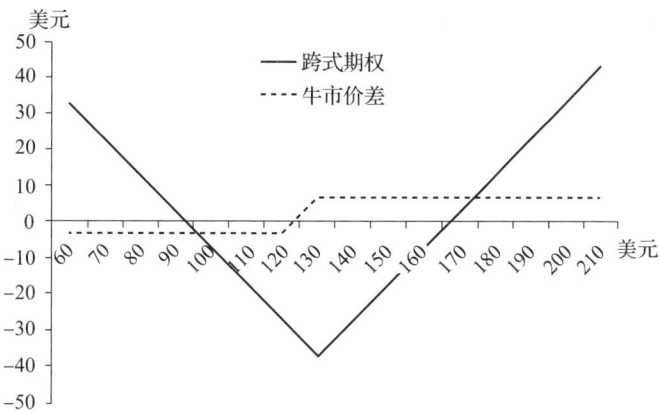

17. 如果市场价格太低的话，农民有权利将庄稼以一个承诺的最小价格卖给政府。如果支持价格以 P_S 表示，市场价格以 P_M 表示，则农民持有一个看跌期权，即使标的资产的市场价格 P_M 小于 P_S，他也可以按 P_S 的行权价格卖出庄稼（资产）。

18. 债券持有人实际上创造了一笔贷款，要求偿付 B 美元，而 B 美元就是债券的面值。但是如果企业的价值（V）小于 B，则债务通过债券持有人接管企业来偿付。在这种情况下，债券持有人被迫为价值仅为 V 的资产支付了 B（考虑到债务注销）。这就好像是债券持有人卖出一份价值为 V 的资产的看跌期权，而行权价格为 B。同样地，也可以认为债券持有人给予了股东支付 B 来重新赎回企业的权利，因此债券持有人向股东发行了一份看涨期权。

19. 在股价超过一定价值时，经理获得奖金，否则就没有。这类似于看涨期权的收益情况。

20. a.

头寸	$S_T < 190$	$190 \leq S_T \leq 195$	$S_T > 195$
卖出看涨期权，$X = 195$ 美元	0	0	$-(S_T - 195)$
卖出看跌期权，$X = 190$ 美元	$-(190 - S_T)$	0	0
总计	$S_T - 190$	0	$195 - S_T$

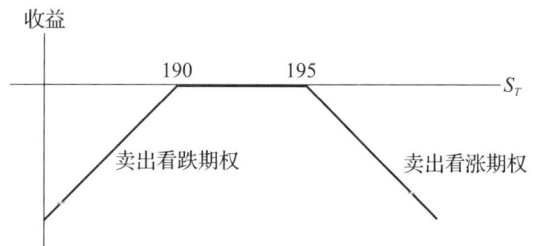

b. 卖出期权的收益如右表所示。
  如果 IBM 在期权到期日时售价为 198 美元，则两份期权到期时都处于虚值状态，利润 = -1.24 美元。
  如果 IBM 在期权到期日时售价为 208 美元，卖出的看涨期权在到期时会有 10 美元的现金流出，总利润为：
  -1.24 - 10.00 = -11.24 美元。

（单位：美元）

看涨期权：	-2.99
看跌期权：	1.75
总计：	-1.24

c. 当看跌期权或看涨期权导致了 -1.24 美元的现金流出时，就达到了盈亏平衡。
  对于看跌期权而言，要求：$-1.24 = 190.00 - S_T$，得 $S_T = 191.24$（美元）。

对于看涨期权而言，要求：$-1.24 = S_T - 195.00$，得 $S_T = 193.76$（美元）。

d. 投资者预期 IBM 的股票波动性很小，这一头寸类似于跨式期权组合。

21. 看跌期权的行权价格越高，成本越高。因此构造这一投资组合的净成本是正的。

头寸	$S_T < 90$	$90 \leq S_T \leq 95$	$S_T > 95$
卖出看跌期权，$X = 90$ 美元	$-(90 - S_T)$	0	0
买进看跌期权，$X = 95$ 美元	$95 - S_T$	$95 - S_T$	0
总计	5	$95 - S_T$	0

收益和利润图为：

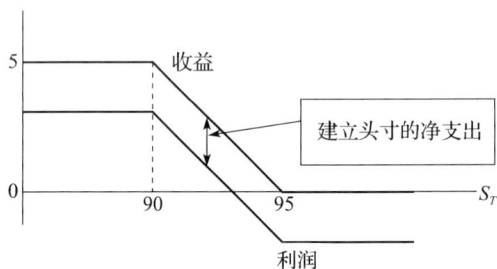

22. 买入 $X = 62$ 美元的看跌期权（成本应更高，而实际却未付出那么多），并卖出 $X = 60$ 美元的看跌期权。由于期权的价格相同，初始净支出为零。在到期时的收益可能为正，但不可能为负。

头寸	$S_T < 60$	$60 \leq S_T \leq 62$	$S_T > 62$
买入看跌期权，$X = 62$ 美元	$62 - S_T$	$62 - S_T$	0
卖出看跌期权，$X = 60$ 美元	$-(60 - S_T)$	0	0
总计	2	$62 - S_T$	0

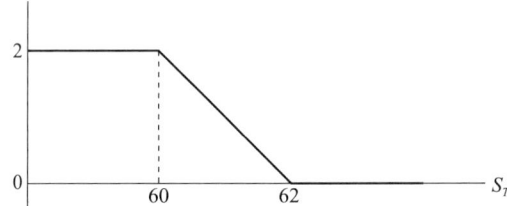

23. 看跌－看涨期权平价公式表明：$P = C - S_0 + PV(X) + PV(股息)$。

求解看涨期权的价格：$C = S_0 - PV(X) - PV(股息) + P$

代入数据得：$C = 100 - \dfrac{100}{1.05} - \dfrac{2}{1.05} + 7 = 9.86$（美元）

24. 下表显示的收益状况说明资产组合是无风险的，时间 T 的价值等于 10 美元：

头寸	$S_T \leq 10$	$S_T > 10$
买入股票	S_T	S_T
卖出看涨期权，$X = 10$ 美元	0	$-(S_T - 10)$
买入看跌期权，$X = 10$ 美元	$10 - S_T$	0
总计	10	10

因此，无风险利率为：10/9.50 − 1 = 0.052 6，即 5.26%。

25. a.

头寸	$S_T < 100$	$100 \leq S_T \leq 110$	$S_T > 110$
买入看跌期权，$X = 110$ 美元	$110 - S_T$	$110 - S_T$	0
卖出看跌期权，$X = 100$ 美元	$-(100 - S_T)$	0	0
总计	10	$110 - S_T$	0

构造这一头寸的净支出为正。购买的看跌期权比卖出的看跌期权的行权价格高，因此比卖出的看跌期权的成本高。因此，净利润要小于 T 时刻的收益。

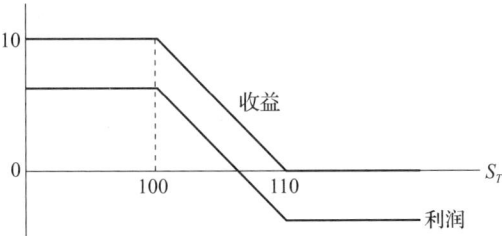

c. 该资产组合的价值通常随股票价格的上升而下跌。因此，它的贝塔值为负。

26. a. 乔伊的策略：

头寸	成本	收益	
		$S_T \leq 1\,200$	$S_T > 1\,200$
股票指数	1 200	S_T	S_T
看跌期权，$X = 1\,200$	60	$1\,200 - S_T$	0
总计	−1 260	1 200	S_T
利润 = 收益 − 1 260		−60	$S_T - 1\,260$

萨利的策略：

头寸	成本	收益	
		$S_T \leq 1\,170$	$S_T > 1\,170$
股票指数	1 200	S_T	S_T
看跌期权，$X = 1\,270$	45	$1\,170 - S_T$	0
总计	1 245	1 245	S_T
利润 = 收益 − 1 245		−76	$S_T - 1\,245$

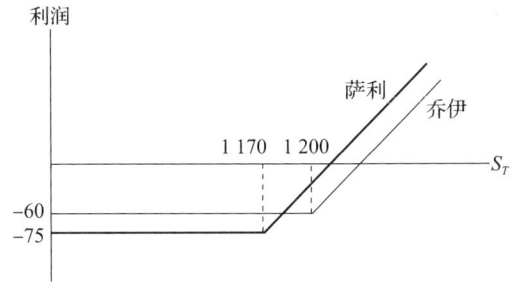

b. 股价较高时萨利的收益情况更好，股价较低时收益情况较差，盈亏平衡点是 $S_T = 395$ 美元，此时两种头寸的损失均为 20 美元。

c. 萨利的策略系统风险更高，利润对股票指数的价值更敏感。

27. a. b.

该策略是一个熊市价差期权。初始收入为 $9-3=6$ 美元。收益为负或者为零：

（单位：美元）

头寸	$S_T < 50$	$50 \leq S_T \leq 60$	$S_T > 60$
买入看涨期权 $X=60$	0	0	$S_T - 60$
卖出看涨期权 $X=50$	0	$-(S_T - 50)$	$-(S_T - 50)$
总计	0	$-(S_T - 50)$	-10

c. 当收益抵消初始收入 6 美元时，盈亏实现平衡，这发生在股票价格 $S_T = 56$ 美元时。投资者必定是看跌股票的：当股票价格上涨时，头寸表现较差。

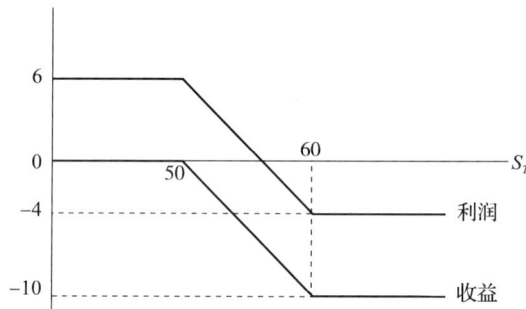

28. 买入一份股票，卖出一份 $X=50$ 的看涨期权，卖出一份 $X=60$ 的看涨期权，再买入一份 $X=110$ 的看涨期权。

（单位：美元）

头寸	$S_T < 50$	$50 \leq S_T \leq 60$	$60 < S_T \leq 110$	$S_T > 110$
买入股票	S_T	S_T	S_T	S_T
卖出看涨期权，$X=50$	0	$-(S_T - 50)$	$-(S_T - 50)$	$-(S_T - 50)$
卖出看涨期权，$X=60$	0	0	$-(S_T - 60)$	$-(S_T - 60)$
买入看涨期权，$X=110$	0	0	0	$S_T - 110$
总计	S_T	50	$110 - S_T$	0

投资者在波动性上下注。在波动性很低时利润到达最大，而股价最终处于 50~60 美元。

29. a.

头寸	$S_T \leq 1\ 170$	$S_T > 1\ 170$
买入股票	S_T	S_T
买入看跌期权	$1\ 170 - S_T$	0
总计	$1\ 170$	S_T

头寸	$S_T \leq 1\ 260$	$S_T > 1\ 260$
买入看涨期权	0	$S_T - 1\ 260$
买入短期国债	$1\ 260$	$1\ 260$
总计	$1\ 260$	S_T

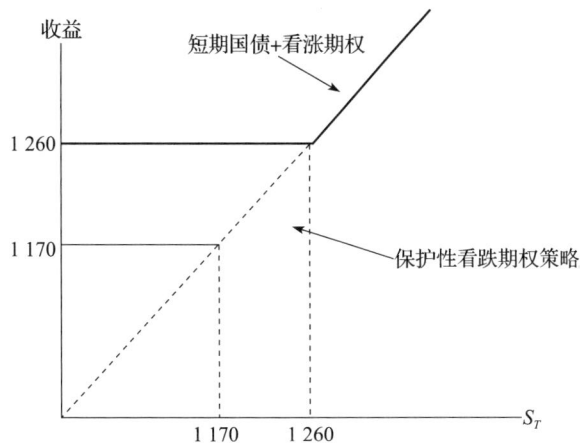

b. 当 S_T 取某些值时，短期国债加看涨期权的策略有很大的收益，且收益不会降低。因为它的收益总是很有吸引力的，所以必须花费更多来购买它。

c. 股票加看跌期权头寸的初始成本为 $1\,350 + 9 = 1\,359$ 美元，而短期国债加看涨期权头寸的初始成本为 $1\,215 + 180 = 1\,395$ 美元。

	$S_T = 1\,000$	$S_T = 1\,260$	$S_T = 1\,350$	$S_T = 1\,440$
股票	1 000	1 260	1 350	1 440
+看跌期权	170	0	0	0
收益	1 170	1 260	1 350	1 440
利润	−189	−99	−9	81
短期国债	1 260	1 260	1 260	1 260
+看涨期权	0	0	90	180
收益	1 260	1 260	1 350	1 440
利润	−135	−135	−45	+45

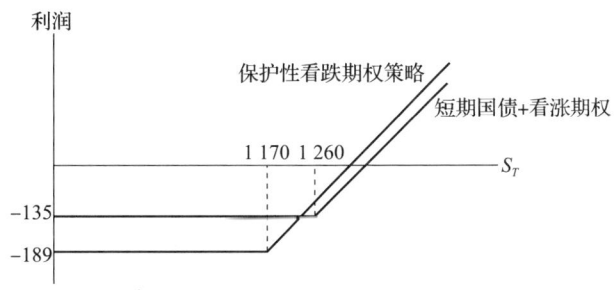

d. 股票加看跌期权策略的风险更大。它在市场下跌时表现较差，在市场上涨时表现较好。因此，它的 β 值较高。

e. 并未违背平价公式。因为这些期权有不同的行权价格。平价公式只适用于具有相同的行权价格和相同到期时间的看涨期权和看跌期权。

30. 根据看跌-看涨期权平价公式（假设没有股利），105 美元的现值可以根据 1 月到期、行权价格为 105 美元的期权算出。

$$PV(X) = S_0 + P - C$$
$$PV(105) = 100 + 6.94 - 2 = 104.93(美元)$$

根据公式 $C + X/(1 + r_f)^T = S_0 + P$

解得 $r_f = 0.06\%$

31. 根据看跌-看涨期权平价公式：$C - P = S_0 - X/(1 + r_f)^T$；

    如果期权处于平值状态，则 $S_0 = X$，$C - P = X - X/(1 + r_f)^T$；

    由于等式右边为正，因此可以得出结论 $C > P$。

三、CFA 考题

1. a. 多尼应该选择多头宽跨式期权策略。多头宽跨式期权策略是指买入具有相同到期日和相同标的的资产但行权价格不同的看跌期权和看涨期权。在一个宽跨式期权策略中，看涨期权的行权价格高于股票价格，看跌期权的行权价格低于股票价格。买入（多头）宽跨式期权的投资者预期标的资产（在此处为 TRT 材料）的价格不是大幅低于看跌期权的行权价格就是高于看涨期权的行权价格。对于 TRT，持有宽跨式期权多头头寸的投资者购买了总成本为 9 美元的看跌期权和看涨期权，当股票价格大于 9 美元且高于看涨期权的行权价格或股票价格高于 9 美元但是低于看跌期权的行权价格时，投资者将获得一定的利润。当普通股对涉及该公司的诉讼案的判决做出反应使得股价大幅上涨或者大幅下跌时，这项策略将使得多尼的客户获得利润。

    b. i. 每股最大可能的损失是 9 美元，这是两个期权的总成本之和（5 + 4 = 9）。

    ii. 如果股价移动到价格的盈亏平衡范围之外，最大可能的收益是无限的。

    iii. 如果股价达到 9.00 美元，在看跌期权的行权价格之下（即 55 - 9 = 46 美元），那么看跌期权刚好收回成本。如果股价达到 9.00 美元，在看涨期权的行权价格之上（即 60 + 9 = 69 美元），那么看涨期权将刚好收回成本。

2. a. 与股票指数挂钩的票据：传统债券按票面利率定期支付利息，到期时支付面值本金。与股票指数挂钩的票据通常支付很少的票面利息或者不支付票面利息；到期时，票据持有者得到初始发行价加上一个补充赎回金额，这个价值取决于与股票价值指数相关的预定初始水平。

    b. 与商品挂钩的熊市债券：传统债券按票面利率定期支付利息，到期时支付面值本金。与商品挂钩的熊市债券，投资者会得到商品价格指数一定比例的跌幅。如果在到期日，商品价格下跌，熊市债券持有者得到低于市场利率的利息，其赎回价格超过购买价格。

3. a. 如果可转换债券被立即转换，那么可转换价值就是债券的价值。

    转换价值 = 普通股的市场价格 × 转换比率 = 40 × 22 = 880（美元）

    b. 如果投资者购买可转换债券，市场转换价格就等于投资者实际支付的普通股的价格。

    市场可转换价格 = 可转换债券的市场价格 ÷ 转换比率 = 1 050 ÷ 22 = 47.73（美元）

4. a. i. 当前市场转换价格计算如下：

    市场转换价格 = 可转换债券的市场价格 / 转换比率 = 980/25 = 39.20（美元）

    ii. Ytel 可转换债券的 1 年期期望收益率为：

    期望收益 = [(年末价格 + 息票) / 当前价格] - 1
            = [(1 125 + 40)/980] - 1 = 0.188 8 = 18.88%

    iii. Ytel 普通股的 1 年期期望收益率为：

    期望收益 = [(年末价格 + 股利) / 当前价格] - 1
            = (45/35) - 1 = 0.285 7 = 28.57%

    b. 可转换债券价值的两个组成部分为：①纯粹债券价值，这是可转换债券作为债券的价值；

②期权价值，这是可转换债券能转换为股权的潜在价值。
ⅰ．在 Ytel 普通股价格上升的情况下，纯粹债券价值应该不变，而期权价值应该增加。

股价的增加并不影响 Ytel 可转换债券价值的纯粹债券价值部分。但股价的上升显著地增加了期权价值部分，因为当每股股价 51 美元与可转换债券的转换价格每股 1 000/25 = 40 美元相比时，看涨期权变为更有价值的实值期权。

ⅱ．在利率上升的情况下，纯粹债券价值应该下降，期权价值应该上升。

利率的上升降低了可转换债券价值的纯粹债券价值部分（当利率上升时债券价值下降），且增加了股票看涨期权部分的价值（利率增加时看涨期权价值增加）。与股价上升导致的期权价值的变化相比，这种增加可能很小甚至不易察觉。

5. a. ⅰ．利润 = 40 − 25 + 2.50 − 4.00 = 13.50 美元。
   b. ⅱ．若股价跌至 0，则看跌期权卖方将承担最大的损失，即 40 美元减去 2 美元的期权价格。若期权变为虚值，看涨期权卖方将得到 3.50 美元的期权价格。

第21章

期权定价

一、选择题

1. 在到期之前,实值看涨期权的时间价值(　　)。
   A. 等于 0   B. 是正的   C. 是负的
   D. 等于股票价格减去行权价格   E. 上述说法都不正确。

2. 在到期之前,实值看跌期权的时间价值(　　)。
   A. 等于 0   B. 是负的   C. 是正的
   D. 等于股票价格减去行权价格   E. 上述说法都不正确。

3. 在到期之前,平价看涨期权的时间价值(　　)。
   A. 是正的   B. 等于 0   C. 是负的
   D. 等于股票价格减去行权价格   E. 上述说法都不正确。

4. 在到期之前,平价看跌期权的时间价值(　　)。
   A. 等于 0   B. 等于股票价格减去行权价格   C. 是负的
   D. 是正的   E. 上述说法都不正确。

5. 在到期日,实值看涨期权的时间价值(　　)。
   A. 等于 0   B. 是正的   C. 是负的
   D. 等于股票价格减去行权价格   E. 上述说法都不正确。

6. 如果期权是(　　),看涨期权的内在价值等于 0。
   A. 平价期权   B. 虚值期权   C. 实值期权
   D. 平价期权或实值期权   E. 平价期权或虚值期权

7. 如果期权是(　　),看跌期权的内在价值等于 0。
   A. 平价期权   B. 虚值期权   C. 实值期权
   D. 平价期权或实值期权   E. 平价期权或虚值期权

8. 在到期之前,(　　)。
   A. 看涨期权的内在价值高于实际价值
   B. 看涨期权的内在价值通常是正的
   C. 看涨期权的实际价值高于内在价值
   D. 看涨期权的内在价值通常高于时间价值
   E. 上述说法都不正确。

9. 在到期之前,(　　)。
   A. 看跌期权的内在价值高于实际价值
   B. 看跌期权的内在价值通常是正的
   C. 看跌期权的实际价值高于内在价值
   D. 看跌期权的内在价值通常高于时间价值
   E. 上述说法都不正确。

10. 如果股票价格上升,股票看跌期权的价格(　　),看涨期权的价格(　　)。
    A. 下降;上升   B. 下降;下降   C. 上升;下降
    D. 上升;上升   E. 不变;不变

11. 其他条件不变,股票看涨期权的价格与除(　　)之外的下列因素正相关。
    A. 股票价格   B. 到期时间   C. 股票波动性

    D. 行权价格 E. 上述说法都不正确。
12. 其他条件不变，股票看涨期权的价格与下列因素中的（　　）负相关。
    A. 股票价格 B. 到期时间 C. 股票波动性
    D. 行权价格 E. 股票价格、到期时间、股票波动性
13. 股票看跌期权的价格与股票价格（　　）相关，与行权价格（　　）相关。
    A. 正；负 B. 负；正 C. 负；负
    D. 正；正 E. 不；不
14. 在布莱克-斯科尔斯期权定价模型中除了（　　）之外的所有输入量都可以直接观测到。
    A. 标的证券的价格 B. 无风险利率 C. 到期时间
    D. 标的资产收益率的方差 E. 上述所有说法都不正确。
15. 在布莱克-斯科尔斯期权定价模型中（　　）输入量可以直接观测到。
    A. 标的证券的价格 B. 无风险利率 C. 到期时间
    D. 标的资产收益率的方差 E. 标的证券的价格、无风险利率、到期时间
16. 德尔塔被定义为（　　）。
    A. 股票价格上涨1美元时期权价格的变化
    B. 看涨期权价格上涨1美元时股票价格的变化
    C. 股票价格上涨1%时期权价格的变动百分比
    D. 标的股票价格的波动
    E. 上述说法都不正确。
17. 对冲比率是0.70意味着对冲资产组合应该包括（　　）。
    A. 每卖出1股股票，要买入0.70份看涨期权
    B. 每买入1股股票，要卖出0.70份看涨期权
    C. 每卖出1份看涨期权，要买入0.70股股票
    D. 每买入1份看涨期权，要买入0.70股股票
    E. 上述说法都不正确。
18. 看涨期权的对冲比率是（　　），看跌期权的对冲比率是（　　）。
    A. 负的；正的 B. 负的；负的 C. 正的；负的
    D. 正的；正的 E. 0；0
19. 看涨期权的对冲比率通常（　　）。
    A. 等于1 B. 大于1 C. 在0和1之间
    D. 在-1和0之间 E. 没有限制
20. 股票看涨期权价格的变化通常（　　）。
    A. 小于股票价格的变化
    B. 大于股票价格的变化
    C. 与股票价格变化负相关
    D. 大于股票价格的变化，并且与股票价格变化负相关
    E. 小于股票价格的变化，并且与股票价格变化负相关

二、课后习题

1. 本章中，我们表明看涨期权价值随股票波动率增加而增加。这对看跌期权价值也正确吗？

利用看跌－看涨期权平价定理和数字例子来证明你的答案。
2. 你认为看涨期权行权价格增加1美元会导致看涨期权价值减少量大于还是小于1美元？
3. 高贝塔股票看跌期权的价值是否高于低贝塔股票看跌期权的价值？股票具有相同的公司特定风险。
4. 其他条件都相同，公司特定风险较大的股票看涨期权的价值是否高于公司特定风险较小的股票看涨期权的价值？两种股票的贝塔值相同。
5. 其他条件都相同，较高行权价格的看涨期权与较低行权价格的看涨期权相比，对冲比率高还是低？
6. 在下列各题中，你被要求比较给定参数的两种期权。假定无风险利率为6%，期权标的股票不支付股利。

a.
看跌期权	T	X	σ	期权价格
A	0.5	50	0.2	10 美元
B	0.5	50	0.25	10 美元

股票价格较低时，卖出哪一种看跌期权？
ⅰ. A
ⅱ. B
ⅲ. 信息不足

b.
看跌期权	T	X	σ	期权价格
A	0.5	50	0.2	10 美元
B	0.5	50	0.2	12 美元

股票价格较低时，一定卖出哪一种看跌期权？
ⅰ. A
ⅱ. B
ⅲ. 信息不足

c.
看涨期权	S	X	σ	期权价格
A	50	50	0.2	12 美元
B	55	50	0.2	10 美元

哪一种看涨期权的期限较短？
ⅰ. A
ⅱ. B
ⅲ. 信息不足

d.
看涨期权	T	X	σ	期权价格
A	0.5	50	55	10 美元
B	0.5	50	55	12 美元

股票波动率较高时，卖出哪一种看涨期权？
ⅰ. A
ⅱ. B

ⅲ. 信息不足

e.

看涨期权	T	X	σ	期权价格
A	0.5	50	55	10 美元
B	0.5	50	55	7 美元

股票波动率较高时，卖出哪一种看涨期权？

ⅰ. A

ⅱ. B

ⅲ. 信息不足

7. 重新考虑两状态模型中对冲比率的确定过程，已证实 1/3 股股票就能对冲 1 份期权。行权价格分别为 120、110、100、90 时，对冲比率各是多少？随着期权实值程度的逐渐提高，对冲比率会如何变化？

8. 证明布莱克-斯科尔斯看涨期权对冲比率随股票价格上升而上升。考虑行权价格为 50 美元的 1 年期期权，其标的股票的年标准差为 20%。短期国债收益率为每年 3%。股票价格分别为 45 美元、50 美元和 55 美元时，求 $N(d_1)$。

9. 在本题中，我们将推导两状态看跌期权的价值。数据：$S_0 = 100$，$X = 110$，$1 + r = 1.10$。S_T 两种可能的价格为 130 和 180。

   a. 证明两状态间 S 的变动范围是 50，而 P 的变动范围是 30。看跌期权的对冲比率是多少？

   b. 构建一个资产组合，包括 3 股股票和 5 份看跌期权。该资产组合的收益（非随机）是多少？该资产组合的现值是多少？

   c. 给定股票现在售价为 100，求解看跌期权的价值。

10. 计算第 9 题中行权价格为 110 的股票看涨期权的价值。证明你对第 9 题和第 10 题的答案满足看跌-看涨期权平价定理。（在此例中不要使用连续复利计算 X 的现值，因为这里我们使用的是两状态模型，而不是连续时间的布莱克-斯科尔斯模型。）

11. 根据右表中的信息，使用布莱克-斯科尔斯公式计算股票看涨期权的价值。

12. 和第 11 题中看涨期权的行权价格和到期期限相同，使用布莱克-斯科尔斯公式计算股票看跌期权的价值。

到期期限	6 个月
标准差	每年 50%
行权价格	50 美元
股票价格	50 美元
利率	3%

13. 重新计算第 11 题中的看涨期权价值。保持其他变量不变，以下列条件逐一替代第 11 题中的原有条件：

   a. 到期期限 = 3 个月

   b. 标准差 = 25% 每年

   c. 行权价格 = 55 美元

   d. 股票价格 = 55 美元

   e. 利率 = 5%

   独立考虑每一种情形。证明期权价值的变化与教材表 21-1 中的预测保持一致。

14. 看涨期权 $X = 50$ 美元，标的股票价格 $S = 55$ 美元，看涨期权售价为 10 美元。根据波动率估计值 $\sigma = 0.30$，你会发现 $N(d_1) = 0.6$，$N(d_2) = 0.5$。无风险利率为 0。期权价格的隐含波动率高于还是低于 0.30？为什么？

15. 在教材表 21-3 中，跨式期权头寸布莱克-斯科尔斯价值的 Excel 公式是什么？

阅读以下案例，回答第 16~21 题。

特许金融分析师马克·华盛顿是 BIC 的分析师。一年前，BIC 分析师预测美国股票市场将轻微下降并建议对 BIC 的资产组合进行德尔塔对冲。正如预测，美国股票市场在 12 个月确实下跌了近 4%。但是，BIC 的资产组合的表现令人失望，低于同行表现近 10%。华盛顿被指派去检查期权策略，以确定对冲资产组合的表现不如预期的原因。

16. 哪一个是德尔塔中性资产组合的最佳表述？德尔塔中性资产组合完全对冲了（　　）。

    a. 标的资产价格的小幅变化
    b. 标的资产价格的小幅下跌
    c. 标的资产价格的任何变化

17. 在讨论了德尔塔中性资产组合的概念之后，华盛顿决定有必要进一步解释德尔塔的概念。华盛顿画出了把期权价值当作标的股票价格的函数。德尔塔是（　　）。

    a. 期权价格图形中的斜率
    b. 期权价格图形中的曲率
    c. 期权价格图形中的水平线

18. 华盛顿考虑了一个德尔塔为 -0.65 的看跌期权。如果标的资产价格下跌了 6 美元，那么期权价格的最佳估计是什么？

19. BIC 拥有 51 750 股史密斯公司股票。每股售价为 69 美元。行权价格为 70 美元的史密斯公司股票看涨期权售价为 3.50 美元，其德尔塔为 0.69。构建一个德尔塔中性对冲，需要多少份看涨期权？

20. 回到第 19 题。如果股票价格下跌，德尔塔对冲需要卖出看涨期权的数量是增加还是减少？

21. 对于德尔塔中性资产组合的目标，下列哪种陈述最精确？一个德尔塔中性资产组合是结合一个（　　）。

    a. 股票多头和看涨期权空头，这样股票价值变化时资产组合价值保持不变
    b. 股票多头和看涨期权空头，这样股票价值变化时资产组合价值也发生变化
    c. 股票多头和看涨期权多头，这样股票价值变化时资产组合价值保持不变

22. 长期国债收益率对利率变动的敏感性是高于还是低于标的债券收益率对利率的敏感性？

23. 如果股票价格下跌，看涨期权价格上升，那么看涨期权的隐含波动率如何变化？

24. 如果到期期限缩短，看跌期权价格上升，那么看跌期权的隐含波动率如何变化？

25. 根据布莱克-斯科尔斯公式，当股票价格趋于无限大时看涨期权对冲比率的值为多少？

26. 根据布莱克-斯科尔斯公式，当行权价格很小时看跌期权对冲比率的值为多少？

27. IBM 平值看涨期权的对冲比率为 0.4。平值看跌期权的对冲比率为 -0.6。IBM 平值跨式期权头寸的对冲比率为多少？

28. 考虑一个 6 个月期限的欧式看涨期权，行权价格为 105 美元。标的股票售价为每股 100 美元，不支付股利。无风险利率为 5%。如果期权现在售价为 8 美元，期权隐含波动率是多少？使用教材表 21-3（可从 www.mhhe.com/bkm 下载；链接至第 21 章材料）回答这一问题。

    a. 进入电子数据中的工具菜单并选择"Goal Seek"。对话框要求你回答三条信息。在那个对话框中，你通过改变单元格 B2 来设定 E6 单元格的值为 8。换句话说，你让电子表格寻求标准差的值（出现在单元格 B2 中），迫使期权的价值（单元格 E6）等于 8 美元。然后点击"OK"按钮，你会发现看涨期权现在价值 8 美元，输入的标准差随之改变以保持与期权价值一致。这是期权价值为 8 美元时看涨期权隐含的标准差。

b. 如果期权售价为 9 美元，隐含波动率如何变化？为什么隐含波动率会增加？

c. 如果期权价格保持在 8 美元，但是期权到期期限缩短，比如 4 个月，隐含波动率如何变化？为什么？

d. 如果期权价格保持在 8 美元，但是行权价格降低（比如 100 美元），隐含波动率如何变化？为什么？

e. 如果期权价格保持在 8 美元，但是股票价格下降（比如 98 美元），隐含波动率如何变化？

29. 构建一个双限期权：买入一股价格为 50 美元的股票，买入一份 6 个月期的行权价格为 45 美元的看跌期权，并且卖出一份 6 个月期的行权价格为 55 美元的看涨期权。根据股票的波动率，你可以计算出 6 个月期、行权价格为 45 美元的期权，$N(d_1) = 0.60$，而行权价格为 55 美元的期权，$N(d_1) = 0.35$。

a. 如果股票价格上升 1 美元，双限期权盈利或损失是多少？

b. 如果股票价格变得非常大，资产组合的德尔塔如何变化？股票价格变得非常小呢？

30. 三份看跌期权的标的股票相同，德尔塔分别为 -0.9、-0.5 和 -0.1。填右表把德尔塔分配给相应的期权。

看跌期权	X	德尔塔
A	10	
B	20	
C	30	

31. 你非常强烈地看涨 EFG 股票，并认为其大大超过市场上其他股票。在下列每个问题中，如果你的看涨预测是正确的，选出给你带来最大利润的资产组合。说明你的理由。

a. 选择 A：10 000 美元投资于看涨期权，$X = 50$。
   选择 B：10 000 美元投资于 EFG 股票。

b. 选择 A：10 份看涨期权合约（每份 100 股），$X = 50$。
   选择 B：1 000 股 EFG 股票。

32. 你想持有 XYZ 公司股票的保护性看跌期权头寸，锁定年末最小价值为 100 美元。XYZ 现在售价为 100 美元。下一年股票价格将上升 10% 或下降 10%。短期国债利率为 5%。不幸的是，没有 XYZ 股票的看跌期权交易。

a. 假定有所需要的看跌期权交易，购买它的成本是多少？

b. 这一保护性看跌期权资产组合的成本是多少？

c. 什么样的股票加国债头寸将确保你的收益等于 $X = 100$ 的保护性看跌期权提供的收益？证明该资产组合的收益和成本与所需的保护性看跌期权相匹配。

33. 回到教材例 21-1。运用二项式模型对行权价格为 110 美元的 1 年期欧式看跌期权估价，该期权标的股票与原例中相同。你对看跌期权价格的计算结果是否满足看跌－看涨期权平价？

34. 假设无风险利率为 0，美式看跌期权是否会被提前行权？解释之。

35. 用 $p(S, T, X)$ 表示价格为 S 美元的股票欧式看跌期权的价值，到期期限为 T，行权价格为 X，并且用 $P(S, T, X)$ 表示美式看跌期权的价值。

a. 估算 $p(0, T, X)$。

b. 估算 $P(0, T, X)$。

c. 估算 $p(S, T, 0)$。

d. 估算 $P(0, T, X)$。

e. 以 b 的答案说明美式看跌期权提前执行的可能性如何。

36. 你尝试对行权价格为 100 美元的 1 年期看涨期权进行估价。标的股票不支付股利，它现在售价为 100 美元，并且你认为有 50% 的机会上涨至 120 美元并有 50% 的机会下跌至 80 美元。无风险利率为 10%。利用两状态股票价格模型计算看涨期权的价值。

37. 考虑第 36 题中股票波动率的增加。假定如果股票价格上升，就会增加至 130 美元；如果股票价格下跌，就会下跌至 70 美元。证明此时看涨期权价值大于第 36 题中计算的价值。

38. 利用第 36 题中的数据，计算行权价格为 100 美元的看跌期权的价值。证明你的答案满足看跌-看涨期权平价。

39. XYZ 公司将在 2 个月后支付每股 2 美元的股利。它的股票现在售价为每股 60 美元。XYZ 公司股票看涨期权的行权价格为 55 美元，到期期限为 3 个月。无风险利率为每月 0.5%，股票波动率（标准差）=7%/月。求伪美式期权的价值。（提示：试将一个月作为一"期"，而不是把一年作为一"期"。）

40. "通用电气看涨期权的贝塔值高于通用电气股票的贝塔值。"这一说法正确还是错误？

41. "行权价格为 1 330 的标准普尔 500 指数看涨期权的贝塔值高于行权价格为 1 340 的指数看涨期权的贝塔值。"这一说法正确还是错误？

42. 当股票价格变得非常大时，可转换债券的对冲比率如何变化？

43. 高盛公司认为在今后的 3 年中市场波动率将为每年 20%。市场指数的 3 年期平值看涨与看跌期权以隐含波动率为 22% 的价格出售。高盛公司应该建立什么样的资产组合对波动率进行投机，而不用建立市场牛市或熊市头寸？使用高盛对波动率的估计值，3 年期平价期权 $N(d_1) = 0.6$。

44. 你持有股票的看涨期权。股票的贝塔为 0.75，并且你担心股票市场可能会下跌。股票现在售价为 5 美元，并且你持有 100 万份股票期权（你持有 10 000 份合约，每份 100 股股票）。期权的德尔塔为 0.8。为了对冲你的市场风险敞口，你需要买入或卖出多少市场指数资产组合？

45. 设想你是一位资产组合保险的提供商。你正在建立一个为期 4 年的项目。你管理的资产组合现在价值 1 亿美元，并且你希望最小收益为 0。股票资产组合的标准差为每年 25%，短期国债利率为每年 5%。简单起见，假定资产组合不支付股利（或者所有股利可以再投资）。

    a. 多少钱用来购买国债？多少钱用来购买股票？
    b. 如果第一个交易日股票资产组合就下跌了 3%，作为管理人你应该如何处置？

46. 假定行权价格为 90 美元的 3 个月埃克森美孚股票看涨期权正在以隐含波动率为 30% 的价格出售。埃克森美孚股票现在价格为每股 90 美元，并且无风险利率为 4%。如果你认为股票的真实波动率为 32%，在不承担埃克森美孚业绩风险的情况下，以你的观点，你该如何交易？对于卖出或买入的每一份期权合约，你需要持有多少股股票？

47. 使用第 46 题中的数据，假定行权价格为 90 美元的 3 个月看跌期权以隐含波动率为 34% 的价格出售。构建一个包含看涨期权与看跌期权头寸的德尔塔中性资产组合，当期权价格恢复到调整后的正确价格时该资产组合能获得利润。

48. 假定摩根大通出售价值为 125 万美元、贝塔值为 1.5 的股票资产组合的看涨期权。期权德尔塔为 0.8。摩根大通想通过买入市场指数资产组合来对冲市场变化的风险。

    a. 摩根大通需要购买价值多少美元的市场指数资产组合来对冲它的头寸？
    b. 如果摩根大通使用市场指数看跌期权来对冲风险，该怎么办？买入还是卖出看跌期权？每份看跌期权对应 100 单位的指数，并且当前的指数价格代表了价值 1 000 美元的股票。

49. 假如你正在计算一只尚有一年到期的股票期权的价值，隐含浮动利率（年标准差）为 $\sigma = 0.4$，如果你的二项式模型是用以下数据建立的，那么 u 和 d 的值是多少？
   a. 一年的时间。
   b. 4 个时间段，每段时间为 3 个月。
   c. 12 个时间段，每段时间为 1 个月。

50. 你建立了一个二项式模型，为一个周期，并断言在一年的过程中，股票价格将上升 1.5 或下降 2/3，你对明年股票回报率波动性的隐含假设是什么？

51. 利用期权平价关系证明，一个无息股票的平价看涨期权的成本高于平价看跌期权。若 $S = (1+r)^T$ 看跌与看涨期权的价格相当。

52. 返回到第 36 题，使用"华尔街实战 21-1"中所描述的"风险中性"，来评估看涨期权的价值。确认两个方法所计算出的答案一样。

53. 返回到第 38 题，如果股票涨了，你的收益是多少？如果股票价格下跌，会有什么回报呢？使用"华尔街实战 21-1"中图表所描述的"风险中性"，来评估看涨期权的价值。确认两个方法所计算出的答案一样。

三、CFA 考题

1. Abco 公司董事会正在担心公司养老金计划中 1 亿美元股票资产组合的下跌风险。该董事会的顾问提议暂时（1 个月）用期货或者期权对冲这个资产组合。该顾问引用了右下表，并陈述道：
   a. "通过卖出（做空）4000 个期货合约，这个 1 亿美元股票资产组合能够完全规避下跌风险。"
   b. "这种保护方法的成本就是该资产组合的期望收益率为 0。"
   请评价该顾问每一个陈述的精确性。

市场、资产组合和合约数据	
股票指数水平	99.00
股票期货价格	100.00
期货合约乘数	250 美元
资产组合的贝塔值	1.20
合约期限（月）	3

2. 特许金融分析师迈克尔·韦伯正在对期权定价的一些方面进行分析，包括期权价值的决定因素，不同期权定价模型的特性以及计算所得的期权价值与期权市场价格可能存在的背离。
   a. 如果标的股票波动率降低，对股票看涨期权价值的预期影响是什么？如果期权的到期期限增加呢？
   b. 使用布莱克-斯科尔斯定价模型，韦伯计算了 3 个月看涨期权的价值并注意到该计算值与期权市场价格不同。关于韦伯对布莱克-斯科尔斯期权定价模型的应用：
      i. 讨论为什么处于虚值的欧式期权的计算价值可能与它的市场价格不同。
      ii. 讨论为什么美式期权的计算价值可能与它的市场价格不同。

3. 富兰克林是一位负责衍生证券的资产组合管理人。富兰克林观察到具有同样行权价格、到期期限和标的股票的美式期权与欧式期权。富兰克林认为欧式期权比美式期权具有更高的权利金。
   a. 试评论富兰克林认为该欧式期权会有较高权利金的观点。富兰克林被要求对 Abaco 有限公司股票的 1 年期欧式看涨期权进行定价，该股票最后交易价格为 43.00 美元。他已经搜集了右表中的信息。

股票收盘价	43.00 美元
看涨与看跌期权的行权价格	45.00 美元
1 年期看跌期权的价格	4.00 美元
1 年期国债利率	5.50%
到期期限	1 年

b. 使用看跌-看涨期权平价和以上信息计算欧式看涨期权的价值。

c. 试说明以下三个变量对看涨期权价值的影响（无须计算）。

ⅰ. 短期利率提高。

ⅱ. 股票价格波动率上升。

ⅲ. 期权到期期限缩短。

4. 现在某股票指数在 50 点水平交易。特许金融分析师保罗·瑞普想运用二项式模型对 2 年期的指数期权估价。股票指数可能上升 20% 或者下降 20%，年无风险利率为 6%，指数中的任何成分股都不派发股利。

a. 构造一个用于股票指数定价的两期二叉树。

b. 计算行权价格为 60 点的该指数欧式看涨期权的价值。

c. 计算行权价格为 60 点的该指数欧式看跌期权的价值。

d. 证明你计算的看涨期权与看跌期权的价值满足看跌-看涨期权平价。

5. 肯·韦伯斯特管理着以标准普尔 500 指数为基准的 2 亿美元的股票资产组合。韦伯斯特认为若用一些传统的基础经济指标来测量的话，市场被高估了。他担心潜在的损失，但是认识到标准普尔 500 指数仍可能超过目前 1 136 的水平。

韦伯斯特正在考虑以下的双限期权策略。

- 购买 1 份行权价格为 1 130（刚刚处于虚值状态）的标准普尔 500 指数看跌期权，使资产组合受到保护。
- 卖掉 2 份行权价格为 1 150（处于深度虚值状态）的看涨期权，来获取买入 1 份看跌期权所需的资金。
- 因为 2 份看涨期权的综合德尔塔（见下表）小于 1（即 2 × 0.36 = 0.72），如果市场继续发展，这些期权的损失也不会超过标的资产组合的盈利。

下表就是用于构造双限期权的信息。

特征	1 150 看涨期权	1 130 看跌期权
期权价格	8.60 美元	16.10 美元
期权隐含波动率	22%	24%
期权的德尔塔	0.36	-0.44
双限期权要需要的合约数量	602	301

注：1. 忽略交易成本。
2. 标准普尔 500 指数 30 天历史波动率 = 23%。
3. 期权到期期限 = 30 天。

a. 如果 30 天后标准普尔 500 指数发生了如下变化，请描述这些综合资产组合（标的资产组合加双限期权）的潜在收益：

ⅰ. 上升约 5% 至 1 193 点。

ⅱ. 保持在 1 136 点（无变化）。

ⅲ. 下降约 5% 至 1080 点。

（无须计算。）

b. 对于标准普尔 500 指数达到了 a 中所列的每一种情况，讨论这些情况对每个期权对冲比率（德尔塔）的影响。

c. 根据提供的波动率数据，评估以下每个期权的定价：

ⅰ. 看跌期权。

ⅱ. 看涨期权。

参考答案

一、选择题

1. B 2. C 3. A 4. D 5. A 6. E 7. E 8. C 9. C 10. A
11. D 12. D 13. B 14. D 15. E 16. A 17. C 18. C 19. C 20. A

二、课后习题

1. 当标的股票的波动性增加时,看跌期权价值也增加。可从看跌-看涨期权平价关系式中看出:

$$P = C - S_0 + PV(X) + PV(股利)$$

给定 S 的值和无风险利率,如果 C 因为波动性增加而增加,则为保持平价等式的成立,P 也必须增加。

2. 看涨期权行权价格增加1美元会导致看涨期权价值减少量要小于1美元。只有在以下两种情况下,看涨期权价格的变化为1美元:①该看涨期权被行权的可能性是100%;②利率为零。

3. 假定企业特定风险保持不变,较高的 β 表明股市整体有较高的波动性。因此,看跌期权的价值会随 β 的上升而上升。

4. 假定 β 不变,企业特定风险较大的股票,其整体波动性也较高。因此,特定风险较大的股票的期权会更有价值。

5. 行权价格较高的看涨期权对冲比率较低,其实值也较低。当行权价格较高时,d_1 和 $N(d_1)$ 都会降低。

6. a. i. 看跌期权 A 的标的股票价格较低。否则,由于股票 A 的波动性较低,看跌期权 A 必须以低于看跌期权 B 的价格出售。
   b. ii. 看跌期权 B 的标的股票价格较低,这样才能解释它的较高的价格。
   c. ii. 看涨期权 B 一定有更短的期限。尽管股票 B 的价格较高,但看涨期权 B 比看涨期权 A 价格更低。这可以用较短的期限来解释。
   d. ii. 看涨期权 B 的标的股票一定有较高的波动性。这可以解释它的较高的价格。
   e. i. 看涨期权 A 的标的股票的波动性较高,这样才能解释它较高的期权费。

7.
行权价格	对冲比率
120	0/30 = 0.000
110	10/30 = 0.333
100	20/30 = 0.667
90	30/30 = 1.000

随着期权实值程度的逐渐增高,对冲比率增加到最大值 1.0。

8.
S	d_1	$N(d_1)$
45	-0.2768	0.3910
50	0.2500	0.5987
55	0.7266	0.7662

9. a. 由 $uS_0 = 130$,解得 $P_U = 0$
   由 $dS_0 = 180$,解得 $P_d = 30$

对冲比率为：$H = \dfrac{P_U - P_d}{uS_0 - dS_0} = \dfrac{0 - 30}{130 - 80} = -\dfrac{3}{5}$

b.

无风险资产组合	$S_T = 80$	$S_T = 130$
买入 3 股股票	240	390
买入 5 份看跌期权	150	0
总计	390	390

现值 = 390/1.10 = 354.545（美元）

c. 资产组合的成本为：$3S + 5P = 300 + 5P$；

资产组合的价值为：354.545 美元；

因此，$300 + 5P = 354.545$，解得 $P = 10.91$ 美元。

10. 看涨期权对冲比率为：$H = \dfrac{C_U - C_d}{uS_0 - dS_0} = \dfrac{20 - 0}{130 - 80} = \dfrac{2}{5}$

无风险资产组合	$S = 80$	$S = 130$
买入 2 股股票	160	260
卖出 5 份看涨期权	0	−100
总计	160	160

现值 = 160/1.10 = 145.455 美元；

资产组合的成本 = $2S - 5C = 200 - 5C$；

资产组合价值为 145.455 美元；

因此，$C = 10.91$ 美元。

现在验证 $P = C + PV(X) - S$：

$10.91 = 10.91 + 110/1.10 - 100 = 10.91$。

11. 由 $d_1 = 0.2192$，解得 $N(d_1) = 0.5868$。

由 $d_2 = -0.1344$，解得 $N(d_2) = 0.4465$。

$Xe^{-rT} = 49.2556$。

$C = 50 \times 0.5868 - 49.2556 \times 0.4465 = 7.34$

12. 通过布莱克 – 斯科尔斯数据表可以计算出 $P = 6.60$ 美元。

还可以根据看跌 – 看涨期权平价公式推出此结果：

$$P = C + PV(X) - S_0 = 7.34 + 49.26 - 50 = 6.60(美元)$$

13. a. C 下降到 5.144 3 美元。 b. C 下降到 3.880 1 美元。

c. C 下降到 5.404 3 美元。 d. C 上升至 10.535 6 美元。

e. C 上升至 7.563 6 美元。

14. 根据布莱克 – 斯科尔斯模型，看涨期权的价格应为：

$$55 \times N(d_1) - 50 \times N(d_2) = 55 \times 0.6 - 50 \times 0.5 = 8(美元)$$

由于期权实际上以高于 8 美元的价格出售，这意味着波动性大于 0.30。

15. 一个跨式期权包含一份看涨期权和一份看跌期权。布莱克 – 斯科尔斯价值为：

$$C + P = S_0 \times N(d_1) - Xe^{-rT} \times N(d_2) + Xe - rT \times [1 - N(d_2)] - S_0[1 - N(d_1)]$$

$$= S_0 \times [2N(d_1) - 1] + Xe^{-rT} \times [1 - 2N(d_2)]$$

在 Excel 表格中（见教材表 21-3），估值公式为：

B5 * (2 * E4 − 1) * B6 * EXP(− B4 * B3) * (1 − 2 * E5)

16. a. 一个德尔塔中性的资产组合可以完全对冲标的资产的小幅价格变化。这对价格上涨或下跌都是适用的。也就是说,如果资产价格小幅变化,投资组合的价值不会发生显著改变。然而,标的资产价格较大幅度的变化将导致对冲不完全。这意味着如果标的资产价格的变化较大,整体投资组合的价值将发生显著变化。
17. a. 德尔塔是指一单位股价的变化所引起的期权价格的变化量。这种变化量等于期权图形中的斜率。
18. 期权价格变化的最优估计为:资产价格变化×德尔塔 = -6 × (-0.65) = 3.90 美元。
19. 构建德尔塔中性对冲需要的看涨期权的数目为:51 750/0.69 = 75 000 个期权,或 750 份期权合约,每份有 100 个期权。由于这些都是看涨期权,故应将它们卖空。
20. 构建一个德尔塔中性对冲需要的看涨期权的数量和德尔塔成反比。当股票价格下跌时,德尔塔减小。因此,如果股票价格下跌,需要卖出看涨期权的数量增加。
21. 一个德尔塔中性资产组合可以用下列任意组合构建:买入股票并卖空看涨期权;买入股票并买入看跌期权;卖空股票并买入看涨期权;卖空股票并卖空看跌期权。
22. 长期国债的看涨期权的收益率比标的债券的收益率对利率变化更敏感。期权的弹性大于 1.0。也就是说,期权实际上是一种杠杆投资,它的收益率对利率的敏感性大于其标的债券对利率的敏感性。
23. 隐含波动率会增加。否则,看涨期权价格将会因为股价的下降而下降。
24. 隐含波动率会增加。否则,看跌期权的价格会随到期期限的缩短而下降。
25. 对冲比率接近 1.0。随着 S 增加,行权的可能性接近 1.0。$N(d_1)$ 接近 1.0。
26. 对冲比率接近零。随着 X 降低,行权的可能性为零。随着 $N(d_1)$ 接近 1,$[N(d_1) - 1]$ 接近零。
27. 一个跨式期权包含一份看涨期权和一份看跌期权,其对冲比率为单个期权的对冲比率之和:$0.4 + (-0.6) = -0.2$。
28. a. 表格如下:

输入		输出	
标准差(每年)	0.321 3	d_1	0.008 9
到期期限(年)	0.5	d_2	-0.218 3
无风险利率(每年)	0.05	$N(d_1)$	0.503 6
股价	100	$N(d_2)$	0.413 6
执行价格	105	B/S 看涨期权价格	8.000 0
股利收益率(每年)	0	B/S 看跌期权价格	10.407 6

标准差为 0.321 3。

b. 下表显示了标准差增加至 0.356 8 的结果:

输入		输出	
标准差(每年)	0.356 8	d_1	0.031 8
到期期限(年)	0.5	d_2	-0.220 4
无风险利率(每年)	0.05	$N(d_1)$	0.512 7
股价	100	$N(d_2)$	0.412 8
执行价格	105	B/S 看涨期权价格	9.000 0
股利收益率(每年)	0	B/S 看跌期权价格	11.407 5

隐含波动率增加了，因为期权价值随着波动性的增加而增加。
c. 当到期期限缩短到 4 个月时，隐含波动率增加到 0.408 7。期权的价值随着到期期限的缩短而减少，因此为了保持期权价值在 8 美元不变，隐含波动率必须增加。

输入		输出	
标准差（每年）	0.408 7	d_1	−0.018 2
到期期限（年）	0.333 33	d_2	−0.254 1
无风险利率（每年）	0.05	$N(d_1)$	0.492 8
股价	100	$N(d_2)$	0.399 7
执行价格	105	B/S 看涨期权价格	8.000 1
股利收益率（每年）	0	B/S 看跌期权价格	11.264 6

d. 当行权价格减少到 100 美元时，隐含波动率减少到 0.240 6。看涨期权的价值随着行权价格的降低而增加，因此为了保持期权价值在 8 美元不变，波动率必须降低。

输入		输出	
标准差（每年）	0.240 6	d_1	0.232 0
到期期限（年）	0.5	d_2	0.061 9
无风险利率（每年）	0.05	$N(d_1)$	0.591 7
股价	100	$N(d_2)$	0.524 7
执行价格	100	B/S 看涨期权价格	8.001 0
股利收益率（每年）	0	B/S 看跌期权价格	5.532 0

e. 看涨期权的价值随着股价的降低而减少。因此为了保持期权价值在 8 美元不变，隐含波动率必须增加。

输入		输出	
标准差（每年）	0.356 6	d_1	−0.048 4
到期期限（每年）	0.5	d_2	−0.300 6
无风险利率（每年）	0.05	$N(d_1)$	0.480 7
股价	98	$N(d_2)$	0.381 9
执行价格	105	B/S 看涨期权价格	8.000 0
股利收益率（每年）	0	B/S 看跌期权价格	12.407 5

29. a. 双限期权的德尔塔计算如下：

头寸	德尔塔
买入股票	1.0
买入看跌期权，$X=45$	$N(d_1)-1 = -0.40$
卖出看涨期权，$X=55$	$-N(d_1) = -0.35$
总和	0.25

　　如果股价增加了 1 美元，那么双限期权的价值会增加 0.25 美元。期权的价值将超过 1 美元，所购买的看跌期权遭受的损失为 0.40 美元，并且出售的看涨期权代表债务增加了 0.35 美元。

b. 如果 S 非常大，那么双限期权的德尔塔接近零。$N(d_1)$ 将会接近 1。直观地来看，在股价很高时，资产组合的价值（现值）就是看涨期权的行权价格，并且不会受股价小幅变动的影响。

随着 S 接近零，德尔塔也接近零：$N(d_1)$ 将会接近零。对于股价很低时，资产组合的价值（现值）就是看跌期权的行权价格，并且不会受股价的小幅变动的影响。

30.

看跌期权	X	德尔塔
A	10	-0.1
B	20	-0.5
C	30	-0.9

31. a. 选择 A：看涨期权的弹性高于股票。对于相同金额的投资，一个看涨期权潜在的资本利得会比标的股票大。

   b. 选择 B：看涨期权的对冲比率小于 1.0，所以股票有更高的潜在利润。对于相同数量的可支配股票，股票的敞口高于看涨期权的敞口，因此其潜在收益更大。

32. a. 由 $uS_0 = 110$，解得 $P_u = 0$；由 $dS_0 = 90$，解得 $P_d = 10$。

   对冲比率：$H = \dfrac{P_u - P_d}{uS_0 - dS_0} = \dfrac{0 - 10}{110 - 90} = -\dfrac{1}{2}$

   由一股股票和两份看跌期权构成的资产组合保证了 110 美元的收益，其现值为 110/1.05 = 104.76 美元。

   因此，$S + 2P = 104.76$，即 $100 + 2P = 104.76$，解得 $P = 2.38$ 美元。

   b. 保证有 100 美元收益的保护性看跌期权资产组合的成本为：$100 + 2.38 = 102.38$ 美元。

   c. 目标是要构建一个投资组合，使其对股票的风险敞口与假定的保护性看跌期权组合相同。看跌期权的对冲比率为 -0.5，组合包含了 0.5(= 1 - 0.5) 股的股票，成本为 50 美元，余下的资金（52.38 美元）投资于收益率为 5% 的国债中（见右表）。

   这个组合的收益与保护性看跌期权资产组合的收益相同。因此，股票加国债策略的成本和收益均与保护性看跌期权资产组合一样。

资产组合	$S = 90$	$S = 110$
买入 0.5 股票	45	55
投资国债	55	55
总计	100	110

33. 看跌期权在第 2 期的价值为：

$$P_{uu} = 0$$
$$P_{ud} = P_{du} = 110 - 104.50 = 5.50$$
$$P_{dd} = 110 - 90.25 = 19.75$$

为了计算 P_u，先计算对冲比率：

$$H = \frac{P_{uu} - P_{ud}}{uuS_0 - udS_0} = \frac{0 - 5.50}{121 - 104.50} = -\frac{1}{3}$$

通过购买 1 股股票和 3 份看跌期权，构造一个无风险组合。

组合的成本为：$S + 3P_u = 110 + 3P_u$。

无风险组合的收益为 121 美元（见右表）。

因此，通过求解下式得到看跌期权的价值：

$110 + 3P_u = 121/1.05$，解得 $P_u = 1.746$ 美元

为了计算 P_d，先计算对冲比率：

无风险资产组合	$S = 104.50$	$S = 121$
买入 1 股股票	104.50	121.00
买入 3 份看跌期权	16.50	0.00
总计	121.00	121.00

$$H = \frac{P_{du} - P_{dd}}{duS_0 - ddS_0} = \frac{5.50 - 19.75}{104.50 - 90.25} = -1.0$$

通过买入 1 股股票和 1 份看跌期权，构造一个无风险组合。

组合的成本为：$S + P_d = 95 + P_d$。

无风险组合的收益为 110 美元（见右表）。

无风险组合	$S = 90.25$	$S = 104.50$
买入 1 股股票	90.25	104.50
买入 1 份看跌期权	19.75	5.50
总计	110.00	110.00

因此，通过求解下式得到看跌期权的价值：

$$95 + P_d = 110/1.05,$$

解得 $P_d = 9.762$ 美元

为了计算 P，先计算对冲比率：

$$H = \frac{P_u - P_d}{uS_0 - dS_0} = \frac{1.746 - 9.762}{110 - 95} = -0.5344$$

通过买入 0.5344 股股票和 1 份看跌期权，构造一个无风险组合。

组合的成本为：$0.5344S + P = 53.44 + P$。

无风险组合的收益为 60.53 美元（见右表）。

无风险组合	$S = 95$	$S = 110$
买入 0.5344 股股票	50.768	58.784
买入 1 份看跌期权	9.762	1.746
总和	60.530	60.530

因此，通过求解下式得到看跌期权的价值：
53.44 + P = 60.53/1.05，解得 $P = 4.208$ 美元。

最后，用看跌 – 看涨期权平价公式来验证这个结果。回忆教材例 21-1 中：$C = 4.434$ 美元。

看跌 – 看涨期权平价公式要求：$P = C + PV(X) - S$，即 $4.208 = 4.434 + 110/1.05^2 - 100$，忽略舍入误差，看跌 – 看涨期权平价公式成立。

34. 如果 $r = 0$，那么持有者不应提前行权看跌期权。等待行权是没有"时间价值成本"的，但会带来"波动性利润"。为了更严谨地说明这点，考虑如下组合：贷出 X 美元并卖出 1 股股票。构建的这个组合的成本为 $(X - S_0)$。在 T 时的收益（贷款率为零）为 $(X - S_T)$。与之相对地，如果这个值为正，在 T 时看跌期权的收益为 $(X - S_T)$，否则为零。看跌期权的收益至少和组合的收益一样高，因此看跌期权的成本至少和购买组合的成本一样高。因此，$P \geq (X - S_0)$，看跌期权可以按高于立即行权的价格卖出。根据上述分析，可以得到结论：美式看跌期权不会被提前行权。

35. a. Xe^{-rT}。

b. X。

c. 0。

d. 0。

e. 立即行权价格已经降至 0 的股票的看跌期权是一个最优选择。美式看跌期权的价值等于行权价格，任何行权延迟都会因为货币的时间价值而降低期权的价值。

36. 第 1 步：计算到期时的期权价值。股票价格的两个可能值和相应的看涨期权价值为：

由 $uS_0 = 120$，解得 $C_u = 20$；

由 $dS_0 = 80$，解得 $C_d = 0$。

第 2 步：对冲比率为：

$$H = \frac{C_u - C_d}{uS_0 - dS_0} = \frac{30 - 0}{130 - 70} = \frac{1}{2}$$

因此，通过买入1股股票同时卖出2份看涨期权，构造一个无风险组合。组合的成本为 $S - 2C = 100 - 2C$。

第3步：说明无风险组合的收益等于80美元（见右表）。

因此，通过求解下式可得出看涨期权的价值：$100 - 2C = 80/1.10$，解得 $C = 13.636$ 美元。

无风险组合	$S=80$	$S=120$
买入1股股票	80	120
卖出2份看涨期权	0	-40
总计	80	80

注意：本题中未使用股票价格上升或下降的概率，因为它们对于评估看涨期权的价值并不是必要的。

37. 股票价格的两个可能值和相应的期权价值为：

由 $uS_0 = 130$，解得 $C_u = 30$；
由 $dS_0 = 70$，解得 $C_d = 0$。

对冲比率：$H = \dfrac{P_u - P_d}{uS_0 - dS_0} = \dfrac{0 - 20}{120 - 80} = -\dfrac{1}{2}$

通过买入一股股票同时卖出两份看涨期权，构造一个无风险组合。组合的成本为 $S - 2C = 100 - 2C$。

无风险组合的收益等于70美元（见右表）。

因此通过求解下式可得出看涨期权的价值：$100 - 2C = 70/1.10$，解得 $C = 18.182$ 美元。

（单位：美元）

无风险组合	$S=70$	$S=130$
买入1股股票	70	130
卖出2份看涨期权	0	-60
总计	70	70

这里，看涨期权的价值高于波动性低时的价格。

38. 股票价格的两个可能值和相应的看跌期权价值为：

$uS_0 = 120$，解得 $P_u = 0$；
$dS_0 = 80$，解得 $P_d = 20$。

对冲比率：$H = \dfrac{P_u - P_d}{uS_0 - dS_0} = \dfrac{0 - 20}{120 - 80} = -\dfrac{1}{2}$

通过买入一股股票同时买入两份看跌期权，构造一个无风险组合。组合的成本为：$S + 2P = 100 + 2P$。

无风险组合的收益等于120美元：

（单位：美元）

无风险组合	$S=80$	$S=120$
买入1股股票	80	120
买入2份看跌期权	0	0
总计	80	120

因此通过求解下式可得出看跌期权的价值：$100 + 2P = 120/1.10$，解得 $P = 4.545$ 美元。

根据看跌-看涨期权平价公式：$P + S = C + PV(X)$

期权价值的估计值满足这一平价关系：

$$4.545 + 100 = 13.636 + 100/1.10 = 104.545 （美元）$$

39. 如果假定唯一可能的行权日是股利发放的前一天，那么布莱克-斯科尔斯公式的相关参数为：$S_0=60$；$r=0.5\%/$月；$X=55$；$\sigma=7\%$；$T=2$ 个月。

    在这种情况下，$C=6.04$ 美元。

    相反，如果放弃提前行权，那么必须从股票价格中扣除股利的现值。因此，使用如下参数：$S_0=60-2e^{-0.005\times2}=58.02$；$r=0.5\%/$月；$X=55$；$\sigma=7\%$；$T=3$ 个月。

    在这种情况下，$C=5.05$ 美元。

    伪美式期权价值是两个结果中的较大值，即 6.04 美元。

40. 正确。看涨期权的弹性大于 1.0。因此，看涨期权的收益率比标的股票的要大。于是，当通用汽车的股票价格随着大盘趋势变动而变化时，它的看涨期权价格的变化比例会更大。因此，通用电气看涨期权的 β 大于其股票的 β。

41. 错误。期权的虚值程度越大，看涨期权的弹性越高。（尽管看涨期权的德尔塔较低，期权价值也较低，看涨期权的价格相对于股价的变化比例会增加。）因此，有更高行权价格的看涨期权的收益率会对市场指数的变化更加敏感，并且具有更高的 β。

42. 随着股价上升，可转换债券变得更加安全。对冲比率接近于 1.0。可转换债券的价格将和标的股票的价格同比例变化。

43. 高盛公司认为市场对波动性的估价过高。分析表明期权价格相对于真实波动性被高估了，因此高盛公司应该出售期权。看涨期权的德尔塔是 0.6，而看跌期权的德尔塔是 $0.6-1=-0.4$。因此，高盛公司应该按 0.6 和 0.4 的比例分别卖出看跌期权与看涨期权。例如，如果高盛卖出 2 份看涨期权和 3 份看跌期权，该头寸将为德尔塔中性：德尔塔 $=2\times0.6+3\times(-0.4)=0$。

44. 如果市场指数上升了 1%，出售的期权的标的资产（100 万股股票）价值将会上升：
$$0.75\%\times5\times1\,000\,000=37\,500(\text{美元})$$
期权价值会上升：
$$\text{德尔塔}\times37\,500=0.8\times37\,500=30\,000(\text{美元})$$
为了对冲市场风险敞口，必须卖出 300 万美元的市场指数组合，使得指数每 1% 的变化会导致资产组合价值 3 万美元的变化。

45. 资产组合的当前价值 $S=100$

    承诺给客户的底价（0% 的收益率）$X=100$

    波动性 $\sigma=0.25$

    无风险利率 $r=0.05$

    项目期限 $T=4$ 年

    a. 根据布莱克-斯科尔斯公式，$d_1=0.65$，$N(d_1)=0.7422$，$d_2=0.15$，$N(d_2)=0.5596$，看跌期权价值为 10.27 美元。

    因此，所管理的全部基金为 11 027 万美元：1 亿美元的资产组合价值加上 1 027 万美元的保险项目费。

    看跌期权的德尔塔为：$N(d_1)-1=0.7422-1=-0.2578$

    因此，应出售 25.78% 的股票资产组合，将余下的资金投资于国债。投资于股票资产组合的资金为 7 422 万美元，投资于国债的资金为：$110.27-74.22=36.05$，即 3 605 万美元。

    b. 按价值为 97% 的股票资产组合，看跌期权的德尔塔为：$N(d_1)-1=0.7221-1=-0.2779$。这意味着必须降低组合的德尔塔：$0.2779-0.2578=0.0201$。

因此，应该卖出2.01%的股票资产组合，用所得资金购买国债。因为现在股价只是初始价格的97%，所以需出售：97×0.020 1 = 1.946，即194.6万股。

46. 用真实波动率（32%）和到期时间 $T = 0.25$ 年计算，得到埃克森的对冲比率为 $N(d_1) = 0.594\,5$。因为看涨期权被低估了（以极低的隐含波动率出售），投资者将购买看涨期权，并且每买一份期权就出售0.594 5股股票。

47. 看涨期权较便宜（隐含 $\sigma = 0.30$），看跌期权较贵（隐含 $\sigma = 0.34$）。因此购买看涨期权并卖出看跌期权。用真实波动率 $\sigma = 0.32$ 计算，得到看涨期权的德尔塔为0.594 5，看跌期权的德尔塔为 $0.594\,5 - 1.0 = -0.405\,5$。因此，每买一份看涨期权，购买：$0.594\,5/0.405\,5 = 1.466$ 份看跌期权。

48. a. 为了计算对冲比率，假设市场指数上升了1%。那么股票资产组合预计上升：

$$1\% \times 1.5 = 1.5\% \text{ 或者 } 0.015 \times 1\,250\,000 = 18\,750 \text{（美元）}$$

给定期权德尔塔值0.8，期权资产组合将会上升：

$$18\,750 \times 0.8 = 15\,000 \text{（美元）}$$

摩根大通卖出这些期权后其负债将会增加同样数量。市场指数组合的价值将会上升1%。因此，摩根大通应该购买150万美元的市场指数组合来对冲它的头寸，使得1%的指数变化导致组合价值15 000美元的变化。

b. 看跌期权的德尔塔为：

$$0.8 - 1 = -0.2$$

因此，市场价格每增加1%，指数将会上升10点，看跌期权的价值将会变化：
德尔塔 $\times 10 \times$ 合约乘数 $= -0.2 \times 10 \times 100 = -200$（美元）

因此，摩根大通应该出售：$15\,000/200 = 75$ 份看跌期权合约。

49.

时间段	$\Delta t = T/n$	u	d
1	1/1 = 1	1.491 8	0.670 3
4	1/4 = 0.25	1.221 4	0.818 7
12	1/12 = 0.083 3	1.122 4	0.890 9

50. 由于 u 和 d 之间的价差反映了收益率的波动性，而 u 和 d 取决于波动率，因此明年的收益率应相应地增加。

51. $P = C - S_0 + PV(X)$，平价时，$X = S_0$。$PV(X)$ 总是小于 S_0，$PV(X)$ 永远不能大到能把 P 提高到 C 的价格。如果 $X = X(1+r)^T$，那么 $X = S_0$，$P = C$。

52. 使用风险中性的捷径，我们必须首先计算风险中性概率 p。

$$p = \frac{1 + rf - d}{u - d} = \frac{1 + 0.1 - 0.8}{1.2 - 0.8} = 0.75$$

一年之后，股票价格将有75%的机会上升到120美元（20美元的回报），或者25%的机会跌到80美元（收益为0美元）。用无风险利率来计算这些偿付的加权平均值。

$$\frac{0.75 \times 20 + 0.25 \times 0}{(1 + 0.10)^1} = 13.636$$

计算的结果和第36题所得的结果一样。

53. 如果股票价格上涨，收益将为零，因为只有当股票价格低于行使价格时才会获利。如果股价下跌，它将跌破100美元的行使价，而收益将是两者之间的差额。使用风险中性：

$$p = \frac{1 + rf - d}{u - d} = \frac{1 + 0.1 - 0.8}{1.2 - 0.8} = 0.75$$

一年之后，股票价格将有 75% 的机会上升到 120 美元（1 美元的回报），或者 25% 的机会跌到 80 美元（20 美元的回报）。用无风险利率来计算这些偿付的加权平均值。

$$\frac{0.75 \times 0 + 0.25 \times 20}{(1 + 0.10)^1} = 4.545$$

这个结果和第 38 题所计算出的结果一样。

三、CFA 考题

1. a：应该用权益资产组合的贝塔调整对冲比率，贝塔是 1.2。正确的对冲比率是

   $$\frac{1 亿}{100 \times 500} \times \beta = 2\,000 \times \beta = 4\,000 \times 1.2 = 2\,400$$

   b：资产组合将被对冲，因此获得无风险利率，而不是像该顾问所说的 0。给定了期货价格是 100，股票价格是 99，3 个月期的收益率是 (100 − 99)/99 = 1.01%，年利率大约是 4.1%。

2. a. 如果标的股票价格的波动性下降，看涨期权价值也会下降。标的股票价格的波动性越小，则股票价格的大幅度变化机会越少，期权行权套现的可能性也越小。这使得股票价格上涨预期的价值下降。

    如果看涨期权到期期限延长，看涨期权价值会上升。因为离期权行权日越远，期权行权套现的机会也越大，这使得期权的时间价值溢价上升，从而期权价值上升。

   b. i. 当欧式期权为虚值期权时，投资者实际上愿意为购买或出售标的资产的权利而非义务支付溢价。虚值期权没有内在价值，但是，由于可以用很少的资本（仅支付期权费）获得相对较大的潜在收益，即使期权到期时可能没有价值，投资者们还是愿意支付期权费。布莱克－斯科尔斯期权定价模型没有反映投资者对高于期权时间价值溢价的任何需求。所以，如果投资者愿意为高于其时间价值的虚值期权支付溢价，布莱克－斯科尔斯期权定价模型不能估计这部分超出的溢价。

   ii. 通过持有美式期权，投资者拥有了在到期日之前行权期权的权利而不是义务，即使不是出于经济原因。美式期权的这种灵活性也有一定价值，但是布莱克－斯科尔斯期权定价模型没有考虑到这种价值，因为布莱克－斯科尔斯期权定价公式只计算了基于固定的到期期限的期权价值（欧式期权）。

3. a. 美式看涨期权的成本更高（有较高的权利金）。美式看涨期权比欧式看涨期权赋予投资者更大的灵活性，允许投资者选择是否提前行权。当支付股票股息时，提前行使看涨期权的投资者可以得到更大的价值。但不考虑股息时，欧式期权（看涨和看跌）的卖价从来没有高于相同情况下的美式期权。

   b. $C = S_0 + P - PV(X) = 43 + 4 - 45/1.055 = 4.346$（美元）

   注意：我们假设 Abaco 没有支付任何股利。

   c. i. 短期利率提高 $\Rightarrow PV$（行权价格）下降，看涨期权价值上升。

   ii. 股票价格波动率上升 $\Rightarrow$ 看涨期权价值上升。

   iii. 期权到期期限缩短 $\Rightarrow$ 看涨期权价值下降。

4. a. 第 1 期指数的两种可能定价是：

   $$uS_0 = 1.20 \times 50 = 60$$
   $$dS_0 = 0.80 \times 50 = 40$$

   第 2 期指数的可能定价是：

$$uuS_0 = (1.20)^2 \times 50 = 72$$
$$udS_0 = 1.20 \times 0.80 \times 50 = 48$$
$$duS_0 = 0.80 \times 1.20 \times 50 = 48$$
$$ddS_0 = (0.80)^2 \times 50 = 32$$

b. 第2期的看涨期权价值是：
$$C_{uu} = 72 - 60 = 12$$
$$C_{ud} = C_{du} = C_{dd} = 0$$

由于 $C_{ud} = C_{du} = 0$，那么 $C_d = 0$
要计算 C_u，先要计算对冲比率：

$$H = \frac{C_{uu} - C_{ud}}{uuS_0 - udS_0} = \frac{12 - 0}{72 - 48} = \frac{1}{2}$$

通过购买1股股票，卖出2份看涨期权建立一个无风险的资产组合。
资产组合的成本是：$S - 2C_u = 60 - 2C_u$
为无风险资产组合支付了48美元。

（单位：美元）

无风险资产组合	$S = 48$	$S = 72$
买入1股股票	48	72
卖出2份看涨期权	0	-24
总计	48	48

因此，通过解下列方程得出看涨期权的价值：
$$60 - 2C_u = 48/1.06 \Rightarrow C_u = 7.358 \text{ 美元}$$

计算对冲比率：
$$H = \frac{C_u - C_d}{uS_0 - dS_0} = \frac{7.358 - 0}{60 - 40} = 0.3679$$

通过购入0.3679股股票，卖出1份看涨期权建立一个无风险资产组合。
资产组合的成本是：$0.3679S - C = 18.395 - C$
为无风险资产组合支付了14.716美元。

（单位：美元）

无风险资产	$S = 40$	$S = 60$
买入0.3679股股票	14.716	22.074
卖出1份看涨期权	0.000	-7.358
总计	14.716	14.716

因此，通过解下列方程得出看涨期权的价值：
$$18.395 - C = 14.716/1.06 \Rightarrow C = 4.512 \text{ 美元}$$

c. 第2期看跌期权的价值是：
$$P_{uu} = 0$$
$$P_{ud} = P_{du} = 60 - 48 = 12$$
$$P_{dd} = 60 - 32 = 28$$

要计算 P_u，首先要计算对冲比率：

$$H = \frac{P_{uu} - P_{ud}}{uu\,S_0 - ud\,S_0} = \frac{0-12}{72-48} = -\frac{1}{2}$$

通过买入 1 股股票，买入 2 份看跌期权构建一个无风险的资产组合。

资产组合的成本是：$S + 2P_u = 60 + 2P_u$

为无风险资产组合支付了 72 美元。

（单位：美元）

无风险资产组合	$S = 48$	$S = 72$
买入 1 份股票	48	72
卖出 2 份看跌期权	24	0
总计	72	72

因此，通过解下列方程得出看跌期权的价值：

$$60 + 2P_u = 72/1.06 \Rightarrow P_u = 3.962 \text{ 美元}$$

要计算 P_d，首先计算对冲比率：

$$H = \frac{P_{du} - P_{dd}}{du\,S_0 - dd\,S_0} = \frac{12 - 28}{48 - 32} = -1.0$$

买入 1 股股票，买入 1 份看跌期权建立一个无风险资产组合。

资产组合的成本是：$S + P_d = 40 + P_d$

为无风险资产组合支付了 60 美元。

（单位：美元）

无风险资产组合	$S = 32$	$S = 48$
购买 1 股股票	32	48
购买 1 份看跌期权	28	12
总计	60	60

因此，通过计算下列方程得出看跌期权的价值：

$$40 + P_d = 60/1.06 \Rightarrow P_d = 16.604 \text{ 美元}$$

要计算 P，首先计算对冲比率：

$$H = \frac{P_u - P_d}{u\,S_0 - d\,S_0} = \frac{3.962 - 16.604}{60 - 40} = -0.6321$$

通过购买 0.6321 股股票，购买 1 份看跌期权建立一个无风险资产组合。

资产组合的成本是：$0.6321S + P = 31.605 + P$

为无风险资产组合支付了 41.888 美元。

（单位：美元）

无风险利率	$S = 40$	$S = 60$
购买 0.6321 股股票	25.284	37.926
购买 1 份看跌期权	16.604	3.962
总计	41.888	41.888

因此，通过解下列方程得出看跌期权的价值：

$$31.605 + P = \frac{41.888}{1.06} \Rightarrow P = 7.912 \text{ 美元}$$

d. 基于看跌 – 看涨期权平价定理：

$$C = S_0 + P - PV(X) = 50 + 7.912 - \frac{60}{1.06^2} = 4.512(美元)$$

这就是 b 中计算出的看涨期权的价值。

5. a. i. 指数增加到 1 193。综合资产组合将会遭受损失。看涨期权在实值状态下行权，购买的保护性看跌期权没有行权价值。下面以每股为基础来分析这一结果。

　　每份看涨期权的支出为 43 美元，总现金流出为 86 美元，股价为 1190 美元。组合的价值为：1 190 – 86 = 1 104.00 美元。

　　当建立期权头寸时，组合的净成本为：1 136 + 16.10（看跌） – （2×8.60）（出售看涨） =1 134.90 美元。

　　因此，资产组合遭受了 30.90 美元的小损失。

　ii. 指数保持在 1 136。两种期权都处于虚值状态。组合的价值为 1 136 美元/股，与 30 天前的初始成本 1 在 134.90 美元相比较，资产组合有一个很小的 1.10 美元的收益。

　iii. 指数下降到 1 080。行权看涨期权没有价值。组合的价值为 1 130 美元，是保护性看跌期权的行权价格。这意味着资产组合相对于 30 天前的初始成本 1 134.90 美元有一个很小的 4.90 美元的损失。

b. i. 指数增加到 1 193。随着股票的实值程度越来越深，看涨期权的德尔塔接近 1.0。当逐渐接近到期日时，期权会被行权。看跌期权的德尔塔接近零。

　ii. 指数保持在 1 136。两种期权都处于虚值状态。越接近到期日，每种期权的德尔塔越接近零，期权不会被行权。

　iii. 指数下降到 1 080。接近到期日时，看涨期权处于虚值状态，德尔塔接近零。相反地，随着到期日的临近，看跌期权的德尔塔接近 –1.0。

c. 看涨期权按隐含波动率（22.00%）出售，这个波动率比近期历史波动率（23.00%）小；看跌期权按隐含波动率（24.00%）出售，大于历史波动率。看涨期权相对较便宜，看跌期权相对较贵。

第22章 CHAPTER22

期货市场

一、选择题

1. 期货合约（　　）。
   A. 是指在合约到期日按现货价格购买或出售特定数量资产的协议
   B. 是指在合约到期日按事先商定的价格购买或出售特定数量资产的协议
   C. 赋予购买者在未来某一时间购买一项资产的权利，但这并不是一项义务
   D. 是指买方和卖方在未来签订的商品买卖合约
   E. 上述说法都不正确。

2. 期货合约的期限（　　）标准化的，远期合约的期限（　　）标准化的。
   A. 是；是　　　　　　　　B. 不是；是　　　　　　　　C. 是；不是
   D. 不是；不是　　　　　　E. 是；可能是，也可能不是

3. 期货合约（　　）在集中的市场交易，远期合约（　　）在集中的市场交割。
   A. 不是；是　　　　　　　B. 是；是　　　　　　　　　C. 不是；不是
   D. 是；不是　　　　　　　E. 是；可能是，也可能不是

4. 期货合约中的期货价格是（　　）。
   A. 当商品交付发生时，由买方和卖方决定的
   B. 由期货交易所决定
   C. 由买方和卖方在最初签订合约时确定的
   D. 独立于标的资产的提供者而确定的
   E. 上述说法都不正确。

5. 期货合约的购买者持有（　　）头寸，期货合约的出售者持有（　　）头寸。
   A. 多头；空头　　　　　　B. 多头；多头　　　　　　　C. 空头；空头
   D. 空头；多头　　　　　　E. 保证金；多头

6. 持有多头头寸的投资者在交割日（　　）商品，持有空头头寸的投资者在交割日（　　）商品。
   A. 出售；购买　　　　　　B. 购买；出售　　　　　　　C. 购买；购买
   D. 出售；出售　　　　　　E. 协商价格；支付价格

7. 持有小麦期货合约（　　）头寸的交易者相信未来小麦的价格会（　　）。
   A. 多头；上涨　　　　　　B. 多头；下降　　　　　　　C. 空头；上涨
   D. 多头；保持不变　　　　E. 空头；保持不变

8. 某特定时间白银期货的持仓量是（　　）。
   A. 这段时间内白银期货的交易数量
   B. 下个月交付的未平仓的白银期货合约的数量
   C. 前一天白银期货合约的交易数量
   D. 所有未平仓的多头白银期货合约的数量或所有未平仓的空头白银期货合约的数量
   E. 上述说法都不正确。

9. 下列关于交割的说法哪项是正确的？（　　）
   A. 绝大多数期货合约是实物交割。
   B. 只有1%~3%的期货合约是实物交割。
   C. 只有15%的期货合约是实物交割。

D. 大约15%的期货合约是实物交割。
E. 期货合约从来不进行实物交割。

10. 下列哪项说法是正确的?
    A. 维持保证金就是买卖期货合约时你支付给经纪人资金数量。
    B. 一旦保证金账户余额低于维持保证金,合约的持有者会收到补交保证金通知。
    C. 保证金账户只能以现金弥补。
    D. 所有的期货合约需要相同的保证金。
    E. 维持保证金是由标的资产的生产者设定的。

11. 下列哪些指标没有交易活跃的金融期货合约?
    A. 标准普尔500指数。   B. 纽约证交所指数。   C. 日经指数。
    D. 道琼斯工业指数。   E. 所有这些指标都有交易活跃的期货合约。

12. 农产品期货合约中的(   )交易活跃。
    A. 玉米   B. 燕麦   C. 五花肉
    D. 玉米和燕麦   E. 上述说法都正确。

13. 如果(   ),持有多头头寸的长期国债投资者会获利。
    A. 利率下降   B. 利率上升   C. 中期国债价格下降
    D. 中期债券价格上升   E. 上述说法都不正确。

14. 为了对冲长期国债的多头头寸,投资者很可能(   )。
    A. 购买利率期货   B. 出售标准普尔期货   C. 出售利率期货
    D. 在现货市场上购买长期国债   E. 上述说法都不正确。

15. 基差变大,(   )多头套期保值者,(   )空头套期保值者。
    A. 不利于;有利于   B. 不利于;不利于   C. 有利于;不利于
    D. 有利于;有利于   E. 有利于;没有影响

16. 如果你以每盎司3美元的价格购买一份白银期货合约,到期时白银现货的价格是每盎司4.10美元,你的损益是多少?假设合同规模是5 000盎司,没有交易成本。
    A. 盈利5.50美元。   B. 盈利5 500美元。   C. 损失5.50美元。
    D. 损失5 500美元。   E. 上述说法都不正确。

17. 如果你以每蒲式耳3.04美元的价格购买一份小麦期货合约,到期时小麦现货的价格是每蒲式耳2.98美元,你的损益是多少?假设合同规模是5 000蒲式耳,没有交易成本。
    A. 盈利30美元。   B. 盈利300美元。   C. 损失300美元。
    D. 损失30美元。   E. 上述说法都不正确。

18. 1月1日,你出售了一份4月标准普尔500指数期货合约,期货价格是420。2月1日,4月期货价格是430,如果你平仓,你的损益是多少?(不考虑交易成本。)
    A. 损失2 500美元。   B. 损失10美元。   C. 获利2 500美元。
    D. 获利10美元。   E. 上述说法都不正确。

19. 期货定价的预期假设(   )。
    A. 是期货定价的最简单理论
    B. 认为期货价格等于资产未来现货价格的期望值
    C. 不是一个零和博弈
    D. 是期货定价的最简单理论,认为期货价格等于资产未来现货价格的期望值
    E. 是期货定价的最简单理论,不是一个零和博弈

20. 现货溢价（　　）。
    A. 认为大多数商品都有自然的套期保值者想规避风险
    B. 只有当期货价格低于现货价格的期望值时，投机者才会做多
    C. 假设期货市场上的风险溢价是基于系统风险的
    D. 认为大多数商品都有自然的套期保值者想规避风险；只有当期货价格低于现货价格的期望值时，投机者才会做多
    E. 只有当期货价格低于现货价格的期望值时，投机者才会做多；并且假设期货市场上的风险溢价是基于系统风险的

21. 期货溢价（　　）。
    A. 认为商品的购买者才是自然的套期保值的需求者，而非供应者
    B. 是一个关于溢价的极端假设
    C. 认为 F_0 必然小于 P_T
    D. 认为商品的购买者才是自然的套期保值的需求者，而非供应者；F_0 必然小于 P_T
    E. 认为商品的购买者才是自然的套期保值的需求者，而非供应者；它是一个关于溢价的极端假设

二、课后习题

1. 为什么没有水泥期货市场？
2. 为什么个人投资者购买期货合约而不是标的资产？
3. 卖空资产与卖空期货合约的现金流有何区别？
4. 判断下述表述是正确还是错误的？为什么？
   a. 其他条件相同，具有高股息率的股指期货价格应高于低股息率的股指期货价格。
   b. 其他条件相同，高 β 股票的期货价格应高于低 β 股票的期货价格。
   c. 标准普尔 500 指数期货合约的空头头寸的 β 值为负。
5. 期货价格与期货合约的价值之间有何区别？
6. 如何评价期货市场从更有生产力的地方吸取了资金。
7. a. 根据教材图 22-1 所示的标准普尔 500 指数期货合约，如果保证金要求为期货价格的 10% 乘以 250 美元，你要交易 3 月合约需经过经纪人存多少钱？
   b. 如果 3 月合约期货价格上升至 1 498 美元，如果你按图中所示的价格做多，则你的净投资收益率是多少？
   c. 如果 3 月合约期货价格下跌 1%，你的收益百分比如何？
8. a. 一个个股期货合约，其标的股票没有股息，有效期为 1 年，现在价格为 150 美元，如果短期国债收益率为 3%，期货价格应该是多少？
   b. 如果合约有效期是 3 年，期货价格应该是多少？
   c. 如果利率为 6%，合约有效期是 3 年，期货价格又应该是多少？
9. 在下述情况下，资产组合管理人怎样使用金融期货来规避风险：
   a. 你有一个流动性较差并准备出售的大的债券头寸。
   b. 你从持有的国债中获得一大笔收益，并想出售该国债，但是想将这笔收益延迟到下个纳税年度。
   c. 你将在下个月收到年终奖金，并想将它投资于长期公司债券。你认为公司债券的出售收

益率是非常吸引人的，并相信在未来几周内债券价格将上升。

10. 假定标准普尔 500 指数的值是 1 400 点，如果 1 年期国债收益率为 3%，标准普尔 500 股指的预期股息率为 2%，1 年期的期货价格是多少？如果短期国债收益率低于股息率，比如 1%，股指期货价格是多少？

11. 考虑同一股票的期货合约、看涨期权和看跌期权交易，该股票无股利支付。3 种合约到期日均为 T，看涨期权和看跌期权的执行价格都为 X，期货价格为 F。证明如果 $X = F$，则看涨期权价格等于看跌期权的价格。利用平价条件来证明。

12. 现在是 1 月，现行利率为 2%，6 月合约黄金期货价格是 1 500 美元，而 12 月合约黄金期货价格为 1 510 美元。是否存在套利机会？如果存在，你怎样操作？

13. 期货交易所刚刚引入 Brandex 个股期货合约，这家公司不支付股利。每份合约要求 1 年后买入 1 000 股股票，短期国债收益率为 6%。
    a. 如果股票价格为 120 美元/股，则期货价格应该是多少？
    b. 如果股票价格下跌 3%，则期货价格变化多少？投资者保证金变化是多少？
    c. 如果合约的保证金为 12 000 美元，投资者头寸的收益百分比是多少？

14. 股指期货的乘数为 250 美元，到期日为 1 年，指数的即期水平为 1 300 点，无风险利率为每月 0.5%，指数股利率为每月 0.2%。假定一个月后，股指为 1 320 点。
    a. 确定合约逐日盯市的收益现金流。假定平价条件始终成立。
    b. 如果合约初始保证金为 13 000 美元，求持有期的收益。

15. 作为公司财务主管，你将在 3 个月后为偿债基金购入 100 万美元的债券。你相信利率很快会下跌，因此想提前为公司购入偿债基金债券（现在正折价出售）。不幸的是，你必须征得董事会的同意，而审批过程至少要两个月。你会在期货市场采取什么措施，以规避实际买入前债券价格和收益出现的任何不利变动？你要成为多头还是空头？只需要给出定性的回答。

16. 标准普尔资产组合每年支付股息率为 1%，它现在价值 1 500 点，短期国债收益率为 4%，假定 1 年期的标准普尔期货价格为 1 550 点。构建 1 个套利策略来证明你 1 年中的利润等于期货价格的错误估价的值（实际期货价格与理论价格的差值）。

17. 本章 Excel 应用专栏（www.mhhe.eom/bkm 提供下载，详见第 22 章内容）显示了怎样利用现货 - 期货平价关系来找出"期货价格的期限结构"，即不同到期日的期货的价格。
    a. 假定今天是 2013 年 1 月 1 日，年利率为 3%，股票指数为 1 500 点，股息率为 1.5%。计算 2013 年 2 月 14 日、5 月 21 日和 11 月 18 日合约的期货价格。
    b. 如果股息率高于无风险利率，期货价格期限结构会怎样变化？比如，股息率为 4%。

18. a. 股票平价公式应怎样调整才能适用于国债期货合约？用什么来代替公式中的股息率？
    b. 当收益率曲线向上倾斜时，国债期货合约的期限越长，价格是越高还是越低？
    c. 用教材图 22-1 来验证你的观点.

19. 根据以下套利策略推导价差的平价关系：①期限为 T_1 的期货多头，期货价格为 $F(T_1)$；②期限为 T_2 的期货空头，期货价格为 $F(T_2)$；③在 T_1 时，第一份合约到期，买入资产并按 r_f 利率借入 $F(T_1)$ 美元；④在 T_2 时偿还贷款。
    a. 按照这个策略，0、T_1、T_2 时的总现金流是多少？
    b. 如果不存在套利机会，为什么 T_2 时的利润一定为零？
    c. 要使 T_2 时的利润为零，$F(T_1)$ 与 $F(T_2)$ 之间需满足什么样的关系？这一关系就是价差的平价关系。

三、CFA 考题

1. 特许金融分析师琼·塔姆认为她发现了某一商品的套利机会，这个机会的信息提示如下：

商品的现货价格	120 美元
1 年期的商品期货价格	125 美元
年利率	8%

   a. 利用这一特定套利机会需要怎样的交易过程？
   b. 计算套利利润。

2. MI 公司发行 2 亿瑞士法郎的 5 年期贴现票据，这笔钱将兑换成美元去美国购买资本设备。MI 公司想规避现金头寸的风险，有以下 3 个方案：
   - 瑞士法郎平值看涨期权；
   - 瑞士法郎远期；
   - 瑞士法郎期货。

   a. 比较这 3 种衍生工具的本质特征。
   b. 根据 MI 公司的套期保值目标，评价这 3 种方案的适用性，并指出各自的优势与不足。

3. 指出期货合约与期权合约的根本区别，简要说明两者在调整资产组合风险的方式上有何不同。

4. 特许金融分析师玛丽亚·冯夫森认为固定收益证券远期合约可用来对 Star 医院退休金债券组合进行保值，以规避利率上升带来的风险。冯夫森准备了下面的例子来说明是如何操作的：
   - 10 年期面值 1 000 美元的债权，今天按面值发行，每年按票面利率支付利息。
   - 投资者计划今天买入该债券并在 6 个月后抛售。
   - 目前 6 个月无风险利率为 5%（年化）。
   - 6 个月此债券的远期合约可以利用，其价格是 1 024.70 美元。
   - 6 个月后，因利率上升，债券加上已产生的利息的总价值预计减少为 978.40 美元。

   a. 投资者是否应该买入或卖出远期合约对债券进行保值，规避持有期利率上升的风险。
   b. 如果冯夫森对债券的价格预测正确，计算这份远期合约在到期日的价值。
   c. 计算合约签订 6 个月后这份组合投资（债券及相应的远期合约头寸）价值的变化。

5. 桑德拉·卡佩尔向玛丽亚·冯夫森咨询有关采用期货合约的方式对 Star 医院退休金计划的债权组合进行保值，以防止利率上升带来的损失。冯夫森给出的表述如下：
   a. 如果利率上升，卖出债券期货合约将在到期日前获得正的现金流。
   b. 在到期日前，持有成本使得债券期货合约的价格高于标的债券的现货价格。

   请分析冯夫森提供的两种表述是否正确。

参考答案

一、选择题

1. B 2. C 3. D 4. C 5. A 6. B 7. A 8. D 9. B 10. B
11. E 12. E 13. A 14. C 15. C 16. B 17. C 18. A 19. D 20. D
21. E

二、课后习题

1. 对于水泥期货，很少有套期保值或投机性的需求，原因在于水泥价格相当稳定并且可以预测。支持水泥期货市场的必要交易活动将不会实现。

2. 允许用保证金购买是期货的优势之一。期货的另一个优势是可以改变投资者的资产持有结构。如果投资者在从事商品交易，这是十分重要的，因为期货市场比现货市场的流动性要大得多。

3. 卖空资产可以获得即时现金流，而卖空期货头寸却没有（见右表）。

行为	初始现金流	最终现金流
卖空资产	$+P_0$	$-P_T$
卖空期货	0	$F_0 - P_T$

4. a. 错误。对于任意给定水平的股票指数，股息率越高，期货价格越低。这与即期-远期平价公式一致：

$$F_0 = S_0(1 + r_f - d)^T$$

   b. 错误。由即期-远期平价公式可知，期货价格由股票价格、利率和股息率决定，它不是 β 的函数。

   c. 正确。在市场下跌时卖空期货头寸将获得收益。这是一个 β 值为负的头寸。

5. 期货价格是经过市场协商达成一致的资产延期交割价格。如果价格是公平的，则合约的价值应等于零；也就是说，对每个交易者而言合约的净现值必须为零。

6. 因为多头头寸等于空头头寸，因此期货交易必定产生了对资产赌注的相互抵消效应。此外，在期货交易开始时没有现金交换。因此，期货交易对现货市场上的资产的冲击是最小的——它不会减少用于其他用途的资本。

7. a. 3月合约的期货收盘价为1 491.80，美元价值为：$250 \times 1\,491.80 = 372\,950$ 美元。因此，要求保证金存款为37 295美元。

   b. 期货价格上涨：$1\,498.00 - 1\,491.80 = 6.20$（美元）；
   保证金账户的存款为：$6.2 \times 250 = 1\,550$（美元）；
   收益百分比为：$1\,550/37\,295 = 0.04$，即4%。
   注意：期货价格本身只上升了0.42%。

   c. 根据b中的结果，F 的任何变化都会按（1/保证金要求）的比率被扩大。这就是杠杆效应。收益率为 -10%。

8. a. $F_0 = S_0(1 + r_f) = 150 \times 1.03 = 154.50$（美元）。

   b. $F_0 = S_0(1 + r_f)^3 = 150 \times 1.03^3 = 163.91$（美元）。

   c. $F_0 = 150 \times 1.06^3 = 178.65$（美元）。

9. a. 通过卖空国库券期货来规避利率风险。如果利率上升，期货的收益可以在一定程度上补偿债券的损失。

   b. 同样地，通过卖空国库券期货来规避利率风险。

   c. 当购买债券时，需要保护现金支出。如果债券价格上升，将需要额外的现金来购买债券。因此，应该持有一个期货多头头寸，以便在债券价格上升时获得收益。

10. $F_0 = S_0 \times (1 + r_f - d) = 1\,400 \times (1 + 0.03 - 0.02) = 1\,414$。
    如果国库券的收益率低于股息率，那么期货价格应低于现货价格。

11. 看跌-看涨期权平价关系表明：$P = C - S_0 + X/(1 + r)^T$，如果 $F = X$，则 $P = C - S_0 + F/(1 + r)^T$。但是即期-远期平价关系表明：$F = S_0(1 + r)^T$。
    代入后，可得：

$$P = C - S_0 + [S_0 \times (1 + r_f)^T]/(1 + r_f)^T = C - S + S = C$$

因此，如果 $F = X$，看涨期权的价格等于看跌期权的价格。

12. 根据平价关系，12月期货的理论价格为：

$$F_{12} = F_6(1 + r_f)^{1/2} = 1\,500 \times 1.02^{1/2} = 1\,514.93 \text{（美元）}$$

12月期货实际价格比6月价格低。因此应买进12月份的合约并卖空6月份的合约。

13. a. $120 \times 1.06 = 127.20$（美元）。

    b. 股票价格下降至：$120 \times (1 - 0.03) = 116.40$（美元）；

    期货价格下降至：$116.4 \times 1.06 = 123.384$（美元）；

    投资者损失：$(127.20 - 123.384) \times 1\,000 = 3\,816$（美元）。

    c. 损失百分比为：$3\,816/12\,000 = 0.318 = 31.8\%$。

14. a. 初始期货价格为：$F_0 = 1\,300 \times (1 + 0.005 - 0.002)^{12} = 1\,347.58$（美元）

    1个月后，期货价格将为：

    $$F_0 = 1\,320 \times (1 + 0.005 - 0.002)^{11} = 1364.22 \text{（美元）}$$

    期货价格上升幅度为16.64，因此现金流为：$16.64 \times 250 = 4\,160.00$（美元）。

    b. 持有期收益率为：$4\,160.00/13\,000 = 0.320\,0$，即 32.00%。

15. 财务主管想在今天买入债券，却不能实现。作为替代，他可以购买国库券期货合约。如果利率下降，财务主管就必须以高于当前买价的价格买回偿债基金债券。但是期货合约的收益将在一定程度上补偿这一增加的成本。

16. F 的平价价值为：$1\,550 \times (1 + 0.04 - 0.01) = 1\,597$（美元）。

    实际期货价格为1 550美元，低了47美元。

（单位：美元）

套利资产组合	现在现金流	1年后现金流
卖出指数	1 500	$-S_T - (0.01 \times 1\,500)$
买进期货	0	$S_T - 1\,550$
借出	$-1\,500$	$1\,500 \times 1.04$
总计	0	47

17. a. 期货价格的计算如下表所示：

现货期货平价和时间跨度			
现货价格	1 500		
收益率（%）	1.5	期货价格与到期日	
利率（%）	3.0		
当前日期	2013.1.1	现货价格	1 500.00
到期日1	2013.2.14	期货1	1 502.67
到期日2	2013.5.21	期货2	1 508.71
到期日3	2013.11.18	期货3	1 519.79
距到期日1的时间	0.12		
距到期日2的时间	0.39		
距到期日3的时间	0.88		
		LEGEND:	
		Enter data	
		Value calculated	
		See comment	

b. 下表表明期货价格随收益率的上升而下降:

现货期货平价和时间跨度			
现货价格	1 500		
收益率 (%)	4.0	期货价格与到期日	
利率 (%)	3.0		
当前日期	2013.1.1	现货价格	1 500.00
到期日 1	2013.2.14	期货 1	1 498.20
到期日 2	2013.5.21	期货 2	1 494.15
到期日 3	2013.11.18	期货 3	1 486.78
距到期日 1 的时间	0.12		
距到期日 2 的时间	0.39		
距到期日 3 的时间	0.88		
		LEGEND:	
		Enter data	
		Value calculated	
		See comment	

18. a. 国债的当前收益率(息票除以价格)充当了股息率的角色。
    b. 当收益率曲线向上倾斜时,当前收益率超过了短期利率。因此,国债期货合约的期限越长,价格越低。
    c. 略。

19. a.

行为	现金流		
	现在	T_1	T_2
T_1 到期的期货多头	0	$P_1 - F(T_1)$	0
T_2 到期的期货多头	0	0	$F(T_2) - P_2$
在 T_1 时买入资产,T_2 时卖出	0	$-P_1$	P_2
$T1$ 时借入 $F(T_1)$	0	$F(T_1)$	$-F(T_1) \times (1 + r_f)^{(T_2 - T_1)}$
总计	0	0	$F(T_2) - F(T_1) \times (1 + r_f)^{(T_2 - T_1)}$

b. 因为 T_2 时的现金流是无风险的,且净投资为零,所以任何利润都表示存在套利机会。

c. 零利润无套利的限制表明:

$$F(T_2) = F(T_1) \times (1 + r_f)^{(T_2 - T_1)}$$

三、CFA 考题

1. a. 这种"反向套利"策略会从套利机会中获利。下列关系式不成立时会导致反向套利机会:$F_0 \geq S_0(1 + C)$。

   如果期货价格小于现货价格加上商品持有至到期的成本,就会存在一个套利机会。交易者可以做空资产,并将所得款项按现行利率借出,然后购买未来交付的资产。未来交付时,交易者收回贷款的本息,收到交付的资产,弥补商品空头头寸。

b.

（单位：美元）

行动	现金流	
	现在	从现在起 1 年内
做空商品现货	+120.00	-125.00
购买 1 年内到期商品期货	0.00	0.00
以 8% 的利率借出 120 美元，期限是 1 年	-120.00	+129.60
总现金流	0.00	+4.60

2. a. 看涨期权以其非对称收益而著称。如果瑞士法郎升值，那么公司为了用给定数量的美元来支付债务，它可以买入瑞士法郎，并因此对其债务融资的成本加上了一个上限。如果瑞士法郎下跌，那么公司将从汇率的变化中获益。

   期货和远期合约的收益（损失）是对称的，不管瑞士法郎升值还是贬值，融资的美元成本被锁定。从公司角度出发，期货和远期合约的主要差别在于期货的逐日盯市特征，这一特征产生的结果是，当货币价值和期货价格波动时，公司必须准备好围绕现金流入或流出而进行现金管理。

   b. 看涨期权使公司能够从瑞士法郎的贬值中获益，但是其成本等于期权费。除非公司在货币投机活动中具备一些特殊的专长，否则期货或者远期合约将是更好的策略，它能够锁定融资的美元成本而无须支付期权费。

3. 期货合约与期权合约的根本区别在于期货合约是一项义务。当投资者购买或出售一项期货合约，就赋予了投资者一项在到期日接受或交付标的商品的义务。相比之下，期权合约的购买者没有接受或交付标的资产的义务，但享有在期权有效期内的任何时间买入或卖出标的资产的权利，或者说是选择权。

   期货和期权调整资产组合风险的方式也不同。购买或出售一项期货合约对资产组合的上行风险和下行风险影响幅度相同，这通常被认为是系统风险的影响。然而，在资产组合上附加一项看涨或看跌期权对资产组合的上行风险和下行风险的影响幅度不同。不同于期货合约，期权对资产组合风险状况的影响是不对称的。

4. a. 为应对持有期间利率上升的风险，投资者应出售远期合约对债券进行保值。由于投资者打算持有标的资产多头头寸，因此需要持有衍生工具空头头寸进行对冲。

   b. 在到期日，远期合约的价值等于标的资产即期价格减去远期价格：
   $$978.40 - 1\,024.70 = -46.30(美元)$$
   这份合约价值为负。这是远期合约多头持有人应该支付给投资者的价值。在这个例子中，投资者应该做空远期合约，这样他能收到 +46.30 美元的现金流，正如他期望的那样。

   c. 在 6 个月持有期期末，资产组合的价值为：
   $$978.40 + 46.30 = 1\,024.70(美元)$$
   6 个月内资产组合的价值变化为 24.70 美元。

   资产组合的价值是债券市场价值与远期合约空头价值的和。在 6 个月持有期期初，债券价值为 1 000 美元，远期合约价值为 0（因为这不是一个场外远期合约，合约订立时没有发生资金转移）。6 个月后，债券价值为 978.40 美元，远期合约空头的价值为 46.30 美元。

   实际上，在到期日，由债券多头和远期合约空头组成的投资组合的价值等于远期合约订立时约定的远期价格并不是巧合。通过持有标的资产的多头和远期合约的空头，投资者建立了一个完全对冲（无风险）头寸，从而能够获得无风险收益率。6 个月期的无风险收益率是 5.00%（年利率），其产生的 6 个月的收益是 24.70 美元。

$$1\,000 \times 1.05^{1/2} - 1\,000 = 24.70(美元)$$

这个结果证明了冯夫森的观点，即在利率上升时，通过出售远期合约对标的债券进行保值。远期合约空头在到期日得到的现金支付补偿了标的债券在 6 个月内的价值损失。也就是说，空头远期合约对冲了标的资产多头的风险。

5. a. 正确。期货合约是逐日盯市的。在利率上升期间（债券价格下降），持有空头头寸的债券期货合约可以从逐日盯市中获得正的现金流。当标的资产价格上升，持有多头头寸期货合约的投资者可以将逐日盯市所获得的正的现金流再投资。远期合约只能在到期日出售，在到期日之前不能产生任何现金流。

   b. 错误。按照持有成本关系模型，持有相关资产成本决定了期货合约的价格是向上调整的。债券（和其他金融工具）没有任何显著的存货成本。由于在期货合约有效期向债券持有者支付了票面利息，持有成本降低。任何持有标的债券的"便利收益"也减少了持有成本。因此，债券的持有成本很可能是负数。

第23章 期货、互换与风险管理

一、选择题

1. 下列哪种股指期货的乘数是 250 美元?(　　)
   A. 罗素 2000 指数。 B. 标准普尔 500 指数。 C. 日经指数。
   D. DAX-30 指数。 E. 纳斯达克 100 指数。

2. 下列哪种股指期货的乘数是 10 美元?(　　)
   A. 罗素 2000 指数。 B. 道琼斯工业平均指数。 C. 日经指数。
   D. DAX-30 指数。 E. 纳斯达克 100 指数。

3. 你以 950 美元的价格购买了一份标准普尔 500 指数期货合约,当股指期货的价格是 947 美元时平仓,你的损益是(　　)。
   A. 损失 1 500 美元 B. 盈利 1 500 美元 C. 损失 750 美元
   D. 盈利 750 美元 E. 上述说法都不正确。

4. 你以 910 美元的价格做空两份标准普尔 500 指数期货合约,当股指期货的价格是 892 美元时平仓,你的损益是(　　)。
   A. 盈利 9 000 美元 B. 损失 9 000 美元 C. 损失 18 000 美元
   D. 盈利 18 000 美元 E. 上述说法都不正确。

5. 如果股指期货合约被高估,你可以利用这个情况(　　)。
   A. 卖出股指期货和该指数的股票
   B. 卖出股指期货,同时买入该指数的股票
   C. 买入股指期货和该指数的股票
   D. 买入股指期货,卖出该指数的股票
   E. 上述说法都不正确。

6. 外汇的期货市场是(　　),外汇的远期市场是(　　)。
   A. 非正式的;正式的 B. 正式的;正式的 C. 正式的;非正式的
   D. 非正式的;非正式的 E. 集中的;非集中的

7. 假设美国和英国的无风险利率分别是 4% 和 6%。美元和英镑的即期汇率是 $1.60/BP。为了防止出现套利机会,一年期合约的英镑期货的价格应该是多少?忽略交易成本。(　　)
   A. $1.60/BP。 B. $1.70/BP。 C. $1.66/BP。
   D. $1.63/BP。 E. $1.57/BP。

8. 假设美国和日本的无风险利率分别是 5.25% 和 4.5%。美元和日元的即期汇率是 $0.008 828/yen。为了防止出现套利机会,1 年期合约的日元期货的价格应该是多少?忽略交易成本。(　　)
   A. $0.009 999/yen。 B. $0.009 981/yen。 C. $0.008 981/yen。
   D. $0.008 891/yen。 E. 上述说法都不正确。

9. 令 R_{US} = 美国的无风险利率,R_{UK} = 英国的无风险利率,F = 1 年期的 $/BP 期货价格,$E$ = $/BP 的即期汇率。下列哪项正确?(　　)
   A. 如果 $R_{US} > R_{UK}$,那么 $E > F$。
   B. 如果 $R_{US} < R_{UK}$,那么 $E < F$。
   C. 如果 $R_{US} > R_{UK}$,那么 $E < F$。
   D. 如果 $R_{US} < R_{UK}$,那么 $E = F$。
   E. 目前没有可预测的一致性关系。

10. 令 R_{US} = 美国的无风险利率，R_J = 日本的无风险利率，F = 1年期的 \$/yen 期货价格，E = \$/yen 的即期汇率。下列哪项正确？（　　）

A. 如果 $R_{US} > R_J$，那么 $E < F$。

B. 如果 $R_{US} < R_J$，那么 $E < F$。

C. 如果 $R_{US} > R_J$，那么 $E > F$。

D. 如果 $R_{US} < R_J$，那么 $E = F$。

E. 目前没有可预测的一致性关系。

已知下列信息：

美国的无风险利率	0.04/年
澳大利亚的无风险利率	0.03/年
即期汇率	1.67 澳元/美元

11. 一年期期货合约的合理价格是多少？（　　）

A. 1.703 澳元/美元。　　B. 1.654 澳元/美元。　　C. 1.638 澳元/美元。

D. 1.778 澳元/美元。　　E. 1.686 澳元/美元。

12. 如果期货的市场价格是 1.63 澳元/美元，你如何进行套利？（　　）

A. 在澳大利亚借入澳元并将其兑换为美元，在美国将所得的款项贷出，以目前的期货价格买入澳元并建立期货头寸。

B. 在美国借入美元并将其兑换为澳元，在澳大利亚将所得的款项贷出，以目前的期货价格卖出澳元并建立期货头寸。

C. 在美国借入美元并投资于美国，以目前的期货价格购买澳元并建立期货头寸。

D. 在澳大利亚借入澳元并投资于澳大利亚，然后以即期价格兑换为美元。

E. 不存在套利机会。

13. 如果期货的市场价格是 1.69 澳元/美元，你如何进行套利？（　　）

A. 在澳大利亚借入澳元并将其兑换为美元，在美国将所得的款项贷出，以目前的期货价格买入澳元并建立期货头寸。

B. 在美国借入美元并将其兑换为澳元，在澳大利亚将所得的款项贷出，以目前的期货价格卖出澳元并建立期货头寸。

C. 在美国借入美元并投资于美国，以目前的期货价格购买澳元并建立期货头寸。

D. 在澳大利亚借入澳元并投资于澳大利亚，然后以即期价格兑换为美元。

E. 不存在套利机会。

14. 假设即期市场的期货价格是 1.66 澳元/美元。你借入 167 000 澳元并将其兑换为美元，并以无风险利率在美国投资。同时，你按即期价格（1年期）170 340 澳元购买了一份期货合约。你的损益如何？（　　）

A. 获利 630 澳元。　　B. 损失 2 300 澳元。　　C. 获利 2 300 澳元。

D. 损失 630 澳元。　　E. 上述说法都不正确。

15. 下列哪项是利率期货合约？（　　）

A. 公司债券。　　B. 国债。　　C. 欧洲美元。

D. 国债和欧洲美元。　　E. 公司债券和欧洲美元。

16. 互换（　　）。

A. 要求交易双方在未来一个或多个时日交换现金流

B. 允许参与者调整其资产负债表

C. 允许一个公司将固定利息的债务转换为浮动利息的债务

D. 要求交易双方在未来一个或多个时日交换现金流,并允许参与者调整其资产负债表

E. 要求交易双方在未来一个或多个时日交换现金流,允许参与者调整其资产负债表,允许一个公司将固定利息的债务转换为浮动利息的债务

17. 互换市场的信用风险( )。

   A. 是巨大的

   B. 限制在固定利率与浮动利率之间的差额

   C. 等于浮动利率支付方所应支付的价款总额

   D. 是巨大的,等于浮动利率支付方所应支付的价款总额

   E. 上述说法都不正确。

18. 商品期货定价( )。

   A. 必须与即期价格相关

   B. 包含了持有成本

   C. 在到期日收敛于即期价格

   D. 上述说法都正确。

   E. 上述说法都不正确。

19. 套利证明了期货市场定价关系( )。

   A. 依赖于资本资产定价模型

   B. 说明了投资者如何利用偏差

   C. 包含交易成本

   D. 上述说法都正确。

   E. 上述说法都不正确。

20. 可储存商品的期货合约的价值是由( )决定的,此模型与平价关系( )一致的。

   A. CAPM;是　　　　　　　B. CAPM;不是　　　　　　C. APT;不是

   D. APT;是　　　　　　　　E. CAPM 和 APT;是

二、课后习题

1. 股票的贝塔值是股票市场对冲操作的关键变量。债券的久期是固定收益对冲的关键变量。它们的使用方式有何类似之处?在计算对冲头寸上有何区别?

2. 一家美国的出口公司可以使用外汇期货对冲它的外汇敞口风险。它的期货头寸部分取决于客户的外币计价的销售账单。但是,一般来说,它的期货头寸是否应该高于或低于对冲这些账单所需的期货合约数。对冲策略中还需要有其他什么考虑?

3. 黄金开采企业和原油生产企业可以利用期货对冲未来收入的不确定性,规避价格波动。但是交易常超过 1 年期。假设一家公司想利用短期限合约对冲更长期的(比如自今开始 4 年内)商品价格风险。对原油或黄金生产企业来说,你认为该对冲是否有效?

4. 你认为在未来几个月市政债券与国债收益率的价差将不断缩小。你如何利用市政债券和国债期货合约从这种变化中获得利润?

5. 考虑标准普尔 500 指数期货合约,6 个月到期。6 个月利率为 3%,未来 6 个月预期支付股利的价值为 15 美元。指数现行水平为 1 425。假定你能卖空标准普尔 500 指数。

a. 假定市场的期望收益率为每 6 个月 6%。6 个月后预期的指数水平是多少?
b. 理论上,标准普尔 500 指数 6 个月期货合约的无套利定价是多少?
c. 假定期货价格是 1 422 点。是否存在套利机会?如果存在,怎样套利?

6. 假定标准普尔 500 指数为 1 600 点。
   a. 如果与低价经纪商交易每份期货合约的成本为 25 美元,期货合约控制的每 1 美元股票的交易成本是多少?
   b. 如果纽约证券交易所的上市股票平均价为 40 美元,则期货合约控制的每一股"典型股票"的交易成本是多少?
   c. 对于小投资者而言,每股直接交易成本为 10 美分,期货市场的交易成本是它的多少倍?

7. 你管理资产组合的价值为 1 650 万美元,现在全部投资于股票,并且认为市场正处于短期下跌趋势的边缘。你会将自己的资产组合暂时转换为国债,却不想承担交易成本并重新构建你的股票头寸。作为替代,你决定暂时用标准普尔 500 指数期货合约来对冲你的股票头寸。
   a. 你是买入还是卖出合约?为什么?
   b. 如果你的股权投资是投资于一个市场指数基金,你应该持有多少份合约?标准普尔 500 指数现在是 1 650 点,合约乘数是 250 美元。
   c. 如果你的资产组合的 β 值是 0.6,你对 b 的答案有何变化?

8. 管理人持有 β 为 1.25 的价值 100 万美元的股票资产组合。她想用标准普尔 500 股票指数期货合约对冲资产组合的风险。为了使她持有头寸的波动性最小化,她应该在期货市场卖出多少美元价值的指数?

9. 假定 IBM 股票的收益率、市场指数以及计算机行业指数之间的关系可以用回归方程表示:$r_{IBM} = 0.5 r_M + 0.75 r_{Industry}$。如果一个计算机行业期货合约已被交易,你将如何对冲系统性因素和行业因素对 IBM 股票表现造成的风险敞口?对所持有的每 1 美元的 IBM 股票,你该买进或者卖出价值多少美元的市场以及行业指数合约?

10. 假定欧元的现货价格为 1.30 美元。1 年期期货价格为 1.35 美元。是美国利率高还是欧元区的利率高?

11. a. 英镑的现货价格为 2.00 美元。如果 1 年期政府债券的无风险利率在美国为 4%,在英国为 6%,1 年期英镑远期价格必定是多少?
    b. 如果远期价格高于 a 中的答案,投资者应怎样进行无风险套利?给出数字实例。

12. 考虑以下信息:$r_{US}=4\%$;$r_{UK}=7\%$;$E_0=2.00$ 美元/英镑;$F_0=1.98$(1 年期交割)利率每年支付。给定这些信息:
    a. 应向哪个国家贷款?   b. 应向哪个国家借款?   c. 怎样套利?

13. 农场主布朗种植 1 号红玉米,并想对收获季节的价值进行套期保值。但是,市场中只有以 2 号黄玉米为标的物进行交易的期货合约。假定黄玉米都是以红玉米 90% 的价格出售。如果他的收成为 100 000 蒲式耳,并且每份期货合约要求交割 5 000 蒲式耳,为了给他的头寸套期保值,农场主布朗该买入还是卖出多少张期货合约?

14. 回到教材图 23-7。假定列在第一行的欧洲美元合约 1 月份到期时 LIBOR 利率是 0.40%。持有欧洲美元合约双方的利润或者损失是多少?

15. 短期债券收益率一般比长期债券收益率波动性更高。假定你已估计出 5 年期债券收益率每变动 15 个基点,20 年期债券收益率变动 10 个基点。你持有一个价值 100 万美元的 5 年期、修正久期为 4 年的资产组合,并且想用当前修正久期为 9 年、售价为 $F_0=95$ 美元的国债期货对冲你的利率风险敞口。你应该卖出多少张期货合约?

16. 某管理人持有价值 100 万美元的债券资产组合,修正久期为 8 年。她想通过做空国债期货对冲资产组合的风险。国债的修正久期为 10 年。为了最小化她的头寸的方差，她需要卖出价值多少美元的国债？

17. 某公司计划在 3 个月内发行价值 1 000 万美元的 10 年期债券。在当前的收益率水平下，该债券的修正久期为 8 年。中期国债期货合约的售价 $F_0 = 100$，修正久期为 6 年。该公司怎样使用这种期货合约来对冲围绕它出售债券收益率的风险？债券和合约都是平价。

18. 如果黄金现货价格是 1 500 美元/盎司，无风险利率是 2%，存储和保险成本为 0，1 年期交割的黄金远期价格应该是多少？利用套利工具来证明你的结论。举出实例证明如果远期价格超过了其价值上限，你可以获得无风险利润。

19. 如果现在玉米收成很差，你认为这会对今天 2 年期交割的玉米期货价格产生什么影响？在什么情况下会没有影响？

20. 假定玉米价格是有风险的，其 β 值为 0.5。每月存储成本为 0.03 美元，现在的现货价格为 5.5 美元，3 个月后预期的现货价格为 5.88 美元。如果市场期望收益率为每月 0.9%，无风险利率为每月 0.5%，你会储存玉米 3 个月吗？

21. 假定美国的收益率曲线平坦在 4%，欧元收益率曲线平坦在 3%。现在汇率是 1.50 美元/欧元。3 年期的外汇互换协议的互换比率是多少？该互换协议要求每年以 100 万欧元换取一定数量的美元。

22. 沙漠贸易公司已经发行了 1 亿美元价值的长期债券，固定利率为 7%。公司实施了一个利率互换，它支付 LIBOR 并且在 1 亿美元名义本金的基础上接收一个固定的 6% 利率。公司的资金总成本是多少？

23. ABC 公司与 XYZ 公司签订了一个 5 年期互换协议，支付 LIBOR 而接收固定利率 6%，名义本金为 1 000 万美元。两年后，市场上 3 年期互换比率为以 LIBOR 换取 5%；在此时，XYZ 破产并对它的互换义务违约。

   a. 为什么 ABC 公司会因这项违约受损？
   b. 由于违约，ABC 公司遭受的市场价值损失是多少？
   c. 假定是 ABC 公司破产。你认为这项互换协议在公司重组中会如何处置？

24. 现在，可以进行 5 年期互换，以 LIBOR 换取 8%。场外互换定义为以 LIBOR 与除 8% 以外的固定利率进行互换。例如，某企业息票利率为 10% 的已发行债务可以转换为浮动利率债务，只要通过互换，它支付 LIBOR 10% 的固定利率。要是这种互换的交易双方都接受，要预先支付多少钱？假定名义本金为 1 000 万美元。

25. 假定某股票指数资产组合的 1 年期期货价格为 1 624，股票指数现价为 1 600，1 年期无风险利率为 3%，在市场指数上 1 600 美元的投资年底可以获得 20 美元的分红。

   a. 这 合约错误定价程度如何？
   b. 构造一个初始投资为零的套利资产组合，并证明你可以锁定无风险利润并等于期货价格的错估部分。
   c. 现在假定（对散户而言是正确的）如果你按市场指数做空成分股股票，卖空的收益由经纪人代为保管，你不能从基金中获得任何利息收入。是否仍存在套利机会（假定你并未拥有指数的成分股）？解释之。
   d. 根据做空规则，股票 – 期货价格关系的无套利边界是什么？即给定股指为 1 600 点，要使套利机会不存在，期货价格最高和最低界限各是多少？

26. 考虑标准普尔 500 指数 6 月交割的期货市场数据，距现在正好 6 个月。标准普尔 500 指数为 1 350 点，6 月到期的合约价格 $F_0 = 1 351$。

   a. 如果现在利率为每半年 2.2%，指数中股票平均股息率为每半年 1.2%，你需要获得股票卖空的收入中的多大部分才能挣得套利利润?

b. 假定你实际上可以获得卖空收入的90%。要使套利机会不存在,期货合约价格下限是多少?实际期货价格可下降多少就达到无套利边界?构建合理的套利策略,并计算相应的利润。

三、CFA 考题

1. 特许金融分析师唐纳·多尼想探究期货市场潜在的非有效性。TOBEC 指数现货价值 185 点。TOBEC 期货合约用现金结算,并且目标的合约价值等于指数价值乘以 100。目前,年无风险利率为 6.0%。

   a. 计算 6 个月到期期货合约的理论价格,使用持有成本模型。指数不支付股利。交易一个期货合约总(双边)交易成本是 15 美元。

   b. 计算 6 个月到期的期货合约价格下限。

2. 假定你的客户说:"我投资于日本股市,但是想消除某个时期在这个市场上的风险敞口。我能否完成这个目标,而不用承担卖出股票并在预期改变后再买回股票的成本和不便?"

   a. 简要描述一个策略,对冲投资于日本股市的市场风险和外汇风险。

   b. 简要说明为什么 a 中你描述的对冲策略可能不是完全有效的。

3. 特许金融分析师瑞娜·迈克尔斯计划未来 90 天内在美国政府现金等价物上投资 100 万美元。迈克尔斯的客户授权她使用非美国政府现金等价物,但要利用外汇远期合约对冲兑换美元的外汇风险。

   a. 计算右表中 90 天末对冲投资的两种现金等价物的美元价值。写出计算过程。

   b. 简要描述能够说明你结果的理论。

   c. 根据这一理论,估计 90 天期美国政府现金等价物的隐含利率。

90 天期现金等价物利率	(%)
日本政府	7.6
瑞士政府	8.6

汇率 (每美元兑换的外汇数额)		
	即期	90 天远期
日元	133.05	133.47
瑞士法郎	1.526 0	1.534 8

4. 在研究了艾瑞斯·汉姆森的信用分析后,乔治·戴维斯正在考虑是否将尤卡丹雪场的剩余现金(以墨西哥比索持有)投资于墨西哥的债券市场以增加持有期回报。虽然戴维斯投资墨西哥计价的债券,但是投资目标是获得以美元计价的持有期收益的最大化。

   戴维斯发现墨西哥 1 年期债券收益率较高,并且被认为是无信用风险的,该债券很有吸引力。但是他担心墨西哥比索的贬值会减少按美元计价的持有期回报。汉姆森搜集了右表中的金融数据以帮助戴维斯进行决策。

   汉姆森建议购买墨西哥 1 年期债券并使用 1 年期外汇远期对冲外汇风险敞口。计算汉姆森建议的投资策略所带来的美元持有期回报。该策略所带来的美元持有期回报比直接投资美国国债的回报多还是少?

搜集的经济与金融数据	(%)
美国 1 年期国债收益率	2.5
墨西哥 1 年期债券收益率	6.5

名义汇率	
即期	9.500 0 比索 = 1.00 美元
1 年期远期	9.870 7 比索 = 1.00 美元

5. a. 巴梅拉·伊舒克是一个日本银行的外汇交易员,正在计算 6 个月期日元/美元外汇期货合约的价格。她搜集到右表中的外汇与利率数据:

日元/美元即期汇率	124.30 日元/1.00 美元
6 个月的日本利率	0.1%
6 个月的美国利率	3.8%

利用以上数据，计算6个月期日元/美元外汇期货合约的理论价格。

b. 伊舒克还利用以下的外汇与利率数据重新计算了3个月期日元/美元外汇期货合约的价格。因为3个月日本利率刚刚上升至0.5%，伊舒克认识到存在套利机会，并决定借入100万美元购买日元。用以下数据计算伊舒克投资策略的日元套利利润：

日元/美元即期汇率	124.30 日元/1.00 美元	3个月美国利率	3.50%
新3个月日本利率	0.50%	3个月外汇期货合约的价值	123.260 5 日元/1.00 美元

6. 詹妮丝·戴尔斯是一个美国资产组合管理人，管理着8亿美元的资产组合（6亿美元股票和2亿美元债券）。作为对短期市场事件预期的反应，戴尔斯想通过期货将资产组合调整为50%的股票和50%的债券，并将头寸持有至"直到恢复初始资产组合的最佳时机"。戴尔斯利用金融期货调整资产组合配置的策略是正确的。股票指数期货的乘数是250美元，债券期货名义面值是100 000美元。与期货策略相关的其他信息如下：

债券资产组合的修正久期	5年	股票指数期货的价格	1 378
债券资产组合的到期收益率	7%	股票资产组合的 β 值	1.0
债券期货的基点价格值	97.85 美元		

a. 论述以期货调整资产配置的策略的必要性并解释该策略如何能使戴尔斯实施资产配置调整。不要求计算分析。

b. 计算实施戴尔斯的资产配置策略所需要的每种合约的数量：

ⅰ. 债券期货合约；

ⅱ. 股票指数期货合约。

7. 根据以下信息求解本题。

发行	价格（美元）	到期收益率（%）	修正久期（年）①
美国国债11.75%，到期日 2029 年11月15日	100	11.75	7.6
美国国债期货合约多头（合约6个月到期）	63.33	11.85	8.0
XYZ公司债券12.50%，到期日 2020年6月1日（AAA级，偿债基金信用债券）	93	13.50	7.2
AAA级公司债券对美国国债收益率的波动率 = 1.25 : 1.0（1.25倍）			
假定美国国债期货合约多头无佣金与保证金要求，无税收			
一份美国国债期货合约是一份面值100 000美元美国长期国债的要求权			

①修正久期 = 久期/(1+y)。

情景 A 一个固定收益管理人持有价值2 000万美元的美国国债头寸，票面利率为11.75%，到期日为2029年11月15日。他预计在不远的将来，经济增长率和通货膨胀率都会高于市场预期。机构限制规定不允许资产组合中任何已有债券在货币市场上出售。

情景 B XYZ公司的财务主管最近确信在不远的将来利率会下降。他认为这是提前购买公司的偿债基金债券的大好时机，因为这些债券正在折价销售。他准备在公开市场上购买面值2 000万美元的 XYZ 公司债券，票面利率为12.5%，到期日为2020年6月1日。面值2 000万美元的债券头寸现在公开市场的售价为每100美元售93美元。不幸的是，财务主管的决策必须获得董事会的批准，而审批过程需要2个月。此例中董事会的批准只不过是形式而已。

对以上两种情况，证明怎样利用国债期货来对冲利率风险。列出计算过程，包括所用期货合约的数量。
8. 你利用过去一年的月末数据,以 10 年期 KC 公司债券收益率对 10 年期美国国债收益率做回归。你得到以下结果:

$$\text{收益率}_{KC} = 0.54 + 1.22 \text{收益率}_{\text{美国国债}}$$

其中收益率$_{KC}$是 KC 债券的收益率,收益率$_{\text{美国国债}}$是美国国债的收益率。10 年期美国国债的修正久期是 7.0 年,KC 债券的修正久期是 6.93 年。
  a. 假定 10 年期美国国债收益率变化了 50 个基点,计算 10 年美国国债价格变化的百分比。
  b. 假定 10 年期美国国债收益率变化了 50 个基点,利用上面的回归公式计算 KC 债券价格变动的百分比。

参考答案

一、选择题

1. B	2. B	3. C	4. A	5. B	6. C	7. E	8. D	9. C	10. A
11. B	12. B	13. A	14. A	15. D	16. E	17. B	18. D	19. B	20. E

二、课后习题

1. 在制定对冲头寸时,对于一个给定的市场环境变化,股票的贝塔值和债券的久期用来确定标的资产价值的预期损益百分比方法类似。然后,在每个市场中用预期价值变动百分比来分别计算股票和债券组合的预期价值的美元变化。最后,用标的资产价值的美元变化和期货合约价值的美元变化,来确定对冲比率。

   在制定每个市场的对冲头寸时,主要区别在于以何种方式计算第一步。对于股票市场的对冲,在给定的市场指数下股票组合的贝塔系数和期货合约指数的预期百分比变化的乘积等于组合价值的预期百分比变化。显然,如果投资组合有一个正的贝塔值并且投资者希望对冲指数的下降,这一计算的结果是投资组合价值将减少。对于固定收益市场上的对冲,债券的修正久期与债券收益率预期变化的乘积等于债券价值的预期百分比变化。这里,持有债券(或债券组合)多头头寸的投资者关心的是收益率增加的可能性,这会使债券价值下降。

   在制定每个市场的对冲头寸时,第二个差异是对冲比率的计算。在股票市场中,对冲比率通常是一个期货合约(对于给定的指数变化)的利润(即美元价值变动)除以投资组合的总价值的预期美元变动(对于一个给定的指数变化)。在债券市场上,普遍认为应计算债券和期货合约的基点价格(PVBP),而不是投资组合和单个期货合约的价值的总美元变化。

2. 对于一家美国出口企业,其发行给客户的未到期票据以外币计值,它的对冲策略应考虑的因素之一是这家美国公司是否还有以相同外币计值的未偿还应付款项。由于公司在客户支付票据时收到外币,该公司应用外币的空头头寸进行对冲。美国公司应减少其期货的空头头寸,使得未偿还应付款项能抵消具有相同到期日的未偿还应收账款,因为未偿还应付款项有效地规避了未偿还应收账款的汇率风险。等价地,如果美国公司预计将产生以同一外币计价的用以满足向客户提供更多产品的开支需要的债务,那么该公司应减少其外汇期货的空头头寸。在一般情况下,如果美国公司以同一外币产生开支,则该公司将持有货币期货的空头,以对冲其以外币计量的利润。如果美国公司都是以美元产生的开支,但以外币给客户的票据计价,那么公司将持有一个头寸,以对冲未偿还应收账款,而不仅仅是利润。

影响美国出口企业对冲汇率风险意愿的另一个考虑因素是外币的贬值对公司产品价格的影响。对于一家以外币计价的美国公司,当外币贬值时,该公司产品的美元等价价格会降低,所以该公司会认为增加其货币期货的空头头寸以对冲这种风险是可取的。如果这家美国公司由于竞争而不能提高其产品的价格(以外币计),外币的贬值对其利润的影响将类似于外币贬值对这家美国公司应收账款的影响。

3. 对于黄金开采企业,对冲将更有效。未来的原油期货合约价格与当前的价格之间的相关性极低,因为随着时间的推移,石油的便利收益和存储成本会发生显著变化。当短期油价回落时,长期价格几乎没有变化的可能,因为远期交付的油价对当前短期原油市场变化的反应很微弱。由于短期和长期的原油期货之间的相关性相当低,用短期合约对冲长期价格风险几乎是没有作用的,也就是说,这样的对冲几乎没有消除不确定的未来石油价格的方差。

与此相反,黄金的便利收益和存储成本基本上更小并且更稳定,其结果是短期和更长期的黄金期货价格之间的相关性更大。换句话说,近期和远未到期的黄金期货价格之间的基点是几乎没有变动,因此用短期黄金合约对冲长期价格,可以有效地降低价格波动带来的风险。

4. 市政债券收益率低于国债收益率(免税),且预计在未来几个月将接近国债收益率。由于收益率与价格负相关,市政债券的价格表现比国债差。所以应该建立一个价差头寸,购买国债期货并出售市政债券期货,这对整体市场利率水平的净赌注头寸近似于0。这一投资对两种债券的相对价格表现下了赌注。

5. a. $S_0 \times (1 + r_M) - D = (1\,425 \times 1.06) - 15 = 1\,495.50$。
   b. $S_0 \times (1 + r_f) - D = (1\,425 \times 1.03) - 15 = 1\,452.75$。
   c. 期货价格低于理论价格。可以通过买入期货,卖空标准普尔500指数,并投资于国库券获得无风险套利(见右表)。

(单位:美元)

	现在现金流	6月后现金流
买入期货	0	$S_T - 1\,422$
卖空指数	1\,425	$-S_T - 15$
买入国库券	$-1\,425$	1\,467.75
总和	0	30.75

6. a. 标准普尔500指数的交易乘数为250美元,则标的股票的价值为:
$$250 \times 1\,600 = 400\,000(美元)$$
则期货合约控制的每1美元股票的交易成本为:
$$25/400\,000 = 0.000\,062\,5 = 0.006\,3\%$$
即股价的$0.006\,3\%$。
   b. 期货合约控制的每一股"典型股票"的交易成本为:
$$40 \times 0.000\,063 = 0.002\,50(美元)$$
   c. $0.10/0.002\,5 = 40$,即股票市场的交易成本是期货市场的交易成本的40倍。

7. a. 应该卖出指数期货合约。如果股票价格下降,那么期货中的获利可以弥补损失。
   b. 每份合约的价值都是250美元乘以指数,标准普尔500指数现在是1\,650点。因此,每份合约中的股票价值为:$250 \times 1\,650 = 412\,500$美元。
   为了对冲1\,650万美元的资产组合,需要:$16\,500\,000/412\,500 = 40$份合约。
   c. 如果资产组合的贝塔值为0.6,那么股票投资组合价值对市场指数的变动的敏感度为0.6,因此,需要b中合约数的0.6倍来对冲风险,即$0.6 \times 40 = 24$份合约。

8. 如果资产组合的β是1.0,她将出售100万美元的指数。因为β为1.25,她应该出售125万美元的指数。

9. 对所持有的每一美元的 IBM 股票，应该出售 0.50 美元的市场指数合约和 0.75 美元的计算机行业指数合约。

10. 美元相对欧元在贬值。为了吸引投资者在美国投资，美国的利率应该更高。

11. a. 由平价公式：$F_0 = E_0 \times \dfrac{1 + r_{US}}{1 + r_{UK}} = 2.00 \times \dfrac{1.04}{1.06} = 1.962$

    b. 令 $F_0 = 2.03$ 美元/英镑。则在远期市场，美元相对便宜，而英镑相对较贵。因此，应该按照目前的市场价值借入 1 英镑，使用该资金在现货市场上买入英镑票据，并且卖出 1 英镑的远期：

现在的行为	现金流（美元）	期末的行为	现金流（美元）
以 2.03 美元出售 1 英镑远期	0	收取 2.03 美元，交付 1 英镑	$2.03 - E_1$
在即期市场买入 £1/1.06 以英国无风险利率投资	$-2.00/1.06 = -1.887$	将 1 英镑兑换成 E_1 美元	E_1
借入 1.887 美元	1.887	还贷，美国利率 = 4%	-1.962
总计	0	总计	0.068

12. a. 向英国贷款。

    b. 从美国借款。

    c. 若向美国贷款，收益率为 4%。若向英国贷款，利用期货或远期合约来对冲利率风险，收益率为：

    $$r_{US} = \left[(1 + r_{UK}) \times \dfrac{F_0}{E_0}\right] - 1 = \left[1.07 \times \dfrac{1.98}{2.00}\right] - 1 = 0.0593, \quad 即 5.93\%$$

    套利策略为：在从美国借款的同时贷款给英国。

现在的行为	现金流（美元）	期末的行为	现金流（美元）
从美国借款 2 美元	2.00	偿还贷款	-2.00×1.04
将美元兑换成英镑，向英国贷款 1 英镑	-2.00	收取还款，并兑换成美元	$1.07 \times E_1$
以 $F_0 = 1.98$ 美元价格出售 1.07 英镑远期	0	将远期平仓	$1.07 \times (1.98 - E_1)$
总计	0	总计	0.0386

13. 农场主应卖出远期：$100\,000 \times 1/0.90 = 111\,111$ 蒲式耳的黄玉米。这需要卖出 $111\,111/5\,000 \approx 22.2$ 份期货合约。

14. 期货收盘价格为：$100 - 0.40 = 99.60$。而初始期货价格为 99.7400，所以多头损失 14 个基点，或：$14 \times 25 = 350$ 美元。

    损失也可以按下式计算：$0.0014 \times 1/4 \times 1\,000\,000 = 350$ 美元。

15. 假设资产组合的收益率上升 1.5 个基点，则国债期货合约的收益率会上升 1 个基点。

    资产组合的损失为：$1 \times \Delta y \times D^* = 1\,000\,000 \times 0.00015 \times 4 = 600$ 美元。

    期货价格变化（每 100 美元的面值）将为：$95 \times 0.0001 \times 9 = 0.0855$ 美元。

    这表明面值为 100 000 美元的合约将有 85.5 美元的价格变化。因此，应该卖出：$600/85.50 = 7$ 张合约。

16. 需要卖出的国债价值为：$100 \times 8/10 = 80$（万美元）。

17. 如果债券和期货合约的收益的变化都是 1 个基点，那么债券价值将变化：

    $$10\,000\,000 \times 0.0001 \times 8 = 8\,000(美元)$$

合约的现金流为：
$$100\,000 \times 0.000\,1 \times 6 = 60(美元)$$
因此，公司将卖出 $8\,000/60 = 133$ 份合约。

公司应该卖出合约，原因在于其作为债券发行者，需要用期货合约的收益来补偿利率上升可能导致的损失。

18. $F_0 = S_0(1+r_f)^T = 1\,500 \times 1.02 = 1\,530$
    如果 $F_0 = 1\,545$，可以获得的套利利润如右表所示。
    因此，为使该策略无利润，远期价格必须为 $1\,530$ 美元。

（单位：美元）

	现在现金流	1 年后现金流
买入黄金	$-1\,500$	S_T
卖出期货	0	$1\,545 - S_T$
借入 980 美元	$1\,500$	$-1\,530$
总计	0	15

19. 如果现在收成很差预示着未来的收成比平均水平更坏，那么，未来的玉米期货价格将上升，尽管两年期的价格变化可能低于一年期价格的变化。如果玉米的存储跨越整个收成期，则相同的推理也成立。下一年玉米的价格由收成期的实际供应量加上存储的玉米决定。现在收成少则意味着明年的存储量小，这将导致玉米的价格升高。

假设在收成期不存储玉米，且现在收成的质量与过去收成的质量无关，则目前的玉米价格与将来玉米的预期价格之间没有关联。在下一个收成之前，存储的玉米数量将降至 0，一年期的玉米数量和价格将仅仅取决于下一年的玉米收成量，它与今年的收成量无关。

20. 与玉米风险相同的资产的必要收益率为：
$$0.5\% + 0.5 \times (0.9\% - 0.5\%) = 0.7\%/月$$
因此，如果不考虑存储成本，则 3 个月后，玉米的价格为：
$$5.50 \times 1.007^3 = 5.616(美元)$$
3 个月存储成本的未来价值为：
$$0.03 \times FA(0.5\%,3) = 0.090(美元)$$
其中，FA 表示给定利率和支付次数的年金的未来价值。
因此，为了促使储存玉米，预期价格需为：$5.616 + 0.090 = 5.706(美元)$。
因为预期现货价格仅为 5.88 美元，所以不会选择储存玉米。

21. 如果把外汇互换协议看作由 3 个独立的远期合约所构成，那么远期合约价格由以下公式决定：
$$远期汇率 \times 100\,万欧元 = 交割的美元$$
第 1 年：$1.50 \times (1.04/1.03) \times 100\,万欧元 = 151.46(万美元)$；
第 2 年：$1.50 \times (1.04/1.03)^2 \times 100\,万欧元 = 152.93(万美元)$；
第 3 年：$1.50 \times (1.04/1.03)^3 \times 100\,万欧元 = 154.41(万美元)$。
互换协议要求每年交割相同数量的美元（F^*）。由下式可计算出 F^*：
$$\frac{F^*}{1.04^1} + \frac{F^*}{1.04^2} + \frac{F^*}{1.04^3} = \frac{1.514\,6}{1.04^1} + \frac{1.529\,3}{1.04^2} + \frac{1.544\,1}{1.04^3} = 4.243\,0$$
解得 $F^* = 152.90$ 万美元/年。

22. 该基金的总成本将等于伦敦银行间同业拆借利率（LIBOR）与名义本金的固定利率之间的息差。在这种情况下 $(0.06 - 0.07) \times 100\,000\,000 = -1\,000\,000$ 美元。

23. a. 互换比率的变动有利于 ABC 公司。ABC 的年收益率比在当前互换市场上高 1%。基于 1 000 万美元的名义本金，损失为：
$$0.01 \times 10\,000\,000 = 100\,000(美元/年)$$

b. 固定年金损失的市场价值可以通过按3年期5%互换利率进行贴现获得,损失为:
$$100\,000 \times 年金因子(5\%, 3) = 272\,325(美元)$$

c. 如果ABC公司破产了,XYZ公司将不会受影响。XYZ很乐意见到互换合约被取消。然而,当ABC公司被重组时,互换合约应该视为ABC公司的一项资产。

24. 公司获得一个比市场利率高2%的固定收益率,相当于期限内收到$0.02 \times 1\,000$万美元的年金,其现值为:
$$200\,000 \times 年金因子(8\%, 5) = 798\,542(美元)$$

25. a. 根据期货-现货平价理论:$F_0 = 1\,600 \times (1 + 0.03) - 15 = 1\,628$。
   而实际的F_0为$1\,624$,因此期货价格比理论水平低了4。

   b. 买入价格相对较低的期货,卖出价格相对较高的股票,贷出卖空所得收入:

   (单位:美元)

	现在的现金流	6月后的现金流
买入期货	0	$S_T - 1\,624$
卖出股票	1 600	$-S_T - 20$
贷出1 200美元	-1 600	1 648
总和	0	3

   c. 如果无法从卖空收入中获得利息,那么获得的1 600美元将不会用来投资。b中的策略所获得的收入现在是负的,即不再存在套利机会。

   (单位:美元)

	现在的现金流	6月后的现金流
买入期货	0	$S_T - 1\,624$
卖出股票	1 600	$-S_T - 20$
将1 200美元放入保证金账户	-1 600	1 600
总和	0	-44

   d. 如果假定初始期货价格为F_0,那么买入期货、卖空股票策略的收入为:

   (单位:美元)

	现在的现金流	6月后的现金流
买入期货	0	$S_T - F_0$
卖出股票	1 600	$-S_T - 20$
将1 200美元放入保证金账户	-1 600	1 600
总计	0	$1\,580 - F_0$

   如果没有套利机会出现,F_0可以低至1 580。另一方面,如果F_0比平价价格(1 628)高,那么将存在套利机会(买入股票,卖出期货)。

   (单位:美元)

	现在的现金流	6月后的现金流
卖出期货	0	$F_0 - S_T$
买入股票	-1 600	$S_T + 20$
借入1 200	1 600	-1 648
总计	0	$F_0 - 1\,628$

   因此,无套利的价格范围是:$1\,580 \leq F_0 \leq 1\,628$。

26. a. 用 p 来表示所获得的卖空收入中可用来投资的比例。不考虑交易成本，无套利的期货价格的下限就是通常的平价（因子 p 除外）：
$$S_0(1 + r_f p) - D$$
股利（D）为：$0.012 \times 1\,350 = 16.20$ 美元。
因子 p 的产生是因为只有这部分卖空收入可投资于无风险资产。通过下式可解得 p：
$$1\,350 \times (1 + 0.022p) - 16.20 = 1\,351$$
解得 $p = 0.579$。

b. 当 $p = 0.9$ 时，不存在套利机会的期货价格的下限为：
$$1\,350 \times (1 + 0.022 \times 0.9) - 16.20 = 1\,360.53$$

实际的期货价格为 1 351，与期货下限值偏离了 9.53，该偏离值也等于套利策略中存在的潜在利润。该策略是卖空股票，该股票的当前价格为 1 350。投资者获得收入中的 90%（1 215），余下的（135）保留在保证金账户，直到空头头寸在 6 个月后被平仓。投资者买入期货并且贷出 1 215：

（单位：美元）

	现在的现金流	6 月后的现金流
买入期货	0	$S_T - 1\,351$
卖出股票	$1\,350 - 135$	$135 - S_T - 16.20$
贷出	$-1\,215$	$1\,215 \times 1.022 = 1\,241.73$
总和	0	9.53

利润为：$9.53 \times 250 = 2\,382.50$ 美元。

三、CFA 考题

1. a. $F_0 = S_0 \times (1 + r_f) = 185 \times [1 + (0.06/2)] = 190.55$

   b. 下限是基于反向套利策略

现在的行动	现金流（美元）	期末的行动	现金流（美元）
买入一份 TOBEC 指数期货合约	0	卖出一份 TOBEC 指数期货合约	$100 \times (F_1 - F_0)$
卖出 TOBEC 指数现货	+18 500	买入 TOBEC 指数现货	$-100 \times S_1$
贷出 18 500 美元	-18 500	收回贷款	$18\,500 \times 1.03 = +19\,055$
		支付交易成本	-15.00
总计	0	总计	$-100F_0 + 19\,040$

注：在到期日，$F_1 = S_1$。

$-100F_0 + 19\,040 = 0 \rightarrow F_0$ 的下限是：$19\,040/100 = 190.40$

2. a. 卖出日本股票指数期货对冲日本股票的市场风险，卖出日元期货对冲货币风险。

   b. 此对冲策略可能面临的实际困难包括了：
   - 期货合约规模可能与资产组合规模不匹配；
   - 股票投资组合可能不能密切跟踪期货交易的指数投资组合；
   - 盯市时的现金流管理问题；
   - 期货合约的潜在错误定价（违反平价关系）。

3. a. 对冲投资策略为：将 100 万美元兑换为外币，并在该国投资，同时为了锁定投资的美元价值而卖出远期外汇。由于利率周期为 90 天，故假设它们相当于债券的等值收益率，采用单利进行年化计算。为了以季度为单位来表示利率，将这些利率除以 4。

	日本政府	瑞士政府
将 100 万美元兑换成当地货币	$\$1\,000\,000 \times 133.05 = ¥133\,050\,000$	$\$1\,000\,000 \times 1.526\,0 = SF1\,526\,000$
投资 90 天期的当地货币	$¥133\,050\,000 \times [1 + (0.076/4)] = ¥135\,577\,950$	$SF1\,526\,000 \times [1 + (0.086/4)] = SF1\,558\,809$
按 90 天远期利率兑换成美元	$135\,577\,950/133.47 = \$1\,015\,793$	$1\,558\,809/1.534\,8 = \$1\,015\,643$

b. 两种货币的结果相当接近，这种近似相等关系反映了利率平价定理。该定理认为，利率与即期和远期汇率之间的价格关系，应该使以任何货币形式进行的对冲投资（即完全对冲，无风险）都具有相等的吸引力。

c. 日本 90 天期收益率为 1.579 3%，这代表债券等值收益率为 $1.579\,3\% \times 365/90 = 6.405\%$。瑞士 90 天期收益率为 1.564 3%，这代表债券等值收益率为 $1.564\,3\% \times 365/90 = 6.344\%$。90 天期无风险美国政府货币市场收益率的估计值在这个范围内。

4. 投资者按即期汇率（间接报价）买入 X 比索，并投资于墨西哥债券市场。1 年后，投资者将拥有：

$$X \times (1 + r_{MEX}) \text{ 比索}$$

这些比索可以按远期汇率（间接报价）兑换为美元。利率平价理论认为，这两种货币的持有期收益必须相等，可以用下式表示：

$$(1 + r_{US}) = E_0 \times (1 + r_{MEX}) \times (1/F_0)$$

等式左边表示以美元计价的债券的持有期回报率。如果利率平价关系成立，那么等式左边表示的就是货币对冲后的一年期墨西哥国债持有期回报率。等式右边表示货币对冲后的以墨西哥比索计价的债券的美元持有期回报率。通过下式求解美元收益率 r_{US}：

$$(1 + r_{US}) = 9.500\,0 \times (1 + 0.065) \times (1/9.870\,7)$$

解得 $r_{US} = 2.50\%$。

因此 $r_{US} = 2.50\%$，与一年期美国债券的收益率相等。

5. a. $F_0 = E_0 \times \left(\dfrac{1 + r_{Japan}}{1 + r_{US}}\right)^{0.5} = 124.30 \times \left(\dfrac{1.001\,0}{1.038\,0}\right)^{0.5} = 122.064\,53$

b.

当前行为	现金流	期末行为	现金流
在美国借入 $1 000 000	$1 000 000	偿还贷款	$-(\$1\,000\,000 \times 1.035^{0.25}) = -\$1\,008\,637.446$
以 $F_0 = ¥123.260\,5$ 出售远期 $1 008 637.446	0	远期平仓	$-(1\,008\,637.446 \times ¥123.260\,5) = -¥124,325,155.912\,7$
将借入的美元兑换成日元；在日本贷出 ¥124 300 000	-$1 000 000	收回贷款	$¥124\,300\,000 \times 1.005^{0.25} = ¥124\,455\,084.518\,7$
总计	0	总计	¥129 928.61

套利利润为 129 928.61 日元。

6. a. 戴尔斯应该卖出股指期货合约并买入债券期货合约。这一策略是有效的，因为买入债券期货和卖出股票指数期货与购买债券和出售股票提供了相同的风险敞口。该策略假设，在债券期货和债券资产组合之间，以及在股票指数期货和股票资产组合之间，存在高相关性。

b. 在每种情况下，所需要的合约的数量为：

ⅰ. $5 \times 200\,000\,000 \times 0.000\,1 = 100\,000$（美元）；

    100 000/97.85 = 1 022（份）。
  ii. 200 000 000/(1 378×250) = 581（份）。

7. **情景A** 对冲投资组合的市场价值为 2 000 万美元。一份期货合约控制的债券的市场价值是 63 330 美元。如果使投资组合及期货合约的市场价值相等，将出售：20 000 000/63 330 = 315.806 份合约。

  但是，必须调整债券组合相对于期货合约的价格波动性的"天真"对冲。债券价格的波动性会根据久期和债券收益率的波动性而变化。在这种情况下，可以假设收益率的波动性相同，因为国库券资产组合和国债期货合约之间的收益差很可能是稳定的。但是，国库券资产组合的久期比期货合约的久期短。调整对相对久期和相对收益率波动性的"天真"对冲，可以得到调整后的对冲头寸：

$$315.806 \times (7.6/8.0) \times 1.0 = 300(份)$$

  情景B 财务主管试图对冲债券的购买价格，这需要一个多头对冲。要购买的债券的市场价值为：2 000×0.93 = 1 860 万美元。

  久期比率为 7.2/8.0，相对收益率的波动率是 1.25。因此，对冲要求财务主管的多头头寸为：

$$\frac{18\,600\,000}{63\,330} \times \frac{7.2}{8.0} \times 1.25 = 330(份)$$

8. a. 美国国债价格变化的百分比 = 修正久期×收益率的变动 = 7.0×0.50% = 3.5%。

 b. 当美国国债收益率变化 50 个基点时，KC 债券预期收益率变化 1.22×50 = 61 个基点。因此，KC 债券价格变动的百分比 = 修正久期×收益率的变动 = 6.93×0.61% = 4.23%。

第 24 章

投资组合业绩评价

一、选择题

1. 对冲基金（　　）。
   Ⅰ）作为投资者单一的投资工具是合适的
   Ⅱ）只能添加到一个充分分散的投资组合中
   Ⅲ）由于非线性因子敞口构成了业绩评估问题
   Ⅳ）通常下行市场 β 值大于上行市场 β 值
   Ⅴ）具有系统性 β
   A. Ⅰ　　　　　　　　B. Ⅱ和Ⅴ　　　　　　　C. Ⅰ、Ⅲ和Ⅳ
   D. Ⅱ、Ⅲ和Ⅳ　　　　E. Ⅰ、Ⅲ和Ⅴ

2. 共同基金（　　）证据显示序列相关，对冲基金（　　）证据显示序列相关。
   A. 几乎没有；几乎没有　　B. 几乎没有；有大量的　　C. 有大量的；有大量的
   D. 有大量的；几乎没有　　E. 有适度的；有适度的

3. 对比情况是（　　）。
   A. 一个宇宙的概念
   B. 世界上所有的共同基金
   C. 美国所有的共同基金
   D. 在你的共同基金中具有相同风险特征的一系列共同基金
   E. 上述说法都不正确。

4. （　　）没有发展共同基金的风险调整业绩评估方法。
   A. 尤金·法玛　　　　　B. 迈克尔·詹森　　　　C. 威廉·夏普
   D. 杰克·特雷纳　　　　E. 尤金·法玛，迈克尔·詹森

5. Henriksson(1984) 发现，在市场发展时期，通常基金的 β 值会（　　）。
   A. 大幅度上升　　　　　B. 略微上升　　　　　　C. 略微下降
   D. 大幅度下降　　　　　E. 不变

6. 大多数专业型股票基金管理业绩（　　）。
   A. 优于原始的和风险调整后的标准普尔 500 指数的收益
   B. 差于原始的和风险调整后的标准普尔 500 指数的收益
   C. 优于原始的标准普尔 500 指数的收益，差于风险调整后的标准普尔 500 指数的收益
   D. 差于原始的标准普尔 500 指数的收益，优于风险调整后的标准普尔 500 指数的收益
   E. 等于原始的和风险调整后的标准普尔 500 指数的收益

7. 假设两项资产组合具有相同的收益率和收益率标准差，但资产组合 A 的贝塔值高于资产组合 B 的贝塔值。基于夏普测度，资产组合 A 的业绩（　　）。
   A. 比资产组合 B 好
   B. 与资产组合 B 相同
   C. 比资产组合 B 差
   D. 由于没有资产组合的 α 值，无法进行测度
   E. 上述说法都不正确。

8. 假设两项资产组合具有相同的收益率和收益率标准差，但资产组合 A 的贝塔值高于资产组合 B 的贝塔值。基于特雷纳测度，资产组合 A 的业绩（　　）。

A. 比资产组合 B 好
B. 与资产组合 B 相同
C. 比资产组合 B 差
D. 由于没有资产组合的 α 值，无法进行测度
E. 上述说法都不正确。

9. 假设两项资产组合具有相同的收益率和收益率标准差，但资产组合 A 的贝塔值低于资产组合 B 的贝塔值。基于特雷纳测度，资产组合 A 的业绩（　　）。

A. 比资产组合 B 好
B. 与资产组合 B 相同
C. 比资产组合 B 差
D. 由于没有资产组合的 α 值，无法进行测度
E. 上述说法都不正确。

10. 晨星公司的基金评级方法（　　）。

Ⅰ）是使用最为广泛的业绩评估方法
Ⅱ）通过建立 5 个星级来显示业绩不佳的基金
Ⅲ）计算经佣金调整后的基金收益率
Ⅳ）计算经风险调整后的基金收益率
Ⅴ）产生的评级结果与夏普测度产生的结果相同

A. Ⅰ、Ⅱ和Ⅳ。　　　　B. Ⅰ、Ⅲ和Ⅳ。　　　　C. Ⅰ、Ⅳ和Ⅴ。
D. Ⅰ、Ⅱ、Ⅳ和Ⅴ。　　E. Ⅰ、Ⅱ、Ⅲ、Ⅳ和Ⅴ。

11. 假设你在第 1 年年初购买了 100 股 GM 股票，并在第 1 年年末又购买了 100 股。在第 2 年年末将 200 股股票卖出。假设 GM 股票在第 1 年年初的价格是 50 美元，在第 1 年年末的价格是 55 美元，在第 2 年年末的价格是 65 美元。假设不分配股利。该股票的美元加权收益率（　　）该股票的时间加权收益率。

A. 高于　　　　　　　　B. 等于　　　　　　　　C. 低于
D. 完全成正比　　　　　E. 回答这个问题需要更多的信息。

12. 假设无风险利率是 4%，资产组合的 β 是 1.2，α 是 1%，平均收益率是 14%。基于资产组合业绩的詹森测度，你计算出的市场组合的收益率是（　　）。

A. 11.5%　　　　　　　B. 14%　　　　　　　　C. 15%
D. 16%　　　　　　　　E. 上述说法都不正确。

13. 假设无风险利率是 3%，资产组合的 β 是 1.75，α 是 0%，平均收益率是 16%。基于资产组合业绩的詹森测度，你计算出的市场组合的收益率是（　　）。

A. 12.3%　　　　　　　B. 10.4%　　　　　　　C. 15.1%
D. 16.7%　　　　　　　E. 上述说法都不正确。

14. 假设一项投资的算术收益率第 1 年是 10%，第 2 年是 20%，第 3 年是 30%。这期间的几何平均收益率（　　）。

A. 高于算术平均收益率　　B. 等于算术平均收益率　　C. 低于算术平均收益率
D. 等于市场收益率　　　　E. 不能从已知信息中得出结论

15. 假设你在第 1 年年初以每股 80 美元的价格购买了 100 股取消股息公司的股票，取消股息公司不支付股息。股票价格在第 1 年年末是 100 美元，在第 2 年年末是 120 美元，在第 3 年年末是 150 美元。在第 4 年年末股价下降为 100 美元，你卖出了 100 股股票。这 4 年的几

何平均收益率是（　　）。
A. 0.0%　　　　　　　　B. 1.0%　　　　　　　　C. 5.7%
D. 9.2%　　　　　　　　E. 34.5%

你想使用信息比率来衡量 3 种共同基金的业绩。相同期间的无风险利率是 6%，市场组合的平均收益率是 19%。3 种基金的平均收益率、剩余标准差和 β 值列示如下表所示。

	平均收益率	剩余标准差	β 值
基金 A	20%	4.00%	0.8
基金 B	21%	1.25%	1.0
基金 C	23%	1.20%	1.2

16. 信息比率最高的是（　　）。
    A. 基金 A　　　　　　B. 基金 B　　　　　　C. 基金 C
    D. 基金 A 和基金 B 并列最高　　E. 基金 A 和基金 C 并列最高

你想使用夏普测度来衡量 3 种共同基金的业绩。相同期间的无风险利率是 6%。3 种基金的平均收益率、标准差和 β 值列示如下，这些数据取自标准普尔 500 指数。

	平均收益率	标准差	β 值
基金 A	24%	30%	1.5
基金 B	12%	10%	0.5
基金 C	22%	20%	1.0
标准普尔 500 指数	18%	16%	1.0

17. 夏普测度最高的是（　　）。
    A. 基金 A　　　　　　B. 基金 B　　　　　　C. 基金 C
    D. 基金 A 和基金 B 并列最高　　E. 基金 A 和基金 C 并列最高

你想使用夏普测度来衡量 3 种共同基金的业绩。相同期间的无风险利率是 4%。3 种基金的平均收益率、标准差和 β 值列示如下，这些数据取自标准普尔 500 指数。

	平均收益率	标准差	β 值
基金 A	18%	38%	1.6
基金 B	15%	27%	1.3
基金 C	11%	24%	1.0
标准普尔 500 指数	10%	22%	1.0

18. 夏普测度最高的是（　　）。
    A. 基金 A　　　　　　B. 基金 B　　　　　　C. 基金 C
    D. 基金 A 和基金 B 并列最高　　E. 基金 A 和基金 C 并列最高

你想使用特雷纳测度来衡量 3 种共同基金的业绩。相同期间的无风险利率是 6%。3 种基金的平均收益率、标准差和 β 值列示如下，这些数据取自标准普尔 500 指数。

	平均收益率	标准差	β 值
基金 A	13%	10%	0.5
基金 B	19%	20%	1.0
基金 C	25%	30%	1.5
标准普尔 500 指数	18%	16%	1.0

19. 特雷纳测度最高的是（　　）。

A. 基金 A　　　　　　　　B. 基金 B　　　　　　　　C. 基金 C
D. 基金 A 和基金 B 并列最高　　　E. 基金 A 和基金 C 并列最高

你想使用詹森测度来衡量 3 种共同基金的业绩。相同期间的无风险利率是 6%。市场组合的无风险利率是 18%。3 种基金的平均收益率、标准差和 β 值列示如下。

	平均收益率	标准差	β 值
基金 A	17.6%	10%	1.2
基金 B	17.5%	20%	1.0
基金 C	17.4%	30%	0.8

20. 詹森测度最高的是（　　）。

A. 基金 A　　　　　　　　B. 基金 B　　　　　　　　C. 基金 C
D. 基金 A 和基金 B 并列最高　　　E. 基金 A 和基金 C 并列最高

二、课后习题

1. 一个家庭的储蓄账户电子表显示如下：

日期	增加资产	提取资产	资产价值	日期	增加资产	提取资产	资产价值
1/1/10			148 000	12/2/10	13 460		
1/3/10	2 500			3/10/11		23 000	
3/20/10	4 000			4/7/11	3 000		
7/5/10	1 500			5/3/11			198 000

计算开始和结束日期间家庭储蓄账户的美元加权平均收益。

2. 正的 α 值可能与内在表现有关吗？请解释。
3. 我们知道风险投资的几何平均（时间加权收益率）总是小于它的算术平均。IRR（美元加权收益率）可以与这两个平均值相比较吗？
4. 我们已经看到了把握市场择时的威力，因此把用于选股的资源和精力投放到关注市场择时上是明智的吗？
5. 考虑股票 ABC 和 XYZ 的回报率，如下表所示。

年份	r_{ABC}(%)	r_{XYZ}(%)	年份	r_{ABC}(%)	r_{XYZ}(%)
1	20	30	4	3	0
2	12	12	5	1	−10
3	14	18			

a. 计算在样本期内这些股票的算术平均收益率。
b. 哪只股票对均值有较大的分散性？
c. 计算每只股票的几何平均收益率，你得出什么结论？
d. 如果在 ABC 股票的 5 年收益当中，你可以均等地得到 20%、12%、14%、3% 或 1% 的回报，你所期望的收益率是多少？如果这些可能的结果是属于 XYZ 股票的呢？

6. XYZ 股票的价格与分红情况如下表所示。

（单位：美元）

年份	年初价格	年末股利	年份	年初价格	年末股利
2013	100	4	2015	90	4
2014	120	4	2016	100	4

一位投资者在2013年年初买了3股XYZ股票,在2014年年初又买了另外2股,在2015年年初卖出1股,在2016年年初卖出剩下的4股。

a. 这位投资者的算术与几何平均的时间加权的收益率分别是多少?

b. 美元加权的回报率是多少（**提示**：仔细做出一张与4个期间相联系的从2013年1月到2016年1月收益的现金流量表。如果你的计算器不能计算内部收益率,就使用试错法）?

7. 一位管理者今天购买了3股股票,并在此后的3年中每年卖出其中的1股,他的行为与股票的价格历史信息总结如下。假定该股票不付股利。

时间	价格（美元）	行为	时间	价格（美元）	行为
0	90	买入3股	2	100	卖出1股
1	100	卖出1股	3	100	卖出1股

a. 计算这一股票的时间加权几何平均收益率。

b. 计算这一股票的时间加权算术平均收益率。

c. 计算这一股票的美元加权的平均收益率。

8. 在目前的股利收益及预期的资本利得基础上,资产组合A与资产组合B的期望收益率分别为12%与16%。A的β值为0.7,而B的β值为1.4,现行国库券利率为5%,而标准普尔500指数的期望收益率为13%。A的标准差每年为12%,B的标准差每年为31%,而标准普尔500指数的标准差为18%。

a. 如果你现在拥有市场指数组合,你愿意在你所持有的资产组合中加入哪一个组合? 说明理由。

b. 如果你只能投资于国库券和这些资产组合中的一种,你会做何选择?

9. 考虑对股票A与B的两个（超额收益）指数模型回归结果,在这段时间内无风险利率为6%,市场平均收益率为14%,对项目的超额收益以指数回归模型来测度。

	股票A	股票B
指数回归模型估计	$1\% + 1.2(r_M - r_f)$	$2\% + 0.8(r_M - r_f)$
R^2	0.576	0.436
残差的标准差 $\sigma(e)$	10.3%	19.1%
超额收益标准差	21.6%	24.9%

a. 计算每只股票的下列指数:

　ⅰ. α。　　　ⅱ. 信息比率。

　ⅲ. 夏普比率。　ⅳ. 特雷纳测度。

b. 在下列情况下,哪只股票是最佳选择?

　ⅰ. 这是投资者唯一持有的风险资产。

　ⅱ. 这只股票将与投资者的其他债券资产组合混合,是目前市场指数基金的一个独立组成部分。

　ⅲ. 这是投资者目前正在分析以便构建一积极的管理型股票资产组合的众多股票中的一种。

10. 评价4个经理的市场择时预测与债券选择能力,他们的业绩分散在右图上黑点所示的地方。

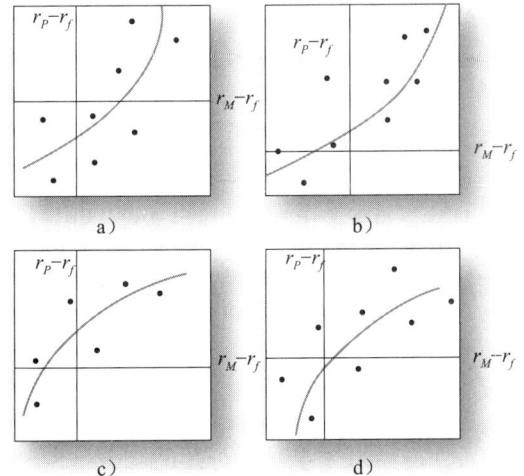

11. 考虑以下有关一货币基金经理最近一个月来的业绩资料。表上第 1 列标出了该经理资产组合中各个部分的实际收益。资产组合的各部分的比重、基准的或中性的以及各部分指数收益情况如第 2、3、4 列所示：

	真实收益（%）	实际权重	基准权重	指数回报（%）
股票	2	0.70	0.60	2.5（标准普尔 500 指数）
债券	1	0.20	0.30	1.2（所罗门兄弟指数）
现金	0.5	0.10	0.10	0.5

a. 该经理本月的收益率是多少？他的超额业绩或不良表现为多少？
b. 债券选择在相对业绩表现中所起的作用多大？
c. 资产配置在相对业绩表现中所起的作用多大？试证明选股与配置各自的贡献的总和等于她的相对于基准的超额收益。

12. 一个全球股权经理负责从一个全球性的股票市场中选择股票，其业绩将通过将他的收益率与 MSCI 国际债券市场的收益率做比较来做出评估，而他可以自由地按他认为合适的比例持有来自世界各国的股票。在某一月内其投资结果如下：

国家	MSCI 指数中的权重	经理的权数	经理在某一国的收益（%）	股指对某国的收益（%）
英国	0.15	0.30	20	12
日本	0.30	0.10	15	15
美国	0.45	0.40	10	14
德国	0.10	0.20	5	12

a. 计算此期间内该经理所有决策的总价值。
b. 计算他的国家配置决策增加或减少的价值。
c. 计算他在国家内的股票选择方面增加的价值。证明他的国家配置与债券选择决策的价值总和等于总的超额（或不足）收益的值。

13. 以前有智者曾说一个人应该在一个完全的市场周期中测度投资者的业绩。怎样评价这一观点？什么样的论述是与之相矛盾的？

14. 通过由大量有相似投资风格的基金经理来评价其各自的相对投资业绩，是否可以克服与 β 值不稳定性或者总体波动性有关的统计方面的问题？

15. 在某年当中，国库券利率为 6%，市场回报率为 14%，一位资产组合经理，其 β 值为 0.5，实现的回报率为 10%。
a. 以资产组合的 α 为基础评价这一经理。
b. 根据布莱克 - 詹森 - 斯科尔斯发现的证券市场线过于平缓的事实，重新考虑对 a 的回答。

16. 比尔·史密斯正在评估四支大盘股本组合：基金 A、B、C 和 D。在他的评估中，计算了 4 只基金的夏普比率和特雷纳测度，排序如下：

基金	特雷纳测度排名	夏普比率排名	基金	特雷纳测度排名	夏普比率排名
A	1	4	C	3	2
B	2	3	D	4	1

基金 A 和基金 D 排名的差异最有可能来自：
a. 基金 A 没有基金 D 分散化。

b. 评估每只基金的业绩时使用了不同的基准。
c. 风险溢价不同。

利用以下信息完成 17~20 题。 普莱默管理公司正在研究如何最好地评估经理的业绩。普莱默越来越关注到基准组合的做法并且准备尝试这种方法。为此，公司聘请了一位 CFA 萨利·琼斯来指导经理构建基准组合的最佳方法，如何最佳地选择基准，所管理的基金风格是否对此有影响以及在使用基准组合方法时如何处理他们的国际基金。

为了便于讨论，琼斯列出了两年期普莱默管理的国内基金和潜在的基准的一些业绩数字。

风格	权重		收益	
	普莱默	基准	普莱默	基准
大盘增长型	0.60	0.50	17	16
中盘增长型	0.15	0.40	24	26
小盘增长型	0.25	0.10	20	18

作为研究的一部分，琼斯也研究了普莱默的国际基金。在这个组合中，普莱默投资了75%在荷兰股票，25%在英国股票。而基准组合则是各投资了50%。平均而言，英国股票业绩比荷兰股票好。持有期内欧元对于美元升值6%，而英镑对美元贬值了2%。从局部收益上看，普莱默的荷兰投资比基准业绩要好，但是考虑上英国股票，总体业绩就不如基准组合了。

17. 每个部门的部门内选择效应是什么？
18. 计算该时期内普莱默组合对于基准组合业绩超出（低于）了多少？计算部门选择和证券选择对业绩的贡献。
19. 如果普莱默决定使用基于收益的风格分析，消极管理基金回归方程的 R^2 会比积极管理基金的高还是低？
20. 下面对于普莱默国际基金的哪项叙述最正确？普莱默有正的货币配置效应以及
    a. 负的市场配置效应和正的证券配置效应。
    b. 负的市场配置效应和负的证券配置效应。
    c. 正的市场配置效应和正的证券配置效应。
21. 凯莉·布莱克利是米兰达基金的经理，米兰达基金是一只大盘股本基金。以标准普尔500指数作为业绩评估的基准。尽管总体上米兰达基金追踪了标准普尔的资产风格以及部门权重，布莱克利在管理基金方面却有较大的余地。她的组合只包括标准普尔500指数和现金。

    通过对市场择时的把握以及证券选择，布莱克利去年的收益很不错（如右表所示）。年初时，在疲软经济和动荡的地缘政治的双重影响下，她尤为谨慎。她大胆地更换了她的市场配置。整年中她的资产中有50%是股票，50%是现金。

一年追踪收益		（%）
	米兰达基金	标准普尔500指数
收益	10.2	-22.5
标准差	37	44
β	1.10	1.00

    而同期的标准普尔500指数有97%的股票和3%的现金。无风险利率是2%。
    a. 米兰达基金和标准普尔500指数的夏普比率分别是多少？
    b. 米兰达基金和标准普尔500指数的 M^2 测度分别是多少？
    c. 米兰达基金和标准普尔500指数的特雷纳测度分别是多少？
    d. 米兰达基金的詹森测度是多少？
22. 登录 http://mba.tuck.dartmouth.edu/pages/faculty/ken.french/data_library.html，选择两个产

业组合并下载其36个月的数据。为完成以下任务,也可从该站点下载其他所需的数据。

a. 基于本章讨论的各种业绩评估标准,将组合业绩同市场指数做比较。画出月度 α 价值加上残差收益。

b. 将法玛-弗伦奇的三指数模型作为收益的基准。利用这一模型画出 α 价值加上残差收益。在这种基准下,业绩改变了吗?

三、CFA 考题

1. 你与一位潜在的客户正在考虑投资业绩的评价标准,尤其是考虑到过去5年当中的国际性资产组合的评价。所讨论的数据如下表所示:

(%)

国际性基金经理或指数	总收益	国家与证券收益	货币收益率
经理 A	-6.0	2.0	-8.0
经理 B	-2.0	-1.0	-1.0
国际指数	-5.0	0.2	-5.2

a. 假设有关经理 A 与经理 B 的数据精确地反映了他们的投资能力,且两个经理都积极地管理其货币头寸。简述每个项目的优缺点。

b. 推荐一项策略使得你的基金能充分利用每个经理的长处并回避其缺点,并说明理由。

2. 卡尔是 Alpine 信托投资公司的投资经理,从2015年开始将负责一市政养老基金——Alpine 员工退休计划,Alpine 信托投资公司所在地 Alpine 镇是一个成长中的社区,并且在过去的10年当中城市服务与雇用支付每年都有所增长。2020年,养老金计划的资金流入将超过其福利支出,其比率达 3:1。

委托人的计划委员会5年前指导卡尔去做长期的以总收益最大为目的的投资项目。但是,他们提醒他不要从事过于不稳定或错误的投资。他们也指出根据州政府的命令,养老金计划投资于普通股的资金不允许超过养老金资产的25%。

在2020年11月委托人的年度大会上,卡尔向董事会汇报了以下资产组合的业绩情况:

Alpine 员工退休计划

2020 年 9 月 30 日的资产构成	费用(百万美元)		市场(百万美元)	
固定收益型资产	4.5	11.0%	4.5	11.4%
短期证券	26.5	64.7%	23.5	59.5%
长期债券与抵押贷款	10.0	24.3%	11.5	29.1%
普通股	41.0	100.0%	39.5	100.0%

投资业绩

	截至 2020 年 9 月 30 日的年收益率	
	5 年	1 年
整个 Alpine 基金		
时间加权	8.2%	5.2%
美元加权(内部)	7.7%	4.8%
假定的摊销收益	6.0%	6.0%
美国国库券	7.5%	11.3%
大样本养老基金(平均 60% 股票、40% 固定收益)	10.1%	14.3%

	截至 2020 年 9 月 30 日的年收益率	
	5 年	1 年
普通股 – Alpine 基金	13.3%	14.3%
平均资产组合 β 系数	0.90	0.89
标准普尔 500 股票指数	13.8%	21.1%
固定收益型证券 – Alpine 基金	6.7%	1.0%
所罗门兄弟债券指数	–4.0%	–11.4%

卡尔很为自己的表现而自豪,但当委托人提出以下批评时,他又很沮丧。

a. "我们的年度业绩很不好,而你最近的所作所为正是主要的原因。"

b. "在过去的 5 年当中,我们的总的基金表现与大样本养老基金相比显然很差,这除了说明管理的落后之外又能说明什么呢?"

c. "在过去的 5 年当中,我们普通股的表现尤其差。"

d. "为什么要将你的收益率与国库券和精算假定收益率相比?你通过竞争可以给我们带来什么利益?或者说,如果唯一相关业绩衡量标准是投资一个消极指数(这种指数不花钱),那么我们会面对什么情形?"

e. "谁关心时间加权收益呢?如果它不能为养老金带来收益,它就毫无益处。"

评论一下上述观点的可取之处,并给出卡尔先生可能的反驳。

3. "退休基金"(Retired Fund)是一只开放式基金,拥有 5 亿美元美国债券与国库券。该基金的资产组合的久期(包括国库券)在 3~9 年。根据一独立的固定收益测度服务指标的评价,该基金在过去的 5 年里业绩不俗。但是基金的领导想测度基金唯一的一个债券投资管理人的市场择时预测能力。一个外部咨询机构提供了以下 3 种方案建议。

a. 方法 I:在每年年初考察债券资产组合的价值,并计算同样的资产组合持有 1 年可以获得的收益,将这一收益与基金的实际所得收益相比。

b. 方法 II:计算每一年债券与国库券的加权平均资产组合,使用长期债券市场指数和国库券指数来代替实际债券资产组合计算收益。例如,如果该资产组合平均而言 65% 为债券,35% 为国库券,就计算将资产组合按 65% 长期债券指数和 35% 国库券比例投资的年收益率。将这一收益与每季度根据指数与经理的实际债券/国库券权重计算的年收益率相比。

c. 方法 III:考察每个季度的净债券购买行为(买入的市场价值减去售出的市场价值)。如果每个季度买入额为正,则在净买入值变成负数时要评价债券业绩。正(负)的净购入额被经理视为看涨(跌)的标志。这种观点的正确性还有待考察。

请从市场择时测度的角度对以上三种方案进行评价。

下列数据用于第 4~5 题。

一大型养老基金的行政官员想评价 4 个投资经理的业绩。每个经理都只投资于美国的普通股市场。假定最近 5 年来,标准普尔 500 指数包括股利的平均年度收益率为 14%,而政府国库券的平均名义收益率是 8%。下表显示了对每种资产组合的风险与收益进行测度的情况:

资产组合	年平均收益率 (%)	标准差 (%)	β	资产组合	年平均收益率 (%)	标准差 (%)	β
P	17	20	1.1	S	16	14	1.5
Q	24	18	2.1	标准普尔 500 指数	14	12	1.0
R	11	10	0.5				

4. 对于资产组合 P 的特雷纳业绩测度为多少？
5. 对于资产组合 Q 的夏普业绩测度为多少？
6. 一分析家要用特雷纳与夏普比率评估完全由美国普通股股票构成的资产组合 X，过去 8 年间该资产组合、由标准普尔 500 指数测度的市场资产组合和美国国库券的平均年收益率情况见下表：

	平均年收益率（%）	收益的标准差（%）	β 值
资产组合 X	10	18	0.60
标准普尔 500 指数	12	13	1.00
国库券	6	N/A	N/A

   a. 计算资产组合 X 与标准普尔 500 指数的特雷纳测度和夏普比率。简述根据这两个指标，资产组合 X 是超过、等于还是低于风险调整基础上的标准普尔 500 指数。

   b. 根据 a 中计算所得的相对于标准普尔 500 指数的资产组合 X 的业绩，简要说明使用特雷纳测度所得结果与夏普比率所得结果不符的原因。

7. 假定你在两年内投资于一种资产。第 1 年收益率为 15%，第 2 年为 -10%。你的年几何平均收益率是多少？

8. 一股票资产组合 2013 年收益为 -9%，2014 年为 23%，2015 年为 17%，整个期间的年收益率（几何平均）是多少？

9. 用 2 000 美元投资两年，第 1 年年末的收益为 150 美元，第 2 年年末收回原投资，另外还收益 150 美元，这项投资的内部收益率是多少？

10. 要测度一资产组合的业绩，时间加权收益率要优于美元加权收益率，因为：

   a. 当收益率不同时，时间加权收益率较高。

   b. 美元加权收益率假定所有投资都在第 1 天投入。

   c. 美元加权收益率只能够估计。

   d. 时间加权收益率不受资金投入和撤出的时机的影响。

11. 养老基金资产组合的初值为 500 000 美元，第 1 年的收益率为 15%，第 2 年的收益率为 10%，第 2 年年初，发起人又投入 500 000 美元。时间加权与美元加权收益率是多少？

12. 在 Acme 公司的养老金计划审查期间，几个受托人就几个测度和风险评价等问题询问了他们的投资顾问。

   a. 就下列内容作为业绩评价标准的恰当性进行评论：市场指数、基准组合、管理者收益的中位数。

   b. 下列业绩测度的区别：夏普比率、特雷纳测度、詹森测度。

   i. 描述三个业绩测度是如何计算的。

   ii. 说明与每一个测度相关的风险是系统风险、非系统风险还是全部风险，解释每一个测度中的额外收益与相关风险之间的关系。

13. Pallor 公司养老金计划的受托人就下列声明询问了投资顾问唐纳德·米利普，他的回答应该是什么？

   a. 在统计上，经理收益的中位数标准是长期业绩表现的无偏测度。

   b. 经理收益的中位数标准是明确的，因而容易被经理重复使用，以至于他们采用消极/指数管理策略。

   c. 经理收益的中位数标准在所有环境下都是不恰当的，因为它包含了很多投资风格。

14. 詹姆斯·钱正在审查 Jarvis 大学捐赠基金的全球股权管理者的业绩。目前，Williamson 资本公司是捐赠基金唯一资本化的全球股权管理者，Williamson 资本公司的业绩数据见下表。

a. Williamson capital 公司的业绩数据（1990~2010 年）	
平均收益率	22.1%
β	1.2
收益的标准差	16.8%
b. Joyner 资产管理公司的业绩数据（1990~2010 年）	
平均收益率	24.2%
β	0.8
收益标准差	20.2%
c. 相关无风险资产和市场指数的业绩数据（1990~2010 年）	
无风险资产	
平均年收益率	5.0%
市场指数	
平均年收益率	18.9%
收益的标准差	13.8%

钱也向捐赠基金投资委员会提交了 Joyner 资产管理公司的业绩信息，Joyner 资产管理公司是另一个资本化的全球股权管理者，该公司的业绩数据、相关的无风险资产和市场指数的业绩数据见上表。

a. 计算 Williamson 资本公司和 Joyner 资产管理公司的夏普比率和特雷纳测度。
b. 投资委员会注意到，用夏普比率和特雷纳测度产生了对 Williamson 资本公司和 Joyner 资产管理公司不同的业绩排名，解释为什么这些标准可以导致不同的业绩排名？

参考答案

一、选择题

1. D　　2. B　　3. D　　4. A　　5. C　　6. B　　7. B　　8. C　　9. A　　10. B
11. A　　12. A　　13. B　　14. C　　15. C　　16. B　　17. C　　18. B　　19. A　　20. C

二、课后习题

1.

日期	账户资产变动（美元）	日期	账户资产变动（美元）
1/1/2010	−148 000.00	12/2/2010	14 360.00
1/3/2010	2 500.00	3/10/2011	−23 000.00
3/20/2010	4 000.00	4/7/2011	3 000.00
7/5/2010	1 500.00	5/3/2011	198 000.00

$$26.99\% = \text{XIRR}(C13:C20, B13:B20)$$

由于存取日期不规则，单纯依靠金融计算器难以解决该问题。利用 EXCEL 的 XIRR 函数，可快速解决类似问题。

2. 夏普比率取决于资产组合的阿尔法（α_P）和资产组合与市场指数的相关系数（ρ）：

$$\frac{E(r_P - r_f)}{\sigma_P} = \frac{\alpha_P}{\sigma_P} + \rho S_M$$

特别地，这一结果表明与市场指数较低的相关性会降低夏普比率。因此，如果 α 不是足够大，资产组合的业绩要差于指数组合。另一种理解这一结论的方法是，即使一个资产组合有正的 α 值，如果它的分散化风险太大从而降低了与市场指数的相关性，这也将导致一个较低的夏普比率。

3. IRR（美元加权收益率）不能与几何平均收益率（时间加权收益率）和算术平均收益率进行

比较。IRR 可能会比这两个平均值都大或都小。一些情形可以说明这一结论。例如，考虑在几个时期内每期收益率一致增长的情形。如果各时期投资金额也增加，并在几个时期结束时取出全部款项，此时 IRR 要大于几何或算术平均，因为投资在较高的利率上的资金比投资在较低利率上的资金要多。另一方面，如果随着收益率增加，取款量逐渐降低了投资金额，则 IRR 要小于这两个平均值的任一个。

4. 把用于选股的资源和精力投放到关注市场择时上不一定是明智的。证券分析也有巨大的潜在价值。与基于微观环境分析相比，基于宏观环境做出的是否转移资源的决策预测了资产组合管理团队的能力。

5. a. 算术平均收益率：$\bar{r}_{ABC}=10\%$；$\bar{r}_{XYZ}=10\%$。
   b. 分散性：$\sigma_{ABC}=7.07\%$；$\sigma_{XYZ}=13.91\%$。
   因此，股票 XYZ 有较高的分散性。（注：在计算标准差时，采用的自由度为 5。）
   c. 几何平均收益率：
   $$r_{ABC}=(1.20\times1.12\times1.14\times1.03\times1.01)^{1/5}-1=0.0977，即 9.77\%$$
   $$r_{XYZ}=(1.30\times1.12\times1.18\times1.00\times0.90)^{1/5}-1=0.0911，即 9.11\%$$
   尽管两只股票有相同的算术平均收益率，但 XYZ 的几何平均收益率要低于 ABC 的几何平均收益率。产生这一结果的原因是：XYZ 较高的方差使得它的几何平均值比算术平均值小很多。
   d. 就"前瞻性"而言，算术平均收益率是一个更好的期望收益率估计值，因此，如果数据反映的是未来收益的概率，那么两只股票的期望收益率都是 10%。

6. a. 时间加权收益率以各年的收益率为基础：

年份	收益率 = （资本利得 + 股利）/价格
2013~2014 年	[(120-100)+4]/100=24.00%
2014~2015 年	[(90-120)+4]/120=-21.67%
2015~2016 年	[(100-90)+4]/90=15.56%

算术平均收益率为：$(24\%-21.67\%+15.56\%)/3=5.96\%$；

几何平均收益率为：$(1.24\times0.7833\times1.1556)^{1/3}-1=0.0392=3.92\%$。

b.

日期	现金流（美元）	解释
2013.1.1	-300	以 100 美元/股的价格购买 3 股股票
2014.1.1	-228	以 120 美元/股的价格购买 2 股股票，减去原持有的 3 股的股利收入
2015.1.1	110	5 股股票的股利加上以 90 美元/股的价格卖出 1 股股票
2016.1.1	416	4 股股票的股利加上以 100 美元/股的价格卖出 4 股股票

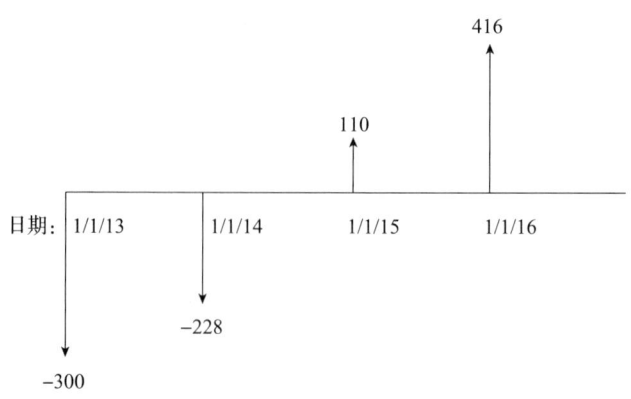

美元加权收益率 = 内部收益率 = -0.160 7%。

7.

时间	现金流（美元）	持有期收益率	时间	现金流（美元）	持有期收益率
0	3×(-90) = -270		2	100	0%
1	100	(100-90)/90 = 11.11%	3	100	0%

a. 时间加权几何平均收益率 = $(1.111\ 1 \times 1.0 \times 1.0)^{1/3} - 1 = 0.035\ 7 = 3.57\%$。

b. 时间加权算术平均收益率 = $(11.11\% + 0 + 0)/3 = 3.70\%$。

算术平均值总是大于或等于几何平均值；离差（分散性）越大，差异越大。

c. 美元加权的平均收益率 = IRR = 5.46%[使用财务计算器，输入：n=3，PV=-270，FV=0，PMT=100，然后计算利率。或者，使用 $CF_0 = -300$，$CF_1 = 100$，$F_1 = 3$，然后计算内部收益率]。IRR 要大于其他的平均值，因为当收益率达到最高时，投资基金最大。

8. a. 两种资产组合的 α 为：

$$\alpha_A = 12\% - [5\% + 0.7 \times (13\% - 5\%)] = 1.4\%$$

$$\alpha_B = 16\% - [5\% + 1.4 \times (13\% - 5\%)] = -0.2\%$$

故在所持有的资产组合中，应持有资产组合 A 的多头和资产组合 B 的空头。

b. 如果只持有两种资产组合中的一种，夏普比率是比较适合的测量标准：

$$S_A = \frac{0.12 - 0.05}{0.12} = 0.583 \quad S_B = \frac{0.16 - 0.05}{0.31} = 0.355$$

以夏普比率为标准来衡量，资产组合 A 更好。

9. a.

			股票 A	股票 B
i	α = 回归截距		1.0%	2.0%
ii	信息比率 =	$\dfrac{\alpha_P}{\sigma(e_P)}$	0.097 1	0.104 7
iii	夏普比率①	$\dfrac{r_P - r_f}{\sigma_P}$	0.490 7	0.337 3
iv	特雷纳测度②	$\dfrac{r_P - r_f}{\beta_P}$	8.833	10.500

①在计算夏普比率时，注意对于每只股票，$(r_P - r_f)$ 可以根据假设参数 $r_M = 14\%$ 和 $r_f = 6\%$，通过回归方程的右边求出。每种股票的收益率的标准差已在题中给出。

②特雷纳测度所用的 β 值是题中回归方程的斜率系数。

b. i. 如果这是投资者所持有的唯一的风险资产，则夏普比率是合适的测度。因为股票 A 的夏普比率较高，所以它是最优选择。

ii. 如果股票与市场指数基金混合，则对整体的夏普比率的贡献由估价比率决定，因此股票 B 更好。

iii. 如果股票是众多股票中的一种，则特雷纳测度是合适的测度，因此股票 B 更好。

10. 需要区分市场择时预测能力和债券选择能力。散点图的截距度量的是债券选择能力。如果即便是在市场表现只是中性（即零超额收益）的情况下，经理仍有正的超额收益，那么可以得出结论，平均来说经理做出了较好的债券选择。债券选择一定是正的超额收益的来源。

择时预测能力是通过所画曲线的曲率来表示的。当沿水平线向右移动时，曲线越陡峭表明有越好的择时预测能力。较陡峭的斜率表明在市场表现良好时，经理保持着较高的资产组合对市场变动的敏感性（即 β 值较高）。这种在预测到市场的上行趋势时选择对市场更敏感的证券的行为充分体现了良好的择时预测能力。相反，当沿水平线向左移动时，向下倾斜的曲线表明资产组合在市场表现较差时很敏感，而在市场表现很好时不敏感，这意味着较差的择时预测能力。

因此可以将4个经理的业绩表现分类如下：

	债券选择能力	择时预测能力		债券选择能力	择时预测能力
A.	差	好	C.	好	差
B.	好	好	D.	差	差

11. a. 基准：$0.60 \times 2.5\% + 0.30 \times 1.2\% + 0.10 \times 0.5\% = 1.91\%$；
   实际：$0.70 \times 2.0\% + 0.20 \times 1.0\% + 0.10 \times 0.5\% = 1.65\%$；
   不良表现为：$1.91\% - 1.65\% = 0.26\%$。

   b. 债券选择：

市场	(1) 与市场收益的差（经理业绩−指数业绩）	(2) 经理的资产组合权重	(3)=(1)×(2) 对业绩贡献
股票	−0.5%	0.70	−0.35%
债券	−0.2%	0.20	−0.04%
现金	0.0%	0.10	−0.00%
	债券选择的贡献：		−0.39%

   c. 资产配置：

市场	(1) 超额权重（经理−基准）	(2) 指数收益	(3)=(1)×(2) 对业绩贡献
股票	0.10%	2.5%	0.25%
债券	−0.10%	1.2%	−0.12%
现金	0.00%	0.5%	0.00%
	资产配置的贡献：		0.13%

总结：

债券选择：−0.39%
资产配置： 0.13%
超额业绩：−0.26%

12. a. 经理：$0.30 \times 20\% + 0.10 \times 15\% + 0.40 \times 10\% + 0.20 \times 5\% = 12.50\%$；
   基准：$0.15 \times 12\% + 0.30 \times 15\% + 0.45 \times 14\% + 0.10 \times 12\% = 13.80\%$；
   增加的价值为：$12.5\% - 13.80\% = -1.30\%$。

   b. 来自国家配置的增加值：

国家	(1) 超额权重（经理−基准）	(2) 指数收益率−基准	(3)=(1)×(2) 对业绩的贡献
英国	0.15	−1.8%	−0.27%
日本	−0.20	1.2%	−0.24%
美国	−0.05	0.2%	−0.01%
德国	0.10	−1.8%	−0.18%
	国家配置的贡献		−0.70%

   c. 来自股票选择的增加值：

国家	(1) 各国的收益差（经理 – 指数）	(2) 经理的国家权重	(3) = (1) × (2) 对业绩的贡献
英国	0.08	0.30%	2.4%
日本	0.00	0.10%	0.0%
美国	−0.04	0.40%	−1.6%
德国	−0.07	0.20%	−1.4%
		股票选择的贡献	−0.6%

总结：

国家配置：−0.70%

股票选择：−0.60%

超额业绩：−1.30%

13. 支持：一个经理在某一类情形下可以取得较好的业绩。例如，一个不做择时预测的经理只是保持较高的 β 值，在市场良好时会表现较好，但在市场下跌时会表现较差。因此，应该观察一个周期内的业绩情况。此外，在一个完整的市场周期中观察一个经理的表现可以增加观测值的数量，这将提高测度的可靠性。

反对：如果适当地控制了对市场风险的暴露（即调整 β），则市场表现就不会影响单个经理的相对业绩表现因此没有必要等整个经济周期结束后才对一个经理进行评估。

14. 在某种程度上，大量基金经理评价各自的相对投资业绩可以克服与 β 值不稳定性或者总体波动性有关的统计上的问题，前提是这些经理群体在投资风格上大体相似。

15. a. 经理的 α 为：$10\% - [6\% + 0.5 \times (14\% - 6\%)] = 0$。

b. 根据布莱克 – 詹森 – 斯科尔斯和其他公式可知，一般而言，具有较低 β 的资产组合有正的 α。（实际的证券市场线比 CAPM 预计的要平缓。）因此，如果基金经理的 β 较低，尽管估计的 α 为零，业绩仍然可能为平均水平以下。

16. a. 产生排名差异的最可能的原因是基金 A 的分散化不足。夏普比率衡量了每单位总风险的超额收益，而特雷纳测度衡量了每单位系统风险的超额收益。因为基金 A 在特雷纳测度上表现较好，在夏普比率上表现较差，它似乎承担了较多的非系统性风险，这意味着它没有得到充分分散化，系统性风险不是相关的风险度量。

17. 部门内选择效应计算的是基于证券选择的收益。其计算方法为：用资产组合中证券的权重乘以资产组合中证券收益率与基准组合中证券收益率之差，然后再加总。

大盘部门：$0.6 \times (0.17 - 0.16) = 0.6\%$；

中盘部门：$0.15 \times (0.24 - 0.26) = -0.3\%$；

小盘部门：$0.25 \times (0.20 - 0.18) = 0.5\%$；

总的部门内选择效应为：$0.6\% - 0.3 + 0.5\% = 0.8\%$。

18. 普莱默收益率 $= 0.6 \times 17\% + 0.15 \times 24\% + 0.25 \times 20\% = 18.8\%$；

基准收益率 $= 0.5 \times 16\% + 0.4 \times 26\% + 0.1 \times 18\% = 20.2\%$；

普莱默收益率 – 基准收益率 $= 18.8\% - 20.2\% = -1.4\%$（普莱默组合比基准组合表现要差）。

为了分离普莱默相对于基准的纯部门配置决策的影响，用基准部门收益率乘以普莱默与基准组合在每个部门投资的权重之差：

$(0.6 - 0.5) \times 16\% + (0.15 - 0.4) \times 26\% + (0.25 - 0.1) \times 18\% = -2.2\%$

为了分离普莱默相对于基准的纯证券选择决策的影响，用普莱默权重乘以普莱默与每个基准部门的收益之差：

$$(17\% - 16\%) \times 0.6 + (24\% - 26\%) \times 0.15 + (20\% - 18\%) \times 0.25 = 0.8\%$$

19. 因为消极管理基金模仿基准，所以回归方程的 R^2 应该很高（因此有可能比积极管理基金的还要高）。

20. a. 当英镑贬值时，欧元升值。相比基准组合，普莱默组合拥有更多的以欧元计价的资产，这将导致正的货币配置效应。对普莱默组合来说，英国股票比荷兰股票表现得更好将导致负的市场配置效应。最后，在同时投资于荷兰股票和英国股票的情形下，普莱默在荷兰投资将表现较好，而在英国投资将表现较差。由于相对于基准来说普莱默组合投资于荷兰股票的比例较高，可以假设它们在整体上有正的证券配置效应。然而，这是不确定的。a 是最好的选择。

21. a. $\dfrac{r_P - r_f}{\sigma_P} \to S_{\text{米兰达}} = \dfrac{0.102 - 0.02}{0.37} = 0.2216$ $S_{\text{标准普尔500}} = \dfrac{-0.225 - 0.02}{0.44} = 0.5568$

   b. 为计算 M^2 测度，将米兰达基金和使得"调整"资产组合与市场指数有相同的波动性的国库券头寸相混合。米兰达基金的头寸应为 $0.44/0.37 = 1.1892$，国库券头寸应为 $1 - 1.1892 = -0.1892$。（假设借款时的利率为无风险利率。）

   调整收益率为：$r_P = 1.1892 \times 10.2\% - 0.1892 \times 2\% = 0.1175$，即 11.75%；

   计算调整米兰达基金收益率与基准的差：
   $$M^2 = r_P - r_M = 11.75\% - (-22.50\%) = 34.25\%$$

   （注：调整的米兰达基金现在由 59.46% 的股票和 40.54% 的现金组成。）

   c. $\dfrac{r_P - r_f}{\beta_P} \to T_{\text{米兰达}} = \dfrac{0.102 - 0.02}{1.10} = 0.0745$ $T_{\text{标准普尔500}} = \dfrac{-0.225 - 0.02}{1.00} = -0.245$

   d. $\alpha_P = r_P - [r_f + \beta_P(r_M - r_f)] = 0.102 - [0.02 + 1.10 \times (-0.225 - 0.02)] = 0.3515$，即 35.15%。

22. 答案不唯一。

三、CFA 考题

1. a. **经理 A**

   优点：尽管经理 A 的年度收益率略微低于国际指数的收益率（分别为 -6.0% 与 -5.0%），但是该经理明显地具有一定的国家/证券收益方面的专业知识。2% 的本地市场收益优势超过了国际指数 0.2% 的收益率。

   缺点：经理 A 在货币管理领域有明显的劣势。与国际指数 -5.2% 的收益率相比，该经理的 -8.0% 的货币收益率明显不足。

   经理 B

   优点：经理 B 的总体收益率超过了指数的收益率，在货币收益率方面有明显的正的增量。经理 B 的货币收益率为 -1.0%，而国际指数只有 -5.2%。根据这一结果，经理 B 的优势是在货币选择领域有一定的专业知识。

   缺点：经理 B 在当地市场收益方面有明显的不足。因此，经理 B 在证券/市场选择能力方面有欠缺。

   b. 下列策略将使得基金能够在利用两个基金经理强项的同时尽可能最小化弱项。

   ①建议：策略之一为不要让经理 A 做相对于国际指数的货币选择决策，并让经理 B 只做货币选择决策，而在国家/证券选择方面不做任何积极的投资活动。

   理由：该策略将会通过按类似指数的权重对冲货币风险来避免经理 A 的劣势。这样可以充分发挥经理 A 的国家/证券选择能力，同时避免由其货币管理能力不足带来的损失。该策略也能够避免经理 B 的劣势，仅让他对类似指数的资产组合进行管理，充分利用其货币管理方面的显著才能。

②建议：另一种策略是将经理 A 的资产组合与经理 B 的组合起来，由经理 A 做国家/证券选择决策，而由经理 B 来管理由经理 A 的决策形成的货币暴露。（给定货币的分布情况。）

理由：该建议将能够充分利用经理 A 和 B 的长处，同时弥补他们各自的不足。

2. a. 虽然年度业绩的确很差，但是仅从一年的数据就得出结论在统计上是不可靠的。而且，该基金的投资期限很长。董事会特地指示投资经理优先考虑长期的结果。
   b. 养老基金的样本持有股票的比重比 Alpine 基金要大得多。股票比债券的表现要好得多。但是委托人告诉 Alphine 要控制下行风险，养老金计划投资于普通股票的资金的比例不能超过25%。（Alphine 的贝塔值在某种程度上是防御性的。）Alpine 不应该为客户指定的资产分配策略负责。
   c. Alpine 基金的 α 度量了相对于市场的风险调整后业绩：
   $\alpha = 13.3\% - [7.5\% + 0.90 \times (13.8\% - 7.5\%)] = 0.13\%$（确实高于零）。
   d. 在最近5年中，尤其是在最后1年中，债券的表现很差，而债券正是 Alphine 被鼓励持有的资产类别。但在该资产类别中，Alphine 做得比指数基金要好。此外，尽管债券指数的表现不如精算收益和国库券，但 Alphine 的表现比这两者都好。在风险调整的基础上，Alphine 在每个资产类别上的表现都很出色。它的令人失望的整体收益率是由在债券方面投资比重过大造成的，这是董事会的选择而不是 Alphine 的选择。
   e. 委托人可能并不在意时间加权收益率，但是该收益率对经理业绩有较好的指示作用。毕竟，经理是无法控制基金的现金流入和流出的。

3. a. 方法 I 无法区分市场择时和证券选择决策的影响，它还采用了一种有问题的"中性头寸"，即在年初时该资产组合的组成。
   b. 方法 II 虽不完美，但它是三种方法中最好的，至少它试图通过使用不同指数的实际权重而不是年平均权重来考虑由债券市场指数构成的投资组合的收益，以集中衡量市场择时能力。这种方法的问题在于年平均权重与客户的"中性"权重并不相符。例如，如果经理对全年债券市场持乐观态度将怎样？她的权重能反映出她的乐观态度，并且不是一个中性头寸。
   c. 方法 III 将债券净购买行为看作债券经理持乐观态度的标志，但是这种净购买行为可能是由基金赎回或者基金申购导致的，而不是经理的决策。（注意这是一个开放式的共同基金。）因此，通过判断净购买行为是否为可信赖的牛市或熊市指标来评估经理业绩是不合适的。

4. 特雷纳测度 $= \dfrac{17-8}{1.1} = 8.182$

5. 夏普测度 $= \dfrac{(0.24 - 0.08)}{0.18} = 0.888$

6. a. 特雷纳测度：
   资产组合 X：$(10-6)/0.6 = 6.67$；　标准普尔500：$(12-6)/1.0 = 6.00$
   夏普测度：
   资产组合 X：$(0.10 - 0.06) = 0.222$；　标准普尔500：$(0.12 - 0.06)/0.13 = 0.462$
   资产组合 X 在特雷纳测度上表现要好于市场，但在夏普比率上要差。
   b. 这两种业绩测度方法相互冲突，原因在于它们采用了不同的风险测度：当用较低的 β 值测量时，资产组合 X 的系统风险低于市场；当用较高的标准差测量时，资产组合 X 有更高的总风险（波动性）。因此，若基于特雷纳比率，则资产组合的业绩超过市场。但是当基于夏普比率时，其业绩低于市场。

7. 几何平均收益率 $=(1.15\times0.90)^{1/2}-1=0.0713=1.73\%$。

8. 几何平均收益率 $=(0.91\times1.23\times1.17)^{1/3}-1=0.0941=9.41\%$。

9. 内部收益率 $=7.5\%$。

10. d。

11. 时间加权平均收益 $=(1.15\times1.1)^{1/2}-1=12.47\%$。

    算术平均值：$(15\%+10\%)/2=12.5\%$

    为计算美元加权收益率，现金流为：

    $CF_0=-500\,000$（美元）；

    $CF_1=-500\,000$（美元）；

    $CF_2=(500\,000\times1.15\times1.10)+(500\,000\times1.10)=1\,182\,500$（美元）。

    故美元加权收益率 $=11.71\%$。

12. a. 每一种标准都存在不足。

    市场指数的缺点如下：

    ①市场指数可能存在生存偏差。破产的公司从市场指数中移去，这使得在业绩测度中夸大了应该将破产公司包括在内的实际业绩。

    ②市场指数可能引起双重计算，因为某些公司可能拥有其他公司，它们都会在市场指数中出现。

    ③很难在不引起实质交易成本的情况下准确和持续地复制市场指数。

    ④所选择的指数可能并不适合代表经理的管理风格。

    ⑤所选择的指数可能并不代表整个证券领域，例如，标准普尔500指数代表美国股票市场资本额的 $65\%\sim70\%$。

    ⑥所选择的指数（例如标准普尔500指数）可能有较大的资本化偏差。

    ⑦所选择的指数也许是不可被投资的，在市场指数中可能存在一些资产组合所不能持有的证券。

    基准组合的缺点如下：

    ①这是最难设计和计算的业绩测度方法。

    ②标准的资产组合应当是无限期的，需要大量的资源保证。

    ③顾问和客户担心的是，那些负责开发和计算基准组合的经理可能设计出一个很容易被超过的基准组合，使得他们的业绩看上去比实际表现得要好。

    管理者收益的中位数的缺点如下：

    ①很难识别出与计划管理者的风格相适合的管理者总体。

    ②选择进行比较的管理者总体涉及某些（也许很多）主观判断。

    ③管理者总体的比较没有考虑资产组合中的风险因素。

    ④管理者总体的中位数不代表一个能够投资的资产组合，也就是说，一个资产组合经理或许不能在经理资产组合的中位数上进行投资。

    ⑤该标准或许并不明确，不能清晰地描绘出构成此标准的证券的名称和权数。

    ⑥该标准并不是在先于评估周期开始的时候建立的，它不能够被预先指定。

    ⑦管理者总体可能表现出生存偏差，破产的管理者从总体中移去，这使得在业绩测度中

夸大了应该将这些管理者包括在内的实际业绩。

b. i. 夏普比率是由资产组合风险溢价（即实际资产组合收益率减去无风险收益率）除以资产组合标准差得到的：

$$夏普比率 = \frac{r_P - r_f}{\sigma_P}$$

特雷纳测度是通过资产组合风险溢价（即实际资产组合收益率减去无风险收益率）除以资产组合的 β 得到的：

$$特雷纳测度 = \frac{r_P - r_f}{\beta_P}$$

詹森 α 计算方法是从实际的投资组合超额回报（风险溢价）中减去用资产组合 β 调整的市场风险溢价。它可以被描述为所赚取的收益与由资本市场线或证券市场线所暗含的收益的差异：

$$\alpha_P = r_P - [r_f + \beta_P(r_M - r_f)]$$

ii. 夏普比率假定相关风险是总风险，它测度的是每单位总风险的超额收益。特雷纳测度假定相关风险是系统性风险，它测度的是每单位系统风险的超额收益。詹森 α 假定相关风险是系统性风险，它测度的是给定系统风险水平下的超额收益。

13. a. 不正确。准确的基准是无偏的。然而，经理收益的中位数标准有显著的生存偏差，这将导致如下几个缺陷：
①经理收益的中位数标准向上偏。
②向上的偏差随时间增加。
③生存偏差将会给经理排名带来不确定性。
④生存偏差扭曲了分布曲线的形状。

b. 不正确。准确的基准是确定且可以被复制的。经理收益的中位数标准是不确定的，因为该基准中的单个证券的权重是未知的。在一个测度周期结束前资产组合的构成是未知的，因为只有在业绩度量后才能确定经理收益的中位数。

准确的基准同时也是可投资的。经理收益的中位数标准是不可投资的，使用经理收益中位数标准的管理者不能放弃积极管理只简单维持基准。这是由于基准中单个证券的权重是未知的。

c. 正确。经理收益的中位数标准可能是不恰当的，因为经理收益的中位数包含了许多的投资风格，因此，可能与给定的经理风格不一致。

14. a. 夏普比率 = $\frac{r_P - r_f}{\sigma_P}$

$$S_{\text{Williamson}}: \frac{22.1\% - 5.0\%}{16.8\%} = 1.02 \quad S_{\text{Joyner}}: \frac{24.2\% - 5.0\%}{20.2\%} = 0.95$$

特雷纳测度 = $\frac{r_P - r_f}{\beta_P}$

$$T_{\text{Williamson}}: \frac{22.1\% - 5.0\%}{1.2} = 14.25 \quad T_{\text{Joyner}}: \frac{24.2\% - 5.0\%}{0.8} = 24.00$$

b. Williamson 和 Joyner 排名的差异直接来自于资产组合分散化的差异。Joyner 有较高的特雷纳测度（24.00）和较低的夏普比率（0.95），而 Williamson 的分别为 14.25 和 1.202。因此，Joyner 比 Williamson 的分散化程度低。特雷纳测度表明 Joyner 的单位系统风险的收益比 Williamson 高，而夏普比率表明 Joyner 的单位总风险的收益比 Williamson 低。

第 25 章

投资的国际分散化

一、选择题

1. 在美国市场上交易国外公司股票的形式是（　　）。
   A. ADRs　　　　B. ECUs　　　　C. 单国共同基金
   D. 上述都正确。　　E. 上述都不正确。

2. （　　）是指资产被征用、税收政策变化和外汇交易可能受到的限制。
   A. 违约风险　　B. 外汇风险　　C. 市场风险
   D. 政治风险　　E. 上述说法都不正确。

3. （　　）是只投资于一个国家的共同基金。
   A. ADRs　　　　B. ECUs　　　　C. 单国共同基金
   D. 上述都正确。　　E. 上述都不正确。

4. 投资组合的国际分散化可能受到（　　）的影响。
   A. 国家选择　　B. 货币选择　　C. 股票选择
   D. 上述说法都正确。　　E. 上述说法都不正确。

5. 2000~2009 年，美国股票指数和其他国家股票指数的相关系数（　　）。
   A. 是负的　　B. 是正的，但小于 0.9　　C. 大约为 0
   D. 大于等于 0.9　　E. 上述说法都不正确。

6. 一个常用的非美国股票指数是（　　）。
   A. CBOE
   B. 道琼斯
   C. 欧洲、澳大利亚与远东指数（EAFE）
   D. 上述说法都正确。
   E. 上述说法都不正确。

7. 1 年期英国债券的收益率是 8%，现在的汇率是 1 英镑 = 1.60 美元。如果你预期的汇率是 1 英镑 = 1.50 美元，美国投资者投资于英国债券的预期收益率是（　　）。
   A. −6.7%　　B. 0%　　C. 8%
   D. 1.25%　　E. 上述说法都不正确。

8. 假设美国 1 年期无风险利率是 5%。现在的汇率是 1 英镑 = 1.60 美元，1 年期远期汇率是 1 英镑 = 1.57 美元。美国投资者投资于英国债券要求的 1 年期无风险收益率最低是多少？（　　）
   A. 2.44%。　　B. 2.50%。　　C. 7.00%。
   D. 7.62%。　　E. 上述说法都不正确。

9. 1 年期加拿大证券的收益率是 8%，现在的汇率是 1 加元 = 0.78 美元，1 年期远期汇率是 1 加元 = 0.76 美元。美国投资者投资于加拿大证券（以美元计价）的收益率是（　　）。
   A. 3.59%　　B. 4.00%　　C. 5.23%
   D. 8.46%　　E. 上述说法都不正确。

10. 假设美国 1 年期无风险利率是 4%，英国 1 年期无风险利率是 7%。现在的汇率是 1 英镑 = 1.65 美元。1 年期远期汇率是 1 英镑 =（　　）美元时，美国投资者投资于美国证券和投资于英国证券没有差别。
    A. 1.603 7　　B. 2.041 1　　C. 1.750 0

D. 2.336 9　　　　　　　　E. 上述说法都不正确。

11. 现在的汇率是 1 加元 = 0.78 美元，1 年期远期汇率是 1 加元 = 0.76 美元。1 年期美国债券的收益率是 4%。当 1 年期加拿大债券的收益率是（　　）时，投资者投资于美国证券和加拿大证券没有差别。
　　A. 2.4%　　　　　　　B. 1.3%　　　　　　　C. 6.4%
　　D. 6.7%　　　　　　　E. 上述说法都不正确。

假设加元和美元之间的汇率固定，美国股票市场的期望收益率和标准差分别是 18% 和 15%。加拿大股票市场的期望收益率和标准差分别是 13% 和 20%。美国股票市场和加拿大股票市场的相关系数是 1.5%。

12. 如果你将 50% 的资金投资于加拿大股票市场，剩余 50% 的资金投资于美国市场，你的资产组合的期望收益率是（　　）。
　　A. 12.0%　　　　　　　B. 12.5%　　　　　　　C. 13.0%
　　D. 15.5%　　　　　　　E. 上述说法都不正确。

13. 如果你将 50% 的资金投资于加拿大股票市场，剩余 50% 的资金投资于美国市场，你的资产组合的收益率的标准差是（　　）。
　　A. 12.53%　　　　　　　B. 15.21%　　　　　　　C. 17.50%
　　D. 18.75%　　　　　　　E. 上述说法都不正确。

14. 你是一个美国投资者，1 年前购买了 2 000 英镑的英国债券，当时 1 英镑 = 1.50 美元。在过去的 1 年间没有支付股利。如果现在债券的价值是 2400 英镑，汇率是 1 英镑 = 1.60 美元，你按美元计算的总收益率是（　　）。
　　A. 16.7%　　　　　　　B. 20.0%　　　　　　　C. 28.0%
　　D. 40.0%　　　　　　　E. 上述说法都不正确。

定量国际基金的管理者使用 EAFE 作为基准，去年的基金业绩及其基准如下：

	EAFE 权重	股权指数收益（%）	货币升值（%）	定量基金权重	定量基金收益（%）
欧洲	0.30	10	10	0.25	9
澳大利亚	0.10	5	-10	0.25	8
远东	0.60	15	30	0.50	16

15. 计算定量基金货币选择对收益的贡献（　　）。
　　A. +20%　　　　　　　B. -5%　　　　　　　C. +15%
　　D. +5%　　　　　　　E. -10%

16. 计算定量基金国家选择对收益的贡献（　　）。
　　A. 12.5%　　　　　　　B. -12.5%　　　　　　　C. 11.25%
　　D. -1.25%　　　　　　　E. 1.25%

17. 计算定量基金股票选择对收益的贡献（　　）。
　　A. 1.0%　　　　　　　B. -1.0%　　　　　　　C. 3.0%
　　D. 0.25%　　　　　　　E. 上述说法都不正确。

18. WEBS 资产组合（　　）。
　　A. 是消极管理
　　B. 投资者可以出售资产份额
　　C. 不收取经纪佣金

D. 是消极管理的，投资者可以出售资产份额
E. 是消极管理的，投资者可以出售资产份额，不收取经纪佣金

19. EAFE 是指（　　）。
    A. 远东外国股权指数
    B. 经济顾问的对外估计指数
    C. 欧洲和亚洲外国股权指数
    D. 欧洲、亚洲和法国股权指数
    E. 欧洲、澳大利亚与远东指数

20. 母国偏见是指（　　）。
    A. 倾向于在国内旅游而不是到国外旅游
    B. 更相信你自己的国家而不是其他国家
    C. 倾向于赋予本国的人一些优惠待遇
    D. 更倾向于投资本国资产
    E. 上述说法都不正确。

二、课后习题

1. 回到"国际化投资所引起的问题"栏目。这篇文章写得很好，只是有些过时了。你同意文中关于"投资从事全球业务的美国跨国公司可以使你获得跨国的分散化组合？"的回答吗？
2. 在教材图 25-2 中，我们同时提供了当地货币和美元计值的收益率。哪一个更重要？它又与投资是否对汇率风险套期保值有什么关系？
3. 假设一个美国投资者最近打算以每股 40 英镑的价格投资于一个英国企业，他有 10 000 美元的现金，而当期汇率为 2 美元/英镑。
   a. 此投资者可以购买多少股？
   b. 填写完成下表中 1 年后 9 种情况的收益率（3 种可能的每股英镑价格乘以 3 种可能的汇率）：

每股价格	以英镑计价的收益率（%）	以美元计价的 1 年后的汇率		
		1.80 美元/英镑	2 美元/英镑	2.20 美元/英镑
35 英镑				
40 英镑				
45 英镑				

   c. 什么时候，美元计值的回报率等于英镑计值的回报率？
4. 如果第 3 题中 9 种情况的可能性都相同，请分别求出以英镑计值和以美元计值的收益率的标准差。
5. 现在假设第 3 题的投资者在远期市场上售出 5 000 英镑，远期汇率是 2.10 美元/英镑。
   a. 重新计算每种情况下的美元计值收益率。
   b. 在这种情况下，美元计值收益率的标准差将如何变化？将之与原值以及英镑计值的标准差进行比较。
6. 计算下例中货币、国家和股票选择对总体业绩的贡献，所有汇率都表示为 1 美元所能购买的外币单位数。

	EAFE 权重	股权指数收益（%）	E_1/E_0	管理人的权重	管理人的收益率（%）
欧洲	0.30	20	0.9	0.35	18
澳大利亚	0.10	15	1.0	0.15	20
远东	0.60	25	1.1	0.50	20

7. 如果即期汇率是 1.75 美元/英镑，1 年期远期汇率为 1.85 美元/英镑，同时英国国库券的利率是每年 8%，则用美元计算的由于投资英国国库券而锁定的无风险收益率是多少？
8. 如果你打算投资于第 7 题中的英国国库券 10 000 美元，你怎样锁定你的美元计值的收益率？
9. 这一章是从美国投资者的角度写的。假设你在给一个小国家投资者提供建议。本章内容要做哪些修改？

三、CFA 考题

1. 假设你是一名美国投资者，1 年前购买了 2 000 英镑英国证券，当时每英镑 1.5 美元。如果证券价值现在是 2 400 英镑而且每磅价值升为 1.75 美元，你的总收益率是多少（美元计值）？假设该时期内没有股利和利息。
2. 美国股票大盘指数和其他工业化国家的股票指数收益率的相关系数最可能（　　），美国股票各种分散化资产组合收益率之间的相关系数最可能（　　）。
   a. 小于 0.8；大于 0.8
   b. 大于 0.8；小于 0.8
   c. 小于 0；大于 0
   d. 大于 0；小于 0
3. 一个投资者投资于外国的普通股，希望规避投资者本币的（　　）风险，可以通过（　　）远期市场的外币来规避。
   a. 贬值；出售
   b. 升值；购入
   c. 升值；出售
   d. 贬值；购入
4. 约翰·艾里什是特许金融分析师，也是一位独立投资咨询人，他帮助通用技术公司的投资委员会主席达尔文建立起一只养老基金。达尔文咨询艾里什关于投资委员会是否应该考虑国际股权投资。
   a. 请解释将国际股权纳入通用的股权资产组合的合理性。确认并描述三个相关的因素，写出计算过程。
   b. 请列出反对国际股权投资的三个可能的意见，并简单分析其重要性。
   c. 为了说明国际证券的长期业绩的几个方面，艾里什向达尔文出示了近几年美国养老基金的投资结果。比较美国股权、非美股权与固定收益资产的业绩表现，并解释为什么会计收益指数与 4 种独立的资产类别指数明显不同。会计业绩指数的结果有何意义？

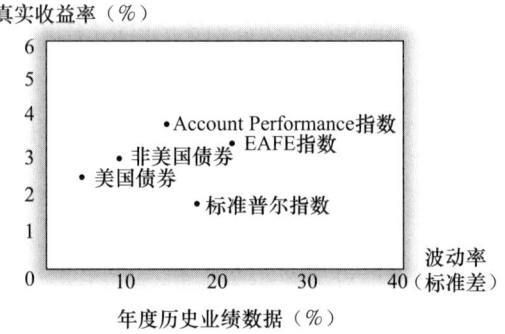

5. 作为一个美国投资者，决定购买以下证券中的一种。假设加拿大政府债券的货币风险是可避免的，6 个月的加元远期合约的贴现率为每美元 –0.75%。

债券	到期日	息票利率（%）	价格（美元）
美国政府	6 个月	6.50	100.00
加拿大政府	6 个月	7.50	100.00

请计算 6 个月范围内要使两种债券有相同的美元总收益，加拿大国债必需的期望价格变动。假设美国债券的收益率保持不变。

6. 一位全球经理计划在今后 90 天内投资 100 万美元于美国政府的现金等价物。但是，他也被授权可以使用非美国政府现金等价物，使用远期货币合约来规避货币风险。

   a. 如果她投资于加拿大或日本的货币市场工具，并对其投资的美元价值进行套期保值，她的收益率是多少？使用右表中的数据。

   b. 美国政府证券 90 天的利息率大约是多少？

90 天现金等价物的利率（APR）（%）	
日本政府债券	2.52
加拿大政府债券	6.74

每单位美元兑换的外币的汇率		
	即期	90 天远期
日元	0.011 9	0.012 0
加元	0.728 4	0.726 9

7. 温莎基金会是一个立足美国的非营利慈善组织。旗下拥有 1 亿美元的分散化投资组合。温莎的董事会考虑进军新兴市场。基金会的财务总管罗伯特·休斯顿做出了如下四条评论：

   a. "对于只持有发达市场股权的投资者，新兴市场货币的稳定性是实现良好收益的先决条件。"

   b. "当地货币相对于美元贬值经常发生于新兴市场。美国投资者的收益的很大部分都被货币贬值抵消掉。甚至长期投资者也不能幸免。"

   c. "就以往经验而言，在美国股权组合比如标准普尔 500 指数中加入新兴市场股票会降低波动性；而将新兴市场股票与国际组合比如 MSCI EAFE 指数相结合也会降低波动性。"

   d. "尽管新兴市场之间的相关性在短期内会有变动，有证据显示长期内其相关性是稳定的。因此，某一时刻在有效边界上的新兴市场组合倾向于在接下来时期内留在有效边界附近。"

   请讨论休斯顿的四条评论分别是正确的还是错误的。

8. 在对 Otunia（一个虚构的国家）的经济与资本市场做出研究后，你的公司 GAC 决定在新兴市场投资组合中加入 Otunia 的股票。但是，GAC 还未决定实行积极的投资策略还是指数策略。现在请你对于积极投资还是指数投资做出评价。以下是研究结果。

   Otunia 的经济均匀地分散于农业、自然资源、制造业（消费品与日用品）和快速增长的金融业。由于高佣金和政府印花税，证券市场的交易费用较高。该国信息公开机制健全，公司财务业绩的公众信息完整且可靠。

   资金出入该国、外国资金持有该国证券被政府部门严格监管。非本国居民在办理各类手续时多有搁置，往往延误时机。该国政府财政部门高层致力于削弱监管开放外国资金流入，但是 GAC 政策顾问认为该国保守主义势力强大，短期内不会有实质性进展。

   a. 简述 Otunia 投资环境利于积极投资的方面，以及利于指数策略的方面。

   b. 推荐 GAC 应该采用哪个策略。并用（a）中的因素说明你的理由。

参考答案

一、选择题

| 1. A | 2. D | 3. C | 4. D | 5. B | 6. B | 7. D | 8. C | 9. C | 10. A |
| 11. D | 12. D | 13. A | 14. C | 15. B | 16. D | 17. A | 18. D | 19. E | 20. D |

二、课后习题

1. "国际化投资所引起的问题"于1997年刊登在《华尔街日报》上。文章中提出的一些论点可能经过十年已不再引人注目了。然而,摘自该文章中的下列论点仍然是正确的:"美国跨国公司往往被美国投资者所拥有,他们会因美国市场的动荡受到很大影响。"文章中没有提到的一个论点是,当投资于美国跨国公司时,本质上是不可能确定国际风险敞口程度的。一个外国股票的投资组合给投资者提供了更好的对这种敞口的理解。外国股票投资组合和美国股市之间的相关性很可能小于美国跨国公司的投资组合与美国市场的相关性。

2. 哪一种投资的收益与投资者更相关取决于投资者是否对冲当地货币。如果外汇风险已被对冲,那么相关股票收益是以当地货币计算的。如果没有对冲外汇风险,那么相关收益是以美元计价的。

3. a. 10 000 美元/2 = 5 000 英镑;5 000 英镑/40 英镑 = 125 股。

   b. 用如下关系式完成表格:

   $$1 + r(U/S) = [1 + r(UK)] \frac{E_1}{E_0}$$

每股价格(英镑)	以英镑计价的收益率(%)	以年末汇率为基础的、以美元计价的收益率(%)		
		1.80 美元/英镑	2.00 美元/英镑	2.20 美元/英镑
35	-12.5	-21.25	-12.5	-3.75
40	0.0	-10.00	0.0	10.00
45	12.5	1.25	12.5	23.75

   c. 当汇率不随时间变化时,以美元计的收益率等于以英镑计的收益率。

4. 以英镑计价的收益率(使用3个自由度)的标准差为10.21%。以美元计价的收益率的标准差为13.10%(使用9个自由度),大于以英镑计价的标准差。这是由于额外的汇率风险导致的。

5. a. 首先,计算出每种情况下125股股票的美元价值。然后在每种情况中加上远期合约的收益。

每股价格(英镑)	汇率	给定汇率下股票的美元价值(美元)		
		1.80 美元/英镑	2.00 美元/英镑	2.20 美元/英镑
35		7 875	8 750	9 625
40		9 000	10 000	11 000
45		10 125	11 250	12 375
远期汇率的收益:[= 5 000 × (2.10 - E_1)]		1 500	500	-500

每股价格(英镑)	汇率	给定汇率下的总美元收益(美元)		
		1.80 美元/英镑	2.00 美元/英镑	2.20 美元/英镑
35		9 375	9 250	9 125
40		10 500	10 500	10 500
45		11 625	11 750	11 875

最后，计算以美元计算的收益率，注意初始投资额为 10 000 美元：

每股价格（英镑）	汇率	给定汇率下的收益率（%）		
		1.80 美元/英镑	2.00 美元/英镑	2.20 美元/英镑
35		-6.25	-7.50	-8.75
40		5.00	5.00	5.00
45		16.25	17.50	18.75

b. 现在的标准差是 10.24%。这低于未对冲的以美元计价的标准差，仅略高于以英镑计价的收益率标准差。

6. 货币选择：

EAFE：$0.30 \times (-10\%) + 0.10 \times 0\% + 0.60 \times 10\% = 3.0\%$；

管理人：$0.35 \times (-10\%) + 0.15 \times 0\% + 0.50 \times 10\% = 1.5\%$，相对于 EAFE 损失了 1.5%。

国家选择：

EAFE：$0.30 \times 20\% + 0.10 \times 15\% + 0.60 \times 25\% = 22.50\%$；

管理人：$0.35 \times 20\% + 0.15 \times 15\% + 0.50 \times 25\% = 21.75\%$，相对于 EAFE 损失了 0.75%。

股票选择：

$(18\% - 20\%) \times 0.35 + (20\% - 15\%) \times 0.15 + (20\% - 25\%) \times 0.50 = -2.45\%$，相对于 EAFE 损失了 2.45%。

7. $1 + r(US) = [1 + r_f(UK)] \times (F_0/E_0) = 1.08 \times (1.85/1.75) = 1.1417$，解得：$r(US) = 14.17\%$。

8. 可以现在购买：10 000/1.75 = 5 714.29 英镑。这将以 8% 的利率增至 6 171.43 英镑。因此，为锁定收益率，需按远期汇率卖出远期 6 171.43 英镑。

9. 居住在 A 国的投资者所做的"天真的投资"中，其中只有一小部分投资于本国的投资组合，相对较大的权重投资于美国证券。这对于那些可能像美国投资者一样有母国偏好的外国投资者来说，可能不是一个恰当的方法。减少在国外投资比例的一个合理的方式（例如，A 国投资者的投资组合中美国证券中的权重）是专注于投资者的整个消费篮子（包括耐用品）中美国进口品的权重，而不是强调市场资本化。由于这种消费篮子中包括例如医疗保健及大量其他没有进口成分的项目，由此产生的美国证券的理想权重将小于市场资本化的权重。

三、CFA 考题

1. 初始投资 = $2 000 \times 1.50 = 3 000$（美元）；

   最终价值 = $2 400 \times 1.75 = 4 200$（美元）；

   收益率 = $4 200/3 000 - 1 = 40\%$。

2. a。

3. c。

4. a. 基本的原理是分散化机会。造成国家间股票收益率相关性低的因素如下：

   ①经济周期的不完全相关性；

   ②利率的不完全相关性；

   ③通胀率的不完全相关性；

   ④汇率的波动性。

   b. 国际投资的障碍有：

   ①信息的可得性，包括据以做出投资决策的不充足的数据。解释和评估在形式和内容上

有差异的数据比解释和评估那些常规可得的和通俗易懂的美国数据更困难。同时，许多国外数据的公布存在相当长的时滞。

②流动性，即在不影响市场价格的情况下，在规模和及时性方面买卖的能力。大多数的外国交易所都提供限制性的交易，从而会经受更大的价格波动。此外，只有少量国外的个股具有与美国市场相当的流动性，虽然这种状况正在稳步改进。

③交易成本，尤其是把佣金、买卖价差和市场影响成本一起考虑时，大多数国外市场的交易成本都要高于美国市场的水平，这将会降低收益的实现。

④政治风险。

⑤外汇风险，在很大程度上可以用来进行套期保值。

c. 这一特定时期的资产类别业绩数据显示，非美元债券相比美元债券有一个小幅的收益增量优势，但是它的风险水平更高。就风险和收益而言，每一种固定收益型资产的业绩都比衡量美国股市的标准普尔 500 指数的业绩要好，这无疑是一个意想不到的结果。在股票方面，对于非美股票（用 EAFE 指数来代表）来说，额外增加很小的风险就可以带来很大的收益，其表现大大优于美国股票。与美国股权相比，该类资产相对固定收益资产则表现得如它应表现的那样，承担的风险越大，所获得的收益越高。

关于会计业绩指数，它在图上的位置反映了总体结果要优于其各组成部分的结果之和。从某种程度上说，这是由于多市场分散化和不同的协方差给业绩带来了有利影响。在这种情况下，投资组合经理（显然）实现了正 α，通过他们的行为增加了投资组合的总收益率。在证券组合中加入国际（非美国）证券而不是仅持有国内（美国）证券能使基金在这一时期内产生一些优势。

5. 加拿大债券的收益等于息票收入、远期利率相对于即期利率的溢价或折价带来的损益与债券资本利得或损失这三者之和。

在 6 个月内，收益为：

$$息票 + 远期溢价/折价 + 资本所得$$
$$= 7.5\%/2 + (-0.75\%) + 价格的百分比变化$$
$$= 3.00\% + 资本利得的百分比变化$$

美国债券的预期半年收益率为 3.25%，美国债券预期没有资本所得或损失，因为它以面值出售，它的收益率预期保持不变。因此，为了提供同样的收益，加拿大政府债券必须提供一个在任何美元债券期望资本利得之上的 0.25% 的资本利得（即，相当于 100 票面价值的 1/4 点）。

6. a. 按目前的汇率将 100 万美元兑换为外汇，同时卖出距今 90 天的相同数量外汇的远期合约。对于日元投资来说，初始可获得：

$$1\,000\,000/0.011\,9 = 8\,403.4(万日元)$$

将其投资 90 天后，累积得到：

$8\,403.4 \times (1 + 0.025\,2/4) = 8\,456.3(万日元)$（注意：将 90 天期的利率除以 4，这是因为货币市场利率是按单利年利率报价的，假设一年有 360 天。）

如果将这笔日元远期按远期汇率 0.012 0 日元/美元卖出，最终将获得：

$84\,563\,000 \times 0.012\,0 = 101.48(万美元)$，90 天美元利率为 1.48%

同样，90 天加拿大元投资的美元收益为：

$$100/0.728\,4 \times (1 + 0.067\,4/4) \times 0.726\,9 = 101.48(万美元)$$

得出 90 天美元利率为 1.48%，与日元投资算出的结果相同。

b. 无违约风险的日本和加拿大政府证券收益的美元对冲收益率都为 1.48%。因此，90 天美国政府证券的收益率也一定是 1.48%。这与 5.92% 的 APR 一致，这一 APR 比日本的 APR 要高，但比加拿大的 APR 要低。这一结果是合理的，远期汇率和即期汇率之间的关系表明预期美元会相对日元贬值而相对加拿大元升值。

7. a. 错误。尽管货币不够坚挺，但投资组合表现却很强势的情况是有可能存在的。因此，货币的升值也有可能增强新兴市场投资组合的表现。
   b. 正确。
   c. 正确。
   d. 错误。相关关系并不稳定。同时，资产组合从一个时期到下一个时期可以显著地偏离有效边界。

8. a. 以下观点支持积极型管理：
   经济多样性：Otunia 各个部门的经济多样性给积极型投资者提供了机会，即采用"自上而下"的部门择时策略的机会。
   高交易成本：交易成本非常高，可能会阻碍国际投资者的交易活动，并导致积极的投资者可成功地利用这种低效率。
   良好的财务披露和详尽的会计准则：良好的财务披露和详尽的会计准则可能为训练有素的分析师提供通过进行基本面分析来找出错误定价的证券的机会。
   资本限制：对资本流动的限制可能会阻碍外国投资者参与 Otunia 市场，积极型投资者可以利用市场低效率的机会。
   发展中的经济和证券市场：发展中的经济体和市场的特点是无效定价的证券及经济的快速变化和增长。积极的投资者可以利用这些特性。
   清算问题：非居民在结算交易时的长期时滞可能使国际投资者望而却步，导致证券的无效定价，从而为积极型管理者提供机会。
   以下观点支持指数策略：
   经济多样性：各个行业的经济多样性意味着指数策略可能会提供一个分散化的代表组合，它可以不受集中于某些部门的风险因素的影响。
   高交易成本：指数策略意味着较低水平的交易活动和低成本。
   结算问题：指数策略意味着低水平的交易活动和较少的结算要求。
   财务披露和会计标准：大量公开可得的可靠的财务信息很可能导致市场更有效率，减少基本面分析和积极管理的价值，更有利于采用指数策略。
   对资本流动的限制：指数策略意味着较少的交易活动，因而受到监管干扰的可能性较小。
   b. 对于积极管理的一项建议是将投资集中于 Otunia 市场和经济中那些短期的效率低下但长期有发展前景的行业。在发达国家的市场中，一般不容易发现短期无效但长期有发展前景的行业。
   　　对于指数策略的建议是集中于经济多样性、高交易成本、结算延迟、资本流动限制，和低管理费等因素。

第 26 章

对冲基金

一、选择题

1. （　　）是占据单个投资者主要统治地位的投资方式，而（　　）在过去10年间有着很高的增长率。
   A. 对冲基金；对冲基金　　B. 共同基金；对冲基金　　C. 对冲基金；共同基金
   D. 共同基金；共同基金　　E. 上述说法都不正确。

2. 正如共同基金一样，对冲基金（　　）。
   A. 允许投资者集合资产供基金经理投资
   B. 通常以私营伙伴关系进行组织
   C. 受到美国证券交易委员会的管理
   D. 通常只针对实力雄厚的投资者或机构投资者
   E. 通常以私营伙伴关系进行组织，通常只针对实力雄厚的投资者或机构投资者

3. 对冲基金不同于共同基金，对冲基金（　　）。
   A. 允许投资者集合资产供基金经理投资
   B. 通常以私营伙伴关系进行组织
   C. 受到美国证券交易委员会的管理
   D. 通常只针对实力雄厚的投资者或机构投资者
   E. 通常以私营伙伴关系进行组织，通常只针对实力雄厚的投资者或机构投资者

4. "搜寻α"的对冲基金通常（　　）某特定证券被错误定价，（　　）广泛的市场风险。
   A. 打赌；打赌　　B. 对冲；对冲　　C. 对冲；打赌
   D. 打赌；对冲　　E. 上述说法都不正确。

5. 对冲基金（　　）市场择时，（　　）持有大量的衍生品仓位。
   A. 不可以；不可以　　B. 不可以；但是可以　　C. 可以；可以
   D. 可以；但是不可以　　E. 上述说法都不正确。

6. 对冲基金的风险（　　），使得业绩评估（　　）。
   A. 变动显著而迅速；具有挑战性
   B. 变动显著而迅速；简单
   C. 稳定；具有挑战性
   D. 稳定；简单
   E. 上述说法都不正确。

7. 对冲基金的份额是按（　　）定价的。
   A. 净资产
   B. 显著的净资产溢价
   C. 显著的净资产折价
   D. 显著的净资产溢价或者显著的净资产折价
   E. 上述说法都不正确。

8. 对冲基金通常设立为（　　），提供关于投资者资产组合构成和策略的（　　）信息。
   A. 有限责任合伙制；最少　　B. 有限责任合伙制；广泛　　C. 投资信托基金；最小
   D. 投资信托基金；广泛　　E. 上述说法都不正确。

9. 由于美国证券交易委员会关于对冲基金的要求（　　），对冲基金的透明度（　　）共同

基金。

    A. 较多；高于   B. 较少；高于   C. 较少；低于

    D. 较多；低于   E. 上述说法都不正确。

10. （　　）必须定期将资产组合构成信息提供给公众。

    A. 对冲基金   B. 共同基金   C. 美国存托凭证

    D. 对冲基金和美国存托凭证   E. 对冲基金和共同基金

11. （　　）受到1933年的《证券法》和1940年的《投资公司法》的约束，以保护不成熟的投资者。

    A. 对冲基金   B. 共同基金   C. 美国存托凭证

    D. 对冲基金和美国存托凭证   E. 共同基金和美国存托凭证

12. 共同基金通常（　　）100个投资者，（　　）公众宣传。

    A. 超过；对   B. 超过；不对   C. 少于；对

    D. 少于；不对   E. 上述说法都不正确。

13. 对冲基金与共同基金的不同之处在于（　　）。

    A. 透明度   B. 投资人   C. 投资策略

    D. 流动性   E. 上述说法都正确。

14. 对冲基金可以投资于（　　）。

    A. 陷入困境的公司   B. 可转换债券   C. 货币投机

    D. 兼并套利   E. 上述说法都正确。

15. 对冲基金的策略可分为（　　）。

    A. 方向性策略和非方向性策略

    B. 股票策略和债券策略

    C. 套利策略和投机策略

    D. 股票策略和债券策略，套利策略和投机策略

    E. 方向性策略和非方向性策略，股票策略和债券策略

16. 对冲基金的（　　）策略认为市场中一个版块的表现会超过另一个版块。

    A. 方向性   B. 非方向性   C. 股票或债券

    D. 套利或投机   E. 上述说法都不正确。

17. 一个（　　）策略的实例即为期货合约的错误定价在合约到期日一定会被修改。

    A. 市场中性   B. 方向性   C. 相对价值

    D. 多元化   E. 趋同

18. 如果抵押担保证券的收益率异常高于国债，追求相对价值策略的对冲基金（　　）。

    A. 做空国债，做空抵押担保证券

    B. 做空国债，做多抵押担保证券

    C. 做多国债，做多抵押担保证券

    D. 做多国债，做空抵押担保证券

    E. 上述说法都不正确。

19. 统计套利是（　　）策略的一种形式。

    A. 市场中性   B. 方向性   C. 相对价值

    D. 多元化   E. 趋同

20. 假设你管理一个300万美元的资产组合，不支付股利，β值是1.45，每月的α值是1.5%。

同时假设无风险利率是0.025%（每月），标准普尔500指数是1 220。你预计未来30天内市场会下滑，你可以通过（ ）标准普尔500期货合约对冲你的资产组合。（期货合约的乘数是250美元。）

A. 卖出1份　　　　　　B. 卖出14份　　　　　　C. 买入1份

D. 买入14份　　　　　　E. 卖出6份

21. （ ）偏差源于只有在对冲基金主动选择时，其基金报告才会进入数据库。

A. 生存　　　　　　B. 回填　　　　　　C. 遗漏

D. 孵化　　　　　　E. 上述说法都不正确。

22. （ ）偏差源于失败的基金被自动剔出数据库。

A. 生存　　　　　　B. 回填　　　　　　C. 遗漏

D. 孵化　　　　　　E. 上述说法都不正确。

23. 对冲基金的期权费本质上是（ ）。

A. 以现有投资组合价值为执行价格的看跌期权

B. 以预期未来投资组合价值为执行价格的看跌期权

C. 以预期未来投资组合价值为执行价格的看涨期权

D. 以现有投资组合价值乘以（1 + 基准收益率）为执行价格的看涨期权

E. 跨式期权

二、课后习题

1. 市场中性对冲基金适合作为投资者的全部退休投资组合吗？如果不适合，对冲基金在该投资者的总组合中可以占有一席之地吗？
2. 对冲基金的激励费将对管理人在组合中加入高风险资产产生怎样的影响？
3. 为什么说评估对冲基金的业绩比共同基金要难？
4. 对于对冲基金业绩评估中生存偏差和回填偏差的叙述，哪一项最准确？

   a. 生存偏差和回填偏差都使得对冲基金指数收益率被高估。

   b. 生存偏差和回填偏差都使得对冲基金指数收益率被低估。

   c. 生存偏差使得对冲基金指数收益率被高估，而回填偏差使得对冲基金指数收益率被低估。
5. 下面哪一个最适合作为对冲基金业绩评估的基准？（ ）。

   a. 多因素模型。　　　　b. 标准普尔500指数。　　　　c. 无风险利率。
6. 考虑对冲基金投资，联接基金的投资人净收益要小于单个基金投资人是因为：（ ）。

   a. 多层费用和更高的流动性

   b. 无理由，两种基金应当收益相等

   c. 仅由于多层费用
7. 下面哪个基金的收益率最有可能接近无风险利率？（ ）。

   a. 市场中性对冲基金　　　　b. 事件驱动对冲基金　　　　c. 多头-空头对冲基金
8. 统计套利真的是套利吗？请解释。
9. 一家10亿美元的对冲基金收取2%的管理费和20%的激励费，基准收益率是5%。计算在下列组合收益下所需支付的总费用，分别用美元和占管理资产的百分比表示：（ ）

   a. −5%　　　　　　b. 0　　　　　　c. 5%　　　　　　d. 10%
10. 一家资产净值为62美元/股的对冲基金水位线为66美元。它的激励费比水位线为67美元时要高还是低？

11. 重新考虑上题中的对冲基金。假设在 1 月 1 日，基金年收益率的标准差为 50%，无风险利率为 4%。基金的激励费为 20%，现有水位线为 66 美元，而净值为 62 美元。
    a. 根据布莱克-斯科尔斯公式所得的激励费为多少。
    b. 如果基金没有水位线而且激励费根据总收益率计算，它每年可以获得多少激励费？
    c. 如果基金没有水位线而且激励费根据超出无风险利率的部分计算，它每年可以获得多少激励费？（视无风险利率为连续复利。）
    d. 假设由于杠杆的提升，波动率升至 60%，重新计算 b 中的激励费。

12. 登录网络学习中心 www.mhhe.com/bkm，进入第 26 章，找到标准普尔 500 指数月度值的表格。假设每月你售出一个单位的看涨期权，执行价格比当时指数低 5%。
    a. 1977 年 10 月到 1987 年 9 月间，你每月在看涨期权上的平均收入为多少？标准差是多少？
    b. 将你的样本期延伸至 1987 年 10 月，重新计算上述策略的平均收入和标准差。对于尾部风险，你学到了什么？

13. 设想一个执行下述策略的对冲基金。每个月持有 1 亿美元标准普尔 500 指数基金，出售价值为 1 亿美元的指数看涨期权，执行价格比当时指数低 5%。假设出售每单看涨期权的溢价为 25 万美元，基本与看涨期权的实际价值相当。
    a. 计算 1982 年 10 月至 1987 年 9 月间该对冲基金的夏普比率。将其与标准普尔 500 指数比较。利用上题的数据，月度无风险利率设为 0.7%。
    b. 将 1987 年 10 月计入后，现在计算该对冲基金的夏普比率。对于业绩评估和基金的尾部风险，你又能学到什么呢？

14. 右表是将 Waterwork 股票的月收益率对标准普尔 500 指数回归的结果。一位对冲基金经理认为 Waterwork 被低估了，下月应有 2% 的 α。

β	R^2	残差标准差
0.75	0.65	0.06（i, e, 6%/月）

    a. 如果只有 200 万美元的 Waterwork 股票，而且希望通过标准普尔 500 指数期货合约对冲下月的市场敞口，需要多少份合约？购入还是售出？标准普尔 500 指数现为 1 000 而且乘数为 250 美元。
    b. 对冲基金月收益率的标准差是多少？
    c. 假设月收益率大致符合正态分布，下月市场中性策略亏损的概率为多少？设无风险利率为每月 0.5%。

15. 接上一题。
    a. 假设你有 100 只股票，它们都与 Waterwork 有相同的 α、β 和残差标准差。现将其等权重构建组合。设每只股票的残差（教材式（26-1）和教材式（26-2）中的 e）相互独立。组合的残差标准差是多少？
    b. 考虑市场中性的该投资组合，重新计算下月亏损的概率。

16. 回到第 14 题。假设经理误估了 Waterwork 的 β，应当为 0.5 而不是 0.75，市场月收益率的标准差为 5%。
    a. 对冲组合（现在对冲不完全）的标准差为多少？
    b. 市场月度收益为 1%，标准差为 5% 时，下月亏损的概率是多少？与第 14 题比较。
    c. 利用第 15 题的数据，亏损的概率为多少？与第 14 题比较。
    d. 为什么 β 的误估对 100 只股票组合的影响远大于对一只股票的影响？

17. 这里有 3 只对冲基金的数据。每只都收取总收益率的 20% 作为激励费。假设最初联接基金（FF）的经理等权重购买了 3 只基金，而且收取其投资人 20% 的激励费。简化起见，假设管理费为零。

	对冲基金 1	对冲基金 2	对冲基金 3
年初价值（百万美元）	100	100	100
总收益率（%）	20	10	30

a. 计算缴纳激励费后联接基金投资人的收益率。
b. 假设不用购买 3 家对冲基金的股份，一家独立对冲基金（SA）购买了与 3 只基金相同的组合。因此 SA 基金的价值将与持有 3 家基金的联接基金相等。考虑一个持有 SA 基金的投资人。其支付 20% 的激励费后，年底他的组合价值为多少？
c. 确认 SA 投资人收益率超出 FF 的部分证实了联接基金收取的那一层激励费。
d. 假设对冲基金 3 的收益率为 -30%。重新计算 a 和 b。FF 和 SA 还会收取激励费吗？为什么 FF 的投资人还比 SA 的投资人境况更糟？

参考答案

一、选择题

1. B	2. A	3. E	4. D	5. C	6. A	7. A	8. A	9. C	10. B
11. B	12. D	13. E	14. E	15. A	16. A	17. E	18. B	19. A	20. B
21. B	22. A	23. D							

二、课后习题

1. 不适合，市场中性对冲基金在投资者的全部退休投资组合不是一个好的候选方案，因为它不是一个分散化的投资组合。术语"市场中性"指的是相对于一个特定的市场无效率的投资组合头寸。但是，市场中性对冲基金可以在投资者的整体投资组合中占有一席之地。市场中性对冲基金可以被看作投资者将 α 加入到较为消极的投资头寸中的一种方法。

2. 对冲基金的激励费是对冲基金费用结构的一部分。激励费通常是高于某特定基准收益率的对冲基金收益的 20%。因此，激励费与看涨期权的收益相似，波动性越高越有价值。因此，对冲基金投资组合管理者将在组合中加入高风险资产的方法以增加波动性，从而增加激励费的价值。

3. 有多种原因导致此结果，这些因素包括：
   （1）对冲基金往往更多地投资于非流动性资产，使得显著的 α 值可能只是对流动性不足的补偿。
   （2）对于流动性较差的资产，对冲基金的价值是值得商榷的。
   （3）生存偏差和回填偏差将导致对冲基金数据库只报告了成功的对冲基金的业绩。
   （4）对冲基金通常有不稳定的风险特征，而在进行业绩评估时需要依赖组合风险不变的假设。
   （5）尾部事件扭曲了对冲基金结果的分布，使其在相对较短的时间内难以获得代表性样本。

4. c。生存偏差的问题是只有幸存的基金的收益被报告出来，这将使得基金指数收益率被高估。当一个新的对冲基金被添加到一个指数中，且该基金的历史表现被添加到指数的历史表现中时，会产生回填偏差。回填偏差的问题是只有幸存的基金的表现会被添加到指数中去，这会导致指数收益被低估。

5. 对固定收入对冲基金来说，美林高收益指数可能是最好的单个市场指数；对股票对冲基金来说，罗素3000可能是最好的单个市场指数。然而，指数的组合可能是最好的市场指数，正如多因素模型最好地解释了对冲基金收益那样。在股票对冲基金中，市场中性策略的收益最接近于无风险利率，但是它们并不是无风险的。

6. 对个人投资者来说，联接基金通常被认为是较好的选择，因为它们提供了分散化和更高的流动性。联接基金的一个问题是其收益通常较低，这是由多层费用和现金滞后（由追求流动性而产生）导致的。

7. 在股票对冲基金中，市场中性策略的回报最接近于无风险利率，但是，它们不是完全无风险的。

8. 不是，统计套利不是真的套利，因为它并不产生基于证券错误定价的无风险头寸。统计套利实质上是风险赌注的组合。对冲基金基于暂时的无效率市场，持有大量小头寸，依靠这些赌注的总体预期收益为正的可能性获利。

9. 管理费 = 0.02 × 100 000 = 2 000（万美元）。

	组合收益率（%）	激励费（%）	激励费（百万美元）	总费用（百万美元）	总费用（%）
a.	−5	0	0	20	2
b.	0	0	0	20	2
c.	5	0	0	20	2
d.	10	20	10	30	3

10. 激励费通常是指超过某一基准收益率后对冲基金收益的20%。然而，如果一只基金在过去亏损了，那么该基金可能不产生激励费，除非该基金超过其先前的高水位。如果高水位线为67美元，而不是66美元，激励费是无价值的。当高水位线为67美元时，该基金的资产净值必须在对冲基金可以评估激励费之前达到67美元。对冲基金的高水位线相当于当前市场价值等于基金的净资产价值时的看涨期权的执行价格。

11. a. 首先用下列参数计算一个看涨期权的布莱克-斯科尔斯价值：$S_0 = 62$；$X = 66$；$R = 0.04$；$\sigma = 0.50$；$T = 1$ 年。可得：$C = 11.685$ 美元。
年激励费为：$0.20 \times C = 0.20 \times 11.685 = 2.337$（美元）。

b. 仍然用 a 中布莱克-斯科尔斯公式的参数，但此时 $X = 62$，则 $C = 13.253$ 美元。
年激励费为：$0.20 \times C = 0.20 \times 13.253 = 2.651$（美元）。

c. 仍然用 a 中布莱克-斯科尔斯公式的参数，但此时 $X = S_0 \times e^{0.04} = 62 \times e^{0.04} = 64.5303$，则 $C = 12.240$ 美元。
年激励费为：$0.20 \times C = 0.20 \times 12.240 = 2.448$（美元）。

d. 仍然用 a 中布莱克-斯科尔斯公式的参数，但此时 $X = 62$ 且 $\sigma = 0.60$，则 $C = 15.581$ 美元。
年激励费 $= 0.20 \times C = 0.20 \times 15.581 = 3.116$（美元）。

12. a. 从数据表可知，标准普尔500指数在1977年9月末的值为96.53，因此，在1977年10月初卖出的看跌期权的执行价格为：$0.95 \times 96.53 = 91.7035$。

在10月末，指数价值为92.34，因此看跌期权到期时是虚值状态，看跌期权的卖方的支出为0。由于标准普尔指数在一个月内下降超过了5个百分点是不正常的，故在

1977 年 10 月到 1987 年 9 月之间的 120 个月里除了 10 个月之外其他月份的支出都为零。第 1 个有正的支出的月份是 1978 年 1 月。在 1978 年 1 月初卖出的看跌期权的执行价格为：$0.95 \times 95.10 = 90.3450$。

在 1 月末，指数价值为 89.25（下降超过 6%），因此期权卖方的支出为：$90.3450 - 89.25 = 1.0950$。

在这一段时期内，平均每月总支出为 0.243 7，标准差为 1.095 1。

b. 在 1987 年 10 月，标准普尔 500 指数从 321.83 下降到 251.79，下降超过了 21%。在 1987 年 10 月初卖出的看跌期权的执行价格为：$0.95 \times 321.83 = 305.7385$。

在 10 月末，期权卖方的支出为：$305.7385 - 251.79 = 53.9485$。

在 1977 年 10 月至 1987 年 10 月这一期间，平均每月总支出为 0.687 5，标准差为 5.002 6。显然，卖出裸露看跌期权的尾部风险是巨大的。

13. a. 为计算夏普比率，先计算在 1982 年 10 月至 1987 年 9 月之间的每月收益率。在 1982 年 9 月末，标准普尔 500 指数的值为 120.42，因此 10 月份看跌期权的执行价格为：$0.95 \times 120.42 = 114.3990$。

由于指数 10 月末的值为 133.72，看跌期权到期时为虚值状态，因此期权卖方没有支出。因此，对冲基金在指数上的收益率等于：$(133.72/120.42) - 1 = 0.11045 = 11.045\%$。

假设对冲基金在月初价值 1 亿美元的基础上又投资了 0.25 亿美元，则月末基金价值为：$100.25 \times 1.11045 = 111.322$（百万美元）。

月收益率为：$(111.322/100.00) - 1 = 0.11322 = 11.322\%$。

看跌期权到期时为实值状态的第 1 个月是 1984 年的 5 月。标准普尔 500 指数在 1984 年 4 月末的值为 160.05，因此，5 月看跌期权的执行价格为：$0.95 \times 160.05 = 152.0475$。

指数在 5 月末的值为 150.55，因此看跌期权的卖方在一单位指数上的支出为：$152.0475 - 150.55 = 1.4975$。

对冲基金在指数上的收益率为：$(150.55/160.05) - 1 = -0.05936 = -5.936\%$。

指数每单位 1.497 5 的支出降低了对冲基金的收益率，幅度为：$1.4975/160.05 = 0.00936 = 0.936\%$。

因此对冲基金的收益率为：$-5.936\% - 0.936\% = -6.872\%$。

基金的月末值为：$100.25 \times 0.93128 = 93.361$（百万美元）。

月收益率为：$(92.266/100.00) - 1 = -0.06639 = -6.639\%$。

在 1982 年 10 月至 1987 年 9 月期间：月收益率均值 = 1.898%，标准差 = 4.353%，夏普比率 = $(1.898\% - 0.7\%)/4.353\% = 0.275$。

b. 在 1982 年 10 月至 1987 年 10 月期间：月收益率均值 = 1.238%，标准差 = 6.724%，夏普比率 = $(1.238\% - 0.7\%)/6.724\% = 0.080$。

14. a. 由于对冲基金经理持有 Waterwork 股票的多头头寸，他应卖掉 6 份合约，计算如下：

$$\frac{2\,000\,000 \times 0.75}{250 \times 1\,000} = 6$$

b. 对冲组合的月收益率的标准差等于残差标准差，即 6%。股票的残差标准差是指不能够被对冲掉的波动性。对一个市场中性（零 β）头寸来说，这也是总的标准差。

c. 市场中性头寸的预期收益率等于无风险利率加上 α：$0.5\% + 2.0\% = 2.5\%$。

假定月收益率接近正态分布，0 收益率的 z 值为：$-2.5\%/6.0\% = -0.4167$。

因此，收益为负的概率为：$N(-0.4167)=0.3385$。

15. a. 组合的残差标准差以因子10低于每只股票的标准差，或等价地，组合的残差方差以因子100低于100只股票的标准差。因此，现在残差标准差是0.6%而不是6%。

    b. 市场中性头寸的预期收益率等于无风险利率加上α：$0.5\%+2.0\%=2.5\%$。

    现在收益率为零的z值为：$-2.5\%/0.6\%=-4.1667$。

    因此，收益为负的概率为：$N(-4.1667)=0.0000155$。

    由此可见，收益不太可能为负。

16. a. 对于（现在对冲不完全的）对冲组合：方差$=(0.25^2\times5^2)+6^2=37.5625$，标准差$=6.129\%$。

    b. 由于经理误估了Waterworks的β，经理将卖出4份标准普尔500指数合约（而不是第14题中的6份合约）：

    $$\frac{2\,000\,000\times0.50}{250\times1\,000}=4$$

    组合没有完全对冲，因此期望收益不再是2.5%。可以通过先计算股票加上期货头寸的总美元价值来决定期望收益率。股票组合的美元价值为：

    $2\,000\,000\times(1+r_{组合})=2\,000\,000\times[1+0.005+0.75\times(r_M-0.005)+0.002+e]$
    $=2\,042\,500+1\,500\,000\times r_M+2\,000\,000\times e$

    从期货头寸中获得的美元收益为：

    $4\times250\times(F_0-F_1)=1\,000\times[(S_0\times1.005)-S_1]=1\,000\times S_0\times[1.005-(1+r_M)]$
    $=1\,000\times1\,000\times(0.005-r_M)=5\,000-1\,000\,000\times r_M$

    股票加上期货头寸在月末的总价值为：

    $2\,047\,500+(1\,500\,000-1\,000\,000)\times r_M+2\,000\,000\times e$
    $=2\,047\,500+500\,000\times0.01+2\,000\,000\times e=2\,052\,500+2\,000\,000\times e$

    （不完全）对冲组合的期望收益率为：$(2\,052\,500/2\,000\,000)-1=0.02625=2.625\%$。

    现在收益为零的z值为：$-2.625\%/6.129\%=-0.4283$。

    收益为负的概率为：$N(0.4283)=0.3342$。

    在这里，收益为负的概率近似于第14题所计算的概率。

    c. 分散（但没有完全对冲）的投资组合的方差为：$(0.25^2\times5^2)+0.6^2=1.9225$。标准差$=1.3865\%$。收益为零的z值为：$-2.625\%/1.3865\%=-1.8933$。收益为负的概率为：$N(-1.8933)=0.0292$。

    现在收益为负的概率远大于第15题中的完全对冲情况下的结果。

    d. 在100只股票组合的情况下，来自不完全对冲的市场风险在很大程度上导致了总的波动性（和损失的风险），因为分散化组合的非系统性风险很小。

17. a、b、c.

	对冲基金1	对冲基金2	对冲基金3	联接基金	独立对冲基金
年初价值（百万美元）	100.0	100.0	100.0	300.0	300.0
总的投资组合收益率（%）	20	10	30		
年末价值（缴纳费用前）（百万美元）	120.0	110.0	130.0		360.0
激励费（个人基金）（百万美元）	4.0	2.0	6.0		12.0
年末价值（缴纳费用后）（百万美元）	116.0	108.0	124.0	348.0	348.0
激励费（联接基金）（百万美元）				9.6	
年末价值（联接基金）（百万美元）				338.4	
收益率（缴纳费用后）（%）	16.0	8.0	24.0	12.8	16.0

注意到 SA 基金的年末价值（缴纳费用后）和 FF 基金收取其额外的多层激励费之前的年末价值是一样的。因此，投资者在 SA 的收益率（16.0%）高于在 FF 的收益率（12.8%），高出的部分正是 FF 基金收取的额外多层费用（960 万美元或 3.2%）。

d.

	对冲基金1	对冲基金2	对冲基金3	联接基金	独立对冲基金
年初价值（百万美元）	100.0	100.0	100.0	300.0	300.0
总的投资组合收益率（%）	20	10	−30		
年末价值（缴纳费用前）（百万美元）	120.0	110.0	70.0		300.0
激励费（个人基金）（百万美元）	4.0	2.0	0.0		0.0
年末价值（缴纳费用后）（百万美元）	116.0	108.0	70.0	294.0	300.0
激励费（联接基金）（百万美元）				0.0	
年末价值（联接基金）（百万美元）				294.0	
收益率（缴纳费用后）（%）	16.0	8.0	−30.0	−2.0	0.0

现在，尽管 SA 和 FF 都不收取激励费，但 SA 的年末价值（费后）为 300 美元，FF 的年末价值只有 294 美元。产生这一差异的原因在于 FF 给每个组成组合支付激励费。即使这些组合中只有一个做得好，也将会收取一笔激励费。相反，SA 只有在整体组合做得好的时候（至少比 0% 的收益要好）才会收取激励费。因此，FF 基金结构的总费用至少和 SA 的一样高（通常要更高）。

第27章

积极型投资组合管理理论

一、选择题

1. 研究中通常假设股票的 α 值是（   ）。
   A. 0
   B. 正数
   C. 负数
   D. 不为 0
   E. 0 或正数

2. 把最初得到的（   ）与实验所得到的数据相结合得到（   ）。
   A. 后验分布；先验分布
   B. 先验分布；后验分布
   C. 紧缩性后验分布；贝叶斯分析
   D. 紧缩性先验分布；贝叶斯分析
   E. 上述说法都不正确。

3. 基准风险被定义为（   ）。
   A. 投资组合收益率与基准收益率之差
   B. 基准投资组合收益率的标准差
   C. 投资组合收益率的标准差与基准收益率标准差的差
   D. 积极型投资组合收益率的标准差
   E. 上述说法都不正确。

4. （   ）可以作为预测质量的衡量标准和适当调整预测的指南。
   A. 回归方程
   B. 指数平滑法
   C. 自回归 – 求和 – 移动平均（ARIMA）
   D. 移动平均模型
   E. GAUSS

5. （   ）模型允许投资组合经理在最优化过程中将其私人观点纳入市场数据中。
   A. 布莱克 – 利特曼
   B. 特雷纳 – 布莱克
   C. 特雷纳 – Mazuy
   D. 布莱克 – 斯科尔斯
   E. 上述说法都不正确。

6. 布莱克 – 利特曼模型主要针对（   ），特雷纳 – 布莱克模型主要针对（   ）。
   A. 证券分析；证券分析
   B. 资产配置；资产配置
   C. 证券分析；资产配置
   D. 资产配置；证券分析
   E. 上述说法都不正确。

7. 追踪误差被定义为（   ）。
   A. 整个风险投资组合收益率与基准收益率时间序列的差
   B. 基准收益率的方差
   C. 投资组合收益率与基准收益率的方差
   D. 积极型管理的投资组合收益率的方差
   E. 上述说法都不正确。

8. 特雷纳 – 布莱克模型显示了一个投资者如何使用证券分析和数据构建（   ）。
   A. 市场投资组合
   B. 消极型投资组合
   C. 积极型投资组合
   D. 指数投资组合
   E. 平衡型投资组合

9. 如果投资组合的管理者一致得到较高的夏普测度，管理者的预测能力（   ）。
   A. 高于平均水平
   B. 等于平均水平
   C. 低于平均水平

D. 不存在 　　　　　　　　　E. 不能从夏普测度上决定

10. 积极型投资组合的管理者可以进行（　　）。
    A. 市场择时　　　　B. 证券分析　　　　C. 指数分析
    D. 市场择时和证券分析　　E. 上述说法都不正确。

11. 消极型投资组合的管理者可以进行（　　）。
    A. 市场择时　　　　B. 证券分析　　　　C. 指数分析
    D. 市场择时和证券分析　　E. 上述说法都不正确。

12. 决定积极投资组合成功的关键变量是（　　）。
    A. α/系统风险　　B. α/非系统风险　　C. γ/系统风险
    D. γ/非系统风险　　E. 上述说法都不正确。

13. 特雷纳-布莱克模型需要估计（　　）。
    A. α/β　　　　B. α/β/剩余方差　　C. β/剩余方差
    D. α/剩余方差　　E. 上述说法都不正确。

14. 积极型投资组合的管理者试图建立一个（　　）的资产组合。
    A. 夏普测度高于消极型策略
    B. 夏普测度低于消极型策略
    C. 夏普测度等于消极型策略
    D. 含有极少证券
    E. 上述说法都不正确。

15. 积极型投资组合的 β 值是1.20，市场指数收益率的标准差是20%，积极型投资组合的非系统方差是1%，积极型投资组合收益率的标准差是（　　）。
    A. 3.84%　　　　　B. 5.84%　　　　　C. 19.60%
    D. 24.17%　　　　E. 26.0%

16. 积极型投资组合的 β 值是1.36，市场指数收益率的标准差是22%，积极型投资组合的非系统方差是1.2%，积极型投资组合收益率的标准差是（　　）。
    A. 3.19%　　　　　B. 31.86%　　　　C. 42.00%
    D. 27.57%　　　　E. 2.86%

17. 利用特雷纳-布莱克模型。积极型投资组合的 α 是2%，市场指数预期收益率是16%，市场投资组合收益率的方差是4%，积极型投资组合非系统方差是1%，无风险收益率是1%，积极型投资组合的 β 系数是1。投资者于积极型投资组合的最佳比例是（　　）。
    A. 0%　　　　　　B. 25%　　　　　　C. 50%
    D. 100%　　　　　E. 上述说法都不正确。

18. 利用特雷纳-布莱克模型。积极型投资组合的 α 是1%，市场指数预期收益率是16%，市场投资组合收益率的方差是4%，积极型投资组合非系统方差是1%，无风险收益率是8%，积极型投资组合的 β 系数是1.05。投资者于积极型投资组合的最佳比例是（　　）。
    A. 48.7%　　　　　B. 50.0%　　　　　C. 51.3%
    D. 100.0%　　　　E. 上述说法都不正确。

19. 特雷纳-布莱克模型（　　）。
    A. 考虑了宏观经济风险和微观经济风险
    B. 只考虑了证券选择
    C. 几乎是不可能实现的

D. 考虑了宏观经济风险和微观经济风险，几乎是不可能实现的

E. 只考虑了证券选择，几乎是不可能实现的

20. 考虑右表中的两种投资组合。
策略（　　）是占优策略，原因在于（　　）。

	策略1（%）	策略2（%）
预期收益率	6	9
标准差	0	4
高收益率	6	15
低收益率	6	6

A. 1；它是无风险的

B. 1；它有较高的收益/风险比率

C. 2；它的收益至少等于策略1，有时大于策略1

D. 2；它有较高的收益/风险比率

E. 这两种策略同样好。

二、课后习题

1. 在实施证券分析后如何应用BL模型于股票和债券组合（如同前述）？这说明BL和TB的使用顺序有什么要求？
2. 教材图27-4有一个计量经济学框。第3条为"协助其他单元"，这具体可能指什么任务？
3. 做出新的 α 预测，用以替换教材27.1节中的表27-2。找出最优组合与期望业绩。
4. 提出一个自己的观点替换教材27.3节中的表27-7。找出最优组合与期望业绩。
5. 如果给分析师进行培训，可以把他的预测精度 R^2 提高0.01，这个培训的价值是多少？举例说明之。

参考答案

一、选择题

| 1. A | 2. B | 3. C | 4. A | 5. A | 6. D | 7. A | 8. C | 9. A | 10. D |
| 11. C | 12. B | 13. B | 14. A | 15. E | 16. B | 17. D | 18. C | 19. A | 20. C |

二、课后习题

1. 债券相当于股票的业绩表现会对证券分析结果产生显著的影响。例如，当预期利率下降时，现在债券的表现将比先前预期的要好。这一预期表现可能也反映了对债券质量（信用）利差的预测。除了对宏观经济预测的影响，该收益的变动对有高杠杆且处于财务危机的公司有重大的意义。

   从BL模型的输入量开始，该模型使用的是自上而下分析，但并不排除反方向的反馈，例如，大量的证券分析结论可以预示着超预期的好（或差）的经济环境（或经济部门）

2. 计量分析部分的特定工作可能包含以下几种：

   （1）帮助宏观分析师对他们的资本配置进行预测和建立BL模型的"观点"。

   （2）帮助质量控制部门估计预测记录。

   （3）向其他部门提供解决可能遇见的统计问题的资源。

3. 答案不唯一。
4. 答案不唯一。

5. 要给业绩的提高赋值,应先从 M^2 的预期值开始。这是来自积极管理的增量收益(风险调整后)。将此增量 M^2 应用到未来资产组合的美元价值中,并计算这些美元增量的现值以决定管理的美元价值。继续用自上而下的方法获得增量 M^2。估计由管理组合的信息比率(IR)的增加所带来的夏普比率的提高。

这个问题中设想的行为相当于提高了监测着一系列证券的分析师的预测精度。这限制了那些证券整体 IR 的提高。(回想一下,整体 IR 的平方是单个证券的 IR 的平方之和。)精确度的提高意味着将更大的权重分配给分析师的预测,这使得分析师预期的 IR 有一个增量。

第28章

投资政策与特许金融分析师协会结构

一、选择题

1. 特许金融分析师协会将投资管理过程分成三步：（　　）。
   A. 计划、执行和结果
   B. 证券选择、资产配置和行动
   C. 计划、资产配置和反馈
   D. 计划、执行和反馈
   E. 风险容忍、反馈和行动

2. 特许金融分析师协会的投资管理过程中的计划阶段（　　）。
   A. 收集顾客以及资本市场数据
   B. 将最优资产配置和证券选择具体化
   C. 适应预期和目标变化
   D. 收集顾客以及资本市场数据，将最优资产配置和证券选择具体化，适应预期和目标变化
   E. 上述说法都不正确。

3. 特许金融分析师协会的投资管理过程中的执行阶段（　　）。
   A. 收集顾客以及资本市场数据
   B. 将最优资产配置和证券选择具体化
   C. 适应预期和目标变化
   D. 收集顾客以及资本市场数据，将最优资产配置和证券选择具体化，适应预期和目标变化
   E. 上述说法都不正确。

4. 特许金融分析师协会的投资管理过程中的反馈阶段（　　）。
   A. 收集顾客以及资本市场数据
   B. 将最优资产配置和证券选择具体化
   C. 适应预期和目标变化
   D. 收集顾客以及资本市场数据，将最优资产配置和证券选择具体化，适应预期和目标变化
   E. 上述说法都不正确。

5. （　　）是指旨在建立满足既定风险承受能力和应用限制的要求收益率的策略。
   A. 投资限制　　　　　　　　B. 投资目标　　　　　　　　C. 投资政策
   D. 上述说法都正确。　　　　E. 上述说法都不正确。

6. 一个经常被引用来说明将养老基金充分投资于股票的错误观点是（　　）。
   A. 股票的风险更高
   B. 债券的收益较低
   C. 股票可以对冲通货膨胀
   D. 股票的收益率较高
   E. 上述这些错误观点都经常被引用。

7. 问卷调查和态度调查显示风险承受能力（　　）。
   A. 随着年龄的增加而增加
   B. 随着年龄的增加而降低
   C. 对大多数投资者而言，在其生命周期内保持不变
   D. 不能被评估

E. 上述说法都不正确。

8. 可以使用（　　）来建立一个完美的通货膨胀对冲。
   A. 黄金　　　　　　　　B. 不动产　　　　　　　　C. CPI 挂钩债券
   D. 标准普尔 500 指数　　E. 上述说法都不正确。

9. 可变人寿保险（　　）。
   A. 将人寿保险和递延税收年金结合在一起
   B. 提供了死亡赔偿最低额度，提高了业绩表现
   C. 可以转化为收入流
   D. 上述说法都正确。
   E. 上述说法都不正确。

10. 养老基金主要被（　　）持有。
    A. 慈善机构　　　　　　B. 教育机构　　　　　　C. 盈利机构
    D. 慈善机构和教育机构　E. 教育机构和盈利机构

11. （　　）的核心在于权衡投资者希望得到的收益和愿意承受的风险。
    A. 投资限制　　　　　　B. 投资目标　　　　　　C. 投资政策
    D. 上述说法都正确。　　E. 上述说法都不正确。

12. 余额继承人是指（　　）。
    A. 在 1987 年股市崩盘后仍在华尔街工作的股票经纪人
    B. 信托人的雇员
    C. 在有生之年从信托中获得利息和股息的人
    D. 在信托解散时获得信托本金的人
    E. 上述说法都不正确。

13. （　　）是指投资者限定了投资资产的选择范围。
    A. 投资限制　　　　　　B. 投资目标　　　　　　C. 投资政策
    D. 上述说法都正确。　　E. 上述说法都不正确。

14. 投资期限是（　　）。
    A. 投资者预计死亡年龄
    B. 建立投资限制的开始时间
    C. 基于投资者的风险承受能力
    D. 投资组合的预计全部或部分清偿的时间
    E. 上述说法都不正确。

15. 流动性是（　　）。
    A. 出售资产的难易程度
    B. 以公平价格出售资产的能力
    C. 一项资产提供的通货膨胀保值程度
    D. 上述说法都正确。
    E. 以公平价格出售资产的难易程度和能力

16. 个人信托的投资对象通常比个人投资者的投资范围（　　），个人信托的管理者通常比个人投资者（　　）。
    A. 更广泛；更倾向于规避风险
    B. 更广泛；较少规避风险

C. 更狭窄；更倾向于规避风险

D. 更狭窄；较少规避风险

E. 上述说法都不正确。

17. （　　）很可能设置最长的投资期限。

    A. 银行

    B. 财产保险公司、意外损失保险公司

    C. 养老基金

    D. 银行和养老基金

    E. 财产保险公司、意外损失保险公司和养老基金

18. （　　）很可能设置最短的投资期限。

    A. 银行

    B. 财产保险公司、意外损失保险公司

    C. 养老基金

    D. 银行、财产保险公司和意外损失保险公司

    E. 财产保险公司、意外损失保险公司和养老基金

19. 美国共同基金要求持有任何上市公司的所有权不超过（　　）。

    A. 1% B. 5% C. 10%

    D. 25% E. 没有任何所有权百分比的限制

20. 机构投资者很少投资于下列哪类资产？（　　）

    A. 债券。 B. 股票。 C. 现金。

    D. 不动产。 E. 贵金属。

二、课后习题

1. 邻居听说你成功学完了投资学课程，于是向你寻求建议。她和丈夫都是50岁。他们刚完成房贷和子女大学教育并计划退休。你会提出怎样的退休储蓄建议？如果他们是风险厌恶型的，你会提出什么建议？

2. 下列投资者的最低风险资产选择各是什么？

    a. 为3岁孩子的大学费用投资。

    b. 固定给付养老基金，平均持续时间为10年，收益不受通货膨胀保护。

    c. 固定给付基金，平均持续时间为10年，收益受通货膨胀保护。

3. 乔治·莫尔是固定缴纳退休计划的参与者，该计划提供固定收入基金和普通股票基金作为投资选择。他现在40岁，每只基金累计投资10万美元。目前，他每年向每只基金投资1 500美元，预计65岁退休，寿命为80岁。

    a. 假设固定给付基金的年实际收益率为3%，普通股票的年收益率为6%，到65岁时，乔治每个账户的预期累积收益为多少？

    b. 假设有相同的实际收益率，每个账户的预期实际退休年金是多少？

    c. 如果乔治希望每年从固定收入基金中获得30 000美元的退休年金，那么还需要增加多少年金的投入？

4. Roth IRA和传统IRA的区别是在Roth IRA中，要对投资收益征税，但是退休时，不对所提金额征税。但是，在传统IRA中，投资减少了应税收入，而退休时，要对所提金额征税。

尽量使用附录中介绍的 Excel 电子数据表回答这些问题。
a. 哪种投资方式的税后收益较高？
b. 哪种投资方式对未知税率免税效果较好？

三、CFA 考题

1. 安格斯·沃克是一名特许金融分析师，正在为 Acme Industries 的固定收益退休计划（见下表）写评论。Acme，总部位于伦敦，业务遍及北美、日本和几个欧洲国家。下个月，该计划所有受益人的退休年龄会从 60 岁降到 55 岁。

Acme 退休计划	（%）
国际股权（摩根士丹利世界指数，不包括英国）	10
英国债券	42
英国小资本化股权	13
英国大资本股权	30
现金	5

Acme 选择的金融信息	
（单位：百万美元）	
Acme Industries 总资产	16 000
退休计划数据	
计划资产	6 040
计划负债	9 850

投资策略说明书		
	投资策略说明书（IPS）X	投资策略说明书（IPS）Y
必要收益率	计划的目标是大幅超出相关基准收益	计划的目标是与相关基准回报相匹配
风险承受力	因为计划与负债的长期性，计划有高风险承受力	因为承担大量风险的能力有限，计划有低风险承受力
时间范围	因为计划是无限持续的，所以有很长的时间范围	因为计划人口统计，计划的时间范围比以前的短
流动性	计划需要中等流动性为每月的收益支付提供资金	计划有最小流动需求

Acme 工人年龄的中位数是 49 岁。沃克负责退休计划和战略性资产分配决议。该计划的目的包括获得 8.4% 的最小期望收益，期望标准差不高于 16.0%。

沃克正在评估当前资产配置（见"ACME 退休计划"），并且为公司选择了金融信息（见"ACME 选择的金融信息"）。Acme 内部对退休计划的投资策略说明书存在持续性争议。正在考虑中的两个投资策略说明书见"投资策略说明书"。

a. 对下列各部分来说，是 IPS X 还是 IPS Y（见"投资策略说明书"）适合 Acme 的退休计划，请说明一个理由。
   i. 必要收益率。 ii. 风险承受能力。
   iii. 时间范围。 iv. 流动性。
   注意：IPS X 的某些组成部分可能合适，同时 IPS Y 的另一些组成部分可能合适。

b. 为协助沃克，Acme 雇用了两个养老基金顾问——卢西·格雷厄姆和罗伯特·迈克尔。格雷厄姆认为养老基金的投资应该反映出低风险承受能力，但是迈克尔认为养老基金的投资必须获得最高可能收益。基金当前资产分配以及格雷厄姆和迈克尔推荐的资产分配见"资产分配"。从 3 种资产组合中选择最适合 Acme 的退休计划。解释你的决定如何满足该计划的下列目标和限制。

资产分配			(%)
	现在	格雷厄姆	迈克尔
英国大资本化股权	30	20	40
英国小资本化股权	13	8	20
国际股权（除英国外的摩根士丹利世界指数）	10	10	18
英国债券	42	52	17
现金	5	10	5
总共	100	100	100
期望投资组合收益率	9.1	8.2	10.6
期望投资组合变动程度（标准差以百分率计量）	16.1	12.8	21.1

i．必要收益率。　　　　　ii．风险承受能力。　　　　iii．流动性。

2. 你的客户说："加上投资组合中未实现的资本利得，我几乎已经为女儿凑足了 8 年后的大学学费，但是教育成本不断上升。"仅凭这个说明书，下列哪项对你客户来说是最不重要的投资决策。

   a. 时间范围。　　　　　　　　　　b. 购买力风险。
   c. 流动性。　　　　　　　　　　　d. 税收。

3. 下列最不可能包括在投资组合管理过程的是：

   a. 识别投资者的目标、限制和偏好。　　b. 组织管理过程本身。
   c. 根据将要使用的资产，实施投资策略。　　d. 监控市场情形、相关价值和投资者情形。

4. 萨姆·肖特是一名特许金融分析师，最近加入了 Green、Spence & Smith（GSS）投资管理公司。几年来，GSS 的顾客范围广泛，包括雇员收益计划、富人和慈善机构。此外，公司专门投资股票、债券、现金余额、不动产、风险资本和国际证券。迄今，公司没有正式的资产分配过程而是依赖于顾客的个人愿望或投资组合管理人的特定偏好。简单来说，GSS 管理是指：正式的资产分配过程是有益的，并强调投资组合的最终收益的大部分取决于资产分配。公司要求他通过为行政管理提供建议将工作更推进一步。

   a. 推荐一种 GSS 可以使用的资产分配方法。
   b. 此方法要应用到中年、富裕人群等非常保守的投资者（有时候指的是"监护人投资者"）。

5. Jarvis University（JU）是一所私有化、多程序的美国大学。截至 2019 年 5 月 31 日第一个财政年度获得 20 亿美元捐赠基金。由于政府捐赠较少，JU 很大程度上依赖捐赠基金来支持源源不断的支出，尤其是因为近几年来学校的入学增长率和学费没有达到预期。对 JU 的一半收入预算而言，捐赠基金必须每年投入 1.26 亿美元，与通货膨胀挂钩。每年美国的消费者价格指数预期增长 2.5%，美国高等教育成本指数预期增长 3%。2020 年 1 月 31 日到期的捐赠预计为 2 亿美元，代表建设新图书馆主楼的一期支付数额。

   在近来的资本竞争中，JU 在一位成功的女校友——Valerie Bremner 的帮助下达到了募集基金的目标，Valerie Bremner 于 2019 年 5 月 31 日捐赠了 4 亿美元的 Bertocchi Oil and Gas 普通股票。Bertocchi Oil and Gas 是一家大资本化、公开发行股票的美国公司。Bremner 捐赠股票的条件是在第一财政年度内不得销售大于 25% 的股票。未来预期再没有大量捐赠。

   考虑到对捐赠基金的大量投入和分配，该捐赠基金的投资委员会决定修改该基金的投资策略说明书。它也意识到修改资产分配可能需要授权。JU 捐赠基金的资产分配从 2019 年 5 月 31 日开始（见下表）。

JU 自 2019 年 5 月 31 日起捐赠基金资产分配情况

资产	当前分配 （百万美元）	当前分配比率 （%）	当前收益 （%）	预期年收益 （%）	收益的标准差 （%）
美国货币市场债券基金	40	2	4.0	4.0	2.0
中间全球债券基金	60	3	5.0	5.0	9.0
全球股权基金	300	15	1.0	10.0	15.0
Bertocchi 油气普通股票	400	20	0.1	15.0	25.0
直接房地产	700	35	3.0	11.5	16.5
风险资产	500	25	0.0	20.0	35.0
总计	2 000	100			

a. 根据已知信息，为 JU 捐赠基金准备自 2019 年 6 月 1 日起实施的适当的投资策略说明书构成要素。

注意：你回答中的每个构成要素必须特别强调 JU 捐赠基金的情形。

b. 决定自 2019 年 6 月 1 日起，表中每项资产的最佳修改分配比例。调整每个修改过的分配比例。

6. 苏珊·费尔法克斯是一家以美国为基础的公司——Reston Industries 的主席。它的产品完全内销，股票在纽约股票交易所上市交易。下列是关于它目前情形的其他事实：

- 费尔法克斯是单身，年龄为 58 岁，没有直系亲属，无债务，没有住房。她身体状况良好，在 Reston 支付的健康保险的保护之下，这项保险在她预期 65 岁退休时仍然会继续。
- 它的基本工资是 50 万美元/年，足够支付她当前的生活，但是永远不会有剩余基金储蓄。
- 早年她有 200 万美元的储蓄，是以短期投资工具的形式持有的。
- Reston 通过大量的股票股利刺激计划回报主要雇员，但是不提供退休计划，不发放股息。
- 费尔法克斯参与的刺激计划使其拥有的 Reston 股票价值 1 000 万美元（目前的市场价）。该股票买入时无须缴税，卖出时缴纳全部收入的 35%，预期将至少持有至退休。
- 她当前的支出水平和当前的年通货膨胀率为 4%，预期退休后仍然会持续下去。
- 费尔法克斯需要就所有工资、投资收入和已实现资本利得纳税。假设她的符合税率会在该水平无限持续下去。

费尔法克斯的定位是对所有事情都耐心、细致、保守。她说，如果她的累计储蓄创造的投资组合在任何 12 个月的周期中下降不超过 10%，那么税后年真实回报率为 3% 是完全可以接受的。为寻求专业帮助，她找到两家投资咨询公司——HH Counselors（"HH"）和 Coastal Advisors（"Coastal"），寻求对现存储蓄资产创建投资组合的资产分配建议，以及有关投资总的建议。

a. 基于上述费尔法克斯的特定信息，为其创建投资策略说明书，列示目标和限制。（如果只有一项资产分配，则不需要回答这个问题。）

b. Coastal 对费尔法克斯的 200 万美元的储蓄资产的资产分配如下表所示。假设只对费尔法克斯计划总收益的当前部分（由投资收益和已实现资本利得组成）征税，并且市政债券完全免税。

Coastal Advisors 给苏珊·费尔法克斯建议的资产分配情况 （%）

资产类别	建议分配	当前收益	计划总收益
现金等价物	15.0	4.5	4.5
公司债券	10.0	7.5	7.5
市政债券	10.0	5.5	5.5

(续)

资产类别	建议分配	当前收益	计划总收益
大资本化美国股票	0.0	3.5	11.0
小资本化美国股票	0.0	2.5	13.0
国际股票（EAFE）	35.0	2.0	13.5
房地产投资信托（REIT）	25.0	9.0	12.0
风险资本	5.0	0.0	20.0
总计	100.0	4.9	10.7
预计通货膨胀（CPI）			4.0

评价 Coastal 的建议。根据你创建的投资策略说明书的观点，在回答对 Coastal 的建议时，说出它的 3 个缺点。

c. HH Counselors 为客户的投资组合建立了另外 5 种资产分配（见下表）。基于表中信息和你为费尔法克斯创建的投资策略说明书，回答下列问题：

HH Counselors 准备的另一种资产分配方法 （%）

资产类别	计划总收益	希望标准差	资产分配 A	资产分配 B	资产分配 C	资产分配 D	资产分配 E
现金等价物	4.5	2.5	10	20	25	5	10
公司债券	6.0	11.0	0	25	0	0	0
市政债券	7.2	10.8	40	0	30	0	30
大资本美国股票	13.0	17.0	20	15	35	25	5
小资本美国股票	15.0	21.0	10	10	0	15	5
国际股票（EAFE）	15.0	21.0	10	10	0	15	10
房地产投资信托（REIT）	10.0	15.0	10	10	10	25	35
风险资本	26.0	64.0	0	10	0	15	5
总计			100	100	100	100	100

数据汇总

	资产分配 A	资产分配 B	资产分配 C	资产分配 D	资产分配 E
预期总收益	9.9	11.0	8.8	14.4	10.3
预期税后总收益	7.4	7.2	6.5	9.4	7.4
预期标准差	9.4	12.4	8.5	18.1	10.1
夏普比率	0.574	0.524	0.506	—	0.574

i. 决定表中的哪种资产分配符合或超出费尔法克斯所述的收益目标。

ii. 决定表中的哪 3 种资产分配满足费尔法克斯的风险承受力标准。假设需要 95% 的置信区间、两个标准差。

d. 假设无风险利率为 4.5%。

i. 计算资产分配 D 的夏普比率。

ii. 基于夏普比率法，决定 HH 公司的表中有最佳风险调整收益的两种资产分配。

7. 最近，约翰·富兰克林的妻子去世了，他在账户投资上小有经验。在他妻子的丧事和财产处置完之后，富兰克林先生获得了一家业绩相当不错的私营制造公司的控制权，以前富兰克林夫人在这家公司工作很积极。他还拥有一处刚刚竣工的仓库、一处住宅以及股票和债券。他决定将仓库作为分散化投资的一部分，并且出售私营公司的股权。收入的一半捐赠给一个医学研究基金，以纪念他去世的妻子。赠予将于 3 个月之后进行。现在要求你帮他评估、计划并构建一个合适的资产组合。

富兰克林先生向 3 个月后接受捐赠（4 500 万美元，最后能够获得房产）的医学研究基金的财政委员会推荐了你。这项捐赠将大大增加基金的数额（从 1 000 万美元到 5 500 万美元）并能给研究人员带来好处。基金的经费捐助政策（支出）一直是花费掉几乎所有的年投资净收益。因为富兰克林一直比较保守，现在捐赠的资产组合几乎全是由固定收益资产组成的。公司财政委员会已经意识到因为通货膨胀的影响，这些行动会使基金所拥有的资产的实际价值和将来资助的实际价值减少。直到现在，财政委员会相信这一点，但是没有更好的办法，因为计划研究需要大量的即期经费，而基金的规模太小。基金每年资助的资金至少要等于资产市值的 5% 时才能免税，预计这一要求会一直持续下去，而且未来可能不会有额外的捐赠或基金筹措活动。

因为要获得富兰克林先生的捐赠，财政委员会想制定新的经费捐助和投资策略。年支出必须达到市值的 5% 以上才能免税，但是委员会不确定是否能达到 5%，也不确定是否应该达到 5%。因为研究很重要，委员会会保证支出的数额，但是它也意识到为了保留未来经费捐助的能力，维持基金资产的实际价值同样重要。现要求你帮助委员会制定合适的策略。

a. 识别并简单介绍确定基金经费捐助策略中的 3 个关键要素。
b. 为基金制定一项投资策略报告，并对富兰克林先生捐赠之后引起资产规模增加的这个因素考虑进去。投资策略报告必须包括所有相关目标、限制因素以及 a 中的关键因素。
c. 推荐一个与 b 中投资策略一致的长期资产配置方案，并解释该资产配置方案的期望收益如何满足基金的可行性经费捐助政策的要求。（资产配置比例之和必须为 100%，并运用下表所列示的经济/市场数据和资产分类知识。）

资本市场年收益率数据					(%)
	历史平均水平	中期共同预期		历史平均水平	中期共同预期
美国国库券	3.7	4.2	美国普通股（全部）	10.3	9.0
美国中期债券	5.2	5.8	美国普通股（小盘）	12.2	12.0
美国长期债券	4.8	7.7	非美国普通股（全部）	N/A	10.1
美国公司债券（AAA）	5.5	8.8	美国通货膨胀	3.1	3.5
非美国债券（AAA）	N/A	8.4			

8. Christopher Maclin，今年 40 岁，是 Barnett 公司的管理层，每年税前收入 80 000 英镑。Louise Maclin，今年 38 岁，在家中照顾刚刚出生的双胞胎。最近，她从父亲的遗产中继承了 900 000 英镑（税后）。此外，夫妇二人还有以下资产（当前市值）：
- 5 000 英镑现金。
- 160 000 英镑股票和债券。
- 价值 220 000 英镑的 Barnett 公司的普通股。

Barnett 公司股票市值增值幅度很大，因为过去 10 年公司的销售额和利润不断增长。Christopher Maclin 相信 Barnett 公司和其他公司股票的良好业绩会一直持续下去。

Maclin 夫妇的房屋首付需要 30 000 英镑，并且为了纪念 Louise Maclin 的父亲，两人打算向当地的慈善机构捐赠 20 000 英镑，不可抵税。Maclin 夫妇每年的生活费用为 74 000 英镑。工资的税后增加额可以抵消未来所有的生活费用的增加额。

在与格兰特·韦布讨论期间，Maclin 夫妇表示他们希望能实现其子女的教育目标和他们的退休目标。他们告诉韦布：

- 他们希望在18年后退休时有足够的资金,养老并支持子女读4年大学。
- 近年来,他们不希望遭受资产组合波动的影响,并且不希望任何一年的损失超过12%。
- 他们不想投资酒和烟草的股票。
- 他们以后不会再有别的小孩。

讨论之后,韦布计算出18年后Maclin夫妇共需要200万英镑以满足他们的教育和退休目标。韦布建议,他们资产组合年收益率下降的幅度控制在12%以内。Maclin的工资、资本利得和投资收益将按40%纳税,而且没有避税策略。下一步,韦布将为Maclin夫妇制定一份投资策略报告。

a. 制定投资策略报告的风险目标。
b. 制定投资策略报告的收益目标。计算相应的税前收益率。写出计算过程。
c. 制定投资策略报告的限制因素,从以下几个方面进行阐述:
 ⅰ. 时间期限　　　　　　　　ⅱ. 流动性要求
 ⅲ. 税收　　　　　　　　　　ⅳ. 特殊环境

9. Louise 和 Christopher Maclins 已经买了房子并且完成对慈善机构的捐赠。现有一份为 Maclins 夫妇制定的一份投资策略,格兰特·韦布建议他们考虑一下下表列出的战略性资产配置方案。

Louise 和 Christopher Maclin 建议的战略性资产配置方案				(%)
资产类别	建议的资产配置比	当期收益率	预计每年税前总收益率	期望标准差
现金	15.0	1.0	1.0	2.5
英国公司债券	55.0	4.0	5.0	11.0
英国小盘股	0.0	0.0	11.0	25.0
英国大盘股	10.0	2.0	9.0	21.0
美国股票①	5.0	1.5	10.0	20.0
Barnett 公司普通股	15.0	1.0	16.0	48.0
资产组合总计	100.0	—	6.7	12.4

①美国股票数据均以英镑为单位计算。

a. 找出资产配置方案中与 Maclins 夫妇投资目标和限制因素相矛盾的方面,并证明你的回答。
b. 进行深入讨论之后,韦布和 Maclin 夫妇一致认为合适的战略性资产配置方案应该包含 5%~10% 的英国小盘股和 10%~15% 的英国大盘股。对于组合中的其他部分,韦布列出了下表所示的资产类别范围。基于 Maclin 夫妇的投资目标和限制因素,用一种理由来证明每种合适的配置范围。
注意:不需要计算。

Louise 和 Christopher Maclin 的资产类别范围			(%)
资产类别	配置范围		
现金	0~3	5~10	15~20
英国公司债券	10~20	30~40	50~60
美国股票	0~5	10~15	20~25
Barnett 公司普通股	0~5	10~15	20~25

参考答案

一、选择题

| 1. D | 2. A | 3. B | 4. C | 5. C | 6. C | 7. B | 8. C | 9. D | 10. D |
| 11. B | 12. D | 13. A | 14. D | 15. E | 16. C | 17. C | 18. D | 19. B | 20. E |

二、课后习题

1. 他们应该充分利用所有可用的退休金避税政策，例如市政债券。如果他们非常厌恶风险，他们应该考虑将大量资金投资于通胀保值的基金国债，它提供了一个无风险的实际收益率。

2. a. 为孩子的大学学费投资，风险最低的资产是以大学学费为计价的储蓄账户。这样的账户是由新泽西普林斯顿大学储蓄银行提供的存款计划。根据大学董事会编制的指数，该存款账户到期时可供用于支付的金额等于或超过本科生一年的平均学费。

   b. 风险最低的资产是养老金支付金额的现值、期限为10年的债券组合。这是一个不论利率如何变化，未来值都等于（甚至大于）养老金义务的免疫策略。注意，免疫策略需要对债券资产组合进行定期的再平衡。

   c. 收益受通胀保护的固定给付养老基金的最小风险资产是免疫通胀指数债券，其期限等于养老金义务的期限（即在这种情况下，期限为10年）。

3. a. 乔治·莫尔到65岁时的预期累积收益为：

	n	i	PV（美元）	PMT（美元）		FV（美元）
固定收入	25	3%	100 000	1 500	⇒	FV = 264 067
普通股	25	6%	100 000	1 500	⇒	FV = 511 484

   b. 预期退休年金为：

	n	i	PV（美元）	PV（美元）		PMT（美元）
固定收入	15	3%	264 067	0	⇒	PMT = 22 120
普通股	15	6%	511 484	0	⇒	PMT = 52 664

   c. 为了得到每年3万美元的固定收入年金，他在65岁的累积收益应为：

	n	i	PMT（美元）	FV（美元）		PV（美元）
固定收入	15	3%	30 000	0	⇒	PV = 358 138

   他每年的投入应为：

	n	i	PV（美元）	PV（美元）		PMT（美元）
固定收入	25	3%	100 000	-358 138	⇒	PMT = 4 080

   这比现在每年1 500美元的投入高出2 580美元。

4. a. 这个问题的答案取决于投资者在积累阶段和支付阶段对实际所得税率所做的假设。首先，假设①整个投资期限内税率保持不变；②整个投资期限内，投资者的应税收入保持相对稳定。结果是，如果投资者的实际税率保持不变，Roth IRA 和传统 IRA 提供了相同的税后收益。

   或者，可以设想这样一种情形，一个家庭在积累阶段早期收入较低，在积累阶段后期和支付阶段收入较高。如果税率在整个投资期内保持不变，那么投资者在积累阶段的实际税率将低于支出阶段的实际税率，因此，Roth IRA 提供了一个更高的税后收益。这是投资者的 Roth IRA 被课以较低的税率，而传统 IRA 被课以较高税率的结果。类似地，如果在积累阶段实际税率高于支付阶段，传统 IRA 税后收益更高。

显然，上面的每一种情形都是对实际情况的极端简化。如果考虑到税法的变化和那些能够影响实际税率的投资者个人情况的差异，这个问题会变得更加复杂。

b. 对 Roth IRA 来说，投资来自于税后收入，所以积累阶段的税率是已知的，而支出阶段的税率为 0，即税率是确定的。另一方面，对传统 IRA 来说，投资在积累阶段是免税的，而在支付阶段，直到做出支付之前税率都是未知的。传统 IRA 支付阶段税率不能确定是由两个方面的原因造成的。首先，投资者不能预测未来法定税率的变化，其次，即使法定税率保持不变，投资者也不能确定未来纳税的档次，因为他不能准确预测他退休时的应税收入。因此，Roth IRA 使投资者免于遭受税率不确定的风险，而传统 IRA 则将投资者置于非常大的税率不确定的环境下。

三、CFA 考题

1. a. ⅰ. **必要收益率**：IPS Y 更适合。因为该计划当前已经资金不足，首要应该做的就是强化养老基金的融资能力。企图获取最大化总收益的固有风险是不适当的。

   ⅱ. **风险承受能力**：IPS Y 更适合。由于基金处于资金不足的状况，计划的风险容忍度较低。若基金蒙受重大损失，给受益人的支付可能会受到影响。

   ⅲ. **时间范围**：IPS Y 更适合。虽然持续经营的退休金计划通常有很长的时间跨度，但是 Acme 计划的时间跨度较短，这是由于退休年龄的降低和劳动力年龄的中值相对较高。

   ⅳ. **流动性**：IPS X 更适合。因为根据从下个月开始的提早退休特点和工人的年龄特点（这表明在不久将来会增加很多的退休工人），计划需要适度的流动性，以保证每月有足够的资金进行收益支付。

   b. 当前的资产组合对于养老金计划的资产配置来说是最优的选择。当前的资产组合提供了：
   ⅰ. 高于计划必要收益率的期望收益率；
   ⅱ. 仅比计划目标略高的预期标准差；
   ⅲ. 能够满足将来需要的流动性水平。

   较高的期望收益率能够从某种程度上缓解计划的资金不足，基金的风险也将降低到最小。除了现金（5%）之外，资产主要配置到英国债券（42%）、大盘股（30%）之中。当早期的退休特征在下个月生效时，这些高流动性的资产应该足以应付每月的收益支付，尤其是考虑到这些投资具有稳定的收入流。

   格雷厄姆的投资组合提供了：
   ⅰ. 稍低于计划要求的期望收益率；
   ⅱ. 远低于计划目标的预期标准差；
   ⅲ. 能够充分满足将来需要的流动性水平。

   鉴于该计划资金不足的状态，投资组合的期望收益率是不可接受的。

   迈克尔组合提供了：
   ⅰ. 显著高于计划要求的期望收益率；
   ⅱ. 远远超过计划目标的预期标准差；
   ⅲ. 足以应付未来需求的流动性水平。

鉴于该计划资金不足的状态，投资组合的风险水平是不可接受的。
2. c。储蓄的足够多的钱已经具备了很强的流动性，所以这一项对于这位客户来说是最不重要的。这笔钱要供其女儿8年后的大学教育，因此时间期限是重要的。另外，教育成本的上升，意味着购买力风险的存在。对于个人投资者来说，税赋也是必须考虑的重要因素。
3. b。因为资产组合管理的主要目的是使拥有不同期望与环境的投资者都能拥有满意的投资决策，所以资产组合管理必须明确投资者的目标、制约因素及偏好，必须根据所选择的资产实施投资策略，必须监视市场条件、相对价值及投资环境以使资产组合管理有效，而组织管理过程本身并不是考虑的重点。
4. a. GSS公司可以用来进行资产配置的一种方法可以分为如下几步：
   i. 明确资产组合包括哪几类资产。通常考虑的几种资产类型如下：货币市场工具（通常称为现金）；固定收益证券（通常称为债券）；股票；不动产；贵金属；其他。机构投资者大多数投资于前4种资产，私人投资者还常把贵金属与其他国外的投资工具也包含在自己的投资组合当中。
   ii. 明确资本市场的期望值。这一步骤包括利用历史数据和经济分析来决定投资者对资产组合中所考虑的资产在相关持有期内的期望收益率。
   iii. 确定有效资产组合边界。这一步骤指找出在既定的风险水平下可获得最大期望收益的资产组合。
   iv. 寻找最佳的资产组合。这一步骤指投资者在满足面对的限制因素的条件下，选择最能满足其风险收益目标的资产组合。
   b. 一个典型的保守型的投资者总是希望保持他的资产的购买能力。极端的保守者可能只会选择AAA短期债券。GSS公司将首先决定时间期限为多长、期望收益率为多高。假定投资期限较长，预期收益率（税前）为8%~10%，资产组合将分配30%~40%的资金于债券，30%~40%的资金于股票，以及适当的比例给其他资产组合。
5. a. **目标**
   i. **收益**
   JU捐赠基金的要求总收益率是开支比率和预期教育成本的长期增加之和：
   开支比率 = 1.26亿(当前的开支需求)/[20亿(当前的基金余额) - 2亿(债务支付)]
   = 1.26亿/18亿 = 7%
   预期教育成本增加3%，两项之和为10%。这一较高的收益率确保了捐赠基金的实际价值得以维持。
   ii. **风险**
   风险承受力的估计要求评估捐赠基金承受风险的能力及意愿。
   能力：平均风险
   捐赠基金从本质上说是长期的，具有无限生命。这个长的时间期限本身将容忍高于平均水平的风险。
   然而，JU捐赠基金有来自两方面的需求，并且存在冲突：其一是为了满足即将到来的支出需要要求基金具有较高的当前收益；另一方面则需要长期增长以满足将来要求。由于支出比率（超出5%）的需要，且大学严重依赖这些基金，所以只能允许平均的风险水平。
   意愿：高于平均风险
   大学的领导和捐赠董事们制定了一个超出5%的支出比率。为了达到7%的实际收益率，基金必须投入到高于平均风险的证券。因此，7%的支出比率表明愿意承受高于平均水平的风险。

另外，当前的资产组合大量配置到房地产和风险投资，也表明基金愿意承受高于平均水平的风险。

考虑到承受风险的能力和意愿两方面，捐赠基金的风险容忍度是高于平均水平的。

约束

i. 时间范围

需要两阶段的时间范围。第一阶段识别短期流动性约束（在8个月内需支付2亿美元的图书馆费用）。第二阶段是一个无限的时间范围（建立捐赠基金，提供永久支付）。

ii. 流动资金

一般来说，捐赠基金具有较长的时间期限和超出年度支付要求的较低的流动性要求。然而，JU 捐赠基金要求一定的流动性，因为除了当年的运营预算，还有即将支付的图书馆费用。下一年的流动性需求为：

图书馆支出：	+2 亿美元
经营预算：	+1.26 亿美元
年度组合收益：	−0.29 亿美元
总计：	2.97 亿美元

年度投资组合收益 = $(0.04 \times 0.40) + (0.05 \times 0.60) + (0.01 \times 3.00) + (0.001 \times 4.00) + (0.03 \times 7.00) = 0.29$（亿美元）。

iii. 税收

美国捐赠基金是免税的。

iv. 法律法规

美国捐赠基金要受到州（有些是联邦）的管制和立法限制，以及普遍适用的审慎化原则制约。布雷姆纳的限制，可能会对基金造成法律约束（在任何一年的时间内不可出售超过25%的初始 Bertocchi 的石油和天然气股）。

v. 特殊的情况

在任意一年内出售捐赠获得的 Bertocchi 石油和天然气股票不能超出25%（由捐赠者施加的条件），另外一个需要考虑的就是之后8个月内需要一次支付的2亿美元的图书馆费用。

b.（答案不唯一）

美国货币市场债券基金：15%（范围：14% ~ 17%）

下一年的流动性需求为：

图书馆支出：	+2 亿美元
经营预算：	+1.26 亿美元
年度投资组合收益：	−0.29 亿美元
总计：	2.97 亿美元

总流动性至少需要 2.97 亿美元（目前捐赠资产的 14.85%）。额外的配置（比建议的15%多2%）过于保守。这个缓冲应该足以满足任何交易需求（即不匹配的现金流入/流出）。

中间全球债券基金：10%（范围：10% ~ 20%）

为了达到10%的资产组合收益，基金需要承受高于平均水平的风险（例如10%的全球债券基金和20%的风险资产）。低于10%的分配比率将使捐赠基金承受不必要的风险，使其安全性和持有收益受到影响。11%～20%的分配比率范围还是可以接受的，因为资产组合的风险降低可以用来弥补资产组合收益的稍微减少。高于20%的分配比率将不能满足捐赠基金的收益要求。

全球股权基金：15%（范围：15%～25%）

Bertocchi 油气普通股：15%

当前分配存在单一发行人的集中风险。要求减少25%（1亿美元），这是捐赠者允许的最大限度，剩余 4 - 1 = 3(亿美元)。

直接房地产：25%（20%～30%）

减少房地产风险敞口有利于基金的短期流出。在给定直接房地产市场的低流动性下，从分配到直接房地产的7亿美元中剥夺2/5(35%→25%)以上将很困难，所以这一下降是适当的。

风险资产：20%（15%～25%）

减少房地产风险敞口有利于资金的短期流出。这一下降是适当的，因为在给定禁售期、合约及一般低流动性下，从风险资产的5亿美元中剥夺1/5（25%→20%）以上将很困难。25%以上的配置将引起不必要的风险，使捐赠基金的安全和持有收益处于较高风险之中。低于25%的分配并不能满足捐赠基金的收益率的要求。

建议的配置（点估计）允许JU捐赠基金满足10%的必要收益率，计算如下：

资产	建议的配置（%）	预期收益率（%）	收益率权重（%）
美国货币市场基金	0.15	4.0	0.600
中间全球债务基金	0.10	5.0	0.500
全球股权基金	0.15	10.0	1.500
Bertocchi 普通股	0.15	15.0	2.250
直接房地产	0.25	11.5	2.875
风险投资	0.20	20.0	4.000
总计	1.00		11.725

在允许配置范围内，选择适当的组合，将获得超过10%的必要收益率，从长期来看，其投资组合会保持一个高于平均水平的风险。

6. a. **概述**

费尔法克斯现在58岁，按计划离退休还有7年。她的生活相当富裕但也有一些金钱方面的担忧：她的大笔薪水都用于支付当前的支出，她在早年的储蓄总共已累积了200万美元的现金等价物。她的健康状况良好，其健康保险期限将持续到退休后并由雇主支付。费尔法克斯对于投资并不是很擅长，她习惯于与专业顾问联系来安排她的投资计划，该计划由在纽约证券交易所上市的价值1 000万美元的公司股票组合而成，这些股票不支付红利，无须纳税。所有的薪水、投资收入（除了市政债券的利息）以及实现的资本利得都按她所适用的35%的税率征收所得税；预计在将来这一税率和4%的通胀率会保持不变。如果实际收益率能在温和的资产组合波动率（即每年贬值率低于10%）下得到，费尔法克斯愿意接受由其200万美元的储蓄构建而成（"储蓄资产组合"）的投资组合的3%的实际税后收益率。她在各方面都被认为是保守的。

目标

①要求收益率。费尔法克斯要求的资产组合的收益从7年后（退休之时）开始。她的储蓄资产组合的投资要点是在过渡期增加资产价值，以便为购买力丧失提供保护。假

设她的投资收入都是应税的（正如现在），并且假定4%的通货膨胀率和35%的税率，则她的实际税后3%的收益率暗示了她总的要求收益率不低于10.8%。费尔法克斯为了维持她现在的生活方式，在退休后，每年必须拥有通货膨胀调整后的收入为：500 000 × 1.047 = 658 000 美元。

如果 Reston 公司的股票市场价值不变，费尔法克斯能够从储蓄资产中获得10.8%的收益（或7%的名义税后收益率），则到了退休年龄，她将积累：10 000 000 + (2 000 000 × 1.07^7) = 13 211 500 美元。要每年产生 658 000 美元，在 13 211 500 美元的基础上需要产生5%的收益。

②风险承受力。所给信息表明费尔法克斯相当厌恶风险；在任何年份她都不想她的储蓄资产组合有超过10%的损失。这说明该资产组合的风险敞口低于平均水平，以最小化它向下的波动性。从总财富的角度看，她可以承受超过平均水平的风险，但是由于她的偏好和总资产组合非分散化的实质，储蓄资产组合采取低于平均的风险目标是比较合适的。但是，应该注意的是，费尔法克斯的总资产组合风险的真正有意义的报告书是与 Reston 公司股票的波动性假设（如果持有它）以及什么时候以什么价格卖出股票的假设紧密相连的。因为对 Reston 公司股票的持有量占她总资产组合的83%，只要它的持有量保持不变，它将在很大程度上决定费尔法克斯会实际面临的风险。

限制条件

①时间范围。费尔法克斯的生命可以分为两段时期。第一段时期是她设置其财务状况，从而为第二段时期即她退休后维持收支平衡做准备的时期。在两段时期内，直至她生命结束的后一段较长的时期是主要的时期，因为在此期间资产必须能够支付在其退休后的年度开支，如同年金一样。

②流动性。流动性既可以定义为收入要求，也可定义为满足紧急需求的现金准备，不管采用哪一个定义，费尔法克斯的流动性要求都很小。她每年都有 500 000 美元的工资，无须担忧健康方面的支出，且在资产组合中没有计划的现金需求。

③税收。费尔法克斯的应税收入（工资、应税投资收入、实现的证券资本利得）按35%的税率纳税，需要进行谨慎的税收筹划并将其与投资计划保持协调一致。投资策略应该包括寻求获得能够避税的收益，以及持有长期债券以便产生更高的税后收益。出售 Reston 股票将导致巨大的税收义务的产生，因为她的成本基点是零，对此应采取特殊的计划安排。费尔法克斯可能在其生前或死后考虑慈善捐赠。她没有直系亲属，也没有其他可能的赠予或遗赠对象。

④法律法规。费尔法克斯应该明了并遵守一切与她在 Reston 公司的"内幕人员"地位以及她所持有的 Reston 公司股票有关的证券（或其他）方面的法律法规。尽管没有可供替代的信托工具，如果费尔法克斯未来的投资由投资顾问来处理，则与谨慎投资人法则相关的责任将起作用，包括投资于分散化资产组合的责任。而且，即使没有明显的赠予或遗赠对象，她也需要不动产计划方面的法律援助。

⑤特殊情况和（或）偏好。Reston 公司股票在费尔法克斯的资产组合中占了绝大部分。一个定义良好的退出策略只要是可行的和适合的，就应该被制定出来。如果股票在被出售之前价值上涨，或者至少不减少，则费尔法克斯在退休之后的生活方式就可以通过资产组合而得以维持。然而，Reston 公司显著或延长的衰退会导致灾难性的后果。这种情况将要求费尔法克斯大幅度缩减生活开销，或者产生其他的收入来源以维持当前的

生活方式。最糟糕的情况可能就是 Reston 股票的市场价值损失 50%，同时不得不卖出这些股票以分散风险，而出售收入将要缴纳 35% 的税。在这种情形下，资产组合中 Reston 股票部分的净收益为：10 000 000×0.5×(1−0.35)=3 250 000 美元。当加入储蓄资产组合时，总资产组合价值将为 5 250 000 美元。对此资产组合来说要得到 658 000 美元的收入，就要求有每年 12.5% 的收益率。

总结

管理费尔法克斯的储蓄资产组合的投资策略，重点在于从高质量的资产组合中实现 3% 的实际税后收益率，同时使风险低于平均水平，必须一直关注她的税收计划和法律方面的要求，要考虑她逐渐接近退休年龄，以及她的 Reston 股票的价值。在下列情况下持有 Reston 的股票具有决定性的意义：任何进展都应受到密切监控，如果可以对于最坏情形下的保护就必须马上实行。

b. 批评。Coastal 公司的建议可以产生大约 5.18% 的实际税后预期收益率，这高于费尔法克斯要求的 3%。该建议的预期收益率可以通过从当前总收益率中减去免税收益率计算得出：4.9%−0.55%=4.35%。接下来，将结果转化成税后收益率：4.35%×(1−0.35)=2.83%。再将免税收入加进去：2.83%+0.55%=3.38%。再将收益率的增值部分(5.8%) 加进税后收益率从而得到名义资产组合收益率：3.38%+5.80%=9.18%。最后，再从中减去 4% 的通货膨胀率就得出预期的实际税后收益率：9.18%−4.0%=5.18%。

这个结果也可以通过计算所持各个部分的资产，再按资产组合中所占比例给各结果加权求和得出。

根据已知数据，不可能专门确定资产组合波动性的固有程度。尽管满足了收益率标准，资产配置没有可实现性，具体地说，也不适于费尔法克斯的情况，因为她需要的是实际有用的投资策略。基本的缺点如下。

①股权资产的配置。要达到费尔法克斯制定的收益率要求，对股权资产的风险敞口是必要的；但是，又要求这些资产在其他股权资产类别中有更大程度的分散化，以构建一个更有效的、潜在的波动性更小的资产组合，才能满足她的风险承受能力的同时又能满足收益率要求。对于一个资产配置，如果集中持有美国的大盘和（或）小盘股票，并包括更小的国际化的和房地产投资信托基金头寸，可能更容易实现收益率和风险承受能力目标。如果有更多关于收益率及 Reston 股票收益率和波动性方面的信息，可以认为持有该股权只是她的资产组合中美国股权的一部分。但是由于信息的缺乏，就没有办法考虑储蓄资产组合的配置，从而要求更广泛的股权分散化。

②现金配置。在建议的固定收益成分中，当给定有限的流动性和这类资产很低的收益时，15% 的现金配置是多余的。

③公司/市政债券配置。当给定费尔法克斯的税收状况和市政债券与公司债券相比的税后收益的优越性（5.5% 对 4.9%）时，公司债券方面的配置（10%）是不合适的。

④风险资本配置。根据费尔法克斯的策略报告书，她相当厌恶风险和波动性，因此在风险资本方面的配置比例是存在问题的。尽管风险资本可以带来分散化的好处，但从历史来看，风险资本收益率的波动比其他风险性资产如美国大盘股和小盘股都要大。因此，即使比例很小的风险资本投资也可能是不合适的。

⑤缺少风险/波动性信息。该建议集中于收益率预期而忽略了风险/波动性方面。尤其是，建议书应提及整个资产组合的预期波动率，以确定它的下跌幅度是否在费尔法克斯规定的风险承受力范围之内。

c. i. 费尔法克斯已经提到她要求得到3%的实际税后收益率。表中HH公司给出了名义的税前收益数据,其必须对税金和通货膨胀进行调整,以判断哪种资产组合能满足费尔法克斯的收益率标准。简单的方法是从给出的收益率中减去市政债券收益率,再将结果减去35%的税率,再将市政债券收益加回。这将得到名义的税后收益。最后,减去4%的通胀率就可得到实际的税后收益率。例如,配置A的实际税后收益率为3.4%,计算如下:

$$\{[0.099 - (0.072 \times 0.4) \times (1 - 0.35)]\} + (0.072 \times 0.4) - 0.04 = 3.44\%$$

另一种计算方法为:将应税收益乘以它们的配置比例,求和,按税率调整,再加入非应税(市政债券)的收益与其配置比例的乘积,再从总和中减去通货膨胀率。对于配置A:

$$[(0.045 \times 0.10) + (0.13 \times 0.20) + (0.15 \times 0.10) + (0.15 \times 0.10)$$
$$+ (0.10 \times 0.10)] \times (1 - 0.35) + (0.072 \times 0.4) - 0.04 = 3.46\%$$

(%)

收益率指标	配置				
	A	B	C	D	E
名义收益率	9.9	11.0	8.8	14.4	10.3
实际税后收益率	3.5	3.1	2.5	5.3	3.5

表中也给出了税后收益率,可以对通货膨胀进行调整然后再来判断哪些资产组合满足费尔法克斯的收益率要求。配置A、B、D和E以满足费尔法克斯的实际的税后收益率目标。

ii. 费尔法克斯曾提到,在12月期间的任何时间内,如果最差的收益率为-10%,仍然可以接受。预期收益率减去资产组合风险的两倍(预期标准差)就是相应的风险承受能力测度指标。在此例中,有三种资产配置方式满足要求:A、C和E。

参数	配置				
	A	B	C	D	E
预期收益率	9.9%	11.0%	8.8%	14.4%	10.3%
预期标准差	9.4	12.4	8.5	18.1	10.1
最差收益率情形	-8.9%	-13.8%	-8.2%	-21.8%	-9.9%

d. i. 用现金等价物的4.5%作为无风险利率,则配置D的夏普比率为:(0.144 - 0.045)/0.181 = 0.547。

ii. 具有最佳夏普比率的两种配置为A和E,配置的比率为0.574。

7. a. 确定基金的捐赠(支出)政策的关键要素有:
①长期的平均预期通货膨胀率;
②同一期限内捐赠资产组合的平均预期名义收益率;
③为了继续免税,税务当局所要求的资助5%的资产市值的政策会无限期执行下去。

为了保持基金的真实价值和真实的支出额,由于没有计划募集基金活动,基金委员会的支付不能长期平均高于它投资所得的实际收益。事实上,如果基金的本金也随着通货膨胀增长的话,总收益中扣除通货膨胀率的那部分应该保留并用于再投资,从而保持它的实际价值和将来捐赠的实际价值。

b. **目标**

收益率要求。在接受富兰克林先生的捐赠之前,委员会所关注的核心(产生现金收入）不再是主要的目标。考虑到资产增加，委员会认为投资政策必须满足长期和短期的目标，必须考虑到年最小支出额等于资产的 5%，同时要保持这些资产的真实价值。总收益目标（大体上等于捐赠比率加上通货膨胀率，但不低于 5% 的要求以保持基金的免税优势）是合适的。

风险承受能力。富兰克林的捐赠和委员会支出政策的调整，增加了基金的财务灵活性，从而增加了基金承受风险的能力。组织的生命周期近似是无限期的，考虑到其期限的长期性，它具有承受资产价值短期波动的能力。另外，采用明确的费用削减规则，可以使现金流计划更精确，增加了年度预算的稳定性，减少了预防性的流动性需求。总之，考虑到长期因素，基金具有高于平均水平的风险承受能力。

限制条件

流动性要求。流动性要求很低，因无法预期的需求而不得不出售资产或者需要大量现金的情况不太可能存在。但流动性要求是存在的，主要是每年的资助，但这是预先知道的，相对比较容易进行系统性的计划。

时间期限。基金几乎具有无限生命，为将来和现在的财务需要而做计划可以在相对长的时间段内进行，比如每 5 年进行规划和回顾。

税收。根据美国的法律，如果能够满足每年的最低支付（当前资产价值的 5%）要求，则可以免税。

法律和条款。受地方法律和谨慎投资人法则的管制，必须持续关注由 IRS 和任何相关的联邦监管机构所施加的严格规定以保持免税地位。

特殊环境。保持资助后的真实价值是需要考虑的核心因素，因为免税要求资助资产的 5%，实际得到的收益必须等于甚至超出 5% 的最低要求。

叙述。投资活动必须是长期的、免税的，反映高于平均水平的风险容忍度，着重实际总收益的产生，获得至少 5% 的名义收益率。

c. 为了满足这一情景的要求，首先确定一个支出比率，既要充足（名义利率高于或等于 5%），又要是可行的（在给出表中的数据和大量资产的历史风险和收益的实证证据的情况下，是审慎的、可达到的），推荐的配置方案的实际收益应该等于或超过最小的支付要求（名义收益要等于或大于 5%）。

配置应该反映基金实际收益等于或高于资助比率的要求、总收益目标、高于平均水平的风险容忍度、较低的流动性要求及其免税地位。尽管表中的数据和历史表现提供了这个过程中所必需的输入量，如下几种一般化方法也是合适的。

①配置到固定收益证券的比率将低于 50%，因为债券在过去提供的实际收益率较低，尽管 1993~2000 年预期实际收益率比较高，但还是比股票低。实际收益要求很高，流动性要求很低。债券被主要用于分散化和降低风险。这种规模的债券提供的持续现金流，应该能很容易地满足所有正常的运营资本需求。

②股权配置比率应高于 50%，并且这类资产将成为资产组合的"动力资产"。预期的和历史的实际收益都很高，期限很长，风险容忍度高于平均水平，并且不需要考虑税收。

③在权益中可以有小盘股和大盘股，也可以有国际和国内股权，也许还有风险资本投资。分散化将有助于风险的降低和总收益的提高。所有这些都将被纳入。

④由于房地产的价值可以作为股票和债券的替代，并保持资产的实际收益和提供分散化好处，房地产业会包含在这个资产组合内。从长期来看，房地产提供了一个很好的

屏蔽掉通货膨胀影响的手段，并增加了实际收益能力。

一个适当的略微激进的配置如下所示。下表包括了一系列的历史和预期收益率数据，用来计算预期实际收益率。在这种情况下，目标是使实际支出水平尽可能接近6%，这既可以满足委员会双重目标，也是可以达到的。资产组合的预期实际收益率为5.8%。

(%)

资产类比	中期实际收益率预期	建议配比	实际收益率
现金			
美国国库券	0.7	0①	
债券：			
中期	2.3	5	0.115
长期国债	4.2	10	0.420
公司	5.3	10	0.530
国际	4.9	10	0.490
股票：			
大盘股	5.5	30	1.650
小盘股	8.5	10	0.850
国际	6.6	10	0.660
风险资本	12.0	5	0.600
房地产	5.0	10	0.500
总预期收益率		100	5.815

①没有包含现金，因为来自资产组合的持续现金流应该足以满足一切正常营运资金需求。

8. a. 为Maclin夫妇制定总体风险目标时，必须将他们对承受风险的意愿和能力都考虑进去。
   i. **承受风险意愿**。Maclin夫妇不喜欢近年来资产组合的波动，他们渴望将资产组合价值的年损失率控制在12%以下，由此可以认为Maclin夫妇对风险承受意愿是低于平均水平的。
   ii. **承受风险能力**。Maclin夫妇风险承受能力同平均水平相当。尽管他们拥有较大的一笔资产而且从长期来看他们应该拥有高于平均水平的风险承受能力，但他们每年74 000英镑的生活费远大于Christopher的税后工资（48 000英镑），这使得他们非常依赖于投资收益来弥补这个差额，因此他们的风险承受能力相应降低了。

   总体来看，Maclin夫妇的风险容忍度低于平均水平，这是由于在决定他们的风险容忍度时，其承受风险意愿低于平均水平且承受风险能力与平均水平相当，相比之下，前者处于主导地位。

b. Maclin夫妇要求的投资组合回报率目标是，要满足他们子女的教育支出和自己退休后的支出而且能够应付未来净支出。这样，他们需要一个每年26 000英镑的税后现金流入来弥补未来的净支出，他们还需要一个18年内总计200万英镑的现金流入以支持他们的子女完成学业和他们退休后的支出。为了达成这一目标，Maclin夫妇的税前必要收益率是7.38%，计算如右表所示。

年现金流 = -26 000	
Christoplier每年工资	80 000
减去：税收（40%）	-32 000
生活支出	-74 000
年净现金流	-26 000
可用于投资资产 = 1 235 000	
继承的遗产	900 000
Barnett公司普通股	220 000
股票和债券	160 000
现金	5 000
小计	1 285 000
减去一次性支出：	
房屋首付	-30 000
慈善捐赠	-20 000
总资产	1 235 000

要在 18 年内使总的税后收入达到 200 万英镑，而可用于投资的初始资产是 1 235 000 英镑，每年的现金流出为 26 000 英镑，于是税后必要收益率为 4.427%。而税率为 40%，所以税前必要收益率为 4.427%/(1 − 0.40) = 7.38%。

注意：在计算收益率时无须进行通货膨胀的调整，因为生活支出的增加会由 Christopher 工资的增加得到弥补。

c. Maclin 夫妇的投资政策声明应该考虑如下限制因素。

i. **时间期限**。由于现金流的变化和不同时期对收益的不同要求，Maclin 夫妇有一个两期的投资期限：第一个阶段是接下来的 18 年，第二个阶段是从他们退休和他们的子女进入大学开始。

ii. **流动性要求**。Maclin 夫妇需要立即支付的一次性支出（50 000 英镑），包括购买房产的首付以及为纪念 Louise 的父亲而进行的慈善捐款。

iii. **税收考虑**。英国对一般收入和资本利得征收的边际税率都是 40%。因此，投资者对应税股息和利息之间没有特别偏好。由于支出是由税后收益承担的，所以税收对投资组合业绩有很大影响。

iv. **特殊情况**。对 Barnett 公司普通股股票的大量持有（占 Maclin 夫妇整个投资组合的 18%）以及由此导致的缺乏分散化是评估 Maclin 夫妇投资组合风险以及未来对其资产进行管理时需要考虑到重要因素。Maclin 夫妇不愿投资于酒和烟草类股票是另一个限制因素，尤其是在未来确定投资风格（选择投资经理）时。

9. a. i. 保留的现金比例太高。

现金占比 15% 不符合流动性限制要求，大量配置于低收益率资产将使投资组合收益率达不到必要收益率。

ii. 将 15% 的资产配置于 Barnett 公司普通股，比例太高。

Barnett 公司股票期望标准差高达 48%，在这样的风险水平下，考虑到 Maclin 夫妇低于平均水平的风险容忍度和 12% 的最大亏损限制，将 15% 的资产配置于 Barnett 公司股票是不适宜的，大比率持有 Barnett 公司股票头寸不符合投资组合风险充分分散化原则。

iii. 每一年的亏损风险都超过了 12% 的最大限制。

Maclin 夫妇已经声明他们不能接受超过 12% 的亏损幅度。从投资组合期望收益率中减去 2 倍的标准差，有：

$$6.70\% - (2 \times 12.40\%) = -18.10\%$$

这超过了 Maclin 夫妇的亏损限制。

iv. 期望收益率太低。

投资组合的期望收益率为 6.7%，低于目标收益率 7.38%。

b. Maclins 夫妇已经购买了房屋，完成了慈善捐款。

现金：0%~3%

Maclin 夫妇没有进一步现金储备需求。流动性需求是很低的，仅仅需要少量现金以备不时之需。而投资组合的收益将会弥补每年生活费用超出工资收入的部分。所以，将配置于现金的比例保持在最低水平是非常合适的。

英国公司债券：50%~60%

由于 Maclin 夫妇的风险容忍度低于平均水平，他们应将投资组合资产大量配置于这种波动性低的资产。当前债券利息产生的稳定现金流能够弥补每年生活费用不足的部分。

因此，将英国公司债券作为投资组合中比例最高的资产是非常合适的。

美国公司股票：20%~30%

在强调他们较低的风险容忍度的同时，投资组合必须能够达到 Maclin 夫妇的目标收益率。美国公司股票提供了比债券更高的期望收益率，还带来了国际风散化的好处。美国公司股票的风险收益状况相对于英国公司债券和 Barnett 公司股票来说要好一些。因此给美国股票配置一个最高的比例是很合适的。

Barnett 公司普通股股票：0%~5%

Maclin 夫妇风险容忍度低于平均水平的一个重要原因就是他们不能接受任何一年的亏损大于 12%，而 Barnett 公司股票收益率波动性很大。对 Malin 夫妇这样的投资者来说，Barnett 公司股票的特有风险（非系统风险）太大了。而且作为 Barnett 公司员工，他们还有失业风险。所以将 Barnett 公司股票作为投资组合中比例最低的资产是非常合适的。

现提供以下满足目标收益率要求的资产配置示例：

示例配置 1：

资产类别	权重（%）	收益率（%）	加权收益率（%）
现金	1	1.0	0.01
英国公司债券	55	5.0	2.75
英国小盘股	10	11.0	1.10
英国大盘股	10	9.0	0.90
美国股票	20	10.0	2.00
Barnett 公司普通股	4	16.0	0.64
资产组合预期收益			7.40

示例配置 2：

资产类别	权重（%）	收益率（%）	加权收益率（%）
现金	1	1.0	0.01
英国公司债券	50	5.0	2.50
英国小盘股	10	11.0	1.10
英国大盘股	10	9.0	0.90
美国股票	24	10.0	2.40
Barnett 公司普通股	5	16.0	0.80
资产组合预期收益			7.71